周易全書

（五）

最新整理珍藏版

学术顾问 汤一介

文怀沙

中國書店

（震）

䷲ 震上
震下

震。

五柔，故宜动。

亨。

巽二先来震五而后四应之。

震来虩虩。

“来”，巽二来之五也。“虩虩”，犹愬愬。四从五成屯，而惧不敢三更行也。

笑言哑哑。

屯变通于鼎也。鼎二先之五，则“笑”，上后之屯三，上有兑言。

震惊百里。

“惊”亦惧也。百里诸侯之象，谓旁通于鼎，“利建侯”也。

不丧匕鬯。

“匕”所以载鼎实，鼎二之五，则有实。“鬯”，香草，犹“其臭如兰”也。

初九，震来虩虩，后笑言哑哑。吉。

明《象》义，增一“后”字，则“亨”之义明矣。

六二，震来厉。

巽二来之震五，无所为厉也。震先成复，而后通于姤。而姤二来复五，故“厉”。

亿丧贝。

“亿”，犹拟也。“初辞拟之”，谓四之巽初也。二贝相与为朋。“丧贝”犹“丧朋”也。谓成复，申上所以厉。

跻于九陵。

“跻”犹升也。“九”犹仇。合三与六，数亦为九。姤二之复五，下艮为“陵”。姤上之复三，则“九陵”。

勿逐。

勿先以姤四之初。

七日得。

即“七日来复”。

六三，震苏苏。

“苏苏”犹生生，成明夷则死。明夷通于讼，故死而复生。

震行无眚。

与《讼·九二》“无眚”相发明。

九四，震遂泥。

“泥”即“需于泥”之泥。震成明夷则巽成需。明夷通讼，则“无眚”。需通晋则有以遂其泥。先以巽上之震三成丰、井，而丰四之井初为“井泥”，故三四两爻互明。

六五，震往来厉。

往则成屯，来谓屯通鼎。鼎二之五也。“震来厉”成复，小畜以“消不久”而危也。此以“盈不可久”而危也。

亿无丧有事。

变通之谓事，成复而通姤。是丧而后有事也。成屯而通鼎，是“无丧”而“有事”也。

上六，震索索。

“索索”，空虚也。谓五丧未得。

视矍矍。

“矍矍”，视遽貌。五未来，而三遽成离目。

征凶。

五未来而三征，故凶。

震不于其躬，于其邻。

“征凶”则成丰、井矣。“躬”，谓井二之丰五，成蹇。“不于其躬”，不以丰五之井二也。丰变通于涣，涣为丰之邻。“于其邻”谓涣二之丰五，成革也。

无咎

以其能变通。

昏媾有言。

“昏”代也。“媾”，交也。变通于涣，而涣二交，于丰五成革，上兑，故“有言”也。

（艮）

䷳ 艮上
艮下

艮其背。

“背”犹脊也。谓成蹇，两坎相贯，即止不行。

不获其身。

“身”谓蹇也。蹇初之革，四成两既济，则“获其身”。

行其庭。

“庭”谓五也。兑二行于艮五。

不见其人。无咎。

屯则足矣。谓兑不成屯，而成革也。

初六，艮其趾。

兑二之艮五，而上从之成蹇，下艮为趾。止其趾，待乎睽而后行。

无咎。

谓不成贲，而成蹇。

利永贞。

谓蹇变，通于睽。

六二，艮其腓。

“腓”，犹匪也。谓兑四之艮，初成节。

不拯其随。

“拯”，升也。兑二升于艮五，则成随，不拯则不成随也。

其心不快。

谓兑成节，而通旅。“不快”，谓迟缓。快亦夬也。成夬通剥乃为夬。节通旅，故不夬也。

九三，艮其限。

承上不夬，而言成夬也。“限”，要也。谓上行成谦。

列其夤。

“列”即剥也。“夤”，胂也，在脊之下半。成蹇，两坎相贯，如脊背，形列为谦，第有脊之下半耳。

厉薰心。

谦不胜，故危。“薰”，香草也。谦下有艮鼻，通于履，履二之谦五，则薰其心，犹升二之五，“其臭如兰”也。

六四，艮其身，无咎。

“艮其身”则“不获其身”。

六五，艮其辅。

“辅”，颐也，亦比也。艮成家人则有辅之象。止其辅，不以上之屯三。

言有序，悔亡。

谓家人通解，解二之五，成萃，上兑有言。“序”或作孚。

上九，敦艮，吉。

“敦”厚也。上先于五，则轻薄，艮成家人通解，解二之五，而后家人上之解三，故“敦厚”。

（渐）

䷴ 巽上 艮下

渐，女归吉。

“女”，即睽“二女居”之女也。成蹇而初，从睽五而归则“吉”，不致“承虚筐”。

利贞。

谓蹇通睽成既济。

初六，鸿渐于干。

“鸿”，代也。“干”，空也。归妹二不之五，而四之渐初，成家人，为“渐于干”。有以代之则通于解。

小子厉。

归妹五柔，称“小子”。五不胜，故危。

有言，无咎。

家人通解，解成萃则“有言”。

六二，鸿渐于磐。

“磐”即“磐恒”之磐，谓成屯也。

饮食衎衎，吉。

“衎”，乐也。谓归妹二之五，成屯通鼎，二之五，是衎而又衎，即食而又食也。

九三，鸿渐于陆。

“陆”无水也。谓归妹四之渐初，成家人、临。

夫征不复。

承上言“渐于陆”，而不能“鸿”也。“夫”，渐五也。“征”，上征于归妹三也。“不复”，归妹二不先复于五也。

妇孕不育。

“妇”，渐二也。初之归妹四，渐成家人下。离二在离中，为大腹，故“孕”。“育”，生也。归妹二不之五，故不生育，成泰又不复，则成泰。

凶。

渐成既济，归妹成泰，故“凶”。

利御寇。

归妹成泰，则“致寇至”矣。方成家人、临。家人上不之临三而变通于解，解二先之五，则“御寇”。

六四，鸿渐于木。

上巽为木，上先征成蹇，则无“水”。此承“妇孕不育”而言，谓归妹四之渐初，成家人也。

或得其桷。

“桷”，犹角也。归妹成临通遁，为姤其角之比例，临二之五，而遁上之临三，故“行其角”。

无咎。

临不通遁，则“有咎”。

九五，鸿渐于陵。

谓成蹇。

妇三岁不孕。

由大壮，而成革，下离为“三岁”。革四，不之蹇初，故“不孕”。

终，莫之胜，吉。

"莫之胜"谓归妹成大壮，不孚观，而二之五成革与蹇，即夬二之谦五之比例，与"往不胜"互明。革四不之蹇初，而通于蒙，故虽不胜而终吉。

上九，鸿渐于陆。

与九三同。

其羽可用为仪。

"羽"，犹翼也，仪即"两仪"之仪，可用则为仪，不可用而用，则"夫征不复，妇孕不育"矣。羽翼所以辅也，两仪所以羽翼大极也。"夫征不复，妇孕不育"，则无太极。即不成两仪。惟归妹二之五，则有太极，事"夫征"、"妇孕"，皆羽翼之为两仪。《系辞传》"易有太极，是生两仪"之"仪"。本此爻之"为仪"而发也。"仪"，犹宜也。归妹二之五，渐上翼之。归妹成革，渐成蹇，则革四不之蹇初，而变通于蒙，蹇初亦不之革四，而变通于睽，此一"仪"也。归妹二之五，渐初翼之。归妹成屯，渐成家人，则家人上不之屯三。而变通于解，屯三亦不之家人上，而变通于鼎，此又一"仪"也。此云"可用为仪"，承"鸿渐于陆"之下，谓家人通解，解二之五，有太极也。家人上之解三，"可用为仪"也。以家人易为解，而有太极，正"易有太极"之义。举一"仪"，而彼一"仪"可推矣。

吉。

不复不育则凶，以其不可用，为仪也。

（归妹）

䷵ 震上 兑下

归妹。

"妹"，犹昧也。昧而后归，谓先成泰。

征凶。

三先征于渐上，成大壮，故昧。

无攸利。

二不之五，故“不利”。

初九，归妹以娣。

“娣”，犹弟也。二之五而三从之，成蹇为娣。“归妹以娣”者，先昧而成家人、临，临通遁以归之，临成既济，遁成咸，相错为蹇、革。

跛能履。

临通遁，即履通谦之比例。

征吉。

与“咥人凶”互明也。三先五而征，则凶，三从五而征，则吉。

九二，眇能视。

相错为蹇则“跛能履”。相错为革则“眇能视”。

利幽人之贞

“幽”谓明夷也，家人、临相错，为明夷之内难，故“幽”。临通遁，家人亦通解。“幽”而“人”矣，“利”而“贞”矣。

六三，归妹以须。

“须”即需也。归妹成大壮，渐成蹇。相错成需。

反归以娣。

归妹成大壮则反而不归。大壮通观，为观之反。大壮二之五成革则反者归矣。观成蹇，亦“归妹以娣”也。

九四，归妹愆期。

“愆期”，过期也。谓成大壮、蹇有所待。

迟归有时。

迟亦待也。归妹二不之五而渐上之妹妹三，成大壮、蹇而后变通以趣时，故为“迟”矣。

六五，帝乙归妹。

帝谓震，甲刚乙柔。二先之五则称甲，“先甲”“后甲”是也。二不之五而成泰，则不甲而乙，故云“帝乙”。谓上由震而坤也。泰通否，则妹者归。初二言其成家人、临而变通，三四言其成大壮、蹇而变通这，不变通而家人上之临三。大壮四之蹇初，故以渐成泰也。

其君之袂，不如其娣之袂良。

“袂”，犹决也。成泰下乾为君，通于否，而后决，为“君之袂”。娣即“反归以娣”之娣，渐上之归妹，三成大壮蹇，尚未成泰、大壮，即藩决为“娣之袂”。“良”，犹善也。谓成泰而后通否，不如成大壮即通观之为善也。

月几望，吉。

渐上之归妹三，与小畜上之豫三同。当“月几望”时，即决艮于成泰，而后决，故“月几望”非吉也，较诸“帝乙”则吉。“帝乙归妹”非不吉也，以较诸“月几望”，则不如“月几望”为吉也。

上六，女承筐无实。

归妹已征凶，成大壮、蹇，蹇初之大壮，四以承之，大壮五虚而“无实”，故为“承筐”。

士刲羊无血。

渐上之归妹，三成大壮，克伐归妹，下之兑，故“刲羊”。坎不见，故“无血”。是时能变通，则“反归以娣”，不致又以初承之为女“承筐”也。先言“承筐”者，《易》辞每用到也。

无攸利。

“刲羊无血”，征凶也。“征凶”，而“无攸利”者，“女承筐”，而又“无实”也。申《彖》义。

（丰）

䷶ 震上 离下

丰。亨，王假之。

离成丰，何以得亨？以旁通于涣，王假之也。丰、涣相错，为家人、解。即“王假有家”也。

勿忧，

谓噬嗑上不之三，反言其未成丰也。

宜日中。

离在上卦，为日中，离成丰，坎成井，不“日中”矣。井变通于噬嗑，仍为“日中”。惟井二先之噬嗑五，不使成丰，则不忧，乃为宜也。噬嗑上已之三成丰，则“已忧”，必以变通于涣为“王假有庙”，乃亨也。

初九，遇其配主。

“配”即“以配祖考”之配，“遇”谓涣二与丰五遇。

虽旬无咎。

“旬”读若均。坤为均，丰五之涣二成观，观下坤，非成明夷，故“无咎”，四先行成明夷，则坤在上。

往有尚。

“往”，四往涣初也。涣二先之丰五则四之往为“有尚”矣。

六二，丰其蔀。

谓四之涣初。

日中见斗。

见谓噬嗑成丰，而变通于涣，明夷为夜，坤为柄。涣成中孚，下兑为日。“日中”指噬嗑，谓由噬嗑成丰，又成明夷。

往得疑疾。

“往”谓噬嗑上往三。丰与井不相孚，故“疑”。四未行，故“疾”。

有孚，发若，吉。

“有孚”，孚于涣也。五之涣二为发与蒙二之五“发蒙”同。往而有疾，尚未成明夷。是时有孚于涣，即“遇其配主”，不致“见斗”矣。反言以申上文也。“见”即“有孚”也，“见”而“斗”则凶，“有孚”而“发若”则吉。

九三，丰其沛。

承上有孚发若而言也。“沛”，在泽之中草木。“蔽”，茂也。谓涣二之丰五成革，上兑。

日中见沫。

“沫”，洒面也，与“盥”义同，涣二之丰五，而后涣上之三，即大壮二之五，而后观上之三比例也。

折其右肱。

革上兑为“折”。“肱”，犹股也，右谓上之三也。先成革，而后右其涣上之巽，成蹇。

无咎。

不折而右肱，则“有咎”。

九四，丰其蔀，日中见斗。

与六二互明。

遇其夷主，吉。

“夷”，明夷也。明夷变通于讼，讼二之明夷五则遇其主人矣。既不能“有孚发若”，而“日中见斗”矣。是时即宜变通于讼。

六五，来章。

《周术》：十九岁为一章，四章为一蔀。五来成革，“治历明时”。

有庆，誉吉。

涣成观，而上之三应之，则“有庆”。成蹇有待，故“誉吉”。

上六，丰其屋。

涣二之丰五，即大壮二之五之比例。大壮取宫室，故有屋。“屋”亦渥也，谓成既济。

蔀其家。

“蔀”乾，齐同之也。丰、涣相错，为家人、解。涣二之丰五，即解二之五之比例。解二之五，为有家，丰成革，涣成观，亦为“有家”。四又之观初，则有以“齐其家”，而“三岁觌”矣。丰未成革，则无家，无家而蔀，是为“丰其蔀”而已矣。

窥其户，阒其无人。

“窥”，小视也。涣二不来之五，而四之涣初，与困四之初同。即节之“出户”也。“阒”，无人貌，谓不能“蔀其家”。

三岁不觌，凶。

成明夷“未遇夷主”，故“凶”。

（旅）

䷷ 离上
艮下

旅，小亨。

旅、贲皆“小”。旅孚节，则“小亨”。

旅贞吉。

“贞”谓节，成既济也。节通旅，而贞乃吉。

初六，旅琐琐。

琐而又琐，小而又小，谓成贲，又成明夷。

斯其所。

“斯”同澌，竭也。“其所”谓五。所以“琐琐”者，以涸竭其五故也。

取灾。

“灾”谓明夷也。“取”即“取女”之取，谓初之四，其上之节三，所以成明夷者，四之初所取也。

六二，旅即次。

承上“斯其所”而言也。“旅”即贲而通困，困二之贲五，贲上从之，困三成咸，下艮止为“次”。

怀其资。

“怀”，至也。“资”，犹利也。困二至贲五，故“利”。“即次”者，从此所怀也。《易》文用到耳。

得童贞。

“童”即“童蒙”之童。仕于家为“仆”，谓困二之贲五，成家人，即“童蒙”之错也。“怀资”故“得童仆”，即次故“贞”。

九三，旅焚其次。

贲通困，困二之贲五。旅人即次，则不取灾。贲不通困，而上之节三，故“焚”也。

丧其童仆，贞厉。

明夷通讼，不成家人，萃即不错童蒙，故“丧童仆”。讼成咸，明夷成既济，故“贞厉”。

九四，旅于处。

“处”，节二伏，而不之旅五，谓四之初成贲。

得其斧。

即“怀其资”也。贲五之困二，困成萃，下坤。“斧”，犹釜也。

我心不快。

谓贲通困，不通节，二三两爻，已发明“琐琐”之义。此言贲通困虽不“取灾”，而亦异乎旅不成贲，即通节也。起六一言簥之通节。

六五，射雉。

离为雉，谓节二之旅五，而后上之节三，即鼎二之五，而后上之屯三，“雉”而不膏者也。

一矢亡。

“矢”谓上也。成咸，即通于损，故“一矢”即知“亡”。者四亦之初，则两翼齐动而穷，“知存而不知亡”也。

终以誉命。

“终”谓节成既济也“命”谓节二之旅五，“誉”谓旅成遁四不之初。

上九，鸟焚其巢。

离为飞鸟，艮止于巽木，是巢之象。“焚其巢”谓成明夷。

旅人先笑后号咷。

旅人谓明夷五，明夷、讼相错。即师、同人，故人《同人·九五》互明。五先于初四三上则“笑”，五后于初四三上，则“号”。同人五不动，先后据四上言之。旅成明夷五动，先后据五言之。

丧牛于易，凶。

易谓节，变通于旅也。明夷上坤为牛，因丧而易，易而成明夷，是“丧牛于易”也，故“凶”。

（巽）

☴☴ 巽上 巽下

巽。小亨。

小谓震。

利有攸往，利见大人。

“亨”，则震成屯，巽成家人。“利”，则屯通鼎，家人通解。

初六，进退。

巽成小畜豫，即观通大壮之比例。

利武人之贞。

“武人”谓革也。小畜二之豫五，而后上之豫三成咸、既济。相错即蹇、革。

九二，巽在床下。

“床”为壮之假借，初之四称“下”。震四之巽初，为豫四之初之比例，即为大壮四之观初之比例。

用史巫。

“史”同使，兑为“巫”。小畜二之豫五，成萃，上兑，小畜上之豫三从之。或“史”掌《书》，《书》亦载言，与“巫”同义。

纷若吉，无咎。

“纷”，乱也，谓小畜成既济。不“史巫”，“纷若”则凶。

九三，频巽，吝。

“频”，即“频复”之频。巽二不之震五，致震成复，而后通姤，为“频复”，故吝。

刘四，悔亡。

上言失道之变通，此言当位之变通。

田获三品。

“品”，等也。依等次而获，先成家人，以通于解，故“悔亡”。先言“悔亡”者，到文也。

九五，贞吉，悔亡，无不利。

“贞吉”由于“悔亡”，悔亡而后“无不利”。六四，言家人通解，此言蹇通睽。下申言之。

无初有终。

巽五本定，不烦交接，故“无初”。成蹇，通于睽，睽二之五，而四之蹇初，故“有终”，所谓“其人天且劓”也。

先庚三日，后庚三日，吉。

“庚”，更也。“更”，改也。“先庚”谓震成革，革下离“三日”。震成革，则巽成蹇。“后庚”谓睽成益，蹇成既济。下离亦为“三日”。

上九，巽在床下。

九二言其失道，能变通，此言其失道，不能变通。

丧其资斧。

巽成小畜，小畜通豫，犹贲通困。亦可“得其资斧”。乃豫四之初，即为壮下，而小畜上又之复三，不成家人、萃，而成需、明夷。

贞凶。

谓需二之明夷五，成两既济。

（兑）

䷹ 兑上
兑下

兑。亨。利贞。

成革而亨，革舍蹇，而变通于蒙，则利，因而成既济则贞。兑，说也。说即脱也。即谓因亨而利。

初九，和兑吉。

“和”，犹讲也。“朋友讲习”而说之。

九二，孚兑吉，悔亡。

因孚而说，谓成革，而通蒙。

六三，来兑，凶。

艮上先之兑三，成夬，竞二后之艮五，成蹇，兑成革由变通而成蹇。成革则为“来连”、“来章”、“来复”。此“来”而即成蹇、革，是“来”而即宜变通也，与“弟子舆尸”同。

九四，商兑。

“商”，秋之声也。兑本为正秋，二先行成随，下震为善鸣。

未宁，

“宁”，定也，成既济则定，成地而四不得，故“未宁”。

介疾有喜。

四不行，故有“疾”。三从二之艮上，故云“介”。谓三为二五之副也，此申上未宁，以明“来兑”之所以凶。先“商”后“介”则来，而未即兑矣。

九五，孚于剥，有厉。

谓成夬不来，而即旁通于剥。所以“孚于剥”者，缘其成夬“有厉”也。

上六，引兑。

谓成夬与剥相引。

（涣）

䷺ 巽上
坎下

涣。亨。

丰与井不亨，旁通于涣则亨。

王假有庙。

涣二之丰五，为“王假”之。成观“神道设教”，故“有庙”。

利涉大川。

观上之三。

利贞。

成蹇，变通于睽，利而又利。

初六，用拯马壮，吉。

丰四之涣初，犹谦初之履四。涣成中孚，“有拯”于小过成咸。

九二，涣奔其机。

“奔”，犹贲也。“机”与“几”同。惠氏谓“机”古文“簋”，即“地簋可用亨之簋”。丰成革而涣成益，不必奔而有簋矣。既涣则涣上之三，成蹇，不得而有簋。必革通蒙，而蒙成益，乃以奔而有簋也。革、蒙错为贲。

悔亡。

即“革而当”。

六三，涣其躬。

躬谓成蹇也。方成观，未成益，则上可之三成蹇。

无悔。

益上之三，则“有悔”。观上之三，故“无悔”。

六四，涣其群，元吉。

丰四先行，成明夷，则上三阴为群。惟涣二先之丰五，则丰四之涣初，不成明夷，为“涣其群”。群之涣，由二先之丰五，故“元吉”。

涣有邱。

谓涣成益，五互艮。

匪，夷所思。

匪即“匪其彭”之匪。“夷”，明夷也。二先之丰五，而后丰四之涣初，则“元吉”而“有邱”。二不先之丰五，而初之丰四，丰成明夷，上三阴为群矣。“夷所思”犹云“伤所思”。因其“夷所思”，故“匪”。亦惟其“匪”，故“夷所思”也。反其辞，以申上文之义。

九五，涣汗其大号。

身之有“汗”，郁极而通也。“号”即“号咷”之号，其“大号”，丰五失位也。“涣汗”谓以涣旁通之。

涣王居，无咎。

五谓革五互乾，革四之涣初，革成既济，为“涣王居”。

上九，涣其血，去逖出。

与《小畜·六四》义同，“逖”即惕也。涣成蹇，三虽互坎为血，而二先之丰五，则血非“泣血”之血，而为“血法”

之血。“去”者，行也。“泣”，则止矣，“去”，则通矣。所以“血去”由于“逖出”，所以“逖出”，由于涣也。

无咎。

明离、震成丰，有咎。

（节）

䷻ 坎上 兑下

节。亨。

节，止也。坎初不止，则不亨。通旅，旅四不之初，故凶节。

苦节，不可贞。

“苦”，读如“河东盐池”之盐，谓离四之坎初，不能变通，而以三之贲，上成需、明夷。“苦”而“贞”，则成两既济矣。

初九，不出户庭，无咎。

初四称户，兑四之艮，初为户，贲五为户之庭。“出户庭”，谓二之贲五也。

九二，不出门庭，凶。

“出门庭”，二之旅也。旅下艮为门，旅五为门之庭。

六三，不节若，则嗟若。

“不节”谓不通于旅，而以贲上之节三，为“大咥之嗟”矣。

无咎。

申初九之“言无咎”也，“不出户庭”所以“无咎”也。以“不出户庭”则“出门庭”也。“出门庭”则“无咎”，“不出门庭”则凶矣，“不节右则嗟若”矣，所以“不出户庭，无咎”也。“不出户庭”则矣，节则“无咎”矣。

六四，安节，亨。

变通于旅，而成既济，故“安”而“亨”。

九五，甘节，吉。

不“苦”则“甘”，谓变通以节，二之旅五。

往有尚。

即坎之“行有尚”也，坎初三，从二之离五，则“行有尚”。坎二不行而三行，离成丰。坎二不行而初行，坎成节。节通于旅，犹丰通于涣，故涣二之丰五，而后丰四之涣初，仍为坎之“行有尚”。节二之旅五，而后旅上之节三，亦仍为坎之“行有尚”，与《丰·初九》互明。

上六，苦节，贞凶。

申《象》义也，所以不可贞。

悔亡。

谓策划变通也。惟贞则凶，故不可贞，而变通也。“苦节”则节成需，需变通于晋，则“悔亡”也。

（中孚）

䷼ 巽上 兑下

中孚。

孚，谓与小过旁通，中谓二之小过五。

豚鱼吉。

“豚”读为遁，丰四之涣初，成中孚，为同人四之师，初成临之比例。中孚孚小过，犹临孚遁，故借遁为豚以明之。二之小过五，小过四这初应之，上水，鱼在其中。

利涉大川。

小过上坎，已成既济，而中孚成益，益上之三为涉大川。又必变通于恒，而后涉乃利。

利贞。

益通恒则利，益成既则贞。

初九，虞吉。

虞即“戒不虞”之虞。不令小过四之初，而先以二之小过五也。

有它不燕。

"他"谓小过四之初，改孚于他卦也。"燕"，犹宴也。中孚二之小过五与蛊二之五同。即随之"宴息"也。

九二，鸣鹤在阴。

"鹤"之为禽，犹"隼"之为禽也。鹤同隺。隺，高至也。谓二至小过五，隺然示人易，隺，今作确，履二之谦五，为鸣谦，履二不之五，而四之谦初，成中孚，不能鸣矣。通小过，以二之小过五成益，下震为善鸣。阴指小过五，欲其鸣，必隺然以二至小过五也。

其子和之。

"和"即"履和而至"之和，"其子"即得妾。以"其子"之"其子和"，则"其子"之"明"不夷。

我有好爵。

"好"，善也。"爵"，禄也。二先之小过五而后上之三成既济，尽而不已，故云"好爵"。"我我"，小过。

吾与尔靡之。

"靡"，磑切也。"尔尔"，小过也，与谓咸也，"吾与尔"谓二之小过，五成就咸，靡切之，共有"好爵"。晋上之三，成小过，讼四之初，成中孚，皆为失道之卦，故相靡切也。

六三，得敌。

"敌"，犹仇也。上之三成需，需三与小守三，两刚相敌。

或鼓。

需不孚于小过，故"或"之。"鼓"，谓需通晋，晋成益。

或罢。

"罢"，敝也。谓需成，既济下离。

或泣。

泣，犹立也。谓益之三。

或歌。

"歌"，永也。益变通于恒，恒成咸，则永久。

六四，月几望，

申上所以得敌，为成需。

马匹亡，无咎。

需下乾，为"马""匹"，合也。"亡"谓晋五。需二之晋五成否，则以需下之马，为否上之马，有以匹合其亡。若不变通，而需二之明夷五，则无马匹矣。

九五，有孚挛如，无咎。

晋上之三，犹小畜上之豫三。晋成咸，仍豫成咸也。

上九，翰音登于天。

“翰”，犹干也。“音”即“飞鸟遗之音”之音，谓中孚成益，小过成既济也。干此音，则必“登于天”。“登于天”者，既济通未济，二之之五也。“翰音”为鸡，兼取益上巽之义也。

贞凶。

翰音登天，而以益上之三，故“凶”。益上之三，则无巽鸡矣。

（小过）

䷽ 震上 艮下

小过。亨。利贞。

晋成小过，不可得而“亨”矣。所以“亨”者，以变通于中孚也。成咸，因而成既济，故由“利”而“贞”。

可小事。

“小事”，五有事也。谓中孚二，宜来之五。

不可大事。

“大事”，四之初也。

飞鸟遗之音。

“遗”即“不遐遗”之遗，“音”即“翰音”之音。单出曰“声”，杂比曰“音”。中孚成益，下震为鸣，鸣但有声耳。小过成咸，四之初比之，则同声相应，而成音，谓中孚二，遗于小过五，而小过四之初以经之也。飞鸟谓下成离。

不宜上宜下。

小过成咸，咸四之初，为下，中孚成益，益上之三为上，宜下则不宜上，宜上则不宜下，上下不兼行也。

大吉。

五柔本小，成咸则吉。

初六，飞鸟以凶。

不遗之音，而先飞鸟，则成明夷。

六二，过其祖。

“祖”谓豫五也。小畜二，不之豫五，而上之豫三，成小过，不配其祖，而“过其祖”矣。

遇其妣。

“妣”即晋之“王母”也。小畜成需，变通与晋遇，谓需二之晋五。

不及其君。

需二之晋五，上乾为君，乃需二不之晋五，而晋上之三，亦成小过，故“不及其君”。

遇其臣。

小过变通于中孚，遇而成咸，即损之“得臣”。

无咎。

明“过其祖，不及其君”，皆有咎。

九三，弗过防之。

小畜上不之豫三，则不成小过，故“弗过”。当此不成小过时，宜豫防之。

从或，

“或”，疑而不孚也。谓豫不能防，而成小过。

戕之，凶。

“戕”，犹壮也。小过、需相错为大壮，不云过之而云“戕之”，以相错者言也。能防则弗过，亦弗戕。“从或”则戕之，即过之也。当位则为壮，失道则为戕。壮之为戕。犹贲之为焚。

九四，无咎。

不从或，则无咎。

弗过遇之。

不成小过，由于小畜二与豫五相遇也。

往厉必戒。

“往”初往四也。弗过遇之，则不成小过，而成萃，萃四往初成屯，是时小畜已成家人，盈不可久，故“厉”。“必戒”谓不可以屯三之家人上也。

勿用永贞。

“勿用”，即屯之“勿用有攸往”也。屯三不之家人上，而爰于鼎，则“永贞”矣。

六五，密云不雨，自我西郊。

中孚二之小过五而后上之三。仍不异小畜二之豫五，而上之豫三也。

公弋，取彼在穴。

“彼”，彼中孚也。在穴谓中孚二也。弋读若杙，即“朋盍戠”之戠也。中孚二之小过五成咸，互乾为公，为“盍戠”。中孚成益，益上之三成既济，二互坎为穴。

上六，弗遇过之。

“弗遇”谓小畜二不之豫五也，已成小过，则欲其“过之”，不欲其又成明夷。

飞鸟离之，凶。

小过孚于中孚，中孚二虽之小过五，而小过仍小过也。不变通于中孚，而小过四先之初，成明夷，为“明夷于飞”离之，则不过之矣。

是谓灾眚。

谓不止于过，未过欲其弗过，既过宁仍过之，不可灾眚也。

（既济）

䷾ 坎上 离下

既济。亨。小利贞。

“小”谓未济也，既济六爻皆定，不可亨矣。变通于未济，而后亨。亨则未济成益，益变通，于恒则“利”，益成既济则“贞”。未济成咸通损亦然。

初吉。

“初”即“初筮”之初，未济二五先初四，三上而行也。

终乱。

未济又成既济，不能变通。

初九，曳其轮。

“曳”、“轮”皆坎也。轮与伦通。

濡其尾，无咎。

咸、泰相错，为谦之“虎尾”。咸四又之初，成既济，与泰相错为需，故“濡其尾”。为泰通于否，而二之五，上坎为轮，则虽“濡其尾”，亦得无咎。泰不通否，而二之五，上亦为坎，然曳而不伦。

六二，妇丧其茀。

“茀”，首饰也。与拂通，未济二之五成否，上乾为首，五所以饰其首也。“妇”即蒙“纳妇”之妇，未济成损，与蒙成损同。妇未纳，故“丧其茀”也。

勿逐。

因逐成损，面是“丧茀”，损通于咸，咸四不之初，仍“勿逐”也。

七日得。

损二之五亦七也。

九三，高宗伐鬼方。

未济二之五，上乾为天。天尊。“宗”犹尊也，故为宗。四又之初成益，上巽为高。益上之三为伐，阴在五，称“鬼”。谓恒也。益旁通于恒，故为“鬼方”。恒二之五，而后益上之三，为“伐鬼方”。

三年克之。

三年者，未济成否、成益、又成既济为三也。伐之所以“克之”，申上文。

小人勿用。

恒二未之五，为小人，益上则不可用以之三。

六四，繻有衣袽。

“繻”，犹需也。“袽”，絮缊也。未济二之五，成否需二之晋五万否同。乾为衣，五实成乾，如衣之有絮。

终日戒。

否四之初成益，上又之三，则终于离日矣。“戒”之者，以其未乾乾也。

九五，东邻杀牛。

谓“终日不戒”，而“用小人”也。益通恒，恒二未之五上震为东方，益与之邻，故为“东邻”。益三互坤为牛，上之三杀之。

不如西邻之禴祭。

恒二之五成咸，上兑为西。然后益上之三，则为“时行”。“禴”，当为礿。礿，犹约也。谓益上之三，恒二先之五，则先祭后约，故为“礿祭”。

实受其福。

受其福，谓未济二之五也。未济成否、成益，受福矣。益不待恒二之五而成既济，则仍为虚受也。

上六，濡其首。

“濡”即需也，泰、既济相错，为需、明夷。泰下乾为首，故“需其首”。承上“东邻杀牛”而言。杀牛谓益，“濡首”则恒成泰矣。

厉。

指未“濡其首”时言也。谓未济成益，苟失是。则“濡其首”矣，可不危乎！

（未济）

䷿ 离上 坎下

未济。亨。

既济孚未济，而亨也。

小狐汔济。

小谓二不之五，而四之初成损也，损通咸，咸下艮，故云“小狐”。“汔”，涸也。谓损二仍不之五，而上之三万泰，上无坎水，故涸。

濡其尾。

损既成泰，咸四又之初，成既济。

无攸利。

未济成损，损又成泰，何“利”之有？

初六，濡其尾，吝。

咸四之初，故于初六发之，成泰而后通否，故“吝”。

九二，曳其轮，贞吉。

承初六言之也。泰孚否，而乃成既济，故虽“吝”而“贞吉”。

六三，未济，征凶。

二未之五，而三征于上，故“凶”。

利涉大川。

征凶谓成恒也。成恒则凶孚益，而“涉大川”则利。

九四，贞吉，悔亡。

申上“利涉大川”之义。益通恒，则悔亡，恒二之五，而后益上之三，则“贞吉”，即所谓“利涉大川”也。

震用伐鬼方。

恒上震，恒二之五成咸，则用震。“震用”，犹用震也。用震而后“伐鬼方”，谓恒二之五，而后益上之三，所以“利涉大川”而“贞吉”也。

三年有赏于大国。

震用而后伐，则“续终”矣，故其伐为有功。“未续终”，则“小人勿用”。能“续终”，则“有赏于大国”。“国”谓益三互坤，恒二之五故“大”。

六五，贞吉，无悔。

此贞吉谓既济孚于未济，则既济之贞为吉。未济成否，未成益，则否上之三无容改悔。

君子之光。

“光”即“有孚光亨”之光，谓成否，由否而成咸，故“无悔”。

有孚，吉。

惟二先之五，为“君子之光”，其“有孚”乃“吉”。若二不之五，虽“有孚”不吉。

上九，有孚于饮酒，无咎。

申上“有孚吉”也。二之五成否，为“需于酒食”之比例。

濡其首。

否成益通恒，恒四之初成泰，益上之三，成既济，相错为需，则“濡其首”。

有孚失是。

“是”犹时也。益虽孚恒，而恒二不之五至于成泰，则失乎“西邻禴祭”之时矣。凡卦皆有两筮，故孚亦有二。“初筮”有孚，饮酒固无咎矣。“再筮”濡首，则仍失趋时之首。此全《易》之通义也。凡卦“有孚”则吉，然因有孚而饮酒，则无咎为吉，因“有孚”而濡首则失是，仍不为吉，又全《易》之通义也。

第三章　彖上传章句第三

大哉“乾元”!

乾知大始，故乾元称大。

万物资始，

“始”亦元也。“资”，犹利也。六十四卦之往来旁通，皆以乾二之坤五为始。

用统天。

“统”，理也，治也。乾六爻皆刚，未治也，以二之坤五，通而理之。

云行雨施。

坎为云，乾二先之坤五，为云，四从之则“云行”。雨亦坎也，乾上之坤三为施。

品物流形。

“品”，等也。爻有等谓之物，“形”谓成既济也。流亦通也。“品物”则元而亨。“流形”则利而贞，承上文言之。四从二五为云行，则三上待利而后贞。上从二五之“雨施”，而初四待利而后贞。

大明终始，

乾二先之坤五，则大不成需、明夷故明，成既济则终。不俟其终，即变通以成一阴一阳之道，故“终则有始”。物不失其品则大明，有始而后终，即流而后形。

六位时成，

六位皆定为成，当其可之谓时，终则有始，故“时成”。

时乘六龙以御天。

此六即“有六”之六，“六龙”谓解上震，乾成家人，通于解，解二之五为“乘六龙”。然后家人上之解三，乾成既济，为天下治，故去“御天”。“御天”。“御天”，犹统天也。“时乘”则非“柔乘刚”之“无攸利”矣。不可曰阴龙、柔龙，故曰“六龙”。

乾道变化，

承上时成、时乘，而申言之。“道”，犹行也。乾行于坤，成屯矣。又变化通于鼎，乾行于坤，成蹇矣，又变化通于睽，生生不已，所以为利。

各正性命，

屯通于鼎而屯成既济。家人通于解而家人成既济。鼎、解成咸，又通于损。损成益，而咸成既济。益又通于恒，恒成咸，而益成既济，是为“各正”。各者一成既济，一不成既济也。“正”即贞也。成两既济，则终止矣。乾成革，坤成蹇，其各正亦同，此时成之义也。

保合太和，

保之言孚也，孚则合矣，合则和矣。或盈、或消、或得、或失，皆以孚合和之。

乃“利贞”。

变化则利，各正则贞。

首出庶物，

乾为首，二之坤五故“首出庶物”。众，物也。凡柔在五中，未大者，乾道变化之，以“知大始”。

万国咸宁，

“宁”，定也。“万国”者，不止于一也。乾成家人，坤成屯。又通于鼎、解，生生不已。故称“万国”。鼎、解成咸、家人，屯成既济，彼咸此宁，“终则有始”也。申上文“各正性命”之义。

至哉“坤元”！

有所自而至，谓坤有所承也，当位而成蹇、屯，则自蹇、屯通睽、鼎，失道路而成谦、复，则自谦、复通履、姤，同为元，而坤有所承，故为至也。至即“坚冰至”之至，所谓“知至至之”也。

万物资生，

始于乾二之坤五，由坤而变通，为资生。

乃顺承天。

乾当位而成屯、家人、革、蹇，坤承之变通，以损其盈。乾失道路而成谦、夬、复、小畜，坤承之变通，以补其过。

坤厚载物，

物爻有等也。乾上先之坤三，则薄而无等次矣。厚载物谓不使三先于五。

德合无疆。

乾二之坤五，坤五与乾五，皆刚中，则“天地合其德”。又“变而通之以尽利”，以至于无穷。

含宏光大，

“含”者，含而不尽也。谓坤成屯，即含而变通于鼎。惟能含斯宽宏，而不阴狭。

“光”，广也。读如“光被四表”之光。旁通则广，时乘则大。

品物咸“亨”。

鼎二之五为坤元，坤三之鼎上，成，咸则坤“元”而“亨”也。

“牝马”地类，

非牝马则终止于坤，而无类矣。地类谓坤之所以续也。

行地无疆，

乾二行于坤五，鼎二行于五。

柔顺“利贞”，君子攸行，

柔谓鼎五，顺谓屯通鼎，以承乾也。如是则利贞，而为君子所宜行。

“先迷”失道。

所以迷者，以其失道。

后顺得常。

常亦恒也，谓屯三后于鼎五，而鼎成咸，先则迷矣，后则顺矣。

“西南得朋”，乃与类行。

乾二先之坤五为类，初四从之成屯，三上从之成蹇。

“东北丧朋”，乃终有庆。

蹇成既济则终，通于睽，“知丧”故“有庆”。

“安贞”之吉，应地无疆。

二五先行，而后初四三上，从之为应旧。以初之四、二之五、上之二为应，非也。应地谓鼎二之五，而屯三应这。或睽二之五，而蹇初应之。鼎、睽皆地类，故云“应地”也。

屯，刚柔始交而难生，

刚柔始交，谓鼎二之五也。难谓大有，四之比初也。屯通鼎，鼎二之五，难乃得生，所谓“艰则无咎”也。归妹四之渐初，成家人、临，为“内难”。临通遁，则临二之五，亦犹屯通鼎，而鼎二之五。

动乎险中，

同人四之比初、大有四之比初，皆先有险而后动。

大亨贞。

大即元也。明屯之“大亨贞”皆本于利，下申言之。

雷雨之动满盈，

此指同人四之比初也。成家人、屯，当位而盈。

天造草昧，

此指大有四之比初也。大有二未之五，故“昧”。“草”犹早也。“早昧”，昧而未至于晦，方成大畜、屯，大畜上未之屯三，虽昧而犹早。造亦始也。鼎二之五，上乾为天，是为“始交”。

宜建侯而不宁。

“宜”，即利也。“宁”，犹定也。无论“满盈”、“草昧”，皆宜变通于鼎，而“建侯”。不可以家人上之屯三，亦不可以大畜上之屯三，是为勿用有攸往也。

蒙，山下有险，

谓蒙卦，坎在艮下。

险而止，蒙。

谓二之五，而上之三。

蒙，亨。以亨行，时中也。

革通于蒙，为时行，蒙二之五，为中行。蒙二之五，而后革四之蒙初，为“以亨行”。

“匪我求童蒙，童蒙求我”，志应也。

应即求也。革四之升初，则无所应。

“初筮告”，以刚中也。

中谓五也。二之五，则刚在中。

“再三渎，渎则不告”，渎蒙也。

不初筮，而至于再三，革虽通蒙，而渎矣

蒙以养正，

革四之蹇初则穷，变通于蒙，以养之。

圣动也。

圣亦通也，草图则有始，由于变通。

需，须也。

赞“归妹以须”、“贲其须”，皆指需。

险在前也，

需、小过相错，为蹇、大壮，故《传》与蹇同。

刚健而不陷，

“陷”即窞也。坎也需则陷，需通晋，则不陷。

其义，不困穷矣。

“义”，犹利也。变而通则利矣。困“尚口”成需，贲成明夷，故“穷”。既变通于晋，而不陷，则不困不穷。

“需，有孚，光亨贞吉”，位乎天位，以正中也。

二之晋五成否，上乾为天，故为“天位”。需成既济，则正，晋成否，则中。

“利涉大川”，往有功也。

三从二五而往，则有功。

讼，上刚下险，

明讼卦。

险而建，讼。

讼二之明夷五，即乾二之坤五之比例。

“讼，有孚，窒惕，中吉”，刚来而得中也。

“来”谓二之明夷五，得中道。凡二之五称米。

“终凶”，讼不可成也。

明夷成既济，讼不可，又成既济。

“利见大人”，尚中正也。

讼所以“元吉”。

“不利涉大川”，入于渊也。

讼成需，犹坎成需。先成中孚，上巽为人。先成过，下巽为人。

师，众也。

下下皆应，则众。

贞，正也。能以众正，可以王矣。

先成，众应之矣。比成屯通鼎，又众应之，而后贞。

刚中而应，

二之五则刚中应，谓上下应刚中，而上下应，则能以众正。

行险而顺，

坎为险，二之五，则行险，“众正”故顺。

以此毒天下，而民从之。

“毒”即“遇毒”之毒。噬嗑成明夷，而通讼，则为“遇毒”。讼、明夷相错，即师、同人也。《传》之赞《易》，错综如此。

“吉”又何“咎”矣。

赞“吉，无咎”。

比，吉也。

赞比吉，谓比则吉也。

比，辅也，

辅则不能为主矣。谓初三皆宜从人。

下顺从也。

下谓下应成屯，屯又通鼎则顺从。

“原筮，元永贞，无咎”，以刚中也。

“刚中”即大有之大中。

不宁方来，上下应也。

即大有之下下应。

“后夫凶”，其道穷也。

终止故穷。

小畜，柔得位而上下应之，曰小畜。

柔谓豫得位，谓小畜二之豫五。

初四应二五为下应，三上应二五，为上应，乾四之坤初，坤成复，乾成小畜。小畜二之复五，则上应而下不应，转移于豫，而上下皆应矣。

健而巽，

下乾用其健则二之豫五。上巽用其巽，则上从二之豫三。凡《传》举上下卦和之德，非仅明卦，兼指其用。

刚中而志行，乃“亨”。

二之豫鲆为志，上应之，则志行于三上，故“亨”。

“密云不雨”，尚往也。

谓上从二而往，犹云“往有尚”。

“自我西郊”，施未行也。

施谓上之豫三也，未行谓豫四未之初也。“未行”故“不雨”，而上有兑雨。

履，柔履刚也。

柔谓谦，谦孚于履，则以五之履二为“履刚”。

说而应乎乾。

说指下兑，即谓谦舍夬，而通履也。履二之谦五，上乃有乾可应。夬二之谦五，则无乾矣。

是以“履虎尾，不咥人，亨”。

乾上之坤三，说而不应故成“虎尾”。变通于履，履二之谦五，则“不咥人”而亨。卦本乾在上，兑在下，《传》曲以明之。

刚中正，

谓二先之谦五，而后四之谦初。

履帝位，

成无安下震。

而不疚，

“疚”，疾也。四不行称疾，四从二之谦初，故“不疚”。

光明也。

夬四之谦初，则成明夷，明夷则不能明。旁通于履，既广矣，则谦不成明夷。

“泰，小往大来，吉，亨”，则是天地交而万物通也。

二之五为交，旁通于否。为乾坤之相错，故“天地交”。否成益，又通于恒，故“万物通”。

上下交而其志同也。

上下谓二五也。与否五同志。

内阳而外阴，内健而外顺，内君子而外小人。

明下乾上坤。

君子道长，小人道消也。

消长以在五言之，泰五，小人也，则宜进而为君子。进而为君也，则道长。不进而长为小人，则道消矣。进为君子则道长，故大宜来也。

“否之匪人，不利君子贞，大往小来”，则是天地不交，而万物不通也，上下不交，而天下无邦也。

泰二之五成既济，下离乃有邦。

内阴而外阳，内柔而外刚，内小人而外君子。小人道长，君子道消也。

孚于小人则道路长，不孚于小人则“不利君子贞”，故“道消”。孚于小人则道长，故小宜来也。已为君子，则君子在外。君了在内，小人在外，则小人宜进为君子。君子在外，小人在内，则君子宜变通于小人，小人化为君子，君子孚于小人，此所以泰而不否也。

同人，柔得位得中，而应乎乾，曰同人。

柔谓师也。师二之五，则得位得中，与乾二之坤五同。故同人四上应之，为应乎乾，四上先行，则上无乾矣。

同人曰“同人于野，亨，利涉大川”，乾行也。

同人成革，而通于蒙，即乾成革通于蒙也。同人成家人而通于解，即乾成家人通于解也。

文明以健，

同人、师相错，为明夷、师。二之五，文在中，而明不夷，故“文明”即为乾行健于坤五之比例，故健。

中正而应，“君子”正也。

谓同人成既济。

惟君子为能通天下之志。

通于师。又通于蒙、解。

大有，柔得尊位，

柔谓六五，行尊位谓二之五。

大中，

“大中”即大极也。大指刚也，中指五也。谓二以刚爻上行于五。

而上下应多，

比与大有旁通，则初四三上俱应。二五上下应，是为两仪。

曰大有。

“易有大极”，故大有。

其德刚健而文明，

德五，得成同人。

应乎天而时行，是以“元亨”。

上下皆应而不可皆行，故宜“时行”也。时行谓二之五，而四从之，或上从之。不皆从，以成两既济也。

谦，“亨”。天道路下济而光明，

“天道”，履也。下谓履四之谦初也。履四之谦初，成明夷，则不光明矣。惟下而即成既济，是履二先之谦虚五，而后四这谦初也。下而成既济，不成明夷。故“下济而光明”也。

地道卑而上行。

“地道”，谦也。上行初之履四也。二五先行，初四从之，故卑。

天道亏盈而益谦，

已成益、既济则盈。盈则亏之，谓益通于恒也。未成益、既济，先“君子有终”，而履成益，故“益谦”。

地道变盈而流谦，

盈则变即益通恒也。“流”谓履二，流于谦五。

鬼神害盈而福谦。

恒二未之五，为“鬼”，恒二之五则为“神”。鬼则害，神则福。

人道恶盈而好谦，

恶由于害，好由于福。据福害则称鬼神，据好恶则称人道。

谦尊而光，

坤成谦，五失所尊，旁通于履则尊，尊以其光也。

卑而不可踰，

卑而上行，故不可踰。初不自卑，先五可行，则踰矣。

“君子”之“终”也。

明“君子有终”。

豫，刚应而志行，

小畜通于豫，上下乃应。刚应者，“刚中而应”也，刚应则志行矣。

顺以动，豫。

顺谓顺承，小畜、复而变通时行，坤方成复，下震为动。不俟其成明夷，而即变通，以顺承之。顺以动，则辨之早矣，故为豫也。

豫，顺以动。

所以变通，顺承于豫者，由乾四之坤初成小畜、复也。《象传》举上下卦德，多用“而”字为辞，有用“以”字者，则相呼应之辞也。

故天地如之，而况“建侯行师”乎？

小畜二之豫五，而后应之，仍合乎乾坤。

天地以顺动，故日月不过，

谓不成小过，小畜上先之豫三，则成小过，不能顺而动。

而四时不忒。

小畜、豫相错，即观、大壮。

圣人以顺动，则刑罚清，而民服，

成咸而民弗过，则形狱止息。

豫之时义大矣哉！

时义小畜能变通。

随，刚来而下柔，

刚来，巽二之震五，亦归妹二之五。柔谓蛊五，随已刚中，乃舍而从于蛊，是下柔也。

动而说，随。大享贞无咎，而天下随时。

先赞“元亨贞无咎”，然后以“天下随时”赞利。“元亨贞”所以“无咎”者，以天下随时而利也。

随时之义大矣哉！

“义”，犹利也。

蛊，刚上而柔下，

二刚上行之五，五柔下行之二。

巽而止，蛊。“蛊，元亨”，而天下治也。

凡称“天下”、称“四方”、“万民”，皆以“再筮”言之。数纪于一，协于十，长于百，大于千衍于万也。成蹇 通睽，而成既济，为“天下治”。

“利涉大川”，往有事也。

二之五而后上往随三，是由二五有事，而往也。

“先甲三日，后甲三日”，终则有始，

"三日"，终也。"后甲"，有始也。

天行也。

蛊成蹇，而通于睽，犹坤成蹇，而通于睽。

临，刚浸而长，

"浸"，渐也。解成临，不致又失道。成泰即通于遁，则辨之能早辨矣。

说而顺，刚中而应，

二之五，则刚中，旁通于遁，则上下应，

大"亨"以正，天之道也。

盈虚消息得宜。

"至于八月有凶"，消不久也。

"消"谓解成临也，临不与遁通，则二之五成屯。家人上之屯三，成两既济，与"盈不可久"同。

大观在上，

大壮之失道在三上，旁通于观，而有以化其失。在观上之能补救也。

顺而巽，中正以观天下。

中谓大壮二之五，正谓大壮成既济，观天下，谓观于大壮成益，又观于恒。

"观，盥而不荐，有孚颙若"，下观而化也。

"化"，变化也。"下观"，上之三也。上之三成蹇则变化而通睽。

观天之神道，而四时不忒。

变化不测，乃为时行。

圣人以神道设教，

蒙化为观，观又孚于大壮。大壮化为革，革又孚于蒙，神之不测也，而实即一阴一阳，圣人修道以为教也。"设"，犹施也。大壮二先之五，而后观上施于三，是为"设教"。

而天下服矣。

即通于大壮成益，又通于恒，故天下服。言非一服而止也。不旁通，虽成已不成物，神道设教，可以通天下之志。

颐中有物，曰噬嗑。

中谓五中，有物则井二来之五。

噬嗑而“亨”，

井不变通于噬嗑，则不亨。

刚柔分，

谓噬嗑、井相孚，明井、丰刚柔不分。

动而明，雷电合而章。

先成丰，而后来章，非合而章也，合而章，谓先成无妄，后成革。

柔得中而上行，

“得中”则柔进为刚，“上行”谓井二来之五。

虽不当位，

谓坎巽成井。

“利用狱”也。

“利”则可以“用狱”矣。

“贲，亨”，柔来而文刚，故亨。

“柔来”即小来也。以小孚大，所以“文则”也。“物相杂”为文，蒙通革，则“杂而著”。贲、蒙之错也。故《传》于此赞之。或谓泰上来二，何得言亨？

分则上而文柔，故“小利有攸往”，

困成大过，则群阳相聚。困二无之贲五，言分者，据困成大过言之也。据困成大过言，则分刚，据贲成明夷言，则文柔。或谓泰二之上，为分刚上而柔，泰二不之五而之上，岂得为利乎？

天文也。

贲成既济，困成咸，为“天文”。《易》以“先甲”为天，“后甲”为人。

文明以止，

不成明夷，而成既济，故“文明止”。谓困成咸，上先行，则困成大过，无艮。

人文也。

由此而既济未济，咸通损为“人文”。

观乎人文，以察时变，

“时变”，时行而变通也。离艮失道，成贲，变通于困，则不亨者亨，此天道之时也。

观乎人文，以化成天下。

一变通，而贲成既济，再变而困成既济，是由变化而有成也。成之者性，故为“人文”。

剥，剥也，

“剥”，挩也。挩犹脱也。剥卦之剥，即剥脱之义。

柔变刚也。

以柔变夬之刚，谓与夬旁通，夬舍谦而通剥，即剥脱之谓矣。明剥脱以变为义。

“不利有攸往”，小人长也。

小人方长则宜进，而为君子，不可以上之三。

顺而止之，观象也。

夬二之剥五成观象，谓变通。

君子尚消息盈虚，天行也。

乾上之坤三，不合天道。夬通于剥，以补救之，仍合天之行。

“复，亨”，刚反动，而以顺行。

刚谓乾，动谓乾四之坤初，乾二不之坤五，而坤成复，是为刚反动。“以顺行”刚变通于姤，与“坚冰至”之顺同。

是以“出入无疾，朋来无咎”。“反复其道，七日来复”，天行也。

复变通于姤，犹夬变，通于剥。

“利有攸往”，刚长也。

三所以可往者，五之刚已长也。

复其见天地之心乎！

天地乾坤也。心谓乾二之坤五也。刚反动则“天地之心”

不存。以顺行则以见而复矣。

无妄，刚自外来，

外谓睽也。睽二来五，成无妄。

而为主于内，

睽成无妄，则五为主，即“遇主于巷”之主也。

动而健，刚中而应。

则中谓升二之五，应谓三四上下应。

大“亨”以正，天之命也。

变通，则至于命。

“其匪正有眚，不利有攸往”，无妄之往，何之矣？

起下文。

天命不祐，

右谓上之三也。升二不之五而无妄 成益，恒二又未之五，故“命不祐”。

行矣哉！

益上不可之三。

大畜，刚健笃实，

刚而行健则二之五。“笃”，厚也。“实”，谓二之五也。上先五而行则轻不笃，虚而不实矣。

辉光日新。

横被四表，则由发挥，而广大矣。

其德刚上而尚贤，

变通于萃，而二之五，下离为日，是由更新以成其德也。贤谓五得中也。二上行于五，则贤矣。

能止健，

能止，则上之萃三，而萃四不之初。能健，则二先之五，故云“止健”。

大正也。

大而后正，五先于上。

“不家食吉”，养贤也。

与鼎之“养圣贤”互明。

“利涉大川”，应乎天也。

鼎成大畜，上下无应。既“利”而“涉大川”，则“应乎天”。天谓大畜，下乾。

“颐，贞吉”，养正则吉也。

急于正，则不吉。“观颐”，观其所养也。其所养，谓大过二之颐五。

“自求口实”，观其自养也。

“自养”谓颐也。成两既济，则无所养，故大过成既济，颐成益，则养之。以颐养大过之正，是为“观其所养”。若颐成益，益上即之三，仍成两既济，无所养矣。故颐成既济，恒成咸，以养之。以恒养颐之正，是为“观其自养”。

天地养万物，圣人养贤以及万民。

养大过，又养颐，故去“万物”、“万民”。

颐之时大矣哉！

能养正，则为时行。

大过。大者过也。

“过者”，失也，亦行也，刚称大，姤二不行，而上行，则所失在刚。变通于颐而二之颐五，是为大者行。

“栋桡”，本末弱也。

本谓初四，末谓三上。姤上之复三，贲上之困三，成大过则“末”弱。大过四之初，成需则“本”弱。

刚过而中，

姤二不中行，而上先行，故为过。变通于颐，二之颐五则中。

巽而说，

谓巽于颐，而舍明夷。

行。

巽于颐，而二行于颐五刚，所以过而中也。

“利有攸往”，乃“亨”。

刚过则不利，有攸往，不得为亨矣。利而有攸往，则变通于颐也。

大过之时，大矣哉！

大过以通颐为时，颐以通大过为时。

习坎，重险也。水流而不盈，

水流谓二之离五，不盈谓初不之离四。

行险，而不失其信。

行险则流，信即孚，流则有孚，而不失是。

“维心亨”，乃以刚中也。

二流于离五则刚中，刚中而后维之，故“亨”。变为流而是不盈，维之乃亨，盈谓先成屯。《传》补明其例。

“行有尚”，往有功也。

三从于五，则有功。

天险，不可升也。

离成同人，同人上不可之师，三成升。

地险，山川邱陵也。

谓坎成比，比五坎为川，互艮为山为邱，陵谓成蹇。

王公设险，以守其国。

乾为君，王、公皆君了。五指王，公指三。谓离成革，三五互乾也。上之三为设，三上从二五。如公之从王。坎先成比，下坤为国，离上设而守之，谓成蹇而通于睽。

险之时用大矣哉！

时用谓坎成蹇，能变通。

离，丽也。

即“丽泽”之丽。

日月丽乎天，

离成同人，上乾为天。坎初之离四，成家人，互离日坎月，以丽之。

百谷草木，丽乎上，

“百众草木”犹云百果草木，谓家人通于解，解成萃，下坤为土。家人上之解三成咸，以丽之。

重明以丽乎下，乃化成天下。

申上文。

柔丽乎中下，故“亨”。是心“畜牝牛吉”也。

“重明”，即“原筮”也。解二之五，家人上丽之成既济。

第四章　彖下传章句第四

咸，感也。

“寂然不动，感而遂通”。

柔上，而刚上，

谓初四。

二气感应，以相与，

二气，刚柔也。咸五刚，损五柔，以咸感损，损二之五而咸四之初应之，感在损，应在咸，故相与。

止而说，

止则四不之初，说则舍此通彼。

男下女，

损上艮为男，下兑为女。二之五则上巽为女，下震为男，故男下女也。咸通损，犹益通恒。恒本男上女。二之五成咸则上兑下艮，故男下女。谓先男上以感而下也。指恒成咸，损成益，皆可通。《易》辞与孔子赞《易》之辞，均以此例之。

是以“亨，利贞，取女吉”也。

损二不之五，男不下女则女不可取。

天地感，而万物化生。

天地，即刚柔也。以刚感柔，以柔化刚，则万物资生。谓鼎、解。

圣人感人心，而天下和平。

失道，则不和不平，惟刚柔两相感应，则不和者和，不平者平。

观其所感，而天地万物之情可见矣。

由乾、坤而变通于鼎、解，鼎、解成咸。故去“天地万物”。

恒，久也。刚上而柔下。

谓二五。

雷风相与。

与谓成咸。

巽而动，刚柔皆应，

刚柔，二气也，皆应上下应。

恒。

所以得恒久。

“恒，亨。无咎，利贞”，久于其道也。天地之道，恒久而不已也。

乾坤变化而成损、益、咸、恒四卦，反复不衰。

“利有攸往”，终则有始也。

益上之三则终，恒二之五，则始。

日月得天而能久照，

“得天”，得天行之健也。

四时变化，而能久成，

终则有始，莫如四时。“日往则月来，月往则日来”。寒往则暑来，暑往则寒来。《系辞传》用以赞咸，咸通损，益通恒，所以往来不穷，故又于恒，申明之。

圣人久于其道，而天下化成。

天下以变化而成，则不终止。

观其所恒，而天地万物之情，可见矣。

凡言情、志，皆谓旁通。

“遁，亨”，遁而亨也。

本卦五已定，无所为亨，退而通于临，上之临三，以应临五，故“亨”。

刚当位而应，与时行也。

刚当位，临二之五也。应谓遁上，应之也。鼎五进而为遁，遁则退，而应于临，故“时行”。

“小利贞”，浸而长也。

即临之刚，浸而长。

遁之进义，大矣哉！

时行则利，谓通临。

大壮，大者壮也。

“壮”犹装也。大谓二二之五，大加于大。

刚以动，故壮。

“刚”谓二之五，“动”谓上震。因上有震，故二之五，以刚加于刚也。四先动，无所为大壮矣。

大壮“利贞”，大者正也。

大谓已成革，正谓成既济。

正大，而天地之情，可见矣。

晋，进也。

需二来进于五。

明出地上，

五进则出。

顺而丽乎大明，

上成乾，则大。

柔，进而上行，

柔谓六五，五柔宜进为刚，故需二上行。

是以“康侯，用锡马蕃庶，昼日三接”也。

明入地中，明夷。

贲上之困三，入于幽谷，故云“入地中”。

内文明，而外柔顺，以蒙大难，

贲成明夷，困成大过，入云“大难”。大谓大过也。明夷、大过相错，为革、明夷，通讼。犹革通蒙。

文王以之。

物相杂为文，蒙杂而著，即贲之文柔、文刚。讼上乾，为王，讼而比例与蒙，是文、是王、是蒙、是讼也。《传》之言“文王”，犹《经》之称《帝乙》。《易》之“曲而中，肆而隐”者如此。执于周王，而实以羑里之事，失之矣。

“利艰贞”，晦其明也。

所以利艰贞者，以晦其明故也。

内难，

家人，内也。小过四之初，成明夷，明夷、中孚相错，为家人，故云“内难”。夷于左股，内难也。夷于南狩，大难也。凡卦之由往来而成者不一卦，《经》第分明其义，《传》赞之也。

而能正其志，箕子以之。

明夷通讼，即中孚通小过。“鸣鹤在阴，其子和之”，所以“用拯马壮，吉”也。

家人，女正位乎内，

家人上巽下离，为女，二五本正位，故为内。

男正位乎外。

解上震下坎，男也。二之五则男正位。

男女正，天地之大义也。

与《归妹·传》互明。渐成家人通解与归妹成泰通否同也。推之归妹，成临通遁，成大壮通观，渐成既济，通未济，成蹇通睽，皆“大义”也。

家人有严君焉，

“严”，犹威也。“有孚威如”而解成咸，互乾为君，是由威如，而得君也。

父母之谓也。

父母 以有子，而称家人，父孚解为母，解成萃，则有子。

父父、子子、兄兄、弟弟、夫夫、妇妇、，而家道正。

乾父坤母，乾二之坤五，为有子。乾成家人，坤成屯，为“兄”。乾成革，坤成蹇，为“弟”。家人通解，父子相承，又为“父子”。父有兄弟，有夫妇。子又有兄弟，有夫妇，似续不已，乃成“家道”。“家道正”谓家人成既济。

正家而天下定矣。

既济，定也。乾通坤，而成家人，家人又通解，家人成既济，即乾成既济也。人人亲其亲，长其长。而天下平。

睽，火动而上，泽去而下。

火动，谓上离成震，上之三，成大壮也。泽动，谓下兑互震，四下之蹇初成损也。成损成大壮所以睽孤。

二女同居，

二女，指五与三。

其志不同行。

三从二五则同行矣。不同行者。不同行者，二之五，而四从之，蹇初成益，上又别从恒五之三也。

说而丽乎明，

谓二之五而四得所丽。

柔进而上行，

与《晋·传》同。

得中，而应乎刚，

二之五则得中，柔进为刚，而上下应。

是以“小事吉”。

柔，小也。进而上行，小有事也。

天地睽，而其事同也，男女睽，而其志通也，万物睽而其事类也。

不能“小事吉”，由大壮，而在泰，则睽矣。泰与否通，故同而类。

睽之时，用大矣哉！

蹇，难也，

蹇之难，与屯同。

险在前也。

升二之五刚坎险方来。前即前禽之前，谓比上，旧有坎险，而大有上之比三，所以为难。

见险而能止，

见险，谓变能于睽，即睽之“见舆曳”、“见恶人”也。能止谓初不行。

知矣哉！

谓能为变。

蹇，“利西南”，往得中也。

坤五先得中，而后三往。

“不利东北”，共道穷也。

乾、坤成革蹇，则宜变通。

“利见大人”，往有功也。

往已胡功，即宜旁通于睽，坤得中，而乾上往，故“有功”。

当位“贞吉”，以正邦也。

“当位”即“利见大人”。睽二之五，而后蹇 初之睽四，是贞吉由于当位也。“邦”谓离也。蹇贞成既济，则下离，人“以正邦”。“往有功”赞“利本南”，“以正邦”赞“不利东北”，及“利风大人贞吉”，而以“往有功”系“利见大人”之下者，互见之也。凡《传》之赞《经》，多放是。拘于学究，训诂之体，遂多扞格矣。

蹇之时用大矣哉！

解，险以动，

所以险者，以五未实上，为震也。

动而免于险，解。

成咸则无坎。

解，“利西南”，往得众也。

师二不之五，而同人上之师，三成家人，则师不众。家人通解，解二之五，则得众，胃上下皆应矣。而后三往家人上，是为往得众。

“其来复吉”，乃得中也。

二之五，为得中。

“有攸往，夙吉”，往有功也。

五先之二，而三从之，故有功。

天地解，而雷雷作。

“作”，始也。乾、坤成家人、屯，则穷。家人变通于解，故“天地解”。天地，乾坤也。解二之五，又为之始。

雷雨作，而百果草木皆甲坼，

雷雨既作则成咸，下艮与互巽相连巽木。艮，果也。甲，始也。坼，终也。解成咸有始，家人成既济而终。

解之时，大矣哉！

损，损下益上，

下谓二，上谓五。

其道上行。

谓二之五。

损而“有孚，元吉，无咎”。

损则失矣。而有孚则“元吉无咎”也。

“可贞，利有攸往，曷之用二簋，可用享”，二簋应用时，

损二之五，则咸四之初，应之。恒二之五，则益上之三，应之。当其可之谓时。

损刚益柔有时，

刚在五则损之，柔在五则益之，是为“时行”。

损益盈虚，与时偕行。

损刚，则反盈为虚，益柔，则复虚为盈。

益，损上益下，

上谓上，下谓三。

民说无疆，

民谓恒五也，恒二之五成咸，上兑为说，损上益下，则益成既济而终。民说则变通于恒，终则有始，故“无疆”。

自上下下，其道大光。

上谓上之三，下谓初之四，损二之五成益，益上不之三，而让咸四之初，然后通于恒。上乃之三，是上下于下也。犹云“贵下贱”。

“利有攸往”，中正有庆。

恒二之五则中，益上之三则正。以三从二五，则“有庆”。

“利涉大川”，木道乃行。

木，上巽也。木合于道乃行。“道”谓民说，“行”谓损上益下。

益动而巽，日进无疆。

“日”谓上之三，成离也，进谓恒二之五也，日因进，而无疆。

天施地生，其益无方。

申言“日进无疆”也。何以“无疆”，以天施地生也。天谓益施上之三也，地谓恒生，二之五也。城施则终，地生则又有始，无方言其神也。

凡益之道，与进偕行。

凡卦成既济，皆宜终则有始。

夬，决也，刚决柔也。

柔指剥。

健而说，决而和。

二之剥五，则行健而决。夬舍谦而通剥，则说而和之。谓谦、夬之失在三上，以剥之三上补救也。

“扬于王庭”，柔乘五刚也。

兑三之艮上，乃下有五刚，相连而上，以一柔乘之，为失道也。惟其下有五刚，未离其类，故“扬于五庭”以决之。决者，二之剥五，决断其五刚也。或以柔乘五刚，为“扬于王庭”，失之。《传》之赞《经》，每申述其所以然之故。

“孚号有厉”，其危乃光也。

旁通故危，厉而能广大。

“告自邑，不利即戎”，所尚乃穷也。

“尚”，二之五也。需二之明夷五，成两既济故“穷”。

“利有攸往”，刚长乃终也。

二长于剥五而后，四乃之剥初，夬成既济，剥成益，终则有始故利。

姤，遇也。柔遇刚也。

柔谓复五，刚谓姤二。

“勿用取女”，不可与长也。

与谓咸也，不能成咸，则不可久长。

天地相遇，品物咸章也。

乾二之坤五，为相遇，乾四之坤初，天地不相遇矣。复旁通于姤，姤二之复五，仍合乎乾二之坤五。乾成小畜，坤成复，品叙紊失，一经变通，先二五，次三上，姤成咸，叙乃不紊。

则遇，中正，

姤二遇于复五，而复成既济，乃中正。

天下大行也。

姤成咸，又旁通于损。

姤之时义，大矣哉！

萃，聚也。

解二之五，则二阳聚。大畜上之萃三，则三阳聚。

顺以说，

顺承以能变通。

刚中而应，故聚也。

谓大畜二之五，而上应之。

“五假有庙”，致孝享也。

“孝”即畜也，指旁通

“利见大人，亨”，聚以正也。

萃聚而成咸，由大畜成既济。

“用大牲吉、利有攸往”，顺天命也。

天命谓大畜二之五，萃三顺之。

观其所聚，而天他万物之情，可见矣。

柔以时升，

虞仲翔曰：柔谓五，坤也。升谓二，坤邑无君，二当升五。

巽而顺，刚中而应，

二之五为刚中，无妄上下应之。

是以大亨。

刚中则大，应则亨。

“用见大人勿恤”，有庆也。“南征吉”，志行也。

“志行”于无妄之三上。

困，刚揜也。

揜，犹伏也，刚揜伏于二。

险以说，“困”。

坎成节则险，贲既变通于困，困仍成节。是变通而又险，故险以说也。此困所心名困。

而不失其所，“亨”。

刚揜则失所。“不失其所”则二先之贲五。

其唯君子乎！

贲成家人，为君子。

“贞大人吉”，以刚中也。

“大人”，即君子也，“刚中”即“不失其所”也。由小而大，为大人，由柔而刚，为刚中。

“有言不信”，尚口乃穷也。

兑为口。尚，加也。四之初成节，节下兑，贲上又加于节三，仍互兑，故尚口。由节而需，则刚揜失其所。

巽乎水而上水，井。

巽乎水，谓坎下成巽，上水谓震三之巽上，巽上成坎为井。

井，养而不穷也。

坎巽成井则穷，所以名井者，以变通于噬嗑，得所养，而不穷也。

“改邑不改井”，乃以刚中也。

改井刚中，改邑变刚中。乃之去者，明不能刚中于噬嗑，而乃刚中于明夷，难辞也。

“汔至亦未繘井”，未有功也。

坎、巽成井，则无功，井通噬嗑可以有功，乃未繘井而成需，故未有功。

“羸其瓶”，是以凶也。

谓成需、明夷。

革，水火相息。

革四之蹇初，革上成坎水，蹇下成离火。“息”，犹止也。相息谓革，四不之蹇初，蹇初止而不行，革四亦上，而不行也。或以水指上兑，兑为泽，不为水也。

二女同居，

谓二上。

其志不相得，曰革。

二五不交，即“不相得”，所谓“无丧无得”也。

“巳日乃孚”，革而信之。

志不相得，则宜“革去故”。然必孚信于蒙，乃为革。

文明以说，

“文明”，谓蒙二之五，文明由于能变通。

大“亨”以正。

“元亨贞”。

革而当，

“利”。

其“悔”乃“亡”。

悔而孚于蒙，则有丧、有得矣。

天地革而四时成，

蹇变为暑，暑变为寒，有所革，而时行。

汤武革命，顺乎天而应乎人。

革变通于蒙，“承天时”，时行也，故顺乎天。应谓蒙二之五，而四应之。“天”，犹天文。“人”，犹人文也。

革之时，大矣哉！

鼎，象也。

见乃谓之象。

以木巽火，亨饪也。

木巽火，谓二先之五，“亨饪”所以调和之也。调和之，则不亢。

圣人亨以亨上帝，而大亨以养圣贤。

养则不穷。

巽而耳目聪明，

有耳有目，屯成既济也。家人上之屯三，则不巽，不巽虽有耳目，而不聪明。惟鼎二之五，而后上之屯三，乃为巽也。

柔，进而上行，

五柔，故进而二上行，若刚则宜退矣。

得中而应乎刚，

得中则柔变为刚，应乎刚，上下应也。屯通鼎，犹蹇通睽。故其《传》同。

是以“无亨”。

得中故“元”，应乎刚故“亨”。

震，亨，震来虩虩，恐致福也。

恐亦惧也。惧则舍而通鼎，故“致福”。

“笑言哑哑”，后有则也。

后故有则。

“震惊百里”，惊远，而惧迩也。

远指鼎，迩指震，震成屯而惧以通鼎，是由近惊及于远也。

出可以守宗庙社稷，以为祭主也。

明其为“建侯”也，出谓出否。

艮，止也。时止则止，时行则行，

已成蹇，则宜止。未成蹇，则宜行。

动静不失其时，

宜动则行，宜静则止。

其道光明。

二之宜行而不行，则将成明夷，初四当止而不止，则将成两既济。成两既济，刚不光，成明夷则不明。

艮其止，止其所也。

止其所故时。

上下敌应，

兑二之艮五，而上应之成蹇、革。则下不可又应下。又应之，是与上应相匹敌。

不相与也。

与谓咸也，蹇、革相错为咸，故“相与”。成两既济，则“不相与”。此为终止，非止其所。

是以“不获其身，行其庭。不见其人，无咎也”。

上下敌应，则“获其身”。欲其相与，故不敌应。不敌应，故“不获其身”。

渐之进也，

归妹成大壮，渐成蹇，相错为需、蹇。

“女归吉”也。

睽五之归，与晋同。

进得位，往有功也。

以“往有功”，明其成蹇，为蹇之利，见大人。蹇通睽，睽二之五，而上之三则往有功。

进以正，可以正邦也。

赞利贞，睽成益。蹇成即济，则“可以正邦”。

其位刚得中也。

申言所以得位，进即睽之，“柔进而上行”，得中即睽之“得中而应乎刚”。

止而巽，动不穷也。

止谓成蹇，巽谓变能于睽，不止，则渐成即济，归妹成泰，辨之不早辨矣。睽成无妄，五震为动，通睽，而睽二之五则不穷。

归妹，天地之大义也。

由“征凶”以言也。成泰而通于否，故为“大宜”。泰、否相错，仍乾天坤地也。义，犹利也。

天地不交，而万物不兴。

归妹成泰，渐成既济，犹泰二不之五。而否成既济也。“不兴”二不之五也。

归妹，人之终始也。

泰二之五，成既济则为终。系否则为始。

说以动，

泰二之五，有否四之初，以应之，乃为解说，故说由于动也。《彖传》赞《经》，依本卦上下德，而所指则不专在本卦也。由此可推耳。

所归妹也。

昧而脱，脱而后归。

“征凶”，位不当也。

成泰和不当。

“无攸利”，柔乘刚也。

谓泰、坤乘乾，所以昧。

丰，大也。

五得中则大。

明以动，故丰。

不成明夷乃明动，则四之涣初成益，与贰“文明以止”义同。贲上先行，则成明夷，贲上无艮止，困下亦无艮止，故“文明”由于止。丰四先行则成明夷，丰上无震动，涣下亦无震动，故明由于动。

“王假之”，尚大也。

自涣二来尚于五。

“勿忧，宜日中”，宜照天下也。

即大人“继明，照于四方”。离成家人通解，解二之五，为涣二之丰五之比例也。

日中则昃，

“日中”，离仍在上柔中，未刚中而上，即先行，是“未照天下”，而离日即已倾昃。

月盈则食，

谓成明夷，而变通于讼，讼二之明夷五，“食旧德”。坎为月。

天地盈虚，与时消息，

离之成丰，犹乾之成夬。丰通于涣，犹夬通于剥。

而况于人乎？况于鬼神乎？

人之变化，亦同天地。义与《文言传》同。

“旅，小亨”，柔，得中乎外，

柔即小也，节二来则得中，节、旅相错为睽。“睽”，外也，故旅五为外。

而顺乎刚，

柔得中，则化为刚，上顺，而应之成咸。

止而丽乎明，是以“小亨，旅贞吉”也。

止则四不之初，丽乎明，则不成明夷。凡《彖传》举下卦、上卦之德，皆明其所之，非漫言也。

旅之时义大矣哉！

重巽以申命。

“先庚”、“后庚”得以申之。

则，巽乎中正而志行。

巽五刚，宜退而逊于震，故名为巽。既巽于震五，而成蹇，又巽于睽五，而成既济。震五、睽五得中，而志行于巽，巽乃得正。

柔皆顺乎刚，

柔谓震与睽也。刚谓巽与蹇也，巽逊于震，而震顺之。蹇逊于睽，而睽顺之。

是以“小亨，利有攸往，利见大人”。

兑，说也。

说，脱也。

刚中，

二之艮五。

而柔外，

三之艮上。

说以“利贞”，

成革，则宜去故，以变通，成既济。

是以顺乎天而应乎人。

谓成革。

说以先民，

民谓艮五，先民，以民为先。谓兑二先之艮五，而后三从之也。因先民而说，则成革而通蒙。

民忘其劳。

不先民，而成谦、夬，则放变能为“劳谦”。

说以犯难，

犯难，则成谦、夬矣。困犯难而说，则成夬，而通剥。

民忘其死。

犯难而不说，则夬四之谦初，成明夷，中亡而死，先成节、贲，节通旅，亦说以犯难。贲上之节三，与夬四之谦初同。

说之大，民劝矣哉！

艮、蒙、剥五柔，皆民也。说而通之，艮以先民而成渐，蒙以忘劳，面成观，剥以忘亦成观，小人皆进为君子，故“民劝”。

“涣，亨”，

瘵经文。

刚来而不穷，

刚来二之丰五也。来为“知来”之来，故在涣。而以二之丰五为来，丰五得涣二之来，所以不穷而亨也。否四之二，何以不穷。

柔和位乎外，

丰、涣相错，为家人、解。涣五刚，得家人上半为内，丰五柔，得解之上半为外。惟涣二之刚，来于丰五，故丰五之柔，得位乎外。申明上文“刚来”之义。

而上同。

同即同人之同也。离不成同人，而成丰，其不同由于离上之坎三，丰通涣，涣二先之丰五，而后涣上之三从之，仍离成同人，同人上之比三也。

“王假有庙”，王乃在中也。

在丰五。

“利涉大川”，乘木有功也。

上巽为木，三之上为乘木。二先行，三后乘，故“有功”。

“节，亨”，

举经文。

刚柔分，而刚得中。

节、贲刚柔不分，刚柔分，谓与旅孚也。二之旅五则“刚得中”。

“苦节不可贞”，其道穷也。

一阴一阳，往来不已，道也。成两既济则往而不来，终而无始。故“道穷”。

说以行险，

坎不行险，以失其信，乃成节。舍贲而通旅，则说节二之旅五则行险。

当位以节，

二之旅五，面后三之旅上，则当位。旅四不之初，故节。

中正以通。

所以当位者，以其节也。所以中正者，以其通也。

天地节，而四时成。

不能节，则非时行。

节以制度，

离四之坎初，则失度，变通以制之。

不伤财，

“伤”，夷也。贲上之节三，成明夷，则“伤财”。

不害民。

节、贲相错为损，损通咸，则远害。节通旅，犹损通咸也。

中孚，柔在内，

谓上不之三。

而刚得中，

谓二之小过五。

说而巽，

变通，而巽于小过。

孚乃化邦也。

孚于小过，小过成既济，下有离，故化而为邦。

“豚鱼吉”，信及豚鱼也。

因孚小过，乃有豚鱼。

“利涉大川”，乘木舟虚也。

益三之上，为乘，木虚谓恒，恒成咸，以虚受人。

中孚以“利贞”，乃应乎天也。

中孚孚于小过，成益，未贞也，利而后可贞。恒二之五成咸，互乾为天，益上之三应之。

小过，小者过而而孚也。

豫小不能畜而至于过。谓通中孚。

过以“利贞”，与时行也。

过而贞，不可者也。以变通尽利，而后贞，则当其可矣。

柔得中，是以“小事吉”也。

柔在五，是以先有事于五，小即柔也。有事于五，故得中。《经》言“可小事”，《传》言“小事吉”，明小过通中孚，犹蹇通睽也。蹇、大壮相错，为小过、需。

刚失位，而不中，是以“不可大事”也。

刚失位谓四。

有“飞鸟”之象焉，“飞鸟遗之音，不宜上，宜下。大吉”，上逆而下顺也。

下应则上不得又应。下应上又应，成两既济，则顺在下，逆在上。坤成屯，必通鼎，而三乃可之鼎上，是为顺承。若坤初下，应于乾四，坤三又上应于乾上，则不顺而为逆矣。

“既济，亨”，小者亨也。

既济何以亨？以未济小利贞。利贞属未济，亨亦属未济。故以小赞亨。或读经亨小为句，非也。

“利贞”，刚柔正，

未济成既济。

而位当也。

终则有始则贞，由于利，故位当。刚柔正，赞贞位当，赞利成两既济，则刚柔正而位不当，为贞凶矣。或以刚柔正，即是位当，非也。

“初吉”，柔得中也。

谓未济二先之五，柔得中则位当。

“终”止则“乱”，其道穷也。

谓成两既济，道穷则刚柔，虽正而位不当。

“未济，亨”，柔得中也。

明未济这亨，即既济之初吉。

“小狐汔济”，未出中也。

二未之五，犹坎二未之离五。

“濡其尾，无攸利”，不续终也。

损二之五成益，而咸四之初，成既济，则有嗣续而终。损成泰。咸成既济，故终而无所续。

虽不当位，

指“不续终”也。

刚柔应也。

指柔得中，咸虽成既济，不当位，而既济通于未济，未济二之五成否，则刚柔应矣。

第五章　象上传章句第五

天行健，

乾之健，在“行”，惟“行”故“健”。

君子以自强不息。

同居五，称“君子”，以用也。即用九、用六也。二五先行，称“自”，惮子行，则“息”，不息，则健也。

“潜龙勿用”，阳在下也。

阳在二，未升于坤五。

“见龙在田”，德施普也。

上之三为施，坤成屯，则乾上不可施。变通于鼎，鼎二之五，而后施，故云“德施”也。“普”谓旁通，所以由德而施者，以屯旁通鼎也。

“终日乾乾”，反复道也。

反者，阳通阴也。复者，阴变阳也。坤为乾之反，乾二之坤五，则复矣。鼎为屯之反，鼎二之五，则复矣。一反一复，所以乾而又乾也。《易》重“日新”，非反无由复也。

“或跃在渊”，进“无咎”。

革退，而蒙进。

“飞龙在天”，“大人”造也。

“造”，聚也。谓解成萃。

“亢龙有悔”，盈不可久也。

坤成屯则盈，成两既济，故“不可久”。

“用九”，天德不可为“首”也。

天德谓乾。

地势坤，

“劳”，犹形也。“坤”，顺也。坤成既济，必承天时行。

君子以厚德载物。

厚则不轻薄，谓不先成谦也。乾二先之坤五，则坤为君子。

"履霜坚冰"，阴始凝也。

"坚冰"，故凝。或谓无"坚冰"也。

驯致其道，至"坚冰"也。

驯亦顺也，成谦则轻薄，通履以补 救之，仍坚厚矣。此地势所以顺也。不能"自强"而为"潜龙"，不能"厚载"而为"履霜"。第《传》首总赞，与下正相贯。

"六二"之动，"直"以"方"也。

"动"谓成屯，下震。"履霜，坚冰至"，不直而方者也。成屯通鼎，则直而方者也。坤以方为顺。

"不习无不利"，地道光也。

由坤及鼎，故广。广而大，故"不习"。

"含章可贞"，以时发也。

发谓变通，屯通鼎，犹革通蒙。

"或从王事"，知光大也。

知者利仁。故知则广而大。

"括囊无咎"，慎不害也。

初四先二五而行，则害害，而能慎，仍不害矣。霜则以履为顺，囊则以括为慎。

"黄裳元吉"，文在中也。

乾二杂于坤五。

"龙战于野"，其道穷也。

盈则穷，失道亦穷。

"用六永贞"，以大终也。

大即元也。以元而终，终始相续，故得"永久"。

去雷，屯。

《象传》称"雷雨"，此去"云雷"，云亦雨也。但有"云雷"而示变动，所以"盈不可久"也。

君子以经纶。

"经"即"拂经"之经。屯、大畜相错为需、颐。颐通于大过，为屯通于鼎之比例。"纶"者，轮也，即"曳其轮"之轮。"乘马班和"则泰通否为"纶经"，谓鼎成大畜，即变通。"纶"谓鼎成泰，始变通。

虽"磐桓"，志行正也。

承上"经"字而言，以"经"则虽"磐桓"而"志行正"，谓鼎五志行于屯三，而屯乃成既济而正也。

以贵下贱，大得民也。

民谓鼎五，阳贵阴贱。屯五刚，贵也。舍之而从鼎五之柔，鼎二之五变小为大，故"得民"矣。

"六二"之难，乘刚也。

谓鼎成泰，宜曳其轮。

"十年乃字"，反常也。

需二这晋五，成否，为"用恒"，故"不失常"。鼎成泰通否，是为"反常"。

"即鹿无虞"，以从禽也。

"禽"谓屯五，从禽则不"失前禽"。

"君子舍"之，"往吝"穷也。

往所以吝，以鼎二不之五，而屯三往鼎上，其道穷。

"求"而"往"，明也。

鼎成泰屯成既浊，则相氏为明夷。明夷者，言不明也。不明是无应，今求而往，则不氏为明夷。

"屯其膏"，施未光也。

家人上施于屯三，则不广大。

"泣血涟如"，何可长也。

"长"，犹久也。谓鼎成恒，保可久？所以"涟如"。

山下出泉，

"泉"即渊也，出谓二之五，凡此多以变动言。

蒙。

惟出乃名为蒙。

君子以果行育德。

“果”，即“硕果”之果，二之五成观，为夬二之剥五之比例。“育德”，犹去养正。

“利用刑人”，以正法也。

以正谓革成既济，正由于法，故用“刑人”为利也。法有制度，则蒙二先之五。

“子克家”，刚柔接也。“接”，犹交也。二五交成观。乃相错为家人。

“勿用取女”，行不顺也。

二五示交，而一之三成升初，宜变通承之。不能“时行”，故“不顺”。

“困蒙”之“吝”，独远实也。

二之五成观，则近矣。

“童蒙”之“吉”，顺以巽也。

成观，上巽下坤，谓革，巽于蒙而顺承之。

利用“御寇”，上下顺也。

二之五，而初应之成益，下顺也。益通于恒，恒二之五，崦益上应之成既济，上顺也。

云上于天，

“云”即“密云不雨”之云，谓小畜上之豫三。

需。

天未行健，故有所“需”。

君子以饮食宴乐。

“宴”与燕同。

“需于郊”，不犯难行也。

晋四先之初成颐，晋上先之三，成上过，皆“犯难”。

“利用恒，无咎”，未失常也。

“犯难”则失常。

“需于沙”，衍在中也。

“衍”，流也。“中”谓晋五。

虽“小有言”，以“吉”“终”也。

既“衍在中”，则不小有言矣。

“需于泥”，灾在外也。

井成需，丰成明夷，所谓过旬灾也。涣志在外，指丰。

自我“致寇”，敬慎不败也。

“寇”当依郑康成、王肃作戎，“寇至”，败矣。“敬慎”，则不“致寇”而“致戎”。不“致寇”而“致戎”，则“不败”。“戎”谓离也，需二之晋五，有离而无坎。故不“致寇”而“致戎”。

“需于血”，顺以听也。

听谓小畜成需，上坎为耳。顺谓变通以承之，所以顺者，由小畜成需而听也。

“酒食贞吉”，以中正也。

与“讼元吉”同。

“不速之客来，敬之终吉”。虽不当位，未大失也。

不当位，谓小畜成需也。来而敬之，故“未大失”。

天与水违行，

忧则违之，明夷忧甚矣。宜违而通于讼。

讼。

与容通。明夷通讼，变泰之“包荒”也。

君子以作事谋始。

“作”亦始也。明夷变通于讼，为始事。讼成益，又谋始于恒。

“不永所事”，讼不可长也。

“所事”，即作事也。“不永”则未谋始。“不可长”，即不永也。明夷以作事而“终吉”，讼成益则“不可终”也。

虽“小有言”，其辩明也。

讼成益，未通于恒，而明夷已变通讼，则上下辩而明不伤。

“不克讼归逋”，窜也。

“窜”即迁也。即益这迁善。

自下讼上，患至掇也。

“患”谓忧，患成明夷也。“缀”读若剟，削也。二所以讼于明夷五者，以明夷忧患，至于削蔑也。

“食旧德”，从上“吉”也。

恒二上行于五，而僭三从之。

“复即命渝”，“安贞”不失也。

二之明夷五，四从之，不失于始。变通于恒，而上从之。不失于终。

“讼元吉”，以中正也。

二之明夷五，则中，明夷成既济，则正。

以讼受服，

讼仍成需与未违行同。

亦不足敬也。

需二之晋五，则为敬之终吉。需二之明夷五，故“不足敬”。终不言凶，凶可知矣。

地中有水，

“中”，五也。中有水，谓二之五。

师。

二先之五，乃得众。

君子以容民，

谓二之五。

畜众。

谓成屯，通于鼎。

“师出以律”。失律，“凶”也。

“失律”，则无所容。

“在师中吉”，承一宠也。

师成屯通鼎，犹坤成屯通鼎。所谓“承天而时行”也。赞“王三锡命”。“宠”与龙通。

“王三锡命”，怀万邦也。

“怀”，至也。鼎二至五，而后屯成既济。

“师或舆尸”，大无功也。

二不之五，而同人上之师三，故“无功”。

“左次无咎”，未失常也。

同人于郊，犹“需于郊”。

“长子帅师”，以中行也。

先二之五，而后四行之初，是以中而行，犹去“志行”也。

“弟子舆尸”，使不当也。

“使”，从也。不以三从五，而先成升，升二之五而革四之升初从之。虽犹是众也，而先已不当矣。

“大君有命”，以正功也。

以正谓由屯，而成既济也。屯三从鼎五，则有功。

“小从勿用”，必乱邦也。

屯三不从鼎，鼎将成泰。不“自邑千命”，故“乱邦”矣。

地上有水，比。

水已在地之上，则五已定。而初三宜比辅大有。

先王以建万国

比、大有成家人、屯，为“先王”。“先王”犹“先甲”也。《传》以《象》称“原筮”，故赞之。屯通于鼎“利建侯”。初筮再筮，故“建万国”也。

亲诸侯。

同人，亲也。“侯”，即所建之侯。国既有万则侯亦称“诸”。

比之初六，“有它吉”也。

比之在初六，则成屯。“建万国，亲诸侯”，故“有他”。

“比之自内”，不自失也。

犹云“不失其所自也”。大有二不之五而比初比之，是则失矣。

“比之匪人”，不亦伤乎？

“伤”者，夷者。泰、既济相错，为明夷。

“我比”于贤，以从上也。

睽二之五则贤，睽二上行之五，蹇初从之。

“显比”之“吉”，位正中也。

睽二之五则贤，睽二上行之五，蹇初从之。

“显比”之“吉”，位正中也。

屯成既济，由鼎五得中。

舍逆取顺，“失前禽”也。

仍比五则逆，舍比五，而从鼎取顺。初四从之三上，则不可从。而宜变通，所谓上逆，而下顺也。

“邑人不诫”，上使中也。

“使”，从也。中谓鼎二之五，上谓屯三之鼎上，如是从则当。

“比之无首”，无所终也。

“无所终”，犹云“不得其所终”。终而有始，乃以大终。

风行天上，

谓二先行，而上应之。

小畜。

宜变通于豫。

君子以懿文德。

“懿”，深也。小畜二之豫五，即困二之贲五之比例。“文德”。小畜二之豫五，即困二之贲五之比例。“文德”即贲《传》所云“文柔”、“文刚”也。

“复自道”，其义“吉”也。

“义”，犹利也，变通故吉。

“牵复”在中，亦不自失也。

乾二不之坤五，而四之坤初，则失其所自矣。变通于豫而二之豫五，仍为“自我西郊”，故云“亦”也。乾成小畜，犹大有成大畜，故与《比六二·传》互明。

“夫妻反目”，不能正室也。

小畜成既济，豫成咸与大壮成革，观成蹇同。大壮取宫室，革四之蹇初，则正室矣。咸四之初，即革四之蹇初。惟不能“正室”，故咸四不之初，而豫乃畜而不尽也。《九家》谓

"妻乘夫，其道逆"，非是。

"有孚惕出"，上合志也。

二之豫五，志也。上之豫三合之。

"有孚挛如"，不独富也。

谓必旁通乃得"富"。

"既雨既处"，德积载也。

与大有"积中不败"互明。比、大有通比之比例。

"君子征凶"，有所疑也。

"勿疑"则"朋动簪"。

上天下泽，履。

明上泽下，天之失乎礼。

君子以辨上下，定民志。

乾上先之坤三，则上下之分乘，而民志不定。履二之谦五，以定其志，而上下乃辨。

"素履"之"往"，独行愿也。

"独行"，特行也。乾上先上坤三，则二五不可为"独行"。孚于履，履二之谦五，仍为独也。

"幽人贞吉"，中不自乱也。

先成需、明夷，后以需二之明夷五，成两既济，则自二五之行而乱矣。"乱"谓成既济。

"眇能视"，不足以有明也。"跛能履"，不足以与行也。"咥人"之"凶"，位不当也。

"位不当"，故虽能视能听而"不足以有明"，"不足以与行"。

"武人为于大君"，志刚也。

履二先之谦五，则位当，足以有明，足以与行。

"愬愬终吉"，志行也。

益通恒犹屯通鼎。

"夬履贞厉"，位正当也。

夬二之谦五，则位不当。

"元吉"在上，大有庆也。

夬、廉失道在三上，变通于履。履三不先之上，所以元吉。

天地交，

孚于否则泰二之五，仍乾二之坤五。

泰。

怀否通乃名为泰。

后以裁成天地之道，

后，继体君也。临、升、损、恒、大畜、大壮失道成泰。变而通之于否，乃相错仍为乾坤。“裁”，始也。“成”，终也。犹归妹称人之始终。

辅相天地之宜，

“宜”，犹利也。泰二之五，在两既济，则无辅相矣。孚于否，而泰二之五，有否初四三上铺相之，故宜也。

以左右民。

柔在五称民，犹云“小人”也。二之五而初四，应之为左三上。应之为右。

“拔茅征吉”，志在外也。

外谓恒。

“包荒得尚，于中行”，以光大也。

得否包之乃广，广而后大来。

“无往不复”，天地际也。

际，犹交也。

“翩翩不富”，皆失实也。

归妹成泰，则承虚筐，无实。益不通于恒，不能“实受其福”，故皆失实。

“不戒以孚”，中心愿也。

谓恒心。

“以祉元吉”，中以行愿也。

中谓泰二之五也，行谓否上之三也。泰之得中，以否上之三应之为愿。

“城复于隍”，其命，乱也。

命谓二先之五，泰二之五，即成既济。始于是，即终于是，所谓裁成。

天地不交，否。

否不与泰驼，不俟泰二之五。而否先成既济，则否而不通。

君子以俭德辟难，

“俭”读若险，泰上成坎则俭。孚于否，“俭”为“德”矣。泰朋亡有难，孚于否则难云。

不可荣以禄。

“荣”读若营，荧也。禄谓否上之三，泰二浦不之五，而否上之三，则虚华不实，难仍不可辟。

“拔茅贞吉”，志在君也。

君即归妹，“君之袂”之君

“大人否亨”，不乱群也。

泰不与否孚，而系于既济则泰二之五成两既济。否不与泰孚，而系于既济，则初三之四上，亦成两既济。“乱”，绝也。绝其群类，所以为否。否既亨，故不乱。

“包羞”，位不当也。

“包之”，则当。

“有命无咎”，志行也。

泰二这五为志，否之初，四应之，是志行于否上也。以志赞命，命即志矣。

“大人”之“吉”，位正当也。

位正而当，则不贞凶。

“否”终则“倾，何可长也。

需二之晋五，讼二之明夷五，皆成否。明夷既济，否双成既济，所以否也。惟与泰 孚，泰二之五，而后四之初成益，又变通于恒，恒二之五，而后益上之三，三四皆后二五而行，终则有始，所以可久。在泰以消，而欲其长，在否既长。又欲其消。长而能消，则“知进知退、知存知亡”，而不致“亢龙之灾”。消而欲其长，小从必系于君子，此泰必孚于否而乃成泰也。长而欲其消，君子必通于小人，此否不孚于泰，而遂为否也。圣人尽己之性，又尽人物之性，所以通万物而化万邦。已为君子，而绝小人，非《易》道也。

天与火，同人。

天与水则宜违行。天与火，二五皆定，宜同于人。

君子惟类族辨物。

“族”，犹聚也。辨物谓师二先之五，而后上之师三，能辨物，乃能类族。

出门“同人”，又谁“咎”也。

“出”者“师出以律”也。乾、离肉中刺人，而通于师，犹震、况成随，而通于蛊，故皆以“出门”为“无咎”也。

“同人于宗”，“吝”道也。

虽吝而能变通，以合于道，惟能合道，乃为吝。若不合道，则凶矣，或以吝为失，非也。

“伏戎于莽”，敌刚也。

同人上之师三，师成升。同人成革。升三、革三，两刚相错，明其不能相孚也。

“三岁不兴”，安行也。

革有三岁，而升二“不兴”。惟通于蒙，蒙二之五，而革四从之，与“丧朋”安吉同，故宜安行也。

“乘其墉”，义“弗克”也。

“义”者，宜了。

其“吉”，则困而反则也。

师二不之五，而同人四之师初。师成临，同人成家人。家人之不孚不临犹革之不孚于升也。失道，故困、家人通解，为反身，解二之五，以为之则。

“同人”之“先”，以中直也。

同人内已中直则宜义以方外，故四上先于师二五，则“号咷”也。

“大师相遇”，言相“克”也。

因相克成升，所以“相遇”。

“同人于郊”，志未得也。

志未得，谓师成临，所心宜交。

火在天上，

离在乾之上，则二未之五。

大有。

“有”，亲有也。火在上，则五示大，宜以二亲于五。

君子以遏恶，

离要上，上先之比，三成大壮，四先之比，初成大畜，皆为恶也。二先之五，则遏止之，不合成大壮、大畜。

扬善，

“扬”，续也。遏恶成革、成家人，已善矣。又续其善，俣家人通解，革通蒙。

顺天休命。

二之五，为天之“命”。“休”，嘉也。谓上下应，以遏其恶。又顺承之，谓扬善。

大有“初九”，“无交害也”。

无交则不能“遏恶”。

“大车以载”，积中不败也。

积中则遏，恶而无害。

“公用亨于天子”，小人害也。

不能积中，则无交为小人。无交而成大壮，与无交而成大畜，其害同。

“匪其彭无咎”，明辨晢也。

“晢”，虞仲翔作“折”。况为折，不明辨而折，则折足为匪人。以旁通而得明辨，是明辨其所为折也。《传》以鼎之“折足”，赞此爻“匪”字，非谓“彭”为“折足”。虞氏改“彭”为“尪”，非也。

“厥孚交如”，信以发志也。

信即孚也，发志即交也。

“威如”之“吉”，易而无备也。

“易”谓成家人，变而通于解也。备谓六爻皆定，无备谓不遽，成既济。

大有“上”吉，“自天祐”也。

“威如”则成家人，不成大畜。“自天祐”则成革，不成大壮，皆遏恶，而无害。

地中有山，

地卑而山高，今山为也屈，失其道矣。

谦。

地居山上，不谦忆甚，宜改为谦。

君子以裒多益寡。

“裒”当依郑康成，作“捊”，引取也。多谓上下皆应，犹得众也。寡谓乾上之坤三成谦，裒所应寡也。谦通于履，引履以孚谦，则上下仍皆应矣。“地中有山”为寡，“裒多益寡”则谦。

称物平施。

乾上这坤三，则物之等。紊而施，不平矣，变通于履，有以称其轻重，而后施之。

“谦谦君子”，卑以自牧也。

“牧”，犹养也。义同颐之自养，谓引履成益，益通恒，而后施也。

“鸣谦贞吉”，中心得也。

“中心”谓五。

“劳谦君子”，万民服也。

“万民”，非一民也。旁通于履，而谦五之民服。履成益，益旁通于恒，而恒五之民又服。

“无不利，扐谦”，不违则也。

谦成明夷，履成中孚，则天与水违行，而入于也，为失则矣。履二先之谦五，为中孚二之小过五之比例，与“用拯马壮”同。“不违”者，以其不失则也。

“利用侵伐”，征不服也。

谦、夬失道，在三上，无所用其征伐，变通于履，履上乃可征三，不服变可征，则渐而辨之早矣。

“鸣谦”，志未得也。

志未得，所以鸣。

可“用行师，征邑国”也。

谦通履，为临遁之比例。师成临，则同人上不可之师三。临通遁，而后三上可应二五，犹同人成家人，而通解，为“同人于郊”也。故《传》以“志未得”，与《同人·上九》互之，言行师也。

雷出地奋，

出则小畜二之豫五，奋，发也，与出义同。

豫。

先五则能豫。

先王以作乐

“作”，始也。“乐”者，乐也。谓小畜二之豫五。

崇德，

谓豫五得位。

殷荐之上帝，

“殷”，众也。乾成小畜，则寡，小畜通豫，则得众，故众“荐”之。帝指震四不先之初，则上为震也。荐即盥而不荐之荐，小畜二之复五，则有“荐之”者矣。无荐，故寡也。

以配祖考。

“配”即“遇其配主”之配，“祖”即“过其祖”之祖，“考”即“考祥”之考。

“初六鸣豫”，志穷“凶”也。

仍成复，故“志穷”。“志穷”，所以凶。

“不终日贞吉”，以中正也。

以豫五得中，而小畜，乃成既济。

“盱豫有悔”，位不当也。

位不当谓不成萃，而成小过。

“由豫大有得”，志大行也。

志大而后行，谓三上从二五。

“六五贞疾”，乘刚也。

小畜上之豫三，豫成小过，小畜成需，为渐上之归妹三之比例，所谓“柔乘刚”也。

“恒不死”，中未亡也。

成明夷，则中亡。

“冥豫”在“上”，何可长也。

谓不能恒不死，而成明夷。

泽中有雷，

兑在上，震在下。二五已定，三四未定。

随。

宜随人而行。

君子以向晦，入宴息。

“晦”谓蛊上之随三，成升、革，相错为明，而后上之随三，随成革，蛊成蹇也。“宴”同燕，向则花喜而不忧。于是蹇通睽，睽二之五，四之蹇初，睽成益，上巽为入。蹇成既济为息，谓蛊以宴成蹇，而睽入之也。

“官有渝”，从正“吉”也。

有所从，而成既济，则吉。

“出门交有功”，不失也。

不成升、革，错明夷而“晦”。

“系小子”，弗兼与也。

随、蛊相错，颐、大过也。蛊二之五，为大过二之颐五之比例。大过成咸，与也。渐、归妹相错，中孚、小过也。归妹二之五，为中孚二之小过五之比例。小过成咸，亦与也。归妹成随则系蛊不系渐。蛊成渐则系，归妹不系随，故不“兼与”。

“系丈夫”，志舍下也。

蛊二之五，随三从之而上，则随四不得又从之而下，是志舍初四不与同行也。四个从蛊五，故从蒙五，而“利居贞”也。

“随有获”，其义“凶”也。

其义谓革通蒙，赞下“有孚在道”，所以革通蒙为义乾，以革四之蹇初则凶也。

“有孚在道”，明功也。

明则有功。

“孚于嘉吉”，位正中也。

谓蒙二之五，而后革四之蒙初。

“拘系之”，上穷也。

上谓从维也，蛊二之五，下艮为拘。上又从之成蹇，其穷在上，或成升，亦为上穷。

山下有风，蛊。

艮在上，巽在下，二五未定，自宜有事。

君子以振民育德。

“振”即震也。谓成蹇通睽，睽二之五。下成震，蹇通睽，则革通蒙，故以“育德”二字互明之。

“干父之蛊”，意承“考”也。

“意”即亿也，谓随四之蛊初。

“干母之蛊”，得中道也。

谓升通无，而升二之五。

“干父之蛊”，“终无咎”也。

终则有始，故无始。

“裕父之蛊”，往未得也。

成畜通萃，大畜二之五而后上往乃得。

“干父用誉”，承以德也。

承以德则往得矣。

“不事王侯”志可则也。

二先之五以为法，而三上法之。

泽上有地，

明其卦之小。

临。

以二临五则大。

君子以教，思无穷，

泽上不可有地，泽上有地，则二五未行而初四先行，失道也。“思”，容也。“教”之、容之，谓变通于遁也。不变通，则“穷”矣。

容保民无疆。

“容”，即思也。“保”，犹孚也。孚之，故能容之，容之，故能教之，教之，所以临之也。

“咸临贞吉”，志行正也。

临通遁，犹屯通鼎。故《传》与《屯·初九》同。

“咸临吉，无不利”，未顺命也。

解四之初，不能顺承矣。故必旁通于遁，使遁成咸，乃“吉无不利”。

“甘临”位不当也。“既忧之”，“咎”不长也。

位不当，则有咎。既忧而违之，则不终于有咎矣。

“至临无咎”，位当也。“大君之宜，行中之谓也。”

二之五为行中。

“敦临”之“吉”，志在内也。

内谓遁，旁通于遁，则志行于遁矣。临二之五亦睽二之五之比例。睽成无妄，则为主于内。

风行地上，观。

观即“设卦观象”之观，“风行天上”则失道，宜畜风行也上，道不失可以观象。

先王以省方，

省于四方，谓旁通大壮也。

观民，

柔在五称民，谓大壮二这五。

设教。

即“神道设教”。

“初六童观”，“小人”道也。

小人则合乎道。

“窥观女贞”，亦可丑也。

归妹成大壮，则离群丑。大壮能变通，类仍不失。

"观我生进退"，未失道也。

"童观"，君子吝以其失道。

"观国之光"，尚"宾"也。

大壮二之之五而后观初之革四，是尚而后宾。

"观我生"，观民也。

"民"谓大壮五，因帝通而观之，故为我所生。

"观其生"，志未平也。

观成益，则僧上必从乎恒。大壮五，不能兼行观上也。

雷电，噬嗑。

与丰互明。

先王以明罚敕法。

"罚"未成大恶也。成明夷则不上于罚矣。故"明罚"，不使成明夷也。"敕"，犹饰也。"法"谓井也。井通噬嗑，是为"敕法"。

"屦校，灭趾"，不行也。

四不行。

"噬肤，灭鼻"，乘刚也。

"鼻"何以灭，以柔乘刚也。"乘刚"所以宜"噬肤"。

"遇毒"，位不当也。

位不当，故有"毒"。谓未遇时也。

"利艰贞，吉"，未光也。

未广故"艰"，利则光矣。

"贞厉，无咎"，得当也。

三从于五，故"当"。

"何校灭耳"，聪不明也。

井成需与夬成需同。

山下有火，贲。

与旅互明。

君子以明庶政。

庶政明，不成明夷也。

无敢折狱。

“无敢”犹云“不果”。成家人，上巽为不果也。成家人，异乎噬嗑成革。

“舍车而徒”，义弗乘也。

贲上之困三，为乘刚，则不义矣。当位故义，义则不致负且乘矣。

“贲其须”，与上兴也。

“与”谓咸也。兴，二之五也。困在需，通于晋，需二之晋五则兴。晋成咸为与，需二上行，故“与上兴”。谓需二兴而晋与之也。

“永贞”之“吉”，终莫之陵也。

“陵”即“鸿渐于陵”之陵，渐成蹇，归妹成大壮，相错为需、产归妹，以须需通晋，则不复“渐于陵”矣。

“六四”，当位疑也。

需二之晋五而晋四之初，需成既济，晋成益，故“当位”。益与既济不孚，故“疑”。

“匪寇昏媾”，终无尤也。

晋成益，未孚于恒，则疑，而需成既济，当位则无尤。

“六五”之“吉”，有喜也。

与《大畜·六四》互明。

“白贲无咎”，上得志也。

谓上应五。

山附于地，

“附”即“兑为附决”之附，谓夬二之剥五成革也。

剥。

不挩剥，则夬二之谦五，无地。

上以厚下，安宅。

“上”，上九也。下，谓下行之三也。上不俟五，而先之三，则为谦之轻。上从于五，则不轻薄，而敦厚矣。“安”犹宁，“宅”犹居也。剥成蹇，又必通睽，居而后宁。

“剥床以足”，以灭下也。

"灭"，犹蔑也。以蔑下，则不以厚下。

"剥床以辨"，未有与也。

明夷通讼，讼成咸则"有与"。"未有与"，所以早辨也。

"剥之无咎"，失上下也。

乾成夬，坤成谦，则"失上下"。因"失上下"，所以舍谦而通剥也。

"剥床以肤"，切近灾也。

谓成明夷。

"以宫人宠"，终无尤也。

谓蹇通睽，成既济。

"君子和舆"，民所载也。

五本民也，以德载为君子。

"小人剥庐"，终不可用也。

剥庐成蹇，故"可用"。若已成益，则用上之三，而终矣。

雷在地中，

五未出，刚反动。

复。

反则宜得。

先王以至日闭关，

至谓姤二复五，姤上又之复三，成既济。下离为日，是"至"而"日"也。姤成咸，下艮为门，时止则止，矿"闭关"。

商旅不行，

申上闭关之义，谓姤四不之初。

后不省方。

姤二这复五，为先王，复成既济，姤成咸。咸通损，损二之五为后。凡卦皆有先后两筮，此《传》详之也。"省方"，观通大壮也。姤成家人通解，解二之五，即大壮二之五之比例，为观之省方。今成咸，通损，不相错为观，矿"不省方"。

"不远"这"复"，以修身民。

谓复成既济，姤成咸。

“休复”之“吉”，以下仁也。

“仁”即元也。复、小畜失道，在初四，不得为元。变通于姤，姤之初四补救。而复为仁，是所以得仁者在下，下指姤初也。犹云“无吉在上”。

“频复”之“厉”，义“无咎”也。

“义”故无咎，谓能变通。

“中行独复”，以从道也。

“从道”谓我不失道，而有从之者也。

“敦复无悔”。中以自考也。

“考”，犹击也。又成也。谓姤上之复三，复成既济。中行则考有所自矣。姤二之复五，为履二之谦五之比例。“考”即考详之考。

“迷复”之“凶”，反君道也。

乾四之刊初，刚反动宜复。不复而成明夷，故反乎“君道”。“君道”犹云“君子道”。姤二先之复五，则君子道矣。

天下雷行，

谓必二这谦五。

物与，无妄。

爻有等，谓之“物”。与谓咸也。升二先之五，四往应之成益，益又通恒，恒成咸为“与”，而后益上之三，如是则有等，乃为“无妄”。

先王以茂对时，

“茂”犹蕃也，亦满也。“对”犹应也。升二之五，为“时”，升无妄，四应之，无妄成益，下震为蕃鲜，故“茂”。升成既济，无妄成益，又盈满不可久，宜通恒以应之。

育万物。

不独育升，又育恒。申上“物与”之义。

“无妄”之“往”，得志也。

升五得中。

“不耕获”，未富也。

与升“消不富”，互明。

“行人”得牛，“邑人”灾也。

“邑人”杀牛为“灾”。

“可贞无咎”，固有之也。

“恒”，德之固也。无妄成益，变通于恒，终则有始。

“无妄”之“药”，不可试也。

上从升五成革，则四不可试。

“无妄”之“行”，穷之灾也。

行人得牛则“邑人灾”，行人不灾，行人不得，则行即为灾，故“穷”。

天在山中，

在山中，谓二之五也。

大畜。

失在大则宜畜于小。失在小则宜畜于大。

君子以多识前言往行，

“识”犹戠也。《论语》“默而识之”、“多学而识”之识，有合聚之义，故“学以聚之”。前言萃上兑也，往行谓上之萃三也。萃五已定，故称“前”。大畜通萃，多助而聚。

以畜其德。

德谓五也。不成两既济，矿能畜。

“有厉利已”。不犯灾也。

不变通而大畜上之屯三，即为“匪正有眚”。

“舆说輹”，中无“尤也”。

不通于萃，二之五虽中，不能无尤。

“利有攸往”，上合志也。

五先有志，而上合之。

“六四元吉”，有喜也。

屯、大畜相错为颐，颐通大过，即大畜通萃之比例。贲上之困三，成大过，大过通颐，即颐通大过也，故“贲于邱园”。《传》与此同。

“六五”之“吉”，有庆也。

上从五，则“有庆”。

“何天之衢”，道大行也。

谓二五之道，行于三上。

山下有雷，颐。

义与复同。

君子以慎言语，

困成大过而四又之初，则“有言不信”。大过未成需，尚未有言，即通于颐以养之，则不致有言，故“慎言语”。

节饮食。

“需”，饮食之道也。“节”，止也。谓大过四不之初，不致成需。

“观我朵颐”，亦不足贵也。

五先，乃贵。

“六二，征凶”，行失类也。

谓成两既济，不能续终。

“十年勿用”，道大悖也。

用则大悖，矿不可用。

“颠颐”之“吉”，上施光也。

明“无咎”之义也。夬四之剥初，则上不可更施矣。变通于大过，大过四不之初。则颐上仍可施。所以上可施者，以其旁通而广大也。

“居贞”之“吉”，顺以从上也。

从恒五而上。

“由颐厉吉”，大有庆也。

三上能从五，故“有庆”。

泽灭木，

三上先五，而行为灭，谓姤之复三，贲上之困三也。

大过。

二未行，故过。

君子以独立不惧，

“立”犹成也。大过四不之初，而二特行于颐五，成益。

益上可之三，成既济，大过四未行，故“不惧”也。

遁世无闷。

“遁世”易世也。因二摔伏，乃成大过，易而通颐，故“无闷”伏也。大过、明夷相错为升、革，大过通颐，犹升通无妄，为廉通履之比例，即临通遁之比例也。

“藉用白茅”，柔在下也。

成需，则柔不在下。

“老夫女妻”，过以相与也。

相与，谓成咸。

“栋桡”之“凶”，不可以有辅也。

辅即颐也。贲上之困三，成大过，系明夷未通于颐。

“栋隆”之“吉”，不桡乎下也。

“有他”则桡乎下。

“枯杨生华”，何可久也。

颐成益，未通于恒。

“老妇士夫”，亦可丑也。

大过、明夷不可丑，孚于颐则可丑。

“过涉”之“凶”，不可“咎”也。

“不可”则有咎，可则无咎。贲上之困三，不可者也。

水洊至，习坎。

“洊”、“习”皆重也。

君子以常德行，

不失道则常德行，谓二五。

习教事。

“事”通变也。一簋再簋，故“习”。

“习坎入坎”，失道“凶”也。

习坎，谓两坎相重能变通，习教事则不习坎矣。不能“习教事”，则“习坎入坎”矣。两“习”字不同义，明“习相远”也。

“求小得”，未出中也。

二未之离五，犹未济二不之五。

来之坎坎”，终无功也。

成两既济而终，故“无功”。

“樽酒簋贰”，则柔际也。

谓坎二交离五。

“坎不盈”，中“未大也”。

未出中，则刚柔未交，故“中未大”。

“上六”失道，

二不之离五而二先行，故“失道”。

“凶三风”也。

三岁，谓离成丰，凶及之。

明两作，离。

“作”，始也。坎二之离五，一始离，成家人，通于解又始。

大人以继明照于四方。

即离成家人通解，“利风大人”。

五先得，则不成明夷，成家人，而旁通于解，故“照于四方”，面临是继续也。

“履错”之“敬”，以辟“咎”也。

节二之旅五，为睽二之五之比例。故《传》与《睽·初九》同。

“黄离，元吉”，得中道也。

坎二先之离五，故“得中”而合乎“道”。

“日昃之离”，何可久也。

丰、井相错，为恒、既济。是坎二不这离五，而离上之坎三，为恒二不之五而益上之三之比例。

“突如其来如”，无所容也。

与《恒·九三·传》互明。

“六五”之“吉”，离王公也。

成丰，“王公”不相丽矣。丰通涣而成革，仍“丽”也。《荀子·荣辱》云：“父子相传，以持五公。”

“王用出征”，以正邦也。

与《蹇·彖传》义同，明坎成蹇，通于睽，则离成革，通于蒙。《传》之赞《经》，每以辞之同为引申如此。“以正邦”乃与《蹇·彖传》相钩贯。若执“正邦”之说，以解“王用出征”，则无聊矣。

第六章　象下传章句第六

山下有泽，咸。

上兑下艮，二五已定，同宜感人。

君子以虚受人。

损五无人而虚，二之五，则有人，而五受之。仁者，人也。“受人”，即“体仁”矣。《家语》载孔子之言云：“夫学者，损其自多，以虚受人。”是为咸旁通于损之证。

“咸其拇”，志在外也。

外谓损、益五自外来。

虽凶“居吉”，顺不害也。

蒙在损，则富。损通于咸，咸四不之初，而损二先之五，则顺以承之矣，所谓损以远害也。

“咸其股”，亦不处也。

“处”，不出民。蒙成损，则二处而不出，与咸相应，而二出中，故不外。由变通而不处，仍复乎蒙二之不处矣。故亦之。

志在“随”人，

志，谓损二之五。

所“执”下也。

一谓咸四之初，恐解者误以执在随，故《传》分别之，谓所执在下，而所志在随，非所执在随也。

“贞吉悔亡”，未感害也。

未感在损，则“害”。即感在咸，则“悔妄”。

“憧憧往来”，未光大也。

因未广大，所以“往来”。

“咸其脢”，志末也。

志谓五，未谓上，谓志行于末也。

“咸其辅，颊舌”，滕口说也。

"滕"，乘也，与腾同。谓损二升于五。"口说"，皆兑也。

雷风，恒。

与风雷益，相错而孚。

君子，以立不易方。

"立"即"立心勿恒"之立，谓益上之三也。"方"，旁通也。恒与益旁通，恒二之五。益上即可之三。

"浚恒"之"凶"，始求深也。

"求"谓四之初，求必从五，而可为始，始于求，则"无交而求"也。"深"谓井也。恒四之初，即丰四之井初之比例。

"九二悔亡"，能久中也。

所以能久，以其"得中"。

"不恒其德"，无所容也。

"容"，包也。"无所容"则或承之羞而成泰，泰通否，则又"包承"、"包羞"矣。

久非其位，安得"禽"也。

"非其位"，丧而未得也。知得者，固宜知丧，而丧则即宜有得。久丧而不得，以至成泰，泰包羞于否，乃二之五，为得禽，成即济为安也。

"妇人贞吉"，人一而终也。

一者，元也。二之五为元，而后四之初从之。

"夫子"制义，从妇"凶"也。

"义"，犹利也，谓变而通之也。恒成咸，已为夫子。即宜裁制之以义，不即以四之初，面旁通于损。《经》之妇人，指恒五也。从妇之妇，《传》指损五也。以恒通益，则益夫也。恒，妇也。恒成既济而益仍是益也。所谓"妇人吉"了。以咸通损，则咸夫也，损妇也。损二不之五，妇未纳，面咸即成既济而终，是为"从妇"，所谓"夫子凶"也。

"振恒"在上，大无功也。

谓心。未恒而益上之三。

天下有山，遁。

二五定，则宜退。

君子以远小人，

小人谓临也。临孚于遁，而不成泰。

不恶而严。

同人四之师初，则恶矣。临通遁，则“不恶”。解四之初，则“不严”矣。临通遁，仍有“严君”。

“遁尾”之“厉”，不往何灾也。

临成泰，遁成咸，犹升成泰，无妄成益。益上之三，为“匪正有眚”。此咸四之初，亦“匪正有眚”矣。四不之初而变通于损，尚不致于灾。

“执用黄牛”，固志也。

咸四不之初，而通损，犹益上不之三，面通恒。

“系遁”之“厉”，有疾，惫也。

“惫”，谓临成即济。

“畜臣妾吉”，不可大事也。

大事谓四之初，四之初，则无兑妾矣。

“君子”“好遁”，“小人否”也。

“好”则不恶矣。不能远小人，则非好遁。

“嘉遁，贞吉”，以正志也。

临二之五，先有志，而后遁上往正之。

“肥遁，无不利”，无所疑也。

临二不之五，而遁上之临三，则疑矣。

雷在天上，

寺在乾上，二宜之五。

大壮。

二之五，则大壮。

君子以非礼弗履。

“非礼”，谓失道也。归妹四之渐初，成家人、临，归妹三之渐上，成大壮、蹇，皆非礼。临通遁，相错为履、大壮，通观错不为履，故云“弗履”也。

“壮于趾”，其“孚”，穷也。

所以舍蹇下之趾，而孚于观者，以渐上，征归妹三，为壮于趾而穷也。承上“非礼弗履”言之。

“九二贞吉”，以中也。

先五后四，故“吉”。

“小人用壮”，“君子用罔”也。

“用壮”则君子长，乃可“用罔”以从之。

“藩决不羸”，尚往也。

尚而后往则先“用壮”，而后“用罔”矣。“尚往”二字赞“藩决不羸”，即赞“小人用壮、君子用罔”，故“小人用壮，君子罔”，无赞辞。而通“藩决不羸”，统之以“尚往”也。然则“羝羊触藩，羸其角”，为不能“尚往”。可知《传》文简妙如此。

“丧羊于易”，位不当也。

因归妹征凶，位不当，故“易”。

“不能退，不能遂”，不详也。

“详”与祥同，谓兑羊也。二之五当位而吉，则称“祥”。二不之五，而成泰，四虽互兑，第称“羝羊”，不可为吉祥。

“艰则吉”，咎不长也。

与《临·六三·传》同。归妹成临，临成泰，则忧。归妹成大壮，大壮成泰则艰。既忧无咎，与艰则吉，皆指泰通否。《传》明非礼弗履，而变通实同也。

明出地上，

“出”谓需二先之晋五。

晋。

“出”，犹进也。

君子以自昭明德。

五不进，而四上之初三，则成明夷，欢天喜地而不昭。需二先来之五，则我有主，然后以四上之初三，则不成明夷，是明德自我而昭矣。或以离日在坤上为昭，三阳皆失，明德可昭乎？

“晋如摧如”，独行正也。

与夬“独行遇雨”互明。夬四之剥初，不“独行”矣。需二之晋五，则仍“独行”。在需成既济，是由独行而正。

“裕无咎”未受命也。

“摧如”故裕，“晋如”故无咎。“无咎”以其“独行正”也，“裕”以其“未受命”也。

“受兹介福”，以中正也。

与讼“元吉”《传》同。

“众允”之，志上行也。

志谓五，上谓三。

“鼫鼠贞厉”，位不当也。

咸不通损而四即之初，则位不当，所以危也。

“失得勿恤”，往有庆也。

三从五则“有庆”。

“维用伐邑”，道未光也。

咸未通损，所以“厉”。

明入地中，

履四之谦初，履成中孚。巽入在上。贲上之困三，困成大过，巽入在下。

明夷。

坤在上，所以伤。

君子以莅众，

讼二来临之，则应者众。

用晦而明。

用晦则能变通矣。

“君子于行”，义“不食”也。

中孚与明夷不孚，故不食。明夷所以变通于讼者，以其不食改而为食也。

“六二”之“吉”，顺以则也。

中孚不变通，而上之三，则不顺。

“南狩”之志，乃大得也。

承上顺，以则言之，大即“大难”之大。其“内难”以顺则而吉，其“大难”亦以顺则而得也。

“入于左腹”，获心，意也。

意即意承考之意，履四之谦初，犹随四之蛊初也。

“箕子”之“贞”，“明”不可息也。

利而后贞，则不息。

“初登于天”，照四国也。

犹云“照四方”。

“后入于地”，失则也。

失则犹云“失是”。

风自火出，

出即坎二，出中也。谓先有火，后有风。

家人。

乾已成家人，则宜变通。

君子以言有物，面行有恒。

谓解二之五也。解成萃，上兑为言物，爻有等也。上之解三成恒，解二先之五，则有恒矣。有恒，犹云用恒也。

“闲有家”，志未变也。

解四不之初而二之五，则志与家人孚。若解四之初成临，斯宜变而通遁矣。

“六二”之“吉”，顺以巽也。

与渐六四《传》同。

“家人嗃嗃”，未失也。

能因危而悔，则不失。

“妇子嘻嘻”，失家节也。

“嘻嘻”则解成恒，恒仍不能变通而四之初成泰，故失节。失节由不闲也。

“富家大吉”，顺在位也。

乾成家人，解以顺承之，而二先之五，为萃，有位顺承，在此有孚失是，仍非顺也。

“王假有家”，交相爱也。

“爱”，犹好也。解二交于五，则相亲爱。“交”即“同人于郊”之郊。

“威如”之“吉”，反身之谓也。

反谓反家人为解，身谓解成咸，上错为蹇。

上火下泽，

明五柔二刚。

睽。

《序卦传》以“乖”赞睽。谓睽二不之五，而成损、成大壮也。此失道之名也。此《传》以“异”赞睽，谓睽与蹇孚，为一阴一阳之道也，则变通之名也。凡卦名每兼二义，由此可推。

君子以同而异。

两刚则同，一刚一柔则异。皆谓五也。蹇、革两五皆刚，变通于睽，则一刚一柔，故同而异。同而不异，则成两既济。异而终，民则成损、成大壮。

“见恶人”以辟“咎”也。

与《离·初九·传》互明。

“遇主于巷”，未失道也。

不致成大壮、损、泰。

“见舆曳”，位不当也。

因位不当，所以变通而更代之。

“无初有终”，遇刚也。

蹇通睽而睽成无妄，与升通无妄而升成蹇为比例。“遇”即“大师，克相遇”之遇，蹇“无初”，同遇在睽也。

“交孚无咎”，志行也。

谓损二之五，而后咸四之初。

“厥宗噬肤”，“往”有庆也。

初四从五，为“乃终有庆”。

“遇雨”之“吉”，群疑亡也。

成大壮、成泰。皆不孚而疑，泰通否，则泰之疑。亡大壮通观，则在壮之疑，亦亡。

山上有水，

明五刚二柔，

蹇。

初不可之革四，亦不可之大壮四，故“蹇”。

君子以反身修德。

上有坎水，则王已定。反而为睽，睽二之五，为修德，与家人反身于解同也。

“往蹇来誉”，宜待也。

升二之五则初往往无妄四，为“有誉”。已成蹇则初不可遽往，必待睽二之五，而后乃可往也。此往所以蹇。

“王臣蹇蹇”，终无尤也。

大壮成革，革四之观初而终，故“天尤”。

“往蹇来反”，内喜之也。

“睽”，外也。刚自外来而为主于内，则成无妄。而反为升，升之来，以无妄而有喜也。

“往蹇来连”，当位实也。

所以当位，以“升虚邑”化虚，而为实也。

“大蹇朋来”，以中节也。

蹇、无妄相错，为屯、遁，即节二之旅五之比例。

“往蹇来硕”，志在内也。

内指无妄。

“利见大人”，以从贵也。

升成蹇，则贵在蹇五，而无妄三上从之。睽成无妄，则贵在无妄五，面蹇初从之。《易》辞每用到，“来硕”而“往蹇”，“往蹇”而“利见大人”。

雷雨作，解。

作，始也，谓二之五，解脱家人、屯之盈。若二不之五成临、成恒，则解慢矣。亦兼二义也。

君子以赦过。

二之五成萃，与小畜二之豫五同。解不成恒即豫不成小过也。

宥罪。

家人、解相错，为丰、涣，丰有狱有罪，得涣以解之。

刚柔之际，义“无咎”，也。

明所以“无咎”，以二交于五。

“九二贞吉”，得中道也。

“得黄矢”则得中，得中，则合乎道。

“负且乘”，亦可丑也。

丑，类也。失道至负且乘，尚可变通，今有类。

处我致戎，又谁咎也。

泰通否犹需通晋。惟通变通，以合道，乃得称吝。《传》申明其义也。

“解而拇”，未当位也。

未当位，则斯。

“君子有解小人”，退也。家人孚于解，则知退。

“公用射隼”，以解悖也。

成恒则迅，成咸，即恒之不相悖。

山下有泽，

明初四先二五。

损。

谓失道。

君子以惩忿，

“忿”，盈也。“惩”征同，止也。恒成咸，益成既济，则盈不可久，咸四宜止，不之初也。

窒欲。

“窒”，犹颠也，损二之五，与大过二之颐五同，逐逐之欲窒矣。

“巳事遄往”，尚合志也。

“尚”同上。

“九二利贞”，中以为志也。

明上所合之志，谓二之五。

“一人行”，“三”则疑也。

二先之五则无所疑。

“损其疾”，亦可“喜”也。

“损其疾”，则不可喜。云“亦可”者，以能变通，使遄也。与“亦可丑”之亦同。

“六五元吉”自上祐也。

自即颐“自养”之自，损二之五，而咸四之初，即大过二之颐五，而大过四之初也。损成益通恒，恒二之五，而益上之三，即颐成益通恒，恒二之五，而益上之三也。

“弗损益之”，在得志也。

“得志”赞“得臣”也。《传》之体例如此。

风雷，益。

与“雷风恒”互明。

君子以见善则迁，

损失道不善，通咸而二之五，为见善。见善则成益，益又变通于恒，故“迁”。

有过则改。

“过”即“赦过”之过，家人上之解三成恒，则“有过”。孚于益而过改矣。

“元吉无咎”，不下厚，事也。

“下”谓家人，上之解三成恒，故“不厚”。通变之谓事，因“不下厚”，所以有事。即所谓，有过则改也。

“或益之”，自外来也。

外谓损也，益自损来，仍与咸系，未变通于恒，故“或”之。

“益用凶事”，固有之也。

恒德之固也。

“告公从”，以益志也。

恒二之五，而益上之三从之，恒之志即益之志也。令恒二之五成咸，面咸四之初从之，本恒与益系，则亦益之志也。

“有孚惠心”，“勿问”之矣。“惠我德”，大得志也。

即《损·上九·传》“大得志”。

“莫益之”，偏辞也。

未孚于恒，故偏。既孚于恒，则可益。

“或击之”，自外来也。

义同《六二·传》。

泽上于天，

谓其“失上下”。

夬。

宜通于剥，夬之。

君子以施禄及下，

“施禄”谓禄上之三也。“及下”由三上，而及初四也。

居德则忌。

言居德则夬二先之禄五，而后禄 上之三也。夬成革，剥成蹇，宜变通不居，若居而不迁，则其及下，为革四之蹇初矣。“忌”，戒也。未变通，则不可以及下也。

“不胜”而“往”，“咎”也。

不胜指二五，往指初四， 《经》文每用到，故《传》明之。

“有戎勿恤”，得中道也。

二先之禄五则得中，而合乎道。

“君子夬夬”，终“无咎”也。

赞若濡有愠，无咎也。谓需通晋，需成既济。

“其行次且”，位不当也。“闻言不信”，聪不明也。

“闻言不信”，故位不当。“聪不明”，申言位不当之义。夬成革四，固不可之蹇初。夬二未之禄五，四亦不可之剥初，其行次且，上承“臀无肤”，下为“闻言不信”张本，故《传》以位不当属于“其行次且”之下。明所以“次且”者不独为“牵羊”之“悔亡”，兼为“闻言”之“不信”也。

“中行无咎”，中未光也。

中行，则光矣。

“无号”之“凶”，终不可长也。

终而无始，故不可长。

天下有风，

异乎“风行天上”之失。

姤。

风在天之下可以补救“风在天上”之失，故“相遇”。

后以施命诰四方。

二先之复五为命而后上施于复三。“诰”，犹告也。“告国方”谓成咸，又通于损。

“系于金柅”，柔道牵也。

“牵”即小畜“牵复”之牵，柔道谓豫。

“包有鱼”，义不及“宾”也。

“义”即利也。“包有鱼”，则姤二先之复五，不“系于金柅”矣。“系金柅”乃及宾，此不成小畜，不必通豫。即不相错，为大壮通观，故不及也。

“其行次且”，行未牵也。

未成小畜牵复，故“不及宾”。

“无鱼”之“凶”，远民也。

“远民”，远复也。

“九五含章”，中正也。

以中而正。

“有陨自天”，志不舍命也。

屯三，则不如舍矣。复成屯，不舍者，志不舍也。志所以不舍，以五有命也。屯五已定，宜改而变通。

“姤其解”，上穷“吝”也。

上穷即《序卦传》之穷上，震成复，则上穷于行。穷而行则凶，穷而变通，则吝而已。

泽上于地，萃。

泽上有地，同以二临五。泽上于也，则不可以四分于初。

君子以除戎器，

除谓除去也。“戎器”谓成既济，下有离。

戒不虞。

初之四为屯，屯“即鹿无虞”。故戒其不虞。

“乃乱乃萃”，其志乱也。

其志谓大畜二先之五而后成既济，大畜乱，明萃不乱。

“引吉无咎”，中未变也。

中即志也。与《家人·初九·传》义同。

“往无咎”，上巽也。

谓大畜成家人。

“大吉无咎”，位不当也。

鼎成大畜，故“位不当”。

“萃有位”，志未光也。

所以赞匪孚也。大有二之五，为需二之晋五之比例，大有成大畜，故“未光”。

“赍咨涕洟”，未安上也。

“未安”，未宁也，谓大畜二不之五而上之萃三，大畜未成即济。

地中生木，

木生，则二之五。

升。

生明生矣。

君子以顺德，

升通无妄，犹谦通履。履霜坚冰，“盖言顺也”。

积小以高大。

师卦本小，又成升，故“积小”，犹云积不善也。惟“积小”下有巽“高”，以巽之高，易五之小，小乃化为“大”。

“允升大吉”，上合志也。

与革系则无三上以应五，孚于无妄，则二之五，无妄上之三应之。

“九二”之“孚”，有喜也。

即《蹇·九三》“内喜之”。

“升虚邑”，无所疑也。

无妄四之升初与恒国之初同。“或承之羞”，或之者，疑之也。升二先之五，则不或矣。

“王用亨于岐山”，顺事也。

顺承而二，先有事于五。

“贞吉升阶”，大得志也。

以损上九、益九五《传》通之，谓升成既济，无妄成益，益变通于恒，与下“消不富”相贯。

“冥升”在上，消不富也。

“不富”，即不耕获之未富，升成泰，无妄成益则消，益不通恒，而盛怒工济而不富。

泽无水，困。

困下坎，何以无水，谓成大过。

君子以致命，

“致”，至也。“致命”，至于命也。

遂志。

大过又成需，需通晋，则遂泥也。若困二先之贲五，成家人则无攸，遂矣。

“入于幽谷”，幽不明也。

贲成明夷，故“不明”。

“困于酒食”，中有庆也。

不得中，所心成大过、成需而为困也。需二遂志于晋五，则“得中”，而晋上之三为“有庆”矣。

“据于蒺藜”，乘刚也。

五乘二之刚。

“入于其宫，不见其妻”，不祥也。

“祥”，犹羊也。大过四之初，则上无兑羊。

“来徐徐”，志在下也。

下谓下应也。贲、节本初四失道，故通于困。困成大过，大过通颐，仍可下应，而大过四又之初，下仍无应矣。需通晋，晋四不之初，所以来者，志在此也。

虽不当位，有与也。

困成需，则不当位。晋四不之初，而成咸，故“有与”。

“劓刖”，志示得也。

困二之贲五，为解二之五之比例，故《传》与《同人·上九》同。

“乃徐有说”，以中直也。“利用祭祀”，受福也。

即晋“受兹介福，以中正也”。

困于葛藟，未当也。

成大过，位不当则征凶。

“动悔又悔”，“吉”行也。

“吉行”，以位当也，与上互明。

木上有水，

言其失道。

井。

宜二之噬嗑五为“法”。

君子以劳民劝相。

坎巽成井，犹坤艮成谦。谦通履，成蹇为劳谦，即井二之噬嗑五之比例也。民谓噬嗑五也。变通故民劝，丰、井三上不应，噬嗑 三上应，故相也。

“井泥不食”，下也。

二不之噬嗑五，而丰四之井初。下犹底也。

“旧井无禽”，时舍也。

舍丰而通噬嗑，则为时行矣。

“吉谷射鲋”，无与也。

无与谓成需，因“无与”而“射鲋”，“射鲋”则“有与矣”。

“井渫不食”，行“恻”也。

“乐则行之，忧则违之”，故乾成夬，坤成谦，即“宜违而不行”。坎、离成井、丰，亦“宜违，而不行”者也。乃离上既之坎三为“忧恻”，而丰四又之井初，是不能违忧而行忧矣。

求“王明”，“受福”也。

需二之晋五，“受兹介福”，而晋上求之成咸。

“井甃无咎”，修井也。

凡失道而通改者为修。

“寒泉”之“食”，中正也。

谓需二之晋五。

“元吉”在“上”，大成也。

“大成”，犹云“大终”。

泽中有火，革。

中谓五也。凡坤在上，则称也中。师、升、明夷、谦是也。艮在上，则称山中，大畜是也。兑在上，则称泽中，此与随是也。兑在上，而刚中下，又有火有雷，则柔在二，二五俱定，是宜随宜革矣。

君子以治历明时。

下三爻，为三岁，四重刚，于日上为闰，五为章，四齐同于蒙为蔀。蒙成益，益恒咸，损往来，成日月寒暑，义备诸卦，《传》赞于此。

“巩用黄年”，不可以有为也。

俟蒙二之五，革四不可有为，犹蹇宜待也。

“巳日革之”，行有嘉也。

即随之孚于嘉。

“革言三就”，又何之矣。

益未通恒，三上何二？

“改命”之“吉”，信志也。

孚于蒙，而得志。

“在人虎变”，其文炳也。

物相杂曰“文”。“炳”，犹著也。蒙杂而著。

“君子豹变”，其文蔚也。

“蔚”，读若尉，安也。革通蒙，为安行，革成既济，则蒙成益，益通恒乃“豹变”。

“小人革面”，顺以从君也。

犹云“顺以从上”。

木上有火，

离在上巽在下，二五未定。

鼎。

凡二五未定，皆新之所取也。《吕览·慎势》云“周鼎著象，为其理之通也，理通君道也。”

君子以正位，

位谓鼎二之五，正谓屯成既济。

凝命。

凝，坚也。坚，厚也。二先之五，而后上之屯三，故坚厚。

“鼎颠趾”，未悖也。

上先行成，恒则悖。

“利出否”，以从贵也。

屯从鼎，犹蹇从睽。

“鼎有实”，慎所之也。

不以初之四，而心二之五。

“我仇有疾”，终无尤也。

屯成既济而终，鼎成咸，则无尤。

“鼎耳革”，失其义也。

屯舍家人，而通鼎，所谓义也。鼎仍成，家人，则犹未尝通矣。

“覆公𫗧”，信如何也。

屯与鼎孚，所以“续其终”。兹仍形渥，成两既济，何取此孚乎！

“鼎黄耳”，中以为实也。

明有实为二之五。

“玉铉”在“上”，刚柔节也。

屯通鼎，鼎二之五，与节二之旅五同。

洊雷，

“洊”，犹荐也。

震。

初四行，为震在重卦。当位成屯，失道成复。

君子以恐惧，

谓屯也，即“震来虩虩”。

修省。

谓复也，修即不远复，所以修身。省即省方之省，谓巽成小畜通豫。

“震来虩虩”，恐致福也。“笑言哑哑”，“后”有则也。

谓“恐惧”。

“震来厉”，乘刚也。

谓成复，宜“修省”。

“震苏苏”，位不当也。

云“苏”，则先将绝矣。

“震遂泥”，未光也。

“光亨”由于遂之。

“震往来厉”，危行也。

时危而进行。

其事在中，大“无丧”也。

复小则丧贝，成屯大，故无丧。

“震索索”，中未得也。

明“索索”为空虚。

虽“凶”“无咎”，畏邻戒也。

“戒”故“不于其躬”，因畏邻而戒畏之，故从之矣。

兼山，艮。

兼亦重也。成蹇当止，成谦亦当止。

君子以思不出其位。

“不出其位”即“不出户庭”、“不出门庭”也。“思”，容也。不出其位，而初四先行，而初四先行，则成节、贲，即旅四之初之比例。节通旅，则有所容，旅四之初，则无所容，旷君子当不出其位，进以思为容也。《论语》“不在其位，不谋其政”，曾子引此，以实不出其位，故“不在其位”，谓五未有位也。“不谋其政”。故止而变通也。

“艮其趾”，未失正也。

未失道而成既济，故“永贞”。此为当位。

“不拯其随”，未退听也。

兑成节未通于旅，旅不成遁，故“未退”也。听，谓兑四之艮初，兑上成坎，未退，未思也。“听”则已不出其位也。

“艮其限”，危“薰心”也。

以“危”释“厉”。

“艮其身”，止诸躬也。

“艮其限”、“艮其身”，皆宜止而变通，不独以躬释身也。

“艮其辅”，以中正也。

解五得中而后家人贞。

“敦艮”之“吉”，以厚终也。

解成咸，家人成既济，故“以厚终”。先成谦，则轻薄矣。

山上有木，

巽在上，艮在下。二五已定，初上未定。

渐。

初行上，不可遽行，上行初，不可遽行。

君子以居贤德，

当位，则归妹成屯、革，渐成家人、蹇。失道，则归妹成大壮、临，渐亦成家人、蹇。失在临、大壮，故渐居贤德也。

善俗。

俗，习也，谓变通。

“小子”之“厉”，义“无咎”也。

“小子厉”，俗之不善也。“有言无咎”，则以变通，而善其俗矣。《传》与《解·初六》同，明渐成家人，变通于解，为“有言无咎”也。

“饮食衎衎”，不素饱也。

“素”即素履之素，归妹二先之五，为兑二先之艮五之比例。归妹成大壮，犹艮成谦，是为素矣。

“夫征不复”，离群丑也。“妇孕不育”，失其道也。

互文也。“夫征”、“妇孕”，则渐成既济，故“离群丑”。“不复”、“不育”，则归妹二不之五，故“失其道”。

“利用御寇”，顺相保也。

家人通解、临亦通遁，谓“容保民无疆”。

“或得其桷”，顺以巽也。

与《蒙六五·传》同。

“终莫之胜吉”，得所愿也。

得“素履”“独行”之愿。

“其羽可用为仪吉”，不可乱也。

“乱”，谓终止也。两仪各有所从，则不乱。

泽上有雷，

“泽中有雷”，宜随人，“泽上有雷”，宜自新。

归妹。

二五未定，所以失道，至于昧。

君子以永终，

谓泰通否，而成既济。

知敝。

“敝”，犹罢。谓成既济也。“知”即“知大始”之知，有以知其敝，即有以始其终也。

“归妹以娣”，以恒也。

以恒用恒也。用恒则成咸，谓咸、临也。

“跛能履吉”，相承也。

渐成家人，归妹成临，家人上之临三，则相承以凶矣。变通故吉。

“利幽人之贞”未变常也。

咸、临即通遁，遁成咸，故“未变常”。

“归妹以须”，未当也。

申《象》征凶，位不录。

“愆期”之志，有待而行也。

待即迟也。

“帝乙归妹”，“不如其娣之袂良”也。

以“帝乙归妹”即“君之袂”，故不言“君之袂”。

其位在中，以贵行也。

“娣之袂”虽良于“君之袂”，乃泰通否，而二之五与大壮通观。而二之五，皆其位在中。泰有否以应之，大壮有观以应之，皆“以贵行”。“以贵行”，犹云志行也。

“上六”“无实”，“承”虚“筐”也。

以实系上六，明征凶成大壮。

雷电皆至，

至谓涣二之丰五，坎二不至离五，则电不至。巽二不至震五则雷不至。今变通而丰成革，涣成蹇，仍不异离、震成革，坎、巽成蹇也，故皆至。

丰。

至则化小为大。

君子以折狱致刑。

涣二之丰五，成革，革上，兑为折，而一涣上之三为狱。刑即“利用刑人”之刑。“致”，犹至也。谓革通蒙，蒙二之五为至，革成既济，为刑。

“虽旬无咎”，过旬灾也。

四之涣初，为小过四之初之比例，故“灾”。

“有孚发若”，信以发志也。

涣二之丰五，犹解二之五，故与《大有·六五·传》同。

“丰其沛”，不可在事也。

用《小过·象》，辞明上“过旬灾”。

“折其右肱”，终不可用也。

涣先益，则上之三成两既济，而终矣。

“丰其蔀”，位不当也。

谓五不先行，而四先行。

“日中见斗”，幽不明也。

成明夷故“不明”。

“遇其夷主”，“吉”行也。

明“日中见斗”，非“吉行”。

“六五”之“吉”，“有庆”也。

不言誉者，明“庆”即“誉”。

“丰其屋”，天际翔也。

“际”，犹接也。“翔”当依孟喜作祥，即“视履考祥”之祥。涣二交于丰五成革，互乾为天，上兑为祥。

“窥其户，阒其无人”，自藏也。

“藏”即“否臧凶”之臧。明夷、中孚相错，为家人、临，即同人四之师初之比例。自指五，五不觌而藏，故为“自藏”。

山上有火，

与“木上有火”同。

旅。

当位，则为旅之“亲寡”，失是，则为旅之“无所容”。

君子以明慎用刑，

不成明夷，故“明慎”。谓节二先之旅五，“用刑”谓节成既济。

而不留狱。

《易》以上之三，为“用狱”，不留，谓节二先之旅五，则旅上不必留，即之节三应之成咸。惟“不留狱”，故四不可遽之初，“宜上”则“不宜”下也。“旅”为舍止之名，四不之初，则咸下有艮。《诗·公刘》云“于时庐旅。”

“旅琐琐”，志穷“灾”也。

不能明慎用刑，而“志穷”矣。

“得童仆贞”，终无尤也。

贲成既济而终，先得“童仆”故“无尤”。

“旅焚其次”，亦以伤矣。

“伤”，夷也，谓琐琐志穷。

以旅与下，其义，“丧”也。

明夷通讼，讼成咸。如是虽丧而宜。谓所以变通尽利者，以其丧也。

“旅于处”，未得位也。

节二处而不出，故“未得位”。

“得其资斧”，“心”未“快”也。

若旅五先得，则所得者，非“资斧”。

“终以誉命”，上逮也。

“逮”，及也。五先有命，而后及上。

以“旅”在“上”，

旅之所以名旅，以五不归也。既初之四成贲，又上之节三成明夷，节成需、明夷，主人客于需二，而成旅人者，上先行故也。

其义“焚”也。

旅成明夷，明夷变通于讼，为“义”。所以义者，以其焚也。明“旅人先笑后号咷”，指明夷通讼。

“丧牛于易”，终莫之闻也。

先成需、明夷，则“莫之闻”，后成两既济，则终。“闻”读“勿问”之问，谓莫之问而终也。

随风，

二之震五成随，巽之随震，犹随之随蛊也。

巽。

巽与逊同，巽于人，故“随人”。

君子以申命行事。

“申”，重也。即谓“先庚”“后庚”。

“进退”，志疑也。

震四之巽初，同于恒四之初。“疑”犹或也。

“利武人之贞”，志治也。

“治”，犹为也。谓“武人为于大君”。

“纷若”之“吉”，得中也。

谓小畜二之豫五。

“频巽”之“吝”，志穷也。

即“鸣豫凶”之志，穷谓二不之震五，而成复、小畜。

“田获三品”，有功也。

“悔亡”而后获，故“有功”。

“九五”之“吉”，位正中也。

蹇成既济，由睽得中。

“巽在床下”，上穷也。

即《姤·上九·传》之上穷，明成小畜、复丧资斧，故“上穷”。

“丧其资斧”，正乎？“凶”也。

“上穷”而“丧资掏”。宜变不可贞也。乃贞乎？贞则必凶矣。

丽泽，

“丽”，离也。谓成革，革下离。

兑。

成革，而说于蒙。

君子以朋友讲习。

二之艮五，则得友。“讲”，犹媾也。“习”，重也。讲而又讲，得友而又得友，谓一交而艮成渐，再交而蒙成观。

“和兑”之“吉”，行未疑也。

一人行，故不疑。

“孚兑”之“吉”，信志也。

与《革·九四·传》同。

“来兑”之“凶”，位不当也。

三先于五。

“九四”之“喜”，有庆也。

“喜”谓蒙二之五也。庆谓革四之蒙初也，与“乃终有庆”互明。

“孚于剥”，位正当也。

夬能变通，则不“来兑凶”矣。

上六“引兑”，未光也。

夬“孚号”乃光。

风行水上，

与小畜互明，涣通丰犹不畜通豫，与“血去惕出”义同。

涣。

二先行而后之上三，故涣散。

先五以亨于帝，

丰上震为帝，二之丰五，亨之。

立庙。

豫之荐上，帝“配祖考”与此互明。

“初六”之“吉”，顺也。

涣成中孚，即变通于小过，以顺承之。

“涣奔其机”，得愿也。

与《渐·上九》“得所愿”义同。谓丰成革，变通于蒙也。

“涣其躬”，志在外也。

即柔得位乎外也。

“涣其群，元吉”，光大也。

旁通于涣，而丰乃大。

“王居无咎”，正位也。

正谓丰成既济，丰先成革，革四之涣初。

“涣其血”，远害也。

与“损以远害”同。

泽上有水，

兑四之艮初，故上有水。

节。

泽在下，宜孚艮，故舍贲而通旅。

君子以制数度，

“数度”，有品第者。兑成节，数度紊矣。变通于旅，以制之。

议德行。

二之旅五，为德行。议，犹仪也。

“不出户庭”，知通塞也。

“出户庭”则塞，“出门庭”则通，知之则行，其通不穷于塞矣。

“不出门庭，凶”，失进极也。

“时极”，时中也。“失时极”，何心仪德行？

“不节”之“嗟”，又谁咎也。

与同人、解《传》同。

“安节”之“亨”，承上道也。

承，即或承之羞之承，兑四之艮初，成节、贲，贲上又之节三，则承之羞矣。变通于旅，故合乎道。

“甘节”之“吉”，居位中也。

居而位于旅五，即屯之“利居贞”。

“苦节贞凶”，其道穷也。

申明“不可贞”之义。

泽上有风，

谓履四之谦初。

中孚。

与明夷不孚，宜旁通小过。

君子以议狱，

履四之谦初亦丰四之涣初也。狱谓丰，涣成中孚，丰成明夷，狱之不宜者也。中孚二之小过五，而后三上仪之。

缓死。

“缓”即解也。解成临，犹履成中孚。“死”即“恒不死”之死。小过遇中孚，有以解缓其死也。

“初九”“虞吉”，志未变也。

小过四不之初，则不必变通于他卦。

“其子和之”，中心愿也。

谓二之小过五，即恒二之五之比例。与《泰·六四·传》同。

“或鼓或罢”，位不当也。

谓成需不当，所以“或”。

“马匹亡”，绝类上也。

“绝”，决也。“类”，似续也。需二之晋五，需成既济，晋成否，绝而能续也。上即晋之柔进，而上行也。“绝类”犹云“乃乱乃萃”。

“有孚挛如”，位正当也。

需通晋，而成既济，故正而位当。

“翰音登于天”，何可长也。

益不以恒，而成既济，何可久长？

山上有雷，小过。

不能“雷出地奋”，所以过。

君子以行过乎恭，

此过为行过之过，言德行，则行乎恭也。“恭”，犹共也。其即“我与尔靡”也。

丧过乎哀，

“丧”谓五未得也。“哀”，犹爱也，爱即好也。

用过乎俭。

“俭”，险也。谓中孚，二之小过五，小过四之初应之。上成坎，因丧而用，因用而行互言之。

“飞鸟以凶”，不可如何也。

不可谓不可大事。

“不及其君”，“臣”不可过也。

君已不及臣，又过则成明夷矣。“不可过”，故遇。遇则不过也。

“从或戕之”，“凶”如何也。

“弗过遇之”，位不当也。

两“如何”皆起下之辞。惟“飞鸟以凶”，故《象》言“不可大事”。所谓不可者，如何以“不及其君”，则臣不可又过也。“从或戕之凶”，所谓凶者，如何以小畜二不之豫五而上之豫三，为位不当也。惟位不当所以“弗过防之”。防之，斯能遇之也。“弗过遇之”，即申言“弗过防之”。《经》本于“弗过防之”下反言其不防则凶，以明其不可不防，即不可不遇。《传》故以“位不当”反言以明“弗过遇之”，与《经》反言“从或戕之凶”，以明“弗过遇之”，适相印合。《传》之赞《经》，神妙无方，而按之实，一以贯之也。学者体味自见。

“往厉必戒”，终不可长也。

不戒则益上之三，成两既济，而终不可久长。

“密云不雨”，已上也。

已，止也。四不之初也。小过成咸，咸四不之初，则中孚成益，三可之上。

“弗遇过之”，已亢也。

四不之初，为已，已，则不成明夷，仍为小过，旁通中孚，上巽故亢。

水在火上，

明六爻皆定。

既济。

“既”，犹终也。

君子以思患，

“患”，忧也。失道则忧。“思”，容也。有患而变通，以容之。如明夷通讼，泰通否，是矣。

而豫防之。

即“弗过防之”也。小畜二先之豫五，而后成既济，则能豫防。

“曳其轮”，义“无咎”也。

濡尾有咎变通，而“曳其轮”则义。

“七日得”，以中道也。

不通咸，虽中不合道。

“三年克之”，惫也。

“惫”，犹罢也。谓成既济。

“终日戒”，有所疑也。

益不与既济孚。

“东邻杀牛”，“不如西邻”之时也。

“西邻礿祭”则时。

“实受其福”吉大来也。

未济二之五成否，犹泰通否，而二之五，成既济，即“小往大来”也。

“濡其首，厉”，何可久也。

“本邻礿祭”则可久。“濡其首”，不能为“西邻”之“礿祭”矣。

火在水上，

明与既济反。

未济。

不成两既济。

君子以慎辨物，

爻有等为物，有以辨之，而不紊，则不致成两既济，而终止矣，故为“慎”。

居方。

“方”，旁也，谓与既济旁通，而二居于五。

“濡其尾”，亦不知极也。

“极”，中也。不知大中之道，故不以二先之五，方而不能居，即不能慎，而辨物也。

“九二”“贞吉”，中以行正也。

与《泰·六五·传》“中以行愿”互明。

“未济征凶”，位不当也。

二未之五，而上征于三，是为“位不当”。《传》之言明矣。

“贞吉悔亡”，志行也。

恒五之志，行于益上。

“君子之光”，其晖“吉”也。

“晖”，犹挥也。谓旁通。

“饮酒濡首”，亦不知节也。

恒成咸，则知节。恒成泰，益成既济。故“不知节”也。

第七章　系辞上传章句第七

天尊地卑，乾坤定矣。

明《易》首乾坤，而乾又先于坤。有地必有天，故有母必有父，有民必有君。夫妇定而后父子亲。君臣定而后上下辨。伏羲本天地以定夫妇、父子、君臣、因定乾、坤二卦，三纲自是始立，为万古不易之道也。

卑高以陈，贵贱位矣。

爻自初而上，故云“卑高”。阳尊于阴五，贵于初三。

动静有常，刚柔断矣。

刚柔以五言，刚在五则静，柔在五则动，动静之有常以五之刚柔为断。二四上从乎五初三，尊卑之义也。初四三上从乎二五，贵贱之义也。二五已定则静而不动。二五未定则动而不静。刚柔之义也。诸爻以五为主，故卦之刚柔，以五为断。旧说阳动阴静，失其义矣。

方以类聚，物以群分，吉凶生矣。

方，旁也，谓旁通也。类，犹似也，成两既济，则绝而无类，分而不聚。屯三之家人上，革四之蹇初，是也，故家人旁通解，屯旁通鼎，革旁通蒙，蹇旁通睽，此方也。鼎成遁，解成萃，蒙成观，睽成无妄，此类也。于是鼎解成咸、蒙，睽成益，则以类而聚也。物者，爻有等也，聚则群矣。分，谓成既济也。先二五，次初四，终三上，此物也。成屯、家人，而旁通于鼎、解，鼎、解类聚成咸，此群也。屯、家人乃成既济，则以群而分也。如是，则当位而吉，不如是，则位不当而凶。故方而聚，不以类，则有孚失是也。物而分，不以群，则无号终有凶也。

在天在象，在地成形，变化见矣。

此承上类聚群分，而申言之也。象即类也。二五时行，以成象，见乃谓之象也。初四三上从二五而终，形乃谓之器也。

变谓阳变为阴，化谓阴化为阳，变则旁通矣。化则类聚矣。类聚以成象矣，群分以成形矣。见，犹显也。显，犹代也。谓变化而更代，似续之也。

是故刚柔相摩，

摩，犹索也。刚柔，乾坤也。摩而成六子。

八卦相荡。

荡，犹相错也。谓因而重之。

鼓之以雷霆，

霆，电也。雷震电，离也。鼓，动也。震离柔中，宜动而为刚中。小过柔得中，睽柔进，而上行是也，不言艮者例此。

润之以风雨。

风，巽也。雨，坎也。润者，渐渍也。巽、坎刚中不，而感通于他卦，自此而光润及彼。如家人反身于解，屯从王事于鼎，是也。兑亦例此。

日月运行，一寒一暑。

日离月坎，寒乾暑坤，运行谓咸、损、益、恒、既济、未济、否、泰八卦相往来，反复不已也。损成益，而咸四应之，成既济，恒成咸，益上亦应之，成既济，既济通未济，未济成否，初三应之成咸、益，否通泰，泰成既济，否应之亦成咸、益、既济、未济，日月运行也。否、泰一寒一暑也。

乾道成男，坤道成女。

道，行也。乾二四行则坤成屯。二上行则坤成蹇，皆男也。坤五四行，则乾成家人。五三行，则乾成革。皆女也，不失道。

乾知大始，

知，犹为也。为，犹治也。大始，元也。乾有为，乃行健而体元，谓乾二之坤五。

坤作成物。

作，当依虞翻、姚信作化，谓变化于鼎、睽，而屯、蹇乃成既济也。

乾以易知，

易，交易也。乾何以知交易？即知也。

坤以简能。

能，姚信作从。坤初从则三不从，三从则初不从，所以简而不烦。若初从、三又从，成两既济，则不能变化。

易则易知，

下易字去声，读之。

简则易从。

不交易而从，是为从或。从或则位不当，位不当，则即难危困。改而有为，其悔吝之馀，所知所从，殊非易易矣。

易知则有亲，

如乾成同人，通师，坤成比通大有。

易从则有功。

如随成革，蛊成蹇。则出门交有功。家人成既济，解成咸，则田获三品有功。

有亲则可久，

二五必得上，下应之，乃有亲而可久。若需二之明夷五，则不亲，亦成两既济而绝。

有功则可大。

三上必得二五乃大，先二五而行则小矣。大有成大壮，则小人害是也。

可久，则贤人之德。

君子孚于小人，是为德。自强不息，二五之行也。

可大则贤人之业。

业必期其成，谓成既济也。如益通恒，为贤人之德。恒二之五而后益上之三，为贤人之业。

易简而天下之理得矣。

此易为乾，以易知之易，郑康成、荀慈明、董季真皆音亦，能易则简矣。

天下之理得，而成位乎其中矣。

中谓五也，明有亲、有功、可久、可大，皆视乎二五。以上总言易之大义。天下之理，不外易简，而简由于易，此易所以名。

圣人，

兼指伏羲、文王、周公。

设卦观象，

设卦，伏羲也，设六十四卦，即未人以变通之象。

系辞焉，而明吉凶，

系辞，文王、周公也。伏羲设卦，必指画口授其象，俾民知吉凶。久而其象不明，故文王、周公系辞以明之。

刚柔相推，而生变化。

相推反复其道也。五之已刚者，反而为柔。既反为柔，又复而为刚，转相推致，以变而通。伏羲观象以此，文王、周公系辞亦以此也。

是故吉凶者，失得之象也。

失道则凶，由失而得，则吉。

悔吝者，忧虞之象也。

能忧之、虞之则悔，悔，则虽吝不失道。

变化者，进退之象也。

由反而复为进，由复而反为退。如坤成屯，则退而通于鼎，鼎二之五成遁，在屯为退，在鼎为进。遁又退，而通临，临又进而成屯，所谓相推，而生变化也。吉、凶、悔、吝，所系之辞也，象则伏羲所观也。所系之辞，无非言相推之变化，即象所示之进退也。

刚柔者，昼夜之象也。

昼亦反而为夜，夜必复，而为昼，此迭用刚柔之象。

六爻之动，三极之道也。

两卦旁通，十二爻的所动者，六二五之动，因为大中。初四三上之动，亦视乎大中，而从之，故为三极，明设卦示人以动。

是故君子所居而安者，易之序也。

居而安，未酬接时也。易之序。即六十四卦，自乾坤至未济之序。

所乐而玩者，爻之辞也。

玩，习也。宴乐、讲习皆以动言，辞指爻之动，君子之动似之。

是故君子居则观其象而玩其辞，动则观其变而玩其占。

易之序，以未动爻之辞，以动似文王之系辞，殊乎伏羲之设卦矣。不知伏羲设卦，其未动，如君子之居而安，其动，即如君子之乐。而玩文王、周公之辞，所以占其象之变，君子非徒居，而不动。伏羲之设卦，非徒序而不旁通。象即变也，辞即占也，居之观象玩辞，即动之观变玩占。《传》以君子之居而动，明卦象之居而动也。

是以“自天祐之，吉无不利”。

大有二之五，为乾二之坤五之比例，举此以明伏羲设卦之以旁通，为观象也。自天祐之，斯吉无不利。若设卦而不旁通，何以为吉利？大有不旁通比，何以言祐文王？系辞所以述，伏羲所示之象，孔子反复以明文王之为述也，宁孔子转不述文王、周公哉！

彖者，言乎象者也。

仍申言上文之义，《彖》文王所名也。乃文所系之《彖》，即伏羲所观之象也。《彖》之言遁也，《象》之言似也。似者，嗣也。遁者，退也。此退而彼进，即嗣续不已之义。

爻者，言乎变者也。

周公所系之爻辞，即发明卦之变化也。

吉凶者，言乎其失得也。

象之得失，辞以吉、凶明之。

悔吝者，言乎其小疵也。

象之小疵，辞以悔、吝明之。

无咎者，善补过也。

伏羲设卦观象，教人改过，辞以无咎，发明之。言玩辞、玩占，即观象、观变。

是故列贵贱者，存乎位，

自初而上之位，伏羲所设。

齐小大者，存乎卦，

卦之序小大不齐，旁通以齐之，即此所设之卦。

辨吉凶者，存乎辞，

卦动而后，见吉凶，伏羲所设之卦，虽存而象之变，久而渐晦，文王以辞存之。吉凶本乎贵贱、小大，则辞本乎卦耳。

忧悔吝者，存乎介，

因忧虞而悔吝，介即价福、介疾之介。

震无咎者，存乎悔。

震，动也。本有咎，因动而悔，则无咎。承上文存乎辞而申言之。谓辞之言，无咎，即于言悔见之。辞之言悔吝，即于言介见之也。

是故卦有小大，辞有险易。辞也者，各指其所之。

小大兼贵贱而言，险易统吉凶、悔吝而言。伏羲之卦，所可见者，但有小大而已。其中险易存乎变动者，不可见，必待辞以明之。辞所指之变化，非伏羲设卦之外，别有吉凶、悔吝也。即指伏羲设卦之所之也。所之谓二之五、初之四、上之三，当位、失道皆视乎所之。伏羲之卦，其观象本有所之，而文王、周公以辞指之地。

易与天地准，故能弥纶天地之道。

准，等也。弥，遍也。纶，伦也。天地之道，一阴一阳之道也，弥则广大不已，纶则品次不越。

仰以观于天文，

天文，日月、星辰之运行也。

俯以察于地理，

地理，水土、草木之枯荣也。

是故知幽明之故，

先二五则明，先初四，三上则幽。

原始反终，

原犹复也，即原筮、元永贞之原。反其道而后终，则始而又始。

故知死生之说。

世人以形存为生，形丧为死，此非《易》所言生死也。原始反终则积善有余庆。终则有始，形丧而中未亡，是但为终，而不为死，故君子曰终也。惟不能原始反终，积不善有余殃乃谓之死。死者，澌也，故小人曰死。说，解说也。《传》示人

《易》之言生死，其解说如此。

精气为物，

精，静也。谓定而不动。气归于形魄之中，而静则为物。

游魂为变，

游，行也。魂，阳神也。性情知识不为形拘，是能变化，此言鬼神之情状，旧说以游为散，变为死，非是。

是故知鬼神之情状。

《礼记》孔子答宰我曰："气也者，神之盛也。魄也者，鬼之盛也。"又曰："众生必死，死必归土。此之谓鬼，骨肉毙于下阴，为野土，其气发扬于上，为昭明，焄蒿凄怆，此百物之精也，神之著也。"郑氏注《礼运》曰："鬼者，精气所归，神者引物而出。人之死也，骨肉为鬼，灵爽为神。人之生也，形魄为鬼，性识为神。魂游而能变，故人性善，人即神也。"其气拘于形，而不能变，虽生亦鬼也。睽成泰，蹇成既济，是成形物，而不能生生，故载鬼一车。观通大壮，大壮二之五，则观我生，为神道设教。阮嗣宗曰："情者，游魂之变欲也。"

与天地相似，故不违。

似，继续也。忧则违之，与天地相似。续则不忧，故不违也。

知周乎万物，而道济天下，故不过。

知者，利仁。周，至也。周乎万物，时行而不已也。道者，一阴一阳，反复其道也。济天下，成既济而终也。终则有始，是以道济，故不致有咎也。

旁行而不流，乐天知命，故不忧。

旁行，旁通也。流读如乐，胜则流之，流谓失礼也，先二五则不流。孟子曰："乐天者，保天下。知命者，为生民立命也。天不能无治乱，命不能无穷通。圣人乐天，则乱复为治，知命则穷复为通。天自圣人而乐，命自圣人而立，又何忧乎？需通于晋，则饮食宴乐，此乐天也。明夷通讼，则复即命，此知命也。未有命，则师忧。既有命则比乐矣。天下之命，圣人立之，故保天下。或以任运不能干旋为知命，非也。

安土敦乎仁，故能爱。

安土，坤成既济，而安也。敦，厚也。二先之五为元，即仁也。敦乎仁，如艮成家人，而通解也。解二之五，而后家人上之解三，故敦乎仁。家人成既济则安土。安土则终，敦仁则有始。能爱即家人之交相爱也。

范围天地之化而不过，

范有以规之，不违者也。围环周之也。天地之化非有以范围之，则或过矣。如饮食男女，天性也。必教渔佃，以各食其力。民知母不知父，必定人道，制嫁娶，以教之。

曲成万物而不遗，

由读如《中庸》“曲能有诚”之曲，天地之化有所过则万物不能齐。如乾成小畜、夬、需，坤成复、谦、明夷，是也。圣人皆通之，使变化以合于道，皆知有夫妻、父子、君臣之伦。

通乎昼夜之道而知，

昼夜之道，即一阴一阳之道也。知所以能周乎万物者，以通乎此道也。

故神无方而易无体。

此谓设卦观象也。圣人以先知觉后知，故准天地以作《易》如此。惟易故，神非无方也。方而类聚，故不见其方也，非无体也。物而群分，故不见其体也。旁通为方，随方随类，成物为体，即分即群，惟往来不已而已。

一阴一阳之谓道。

以下承上文申言之也。一阴一阳者，阴即进为阳，阳即退为阴也。道，行也。往来不穷，故阴阳互更。阴进而为阳，则无方。阳退而为阴，则无体矣。

继之者，善也。

此往彼来，相继不已，是为扬善，亦为迁善。

成之者，性也。

成，谓成既济也，谓各正性命。

仁者见之谓之仁，知者见之谓之知。

乾二之坤五，仁也。因而旁通变化，以敦其仁，则知也。

仁者安仁，知者利仁，则继者善矣。

百姓日用而不知，故君子之道鲜矣。

百姓，万民也。日用，有使之用者。仁者，知者是也。仁者、知者，知之有以使百姓日用，而百姓未仁、未知，故不自知也。如既定人道，各以夫妻、父子为日用之常，虽日处道中，而不自知，其何以合于道也。百姓但能成性，不能继善。继善者，必通乎昼夜之道，而知者也。是君子之道也。民可使由，不可使知，故知者鲜矣。

显诸仁，

圣人之于民，养之、教之，显诸外者，惟见其仁而已。

藏诸用，

用即百姓日用也，用而不自知，故藏。

鼓万物而不与圣人同忧，

鼓万物，所以显也。圣人忧之，而后万物得所乐。万物自乐其乐，圣人自忧其忧。以忧为乐之地，而万物不与同忧，所以藏诸用也。乐在万物，而忧在圣人，故日用而不知也。

盛德大业至矣哉！

圣人独忧之，此盛德大业独归于圣人。圣人能变通，以鼓万物，所以至至，故德盛而业大。

富有之谓大业，日新之谓盛德。

富有日新，皆谓能变通。

生生之谓易，

生而又生，往来交易，此易所以名易也。

成象之谓乾，

行健则在天，成象谓二五也。变通不已即圣人鼓万物，以显诸仁。

效法之谓坤。

法即象也，乾以行健成象，坤顺而效之。凡诸卦初四三上，相承以应者，是也。乾，君也。坤，民也。百姓日用而不知，所以藏诸用，顺圣人转移，变化以成性。

极数知来之谓占，

极数知来终则有始也，是之谓占。然则谓占为占吉凶者，非也。

通变之谓事，

极数知来即变通也。事即业也。不通变，不能成大业。

阴阳不测之谓神。

通变则阴阳不测，专于阴，专于阳，则可测度矣。可测则民倦，圣人神道设教，所忧在是。所以鼓万物者，即在是。

夫易广矣大矣，

旁通则广，有始则大，由生生而致也。

以言乎远则不御，

由此卦旁通彼卦，故远。反复不尽，自无止境。

以言乎迩则静而正。

迩，本卦也。二五已定，故静。因远之不御，而成既济，故正。曾子曰："阴阳之气，各从其所。"则静矣。

以言乎天地之间则备矣。

天地，乾坤也。天地之间，一乾一坤之交际也。备，谓成既济也。乾坤交，而成屯、蹇、家人、革，既家人、革通解、蒙、屯、蹇通鼎、睽，远已不御，则迩可静而正，故屯、蹇、家人、革成既济。屯、蹇、家人、革之成既济，既乾坤之交而成既济也。

大乾，其静也专，

谓五也。五已定，故静。二未之坤五，故专。

其动也直，

谓二也。刚在二，必动，而之五，故直。

是以大生焉。

以生生，而成象则大，所以言远则不御也。

夫坤，其静也翕，

翕，合也。五已受乾则静，乾成同人，坤成比，两五皆刚合德，故翕。

其动也辟，

辟，犹分也。柔在五故动。旁通于乾，阴阳分，故辟。辟则专，专则不翕。直则翕，翕则不专，由专而翕，由直而辟，一阴一阳之道也。

是以广生焉。

以生生而效法则广，因远不御而效之，所以静而正。

广大配天地，

天尊地卑，故坤视乾之，动静为翕辟。

变通配四时，

一寒一暑，四时之盈虚消自也。亢，则悔而亏之，害，则承而制之。如寒往则暑来，暑往则寒来，是为时行。

阴阳之义，配日月，

日月运行，昼夜之道也。义即变通也。一日之变通，为日月。一岁之变通，为寒暑。易之阴阳变通准此。

易简之，善配至德。

易简，则能变通，而似续，故善。圣人明明德，新民，止于至善，是为德之至也。乾坤以变通，为易简，即格物以修身、絜矩、以平天下也。

子曰：易，其至矣乎！

承上至德，赞明至字。

夫易，圣人所以崇德而广业也。

以五为尊，故崇德。反复不已，故广业。

知崇礼卑，

知属元，礼属亨。知所以始条理，故崇。礼所以承尊，不紊次序，品节故卑。

崇效天，

凡诸卦之先二五，皆效乎乾二之坤五也。

卑法地，

凡诸卦之上下应，皆法乎坤之初三也。

天地设位，而易行乎其中矣。

天地，乾坤也。其中谓五也。交易之行，皆在二五。

成性存存，

成性，终也。存存犹生生有始也。

道义之门。

终则有始，为反复其道，变通以尽利也。

圣人有以见天下之赜，

颐之言积也，言万物之众多。

而拟诸其形容，

形已成者也。容成之不尽者也。拟，度也。

象其物宜，

物有等者也。宜变通，以尽利也。象，犹类也。成形而终，又有所容而始，则物得其宜矣。有以拟之，俾不失其类也。

是故谓之象。

明设卦所观之象，以此所系之辞。所以名象也。

圣人有以见天下之动，

万物皆动。

而观其会通，

会谓初四三上，嘉会于二五。通，谓旁通于他卦。

以行其典礼。

曲礼，等礼也。依等礼而行则不致失道，不致终止。

系辞焉，以断其吉凶，是故谓之爻。

爻，一卦六画中之一画也。伏羲设卦，而名此为爻，则会通典礼已观而行之，非文王系辞始有动也。

言天下之至赜而不可恶也，

积善、积恶，皆积也。象物宜行，等礼则取类于善，以善可积，恶不可积也。

言天下之至动而不可乱也。

终止则乱，形而有容会而能通，则不成两既济。

拟之而后言，

言谓系辞。

议之而后动，

议，仪也，谓谋而择其宜也。动，爻所之也，谓系辞所指。

拟议以成其变化。

不能虞度，则不可用为仪，拟之议之而后变化见也。

“鸣鹤在阴，其子和之。我有好爵，吾与尔靡之。”

《中孚·九二》爻辞。

子曰：君子居其室，出其言善，则千里之外应之，况其迩者乎！

居谓五也。室即不能正室之室也。居其室，小畜二之豫五也。出其言，小畜上之豫三成咸，咸又通损，损二之五也，是为千里之外。损二之五，而咸四之初应之，则小畜应豫应成咸，可知矣。

居其室，出其言不善，则千里之外违之，况其迩者乎！

居其室，不善不能居其室也。出其言，不善不能出其言也。不能居其室，则豫成小过，三不应五也。小过通中孚，中孚二之小过五，犹损二之五也。不能出其言，则小过四之初成明夷。千里之外，谓明夷违中孚而通讼。

言出乎身，加乎民。

中孚下兑，言也。身，中孚二之小过五成咸也。民谓尔，小过五柔称民。

行发乎迩，见乎远。

中孚二之小过五为行。迩指中孚二，远指小过五，见，犹更代也。

言行，君子之枢机。

枢机，所以运也，谓变通。二不之五，则无行，非变通也。

枢机之发，荣辱之主也。

荣辱，犹言得失。

言行，君子之所以动天地也，可不慎乎？

中孚成益，互坤。小过成咸，互乾。益下动故动天地。动天地，由于兑言之行，慎实也。中孚下动，则小过五实。

“同人先号咷，而后笑”。

《同人·九五》爻辞。

子曰：君子之道，或出或处，或默或语，

同人旁通于师，出谓师二之五。出门同人在师，为师出以律处伏也。谓伏戎于莽，师成升也。出，则师下无兑言，故“默”。处，则成临成升，皆有兑言。出而默，则笑，处而语，则“号咷”。

二人同心，其利断金。

以号咷言之也。师成升通无妄，故利。升二之五，则与无妄同心。无妄上乾为金，上之三成革，为断金。

同心之言，其臭如兰。

同人上之师三，师成升。同人成革，不同心之言也。升变通于无妄，升成蹇。无妄成革，斯为同心之言。升下巽，为臭兰草之香者。升二之五，香始升矣。

初六：“藉用白茅，无咎。”

不过初六爻辞。

子曰：苟错诸地而可矣。

错读如刑错之错，废而去之也。地谓明夷上坤，讼上之三人于地，则成大过，不可与明夷通，故舍之而通颐也。

藉之用茅，何咎之有？慎之至也。

慎至，谓二之颐五。

夫茅之为物薄，而用可重也。

讼二不之明夷五，而上之三，成大过，故轻薄。用谓变，而通于颐。

慎斯术也以往，

术，犹道也。

其无所失矣。

无所失即无咎。

“劳谦君子，有终，吉”。

谦九三爻辞。

子曰：劳而不伐，

履二之谦五，成蹇，上坎为劳，履上不之三，故不伐。

有功而不德，

履成益，而通恒，益上从恒五，故有功。德在恒五，不在谦五，故不德。

厚之至也。

谦轻变通于履则厚，前以重对薄，此以厚对轻，互明也。

语以其功下人者也。

下人谓益不伐而通于恒。

德言盛，

谦通履，履又成益通恒，日新不已。

礼言恭。

履三上不先初四，而应恒二之五，恭甚矣。

谦也者，致恭以存其位者也。

谦卦本轻薄不恭，所以名之为谦者，以能通履致而恭也。存，生也。轻薄则位亡，致恭则位复。

“亢龙有悔”。

《乾·上九》爻辞。

子曰：贵而无位，高而无民，贤人在下位，而无辅，是以动而有悔也。

详见《文言传》。

“不出户庭，无咎。”

《节·初九》爻辞。

子曰：乱之所生也，则言语以为阶。

坎成节，下兑为言，节成需，兑之在三者，加而互于四，如阶然。

君不密则失臣，

密，犹实也。坎二之离五，离上成乾为君，而坎下亦成坤为臣。今坎二不之离五，而离四之坎初成节，则离五虚而不实。既不成乾，坎下亦不成坤也。

臣不密则失身，

离成贲，坎成节。离上又之坎三，则坎成需，离成明夷。明夷上坤为臣，五虚不实，故臣不密，身蹇、革，坎三先之离五，君既密而得臣，离上之坎三应之成蹇、革，则有身。今不成蹇、革而成需、明夷，故臣不密，则失身也。与困四之初，又贲上之困三，同尚口乃穷，故言语以为阶也。

几事不密则害成，

臣不密，谓节不通旅，而贲上之节三也。若节舍贲，而通旅，则能见几而作，是为几事。即宜以节二之旅五，而乃旅四之初，仍成责矣，是不出门庭而出户庭，其害成矣。

是以君子慎密而不出也。

慎谓旅四不之初而节二之旅五，不出谓不出户庭。

子曰：作《易》者，其知盗乎！

盗犹寇也。

《易》曰："负且乘，致寇至。"

《解·六三》爻辞。负也者，小人之事也。柔宜负在二，事谓自五之二。

乘也者，君子之器也。

刚宜乘在五，器以定位，言与事互明。柔自五之二而定，刚自二之五而定。

小人而乘君子之器，

解二之五，则小人负，君子乘，是为时乘。解成泰，则小人乘于上，君子负于下。以柔乘刚，是以小人乘君子也。

盗思夺之矣。

至于成泰而二之五，上坎为盗，此盗起于内。

上慢下暴，

上，五也。下，三也。暴，急也。五缓于成萃，三急于成恒。

盗思伐之矣。

伐谓家人上来克三，家人上亦成坎。此盗起于三，而肆于外，由解五怠慢无以制之也。

慢藏诲盗，

二不先之五，故自藏于二。

冶容诲淫。

冶，销也，或作野，亦不修饰之义也。容，包也，销灭其容，即不恒其德。或承之羞，无所容也。淫，水溢也，谓坎溢于上，与盗同义。严饬其容，则俨然人望而畏之。不严而慢，销灭其容，以为柔媚，所为冶容也。家人与解孚，为夫妇。解成萃，则夫夫、妇妇，家道，由是而正矣。今解成泰，家人成既济，非偶也。泰二五交，不以偶，所以为淫矣。容，经所载正用以防淫。

《易》曰："负且乘，致寇至。"盗之招也。

以上七举爻辞，所以申明拟议，以成变化之义。中孚通小过，同人通师，师成升通无妄。大过通颐，谦通履，履成益通恒，乾成家人，家人通解，坎成节，节通旅，六者皆能成变化者也。家人通解，解成泰，则不能成变化者也。爻象所系之辞，其义已明，下言揲蓍事。

大衍之数五十，其用四十有九。

五十者，一、二、三、四连乘之数也。互相推衍，故为大衍。四十有九者，一一数之，二二数之，三三数之，四四数之，皆奇一，乃可为用数。

分而为二以象两，

象两，象两地也。

掛一以象三，

掛当作挂，取一策挂于季指也。三谓参天。

揲之以四，以象四时，

揲，积也。四四数之或积以六，或积以七，或积以八，或积以九也。天一水象冬，地二火象夏，天三木象春，地四金象秋，以象四时。故不揲五，而衍数、用数皆以四也。

归奇于扐以象闰，

奇，所挂一也。四十九数，一一数之，二二数之，三三数之，四四数之，皆奇一，故所挂之一，即此奇也。扐，揲之余也。四四揲之，其余或一，或二，或三，或四也。归奇于扐，则或十三，或二十五，或二十一，或十七。扐十三则得三十六，老阳九揲之数。扐二十五则得二十四，老阴六揲之数。扐二十一，则得二十八，少阳七揲之数。扐十七，则得三十二，少阴八揲之数。扐之数象闰，则所得之数为正策矣。

五岁再闰，故再扐而后挂。

此谓未归奇，于扐之前，其数有五。其扐有二，象五岁再闰也。分而为二，各揲之各有扐，故再扐。既揲之后，正策二，扐二，奇一，其数为五。五数之中，为扐者二，故象五岁之中，为闰者二也。既象五岁再闰，然后归奇于扐，置之以象闰，余不在正策之内也。乃合正策。又挂之、分之、揲之，以象五岁再闰也。言再扐，而后挂不言，再扐而后分者，明先挂后分也。于四十九数中，挂其一，然后分四十八策为二。前言挂一于分二之下者，明其以一合二为三也。故此申明之。归奇于扐，则亦归两正策，而合之。又于正策中，挂一而后分也。挂一所以象一，象一乃象二、象三，此其次也。《传》文参伍错综，而义指详明，挂 一合二为三，又合二扐为五，五分于三之中，即寓于四之内，极用数之妙也。

天数五，

五，奇数一、三、五、七、九。

地数五，

五，偶数二、四、六、八、十。

五位相得，

谓一与六，二与七，三与八，四与九，五与十。

而各有合。

六即一合五，七即二合五，八即三合五，九即四合五，十即五合五。惟各有合所以相得也。一、二、三、四生六、七、八、九，六、七、八、九之中，自有五数合之，故衍数、用数不用五，而五自合也。

天数二十有五，

五奇积数。

地数三十，

五偶积数。

凡天地之数，五十有五。

奇偶总积数。

此所以成变化，而行鬼神也。

此承五岁再闰之下，而发明五数之运乎其中也，上言衍数五十，用数四十九。所衍所用，皆生数之一、二、三、四也。下言乾坤之策所求得之成数，六、七、八、九也。以四十九挂之、分之、揲之、扐之，以合乎数之五，而后六、七、八、九乃成。是由生而成，所以运乎其中，以为之枢者，五也。故既以五岁，再闰明之，此则畅言用五之义。一、二、三、四合五而成六、七、八、九，此由四十九得六、七、八、九，所以必用五岁再闰，所以必挂之、分之、扐之，而五岁再闰之象乃合。非挂一则五岁之数不完，即不能成变化行鬼神，故谓后二变不挂者，非也。

既言相得有合，又言天地之积数者，明五之为用也。二十有五，以五为等，三十亦以五为等，五十有五，无非以五为等。四十有九，以一一、二二、三三、四四数之，皆奇一，用一、二、三、四正用一也。六、七、八、九以五约之，奇一、奇二、奇三、奇四，则得六、七、八、九，即是得五，非奇一无以成变化行鬼神，非用五亦无以成变化行鬼神。有奇一而后有五岁，是用奇一正用五也。筮之用五，即《易》之用五，故《传》详言之于此。

《传》不明言一、二、三、四，而言衍数五十，用数四十有九，即言一、二、三、四也。《传》不明言六、七、八、九，而言乾之策二百一十六，坤之策一百四十四，即言六、七、八、九也。其间则明言天地之数无不用五，举一反三，其义昭然也。旧说谓略去其五不用，又谓减五十为四十九，失其义矣。

乾之策二百一十有六，坤之策百四十有四，

揲得二十八，为少阳，七揲得三十二，为少阴，八皆不用揲，得三十六为老阳，九揲得二十四为老阴。六皆用，乾六爻用九，每爻三十六，总为二百一十六。坤六爻用六，每爻二十四，总为百四十四。举乾坤之策，以明六、九，而七、八可隅反矣。

凡三百有六十，当期之日。

期之日，岁实也。岁实古今不同，此举统数言之。

二篇之策，万有一千五百二十，当万物之数也。

三百八十四爻，阴阳各半。阳爻得六千九百一十二，阴爻得四千六百八。

是故四营，而成易，

营，求也。四营谓分二、挂一、揲四、归奇，三变而成一爻，四营仅有一变，故谓之易。

十有八变，而成卦。

变既易也，共七十二营，成六爻。

八卦而小成。

当九变时，成三画之卦为小成。

引而伸之，

引即引兑之引，谓旁通也。引而旁通，则屈者伸。

触类而长之，

触，进也。既旁通有孚，则进以取类，故生生不已。

天下之能事毕矣。

明揲耆成卦，其占之之法不外引伸触类而已。

《周礼》九筮皆引伸触类，与《春秋左氏传》所载占法不同，详见《图略》。

显道，

一阴一阳之道，易道也，筮以显之。

神德行，

盈者变而使之虚，凶者化而使之吉，故神也。

是故可与酬酢，可与祐神矣。

酬酢与占筮者相问答也，如与臣言忠，与子言孝，是也。祐，助也。以筮助神之不测。

子曰：知变化之道者，其知神之所为乎？

神能变化，圣人知之，故作《易》以教天下。

《易》有圣人之道四焉：以言者尚其辞，以动者尚其变，以制器者尚其象，以卜筮者尚其占。

辞变象占，《易》所有也。以言、以动、以制器、以卜筮，圣人所制之事也。因上专言揲蓍之事，故此推广言大，有《易》而后有卜筮，圣人之道，之一而已。或谓《易》为卜筮之书，非矣。

是以君子将有为也，将有行也。

尚未为未行。

问焉而以言，其受命也如响。

响谓《易》辞所指也。受命君子受《易》之命。

无有远近幽深，

远近当位，幽深不当位。

遂知来物。

物谓爻有等，有等故有本末。来物即格物也。知来物则知变通。

非天下之至精，其孰能与于此？

精，静也。知来物则动矣。至精，由静而动，一阳而一阴也。

参伍以变，

参伍言不齐也。如乾、坤变为蹇、革，则疑或不信。

错综其数，

错谓较，两数相差也，综谓各，两数相合也。或差或合，所以不齐。

通其变，遂成天地之文。

参伍不齐，有以通之则齐齐则有品，叙而成文。

极其数，遂定天下之象。

极，中也。数虽错综，而变通以得其中而后定，以正其性。

非天下之至变，其孰能与于此？

变，动也。成文定象，则静矣。至变由动而静，一阴而一阳也。

《易》，无思也，无为也。

无思，则无为。

寂然不动，

据思时言之。

感而遂通天下之故。

感则易矣，易则变通，往来而不穷。不动而后感，故思而后为。不思而为，非易也。即不能通天下之故。思，犹容也，无所容而为，则或承之羞矣。

非天下之至神，其孰能与于此？

静而动，动而静，反复其道，故神。

夫《易》，圣人之所以极深，而研几也。

深，藏伏不显也。变通而有大中，则显矣。研，犹靡也。谓知几而靡切之。

唯深也，故能通天下之志。

精谓五已定成刚中，旁通于柔中故深。精而深，则能通。此以深明至精。

唯几也，故能成天下之务。

变则柔中，已变为刚中，几则旁通，尚未变也。由知几而变，由变而成，此以几明至变。

唯神也，故不疾而速，不行而至。

不疾不行，寂然不动也。速而至，感而遂通也。伏于二，乃能通于五，深以通天下之志也。通于五而后成于初三，几以成天下之务也。失于此，不妨孚于彼。定于彼，不难始于此。不疾而速，不行而至之神也。《易》之道，备于此矣。

子曰“《易》有圣人之道四焉”者，此之谓也。

尚辞、尚变、尚象、尚占，皆不外一阴一阳之道。

天一，地二。天三，地四。天五，地六。天七，地八。天九，地十。

自大衍之数至此为一段，故于段末明天地之数。如此，天一则知挂一者，象天始于一也。地二知象两者，象地二也。

天三知象三者，象天三也。天五知天数，二十五为五五也。地六知地数，三十为六五也。非徒明五十五为总数而已。如后阖户、辟户以下训释乾、坤、变、通、象、器、法、神等名义，又通前天尊地卑以下而为之节。参五错综而脉络贯通，洵圣文也。

子曰：夫《易》何为者也？夫《易》开物成务，

开，始也。成，终也。务，犹事也。开物而后成务，终则有始也。

冒天下之道，如斯而已者也。

冒，包括也。天下之道，不外开物成务而已，《易》包括之。

是故圣人以通天下之志，

开物。

以定天下之业，

成务。

以断天下之疑。

通而后定，则无所疑。

是故蓍之德圆而神，

谓挂一分二揲四归奇，阴阳老少，变化不测。

卦之德方以知，

已成卦，则旁通往来，以为知，知者，利仁也。

六爻之义易以贡。

义，利也。易，交易也。贡，献功也。爻之所以尽利，由交易而献其功。然则卜筮尚占，亦依旁通交易也。

圣人以此洗心，退藏于密，吉凶与民同患。

洗读为先，心谓五也。六爻之义先五，圣人以之，故先心。六爻五先得中则退而通于外，以反复其道。密，实而不妄也，先心则密矣。圣人以之，故退藏于密。反其道，柔在五称民，反而不复则忧患。圣人忧天下之忧，使天下之民，无一物不得其所，民之体戚，不忘于心，所以与民同患也。

神以知来，

变而通之，以日新其道，故知来。

知以藏往，

往，法之已定者也。不变通则民倦，故藏而更之。

其孰能与于此哉！

呼下文。

古之聪明睿知，神武而不杀者夫！

睿，通也。武，行健也。聪明睿知，则能知法之过不及与民之情伪，不待其倦而变通之以行行健天下，皆默运于圣人之心，不用刑杀而天下之过自寡矣。

是以明于天之道，而察于民之故，

天之道，天行也。民之故，吉凶忧患也。

是兴神物以前民用。

神物，蓍也。民可使由之，不可使知之，故作卜筮之法，

中国书店

以教民，使民日用其道。

圣人以此齐戒，

谓先心。

以神明其德失。

谓用于民，民之德，假神道以明之。

是故阖户谓之坤，

阖，合也。谓初四三上，顺二五成既济。

辟户谓之乾。

辟，开也。谓二行健于五。

一阖一辟，谓之变，

乾坤合德，为易之六，专即坤言其阖，专即乾言其辟，故以户言之。阖则终，辟则始，此阖则彼辟，故终则有始。

往来不穷谓之通，

不俟其阖，即旁通以辟之，故之穷。

见乃谓之象，

《杂卦传》以屯为见，《象传》以鼎为象，此云见乃谓之象。然则屯通于鼎，为观象之例矣。

形乃谓之器，

成形谓既济。

制而用之谓之法，

制，裁也。损刚益柔，为民裁成辅相，是乃为法。舜执其两商，用其中于民，是裁制而用之也，国奢示之以俭，国俭示之以礼。宽以济猛，猛以济宽。惟能变通，法乃不弊，故有治人无治法也。

利用出入，民咸用之谓之神。

谓反复其道，旁通不已，民日用而不知。

是故易，有大极，

易谓变而通之也。大极，犹言大中也。民虽不知，变而通之，皆有大中之道，谓旁通而二五先交。

是，生两仪，

是即有孚失是之是，旁通而大中，则有孚，而不失是矣。

仪，宜也。即其羽可用，为仪之仪。得大中，或以初四下应之为仪，或以三上上应之为仪。宜下成家人、屯，则不宜上。宜上成蹇、革，则不宜下。

两仪生四象，

有两仪则有屯、家人、蹇、革四卦。见乃谓之象，明指屯之通鼎，则家人通解，革通蒙，蹇通睽，亦象也，故生四象矣。

四象生八卦，

屯通鼎为象，是一象有二卦，四象故有八卦。两仪、四象、八卦通变化而言，故称生。

八卦定吉凶，

既生八卦，则鼎、解成咸、睽，蒙成益。家人，屯、蹇、革成既济，方以类聚，物以群分，故吉凶生矣。终则有始为吉，反是为凶。

吉凶生大业。

富有，谓之大业，富以其邻，吉而成咸、成益。益又通恒，咸又通损，此吉生大业也。在、解成恒、睽，蒙成损，甚至成泰，失道而凶矣。一能改易，则恒通益，损通咸，泰通否，否成咸、益，咸、益又通恒、损，则凶生大业也。大业本于大极，大极本于易。

是故法象莫大乎天地，

制而用之为法，法亦仪也。凡卦之易，皆有仪、有象，而莫大于乾坤。即谓成屯、家人、蹇、革为仪，通鼎、解、睽、蒙为象也。如人能变通，皆有法、有象，而不如天地之为著也。

变通莫大乎四时，

谓寒暑往来。

县象著明莫大乎日月，

谓日月运行。

崇高莫大乎富贵。

五刚中则贵，旁通反复则富。

备物致用，立成器，以为天下利，莫大乎圣人。

谓治器尚象，备物立成。器即卦之成，既济而定也。致用以为天下利，即卦之旁通而变化也。治器而不尚象，则备物而不能致用，成器而不足，以为天下利也。故用器不中度，不粥于市禁，奇技奇器以疑众。

探赜索隐，钩深致远，以定天下之吉凶，成天下之亹亹者，莫大乎蓍龟。

谓卜筮尚占，亹亹犹勉勉。百姓不知自勉，假卜筮使之变通，悔过以自强，而过于道也。

是故天生神物，圣人则之。

谓天生蓍草，圣人取，以为卜筮之用。

天地变化，圣人效之。

《易》所以与天地准。

天垂象，见吉凶，圣人象之。

天垂象以未人，《易》亦垂象以示人。

河出图，洛出书，圣人则之。

未详。

《易》有四象，所以示也。

惟变易，而后有四象，所以示人知变通也。

系辞焉，所以告也。

伏羲以象示人，未以辞明之，文五系辞，即以变通之法告人。

定之以吉凶，所以断也。

如是则吉，如是则凶，所以告人者如此。

《易》曰："自天祐之，吉无不利。"

再引《大有·是九》爻辞。

子曰：祐者，助也。

前举"自天祐之，吉无不利"，至此释之。

天之所助者，顺也。

大有二之五成同人，同人上有乾天，则上之比三为顺。此宜上则上宜下，申明是生两仪之义。

人之所助者，信也。

信，有孚也。《易》以初筮为天，原筮为人。大有成革，有孚于蒙而蒙上下应之，此申明两仪生四象之义也。

履信思乎顺，

履者，礼也。思者，容也。信则有礼而亨，顺则有容而元。

又以尚贤也。

义者，宜也。尊贤为大，谓革通蒙。而蒙二之五原筮，故称又。

是以“自天祐之，吉无不利”也。

如是则吉，不如是则凶。《易》有大极而生两仪四象，伏羲设卦所示也。文王、周公系辞，即依此以断吉凶，此《彖》即言乎象，爻即言乎变，而君子之观变玩占，即所以玩辞也。

子曰：书不尽言，言不尽意，然则圣人之意，其不可见乎？

著于竹帛为书，言辞多竹帛，书之不能尽，则意不详，设问以起下。

子曰：圣人立象以尽意，设卦以心情伪，

谓伏羲也，旁通而当，情也。不能旁通而位不当，伪也。

系辞焉以尽其言，

谓文王、周公。

变而通之以尽利，

立象、设卦、系辞，皆所以明变通之利。

鼓之舞之以尽神。

鼓所以进，舞所以节。民不知进，假卜筮以进之。民不知节，假卜筮以节之。

乾坤，其易之缊邪？

缊读如“地缊于晋”之缊，谓乾坤交易，乾爻入于坤中，坤爻入于乾中相间。

乾坤成列，而易立乎其中矣。

立，定也。其中谓二五。

乾坤毁，则无以见易。易不可见，则乾坤或几乎息矣。

毁谓成两既济也。见即屯见之见，终止而不续，故无以见易。息，止也。易则不自，自则不易。

是故形而上者谓之道，

以下又详释通篇名义，以为之结。

形而下者谓之器，

形谓成既济，定也。形而上未成既济，一阴一阳，往来于二五，故为道。形而下则已定而成既济，故为器。

化而裁之谓之变，

裁，犹始也。或盈或害，以变化而有始。

推而行之谓之通，

刚柔相推，往来不已。

举而措之天下之民谓之事业。

举，犹拯也。措之天下之民，谓二五行健不已，终则有始，乃成大业。

是故夫象，圣人有以见天下之赜，而拟诸其形容，象其物宜，是故谓之象。圣人有以见天下之动，而观其会通，以行其典礼，系辞焉以断其吉凶，是故谓之爻。

复前文以为脉络，而冠之以象，明系辞即述伏义之象也。

极天下之赜者存乎卦，

极，中也。天下虽赜，圣人用中于民，两卦相孚，其大中所在，可指而示。

鼓天下之动者存乎辞。

动而不知，进退则乱，以辞鼓之，不言舞者，省文。

化而裁之存乎弯，推而行之存乎通，

此据鼓之于民者言也。以《易》之变通，用为民之变通。

神而明之存乎其人，

神以神道设教也。民本不明，以易道神之，则愚者明。其人，用易道以牖民之人也。

默而成之，不言而信，存乎德行。

所以神而明之者，德行也。夫妇之愚，语以变通之道，不能家喻而户晓，且民未遽信也。故寓于卜筮之中，以吉凶鼓舞其德行，此圣人设教所以神而化也。

第八章　系辞下传章句第八

八卦成列，象在其中矣。因而重之，爻在其中矣。

互文也，八卦成列，因而重之。则象爻已在其中，非文王系辞始有也。

刚柔相推，变在其中矣。

申言上文，重八卦为六十四，以爻相推变化成象。

系辞焉而命之，动在其中矣。

相推则动矣，系辞所以明其动也。如辞云见龙在田，则知乾二动而之坤成屯。辞云潜龙勿用，则知乾二未动，而上动之坤成谦。

吉凶悔吝者，生乎动者也。

吉凶悔吝，所系之辞也。不以一卦见在之爻为吉、凶、悔、吝，而视乎爻之往来变动，以指其所之。讼五元吉，夬上终凶，比以动言。

刚柔者，立本者也。

一卦六爻，或刚或柔，以五为本。

变通者，趣时者也。

立本以未变通言也。刚反为柔，柔复为刚，所谓变通也。当位者，以变通，而不致于乱。失道者，以变通而能改为吉。由不当趣而之当，由不利趣而之利，故趣时。

吉凶吉，贞胜者也。

贞谓成既济也，胜谓刚中也。贞胜谓终，则有始也。贞而不胜则不可贞。

天地之道，贞观者也。

申言贞胜所以吉也。观，示也。天未以象，而后地乃成物而贞。

日月之道，贞明者也。

观则，明矣。

天下之动，贞夫一者也。

一者，始也。贞者，终也。贞于一则终而始矣。天地贞于观，日月贞于明，故易必贞于胜。而天下之动，可不贞于一乎？

夫乾，确然示人易矣。

确，坚也。《说文》作“隺”。高，至也，惟易乃贞胜、贞观、贞明、贞一。

夫坤，隤然示人简矣。

隤，孟喜作退，顺也。坤成屯，不通鼎，而以三之家人上，则知进不知退。惟退而从鼎，故简而不烦，而上下顺矣。

爻也者，效此者也。

诸卦之爻皆效此。乾坤之易，简以为往来。

象也者，像此者也。

像，似也。与乾坤相似续。

爻象动乎内，吉凶见乎外，

爻象动则吉凶见。内即家人内之内，外即睽外之外，由内而外，此爻象所由动也。如家人通解，蹇通睽，是矣。解成萃，睽成无妄，则吉。解成恒，睽成损，则凶。外胜则内可贞。

功业见乎变，

功业皆由变化而成。

圣人之情见乎辞。

情谓旁通，圣人治天下，不过旁通情而已矣。系辞明之。

天地之大德曰生，圣人之大宝曰位，何以守位曰仁。

仁，《释文》作“人”。

何以聚人曰财。理财正辞，禁民为非曰义。

天地之生机在人。圣人成天地之能，亦惟生人而已。人所以生，在财。圣人生人，故理财。财能生人，亦能害人。以义制之，则不为非。聚人以财，理财以义，圣人所以成天地之德也。然必圣人在天子之位，乃能裁成辅相。以左右民，故重之以大宝，曰位也。此申明圣人之情。如乾五，大宝也。坤五，财也，民也。乾二之坤五，仁也。坤成屯通鼎，义也。屯成既济，正辞也。鼎成咸，聚人也。鼎成恒成大畜、成泰，则非矣。不使成大畜、恒、泰，则禁民为非也。此情之见乎辞也。

古者包牺氏之王天下也，

包牺、伏羲、太昊氏。

仰则观象于天，

天行健。

俯则观法于也，

地顺天。

观鸟兽之文，

陆绩谓失鸟、无武、白虎、苍龙、四方、二十八宿，经伟之文，申观象。

与地之宜，

谓地所生，申观法。

近取诸身，

本诸己。

远取诸物，

推以验之于物。

于是始作八卦，

首乾父坤母，以生六子。

以通神明之德，

伏羲察天地万物，又推己以絜人而知人之性善，可以先觉觉之，故为之画八卦。示以有母必有父，而后有六子，使男女有定偶，民知父子、长幼、尊卑。缘是而序三纲，五伦由是而建。其先民知有母，不知有父，与禽兽同。画八卦示之，而民遂悟。以示禽兽，禽兽则不悟也，是以人性之善，异乎禽兽，所谓神明之德也。

以类万物之情。

类，似也。旁通之似绩不已也。人性皆善，则人之情，无不同。各有情，即各有欲，以己之情，通人之情，以己之欲，度人之欲，则不致相争相噬，而天下之情，类聚而不乖矣。圣人与人同此性情，所异者，智愚者。圣人自度因以及人，故万物之情可，以圣人之情类之也。人之情欲，男女饮食而已。既定人道，制嫁娶，使人各有偶，而男女不紊。又教渔佃，使民各食其力。嫁娶制则人伦之教兴，渔佃作，则利济之政起。通其德，类其情。故作八卦，又重为六十四，以示旁通往来，此伏羲之情也。而文王之辞，所以明旁通情者，即述乎此也。

作结绳而为网罟，

网与罔同。罟，犹罔也。

以佃以渔，

佃与田同。

盖取诸离。

作，始也。结，交也。结绳，谓离与坎交成家人，上巽为绳也。坎成屯，初九为囊之底。五鱼在坎水之中，囊以贮之，故为罔罟。屯五为包有鱼，亦为田有禽，故以田以渔。鱼在坎水中亦禽在坤野中也。以下十三盖取，皆明制器尚象之事。备物制用，立成器，以为天下利，交通乃尽利。旧说离为目，互巽为绳则离未变通矣。非也。

包牺氏没，神农氏作，

神农氏、炎帝姜姓。

斫木为耜，揉木为耒，耒耨之利，以教天下，

揉与镙同。《考工记》：耒，中直者三尺有三寸，上句者二尺有二寸。句曲必揉耜。耒，头金也。耨，芸草器。

盖取诸益。

本无妄不耕，获言之也。不耕而获，则升成泰。无妄成既济，泰下之金，不连巽木，则不可为耜。方无妄成益，尚未获也。则变通于恒，恒下巽木连乾金，以二之五，是斲木为耜以耕也。益上之三应之，益上巽为坎，是揉木为耒而获也。于是不耕者，变而为耕，无妄为益，故取诸《益》也。

日中为市，

市，所交易之地。

致天下之民，聚天下之货，交易而退，各得其所。

遁则退。

盖取诸噬嗑。

离上本日中，离成丰，则坎成井，井舍丰而通噬嗑，离仍在上为日中，是日中为交易也。井二之噬嗑，五成无妄、蹇，相错为遁，故交易而退也。井既居其所而迁丰，亦不致穷大而失居，故各得其所。以井舍丰五之民而通噬嗑，五之民，噬嗑成益，又通恒五之民，故致天下之民、聚天下之货，皆得所也。

神农氏没，黄帝、尧、舜氏作，

黄帝：有熊氏。

通其交，使民不倦，

倦，罢也。法久则民玩。

神而化之，使民宜之。

民无能名之谓坤，用柔用刚，不能变易，则民有以测之。而因我之刑赏喜怒，以行其智，相害而无攸利矣。故以无能名者变化之，使之各正性命，保合太和。

易穷则变，变则通，通则久。

明圣人治天下，通变神化，皆合于易。

是以“自天祐之，吉无不利”。

大有成革则穷，变通于蒙，蒙成益则穷，又变通于恒，大有二之五，即乾二之坤五之比例，故三引其上九辞也。

黄帝、尧、舜垂衣裳而天下治，盖取诸乾、坤。

上乾下坤，否也。否上衣下裳，垂谓四之初也。大有不能自天祐之而为比之匪人。则比成既济，大有成泰，泰二之五，成两既济，穷矣。惟泰通否，泰二之五，有否初四应之，则治而不乱，故垂衣裳而天下治也。羲、农以前，民苦于不知，故通德类情，以牖其知。黄帝、尧、舜时，民知识已开，故变通神化，使民日迁善而不知。为之者，不知为之，故民无能名。所谓无为而治，笃恭而天下平，此垂衣裳之治也。不言取诸否者，否与泰孚，则已通而不否也。

刳木为舟，

刳，犹判也。谓剖涣上之巽利涉于三。

剡木为楫，

楫，所以行舟也。剡，锐利也，谓涣二先之丰五成革，上兑连于巽木，为木之锐者也。有楫，舟乃行。

舟楫之利，以济不通，致远以利天下，盖取诸涣。

巽成井，震成丰，不能通矣。丰舍井而通涣，则井下之木浮于坎上，故为舟。致至也。致远谓旁通。

服牛乘马，

在辕曰服。

引重致远，以利天下，盖取诸随。

乘马即屯之乘马，随四之蛊初。为鼎四之初之比例。随三又之蛊上即屯三之大畜上。蛊成泰，下乾为马，而坤乘于上。坤为牛，亦为车，故服牛。先三后五则轻，泰通于否，是舍其轻，而引其重也，亦即舍其近而致于远也。变通，故利天下。

重门击柝，以待暴客，

暴客，盗也。

盖取诸豫。

艮为门，小畜二之豫五，成萃，小畜上又之豫三，成咸，下艮门也。艮门之上三，刚相重，故为重门。上之三为击，小畜上巽木也。之豫三互巽，亦木也。以木击木，故为柝。咸四之初，成既济，上坎为盗，四不之初，待通损，而后行，故云待。

断木为杵，掘地为臼，杵臼之利，万民以济，盖取诸小过。

小畜上巽为木，豫下坤为地。断小畜上之豫三，成小过。木断地掘，亦穷矣。变通于中孚，则用断木为杵，用掘地为臼，杵臼相靡切，而谷以精熟，所谓吾与尔靡之也。

弦木为弧，剡木为矢，

弦木所以张之也，即先张之弧，谓泰二之五也。剡木谓否上之三成咸，与丰成革同。

弧矢之利，以威天下，盖取诸睽。

睽成泰，泰二之五则寇至矣。故以弧矢威之，使匪寇化为昏媾。

上古穴居而野处，后世圣人易之以宫室，上栋下宇，以待风雨，盖取诸大壮。

栋，极也，谓大壮二之五，居中也。观上之三成艮，为人听止下宇也。蹇、革初四宜待，故待风雨谓革旁，通于蒙。蒙二之五，上巽为风，革四之蒙初应之，上坎为雨。

古之葬者，厚衣之以薪，葬之中野，不封不树，

衣，被也。薪，萑苇之属。谓不棺也。不封，不聚土。不树，不植木。

丧期无数，

随哀至则哭，无卒哭，虞葬之制。

后世圣人易之以棺椁，盖取诸大过。

困于株木，则栋桡于泽下。二藏巽木中，棺椁之象也。木虽桡，亦因而利用之。

上古结绳而治，

古无文字，其有誓约之事。事大大结其绳，事小小结其绳，结之多少，随物众寡，各执以相考。

后世圣人易之以书契，

言载于册谓之书，刻两札而合之。一持左札，一持右札，合其刻处以为信，谓之契。有书又有契，乃可以交孚也。

百官以治，万民以察，盖取诸夬。

结绳谓夬二交于剥五成观，上巽为绳也。治则夬成既济，剥成益。易之以书契，谓益变通于恒，恒上震为竹，二之五成咸，咸上兑为言，言载于竹，书也。恒、益相孚，恒二之五载书，益上之三约之，契也。既通剥，又通恒，故百官治，万民察。

是故易者，象也。

上言制器尚象，此申言，惟变易乃为尚象。

象也者，像也。

像，似也。谓似续不穷，改易似更端矣。不知惟变通乃克久长，故易即象也。

彖者，材也。

彖即遁，材即才，舍此通乎彼，赖于才也。

爻也者，效天下之动者也，是故吉凶生而悔吝著也。

以爻之动，效天下之动。观于爻，则知吉、凶、悔、吝。

阳卦多阴，阴卦多阳，

阳卦之中多阴则阴卦之中多阳。两相孚合捊，多益寡之义也。如萃阳卦也。而有四阴，是阴多于阳，则以大畜孚之。大有阴卦也而有五阳，是阳多于阴，则以比孚之。设阳卦多阳，则阴卦必多阴，以旁通之。如姤与复，遁与临，是也。圣人之辞，每举一隅而已。

其故何也？

故，事也，即随无故，丰多故之故。

阳卦奇，阴卦偶。

奇偶指五奇，在五则为阳卦，宜变通于阴偶，在五则为阴卦，宜进为阳。

其德行何也？

即神德行之德行。

阳，一君而二民，君子之道也。阴，二君而一民，小人之道也。

此申明一阴一阳之道也，阳谓阴变为阳，即君子道也。阴谓阳变为阴，即小人道也。一君二民，失道而害矣。民盛于君，宜变通，令君子道长，小人道消。二君一民，当位而盈矣，君盛于民，宜变通，令小人道长，君子道消。如既济一君也，未济一民也，未济成否，亦一九也，则宜变通于泰，为小人之道。益一君也，恒一民也，恒成泰亦一民也，则宜变通于否，为君子之道，下文申言之。

《易》曰："憧憧往来，朋从尔思。"

《咸·九四》爻辞。

子曰：天下何思何虑？天下同归而殊途，一致而百虑。

言何以有思有虑，以功业之成，虽同归一致，而所以起之者，则殊途百虑，所以宜思宜虑也。柔中必同化为刚中，故同归。刚中必反，为柔中，故殊途。一阴一阳，故一致。反复不已，故百虑。俗说何思何虑为不烦思虑，且据老庄抱一之指，谓殊途而同归，百虑而一致，与经文反戾矣。

天下何思何虑？

又设问以起下文。

日往则月来，月往则日来，日月相推，而明生焉。

即日月运行。

寒往则暑来，暑往则寒来，寒暑相推，而岁成焉。

即一寒一暑，寒暑、日月，迭相往来，故君子、小人互为感应。无君子，莫治小人。无小人，莫养君子。此一君二民，所以宜益之以阳，二君一民，所以宜益之以阴也。

往者，屈也。来者，信也。屈信相感，而利生焉。

阴气盛则宜屈阴以信阳。阳气盛则宜屈阴以信阳。损通咸为利，益通恒亦为利。

尺蠖之屈，以求信也。

尺蠖状如蚕，绝小，行则促其要，使其尾相就，乃能进步。

龙蛇之蛰，以存身也。

蛰，伏也。存，生也。阳伏于二升于五，则生矣。若已定于五，则往而不来，又宜屈矣。

精义入神，以致用也。

精，静也。义谓变通，以尽利也。静而后动，入而后出，故以精而义，以入而神。但阳而不阴，非所以致用也。

利用安身，以崇德也。

利用，反而复也。利用而后安身，终则有始也。如咸通损，损二之五为利用。咸四之初，成既济，为安身，咸为君子舍已，而从损之小人。损二之五为德，咸以贵下贱以修损五之德，故为崇德也。

过此以往，未之或知也。

此，今也。物既殊途，理非一致。未来之事，千变万化，何由得知。

穷神知化，德之盛也。

民无能名，故穷于神。曲能有诚，故知所化，惟穷神乃能知化，亦由屈而信也。不动而敬，不言而信，不赏而劝，不怒而威，故为德之盛。《传》举此爻，专发明小人之道。有日必有月，有寒必有暑。旧说以君子之道当黄帝、尧、舜时，小人之道当三代之末，谓小人之道不可长，君子之道不可消。是日不可往，月不可来，寒不可往，暑不可来也。学者察之。

《易》曰："困于石，据于蒺藜，入于其宫，不见其妻，凶。"

《困·六三》爻辞。

子曰：非所困而困焉，名必辱。

非所困，谓失道也。名之为困，故辱。

非所据而据焉，身必危。

困成大过，贲成明夷，故危。

即辱且危，死期将至，

大过所以取棺椁。

妻其可得见耶？

此君子虽孚于小人，而小人不能化为君子。

《易》曰："公用射隼于高墉之上，获之，无不利。"

《解·上六》爻辞。

子曰：隼者，禽也。

禽谓解二之五得禽也。解成恒，则田无禽。

弓矢者，器也。

谓家人成既济。

射之者，人也。

解五无人，得禽则有人。

君子藏器于身，待时而动，何不利之有？

家人上往，则成既济，藏之不即发也。家人成既济，器也。解成咸，身也。动，震也。咸通损，损成益，下震则为时行，谓不可解成屯也。咸、既济相错，为革、蹇，待时即蹇之宜待也。

动而不括，是以出而有获，

动则解成屯，家人上不可获矣。括，至也。屯通鼎，鼎二至五，而后屯三，可获于鼎上。若不括，则获而成两既济矣。出谓解二之五，解出而获，非利也。

语成器而动者也。

语，犹言也，成器而动，即动而成器，到言之也。谓先成屯，而家人上之屯三也。反言以明经义，此小人化为君子，君子又宜通于小人。

子曰：小人不耻不仁，

耻而后仁。

不畏不义，

畏而后义。

不见利不劝，不威不惩。小惩而大诫，此小人之福也。《易》曰："履校灭趾，无咎。"此之谓也。

《噬嗑·初九》爻辞也。小人谓六五，仁义劝惩，皆谓井二来之五，离上之坎三，离成丰，坎成井，失道不能无咎。惟知过而改，舍丰变通于噬嗑，丰五为失道之小人，噬嗑五为改过之小人，故化祸而为福。若不惩而丰，四又之井初，则不能大诫矣。小人之惩，由君子之变通也。

善不积，不足以成名。恶不积，不足以灭身。小人以小善为无益，而弗为也。以小恶为无伤，而弗去也。故恶积而不可掩，罪大而不可解。

坎、巽成井、离、震成丰，小恶也。未成明夷，故无伤弗去，不去而变通于噬嗑也。始而小恶为井、丰，不变通，而以丰四之井初，成明夷、需，则恶又加之以恶，故为恶积。明夷诛也，诛，犹灭也。故恶积成明夷则灭身，灭血而名之，以明夷则名辱矣。揜，伏也。既成需、明夷，而需二之明夷五，故不可揜，成两既济终止，故不可。解、井已灭趾、灭鼻，改而履校尚得无咎，不履校而何校灭耳，故恶积罪大而凶也。

《易》曰："何校灭耳，凶。"

《噬嗑·上九》爻辞。

子曰：危者，安其位者也。亡者，保其存者也。乱者，有其治者也。是故君子安而不忘危，存而不忘亡，治而不忘乱，是以身安而国家可保也。

未济成泰，危亡所在也。泰不变通，而二之五，则成两既济，终止则乱矣，故与否通。否，君子也。二五定位，既宜舍而孚于泰之小人，泰二不先之五，而否成，既济，则安忘危存。忘，亡。治忘，乱矣。泰二之五而否初应之成益，益三互坤，国也。既济、益相错、为家人，则家也。

《易》曰："其亡其亡，系于包桑。"

《否·上九》爻辞。

子曰：德薄而位尊，知小而谋大，力不而任重，鲜不及矣。

薄小皆谓柔，尊大重皆谓居五也。四未之初，则柔在五，为小人之道。四先之初，则柔在五，为小人之道。四先之初而五犹未进，是小人据尊位，而初四失道也。

《易》曰："鼎折足，覆公悚，其形渥，凶。"言不胜其任也。

柔中，故不胜。不胜则危，故鲜不及。

子曰：知几其神乎？

神谓变通。

君子上交不谄，下交不渎，其知几乎？

交谓小畜二之豫五，上交，则成既济、咸，下交，则成家人、屯。谄，犹陷也。渎即再三渎之渎。

几者，动之微，吉之先见者也。

谓变通，而二先之五。君子见几而作，不俟终日。作，始也。先作后终，故终则有始。终日谓成既济。

《易》曰："介于石，不终日，贞吉。"

《豫·六二》爻辞。

介如石焉，宁用终日？断可识矣！

咸下成艮石，而四不之初则不为离日。断谓小畜上之豫三。识，犹戠，谓聚也。

君子知微知彰，知柔知刚，万夫之望。

反其道则知微知柔。复其道则知彰知刚。知微知柔，即不忘危、不忘亡也。然又必使危者安，亡者存。知微，又必知彰，知柔，又必知刚。柔中称民，刚中称夫，不忘万民而皆得所利，故为万民之望也。

子曰：颜氏之子，其殆庶几乎？

言近于知几。

有不善未尝不知，知之未尝复行也。

不善谓乾二不之坤五，而四先之坤初。知其过，而改之，谓复旁通于姤，是为君子之道也。

《易》曰："不远复，无祇悔，元吉。"

《复·初九》爻辞。

天地絪缊，万物化醇，

絪缊，纷纭不齐也。岁实有消长，日行有盈缩，故不齐也。醇与惇同，不偏化一物也。《素问》曰："化淳而守城。"《史记》言"惇化鸟兽虫蚁"，亦此义。

男女构精，万物化生。

构，合也。《谷梁传》曰："独阴不生。独阳不生。独天不生。"

《易》曰："三人行，则损一人。一人行，则得其友。"

《损·六三》爻辞。

言致一也。

一谓一阴一阳也。致，至也。由不一而归于一，故为致一。二君二民，则不一矣。变通，而仍合于一阴一阳之道也。损一民也，成泰则二民，员一。损一者，失其一也。

子曰：君子安其身而后动，易其心而后语，定其交而后求，君子修此三者，故全也。危以动，则民不与也。惧以语，则民不应也。无交而求，则民不与也。莫之与，则伤之者至矣。

君子孚于小人为易，小人进于君子为交。求，犹应也。二五交易，而后初四三上应之，是为易而后语，交而后求也。益五刚中，恒五柔中，为易其心，恒二之五，则定其交。语，犹言也。益易为恒而二之五成咸，上兑为言，既成咸而益上求三可也。恒二不之五则危，恒不成咸，故勿与也。恒二不之五成咸，而四之初成泰为俱，既济、泰相错为明夷，故伤之者至也。

《易》曰："莫益之，或击之，立心勿恒，凶。"

《益·上九》爻辞也。

以上十一举爻辞，所以申明君子小人相交易，而为道也。

或谓《文言》，非矣。

子曰：乾坤其易之门邪？

二户为门。

乾，阳物也。坤，阴物也。

阴阳本分。

阴阳合德，

乾二之坤五则合。

而刚柔有体，

体犹礼也。有体则次序不紊。

以体天地之撰，

撰，数也。

以通神明之德。

民之德。

其称名也，杂而不越。

名，卦名也。杂谓物相杂，即阴阳合德也。杂而当，则名荣，杂而不当，则名辱。名视当不当，而称不踰其度也。

于稽其类，其衰世之意邪？

于，语辞。衰而能变通则盛，《易》以穷，则变为数，穷则衰，明《易》为改过之书也。

夫易，彰往而察来，而微显阐幽。

微显，微其显也，谓反其道。阐幽，阐其幽也，谓复其道。

开而当名辨物，正言断辞，则备矣。

当名辨物，正言断辞，皆本于开。开，犹辟也。谓二之五，柔中变为则中，诸善皆具于此。

其称名也小，

失道故小。

其取类也大，

能旁通，则小化为大。

其旨远，其辞文。其言曲而中，其事肆而隐。

皆指《易》辞也，远、中、肆辞之所以明道也。文、曲、隐不真言，而引申比例子辞中也。鸣鹤枯杨，可谓文矣。不知其旨在明变通之义，非言鹤之鸣杨之枯也，故远。

本明变通之义，而假借以文之，可谓曲矣。不知按而求之，道贯于一，故中。吉、凶、悔、吝直以陈之，可谓肆矣。乃辞则晦为他说，令观者寻玩，乃得，故隐。文王、周公所系之辞，数语最明。是以不事王侯似称高逸，匪躬之故。若表贞臣，帝乙归妹寄托于成汤之嫁女，箕子明夷，假迹于父师之陈畴，甚至见豕负涂，载鬼一车，且为悠渺不可知之言。若望文生意则文士之摛华，匪经生之述业矣。

因贰以济民行，

贰，疑也。民愚不可正，以易道告，因其疑，制为卜筮。高允《筮论》云："昔明元末起白台，其高二十余丈，乐平王尝梦登其上，四望无所见，王以问日者董道秀，筮之曰：'大吉。'王默然而有喜色。后事发，五遂忧死，而道秀弃市。道秀若推六爻以对王曰：'《易》称亢龙有悔，穷高日亢，高而无民，不为善也。'夫如是，则上宁于王，下保于己，福禄方至，岂有祸哉！"如允之说，所谓因贰以济民行也。吉凶本于善不善，告以趣吉避凶，正使之为善，去不善也。圣人裁成辅相，所以为神，而卜筮之用所以为大。《易》道不明，佛氏乃以祸福转移愚民之行，而卜筮者舍善不善而专言吉凶，遂成术数小道。至《火珠林》并舍《易》辞别为占法，其术益贱。圣人所以济民行者，岂如是哉！

以明失得之报。

失则报之以凶，得则报之以吉，民疑于吉凶，则明之以失得，所以济民行者如此。

《易》之兴也，其于中古乎？作《易》者，其有忧患乎？

中古包牺时也。天地不能正人之性命，圣人忧天地之忧，《易》所以作也。伏羲以前，无三纲五常，臣之怯怯，起之吁吁，知识未开，虽抱善性而莫能自觉，是为上古。天生伏羲，以先觉觉万民，使男女有别，以定君臣、父子、尊卑、上下，而天地之化育，以赞人物之性以尽，是为中古。其先性命不正，未有忧患之人，至此以忧患，而立教，以开王道。性命正，而人乃尊，于物亦田渔兴。而人之力乃胜于物，故伏羲为百王先首。庄子之徒，重上古混茫，而以伏羲氏为顺而不一，未能知道者也。

是故履，德之基也。

德，四德，元、亨、利、贞也。基，始也，谓二五。

谦，德之柄也。

柄，末也，谓三上。

复，德之本也。

本谓初四。

恒，德之固也。

久则坚固，谓终则有始。

损，德之修也。

有所失则修。

益，德之裕也。

得，则宜退而待，

困，德之辨也。

不惮无困，乃能明辨。

井，德之地也。

井，犹法也。地谓顺承。

巽，德之制也。

逊则不拘执而有裁度。

履，和而至。

至即坚冰，至之至，履字绝句，有礼，则其至也和。

谦，尊而光。

失在三上，忘所尊矣。何以得广？

复，小而辨于物。

失在初四，则小，由小复为大，故辨物。

恒，杂而不厌。

厌，止也。杂谓刚柔相杂。

损，先难而后易。

失道，故难。修，故易。

益，长裕而不设。

长即恒也，为长久之道，则设施不得不缓也。

困，穷而通。

不辨不已，故虽穷而能通。

井，居其所而迁。

居其所谓五已定也。迁谓变通，能迁则顺天而时行，故为德之地。

巽，称而隐。

盈虚、消息称而平之，随时通变，化在物先，故隐而不见其迹。其尧之民无能名舜之无为而治欤？

履以和行，

行非礼不知，故圣人治天下以礼。

谦以制礼，

礼，以让为度。

复以自知，

制礼使小大由之，以复于道，不可使知之，故自知。

恒以一德，

圣人自知，以通天下之志，使其由之，故天下归仁。

损以远害，

不变通则害，故修以远之。

益以兴利，

已利，益广其利。

困以寡怨，

寡怨，犹辟难也。辨怨之所在，而寡之，则穷而通。

井以辨义，

困何以辨小惩大，戒至于教刑，惟其宜而已。《吕刑》曰："伯夷降典，折民惟刑。土制百姓，于刑之中，以教祇德。"伏生《书传》曰："古者有礼，而后有刑。"盖礼以制之，德以一之。远害使无眚灾，兴利使有恒产，而民犹有为非者，则侯明挞记，威以惩之，以期其改悔而并生，不至罪大恶极，圣人用法，所以辨之于困也。

巽以行权。

巽则能变通，盈者济之以虚，轻者平之以厚。帝王治世，圣人教人，所以因之、革之、文之、质之，退则进之，兼人则退之，皆权之，故孔子言“可与立，未可与权”，孟子言“子莫执中”，执中无权，犹执一也。伏羲以前人道未定，患在不知，既知之后，患又在知，故偏于刚，偏于柔，皆足使民怠玩，而不可以久。必本之以德礼，而隋时左右之。自知其故，民莫能窥，乃可一德。远害兴利，而寡怨而归之于辨义行权。圣人既示人以人道之常，又谆谆于变则通，通则久不义，盖不独为一时计，且为万世计。一患解又忧，一患无时不忧。故无时不敬，特举此九卦再三明之也。

《易》之为书也，不可远，

犹云不可离。

为道也屡迁。

道，一阴一阳也。反复不已，故屡迁。

变动不居，

居谓阳居五，五本阳之所也，故称居。不居，则阳易而孚阴，惟其变动，所以不居，居则终止矣。

周流六虚。

旁通两卦十二爻，六爻定者实，六爻未定者虚也。终则有始，故周流常使有六虚也。

上下无常，

宜上则不宜下，宜下则不宜上，谓六虚中之初四三上也。

刚柔相易。

谓六虚中之二五。

不可为典要，唯变所适。

典要谓已定者也。不可定止，宜趣时以尽利。适，犹之也。

其出入以度，

度，制度有次序，不容紊也。变动无常，而制度则有常。

外内使知惧。

本卦为内，所通之卦为外。使，从也。外内从，则能时行矣。如初四从二五，为家人，为内从。家人通解，三上乃从，解之二五成既济，为外从。犹云内比、外比也。知惧则不成两既济，有所节止。

又明于忧患与故，

失道则忧患也，故，事也。通变之谓事，于失道知忧患，而变通之。

无有师保，如临父母。

如读若，而无师保所以忧患。临父母谓能变通。

初率其辞而揆其方，

初即初筮之初。率，帅也。系辞视乎爻，率其辞谓二五为诸爻，率揆度也。方，旁通也。既率其辞，而无亨矣。又揆度之，以旁通为利也。

既有典常，

无师保而临父母，失道能变通也。初率辞而揆其方，当位能变通也。既尽也，如是则尽有典常。

苟非其人，道不虚行。

有人则实，所以反其道，使虚者正将复其道，使实也。若非因实之，则先不虚之矣。明非徒尚虚也。

《易》之为书也，原始要终，

原，再也，一始又始乃终。要，约也。谓三之上再筮，而三之上以终，则初筮初上应之也。

以为质也。

质，本也。易之本义如此。

六爻相杂，唯其时物也。

时者能变通，物者依品等，相杂以时物，则出入以度。

其初难知，其上易知，本末也。

初，初爻上上爻。

初辞拟之，卒成之终。

申言所以难知易知也。两卦旁通。行则先二五而后初四三上。辞则以初爻为始，至上爻为终。在初未历二五，未知其得失，故拟其辞。上则已历二五，得失已明也。

若夫杂物撰德，辨是与非，则非其中爻不备。

杂物六爻相杂也。撰，选也。于众爻杂错之中，而选其德以辨是非，中爻谓二五也。诸爻之是非，视乎二五，此初所以难知，上所以易知也。旧说谓中四爻，未是。

噫！亦要存亡吉凶，则居可知矣。

噫，辞也。与抑同。居谓五也，刚中则存，柔中则亡，知存又知亡则吉，反是则凶。惟其变动不居，故居可知。

知者观其彖辞，则思过半矣。

彖辞、爻辞，皆发明杂物撰德之指，而爻辞又发明彖辞者也。

二与四，同功而异位。

二为中爻，四宜从之。

其善不同，二多誉，四多惧。

二先之五而四之初应之，故多誉。然四从二，则三上不可又从，故多惧也，近也，誉惧不同，而皆善者，以二先之五为近也。

柔之为道，不利远者，

远近犹言缓急。四从二则近，四不从二而先行，二缓于之五刚柔，不能进，故不利。如包无鱼，为远民是也。

其要无咎，其用柔中也。

要，约也，谓上之三也。用谓变通，如屯通鼎也。初四已从二五，则上不可之三四从五，而上之三，所以得无咎者，以变通故也。用柔中，谓五刚易为五柔。

三与五，同功而异位，

五为中爻，而三从之之上。

三多凶，五多功，贵贱之等也。

五贵三贱，三从五，则有功，三先五则有凶。

其柔危，其刚胜邪?

危，厉也。五柔则危，五刚则胜。胜，犹当也。危而能改则无咎，三五二四互相明也。

《易》之为书也，广大悉备。

广则阳易为阴，大则阴进为阳。

有天道焉，有人道焉，有地道焉。兼三才而两之，故六。六者，非它也，三才之道也。

总言六爻。

道有变动，故曰爻。

一阴一阳故有变动。

爻有等，故曰物。

等即品也，谓有次序。

物相杂，故曰文。

乾坤本不杂，乾二之坤五四之坤初，上之坤初，上之坤三，皆杂也。

文不当，故吉凶生焉。

当则吉，不当则凶，谓宜各依其等也。四不俟二，而先行，三不俟五而先行，皆不当也。

《易》之兴也，其当殷之末世、周之盛德邪？当文王与纣之事邪？

伏羲之教，历神农、黄帝、尧、舜，述而宗之，殷末邪说暴行有作，《易》道不明，文王系辞，以明伏羲之教，故兴于是时。

是故其辞危。

危即厉也。失道而害者，以厉示之。当位而盈者，亦以厉示之。

危者使平，

因危而使之变通，害者先之以大中，盈者悔之而上下皆应故平。

易者使倾。

易即平也。倾即倾否之倾。

其道甚大，

甚犹胜也。易则胜，胜则大。

百物不废，

谓时行。

惧以终始，

因惧而变易，故终则有始。

其要无咎，

申前，其用柔中之义。

此之谓《易》之道也。

伏羲作《易》，文王发明之，其道如此。

夫乾，天下之至健也。德行恒易，以知险。

易，交易也。乾二行健，于坤五成坎，故知险。

夫坤，天下之至顺也。德行恒简，以知阻。

阻有所止而不行也。初四下，应则上阻，三上上应则下阻，下应而上又应，是下顺而上逆。推之上应而下又应，即是上顺而下逆。惟下应，则上不应，以待变通。上应则下不应，以待变通。斯上下顺，是为知阻而简，则易从之义于是明矣。简以承乾之易，易以成坤之简，是为德行。易而为柔，则小人之道也。易而为刚，则君子之道也。

能说诸心，能研诸候之虑，

说即脱也，以刚易柔，为说诸心。如屯通鼎是也。研，犹靡切也。以柔交刚为研诸虑。如鼎二之五是也，心虑皆指五，虑而称侯之虑者，明二交于五，为利建侯也。

定天下之吉凶，成天下之亹亹者。

此前所云卜筮尚占也，探赜索隐，钩深致远，即此说心也。研，虑也。易以知险也，简以知阻也。说心研虑，知险知阻。此危者所以使平，易者所以使倾，而惧以终始，其要无咎也。然则《易》之道如此，卜筮之占亦如此。春秋时，舍九筮之法，遂昧乎《易》教也。

是故变化云为，

云即言也，为即动也，谓变化其言动。君子不待卜筮，而言尚辞，动尚变。愚民之言动，必假卜筮，变化之。

吉事有祥。

吉事犹云吉行也。言尚辞，动尚变，以吉行则得吉也。

象事知器，

制器尚象前十三，“盖取”是也。

占事知来。

谓卜筮尚占。

天地设位，圣人成能，人谋鬼谋，百姓与能。

天地所不能尽，圣人成之。于是百姓日用而不知者，既人谋而又鬼谋，说心研虑，成天下之亹亹，皆与能矣。圣人成百姓之能，即所以成天地之能也。成能兼制器言之，此申言成天下之亹亹者，故下专言百姓与能之故。

八卦以象告，

伏羲设卦，以象之变化告人。

爻象以情言，

文王、周公系辞，以明旁通之情。

刚柔杂居而吉凶可见矣。

杂居谓卦观卦象，吉凶已可见。

变动以利言，吉凶以情迁，

系辞者，本卦之刚柔变动，以利言之，乃知卦之吉。视乎情之旁通，旁通而当则吉，不当则凶。

是故爱恶相攻，而吉凶生。

攻犹确也。谓相变易，爱易为恶则凶。恶易为爱则吉。爱则当，恶则不当也。

远近相取，而悔吝生。

远近犹缓速也。取犹求也。速于悔，则不吝，缓于悔则吝。

情伪相感，而利害生。

情，实也。伪，反乎情者也。感即旁通也。旁通，而情则利，旁通而伪。爱恶、远近、情伪，百姓所有也。欲其爱，而不恶，近而不远，情而不伪，故以卜筮之吉、凶、悔、吝、利、害鼓舞之，危惧之，使民亹亹，而假以卜筮，所谓鬼谋也。卜筮之吉、凶、悔、吝、利、害，必因其贰以济之，仍存乎其人，故人谋也。

凡易之情，近而不相得则凶。

申言百姓之爱恶、远近、情伪，《易》中皆示之。《易》之谓旁通也，旁通而二先交五，则情而不伪，亦即近而不远。情则近矣，近则吉矣，此爱而不恶者也。

不相得则恶而不爱，故凶。谓旁通而二五不先交。如屯通鼎而覆悚形渥，节通旅而琐琐取灾，是也。恶而不爱，则伪而不情，伪则害矣，害则凶矣，非徒远吝而已。

或害之，

或即伪也，凡疑或生于伪。

悔，且吝。

伪而害，虽凶苟能悔，则凶化为吉。但远而不近，不免于吝而已，亦归于吉也。人惟生知之圣，无悔无吝，以下虽颜子不贰过，其先已不免于过，由不善改而为善，即是悔吝。圣人教人改过，以悔为善。吝者勉强而行，困而知之者也。人一已百，人十已千，愚必明，柔必强，中人以下，正患不能吝耳。文王系辞，以元、亨、利、贞、吉、凶、悔、吝、孚、厉、无咎十一事为之纲。元、亨、利、贞则吉，不能元、亨、利、贞则凶。不能元、亨、利、贞，改而元、亨、利、贞，则悔、吝。未悔未吝而恐其凶则厉，因其厉而悔。一悔不已，至再至三，而终于能改为吝。悔、吝则无咎，悔而无咎，由于旁通，旁通为有孚。元、亨、利、贞之义，《文言传》明之，此则详其吉、凶、悔、吝也。

将叛者，其辞惭。中心疑者，其辞枝。

枝，岐也。

吉人之辞寡，躁人之辞多。诬善之人，其辞游。

游浮而不定也。

失其守者，其辞屈。

此申明以言者，尚其辞之义。叛、疑、诬、失，皆动之不善也，而辞著之。然则欲免其惭，必改其叛。欲免其枝，必改其疑。欲免其多，必改其躁。欲免其游，必改其诬。欲免其屈，必改其失。改其动之失，则为吉人。吉则辞寡，而不惭、不枝、不多、不游、不屈矣。圣人作《易》，教人改过也。改过者，改言动之过也。知者、仁者，观于《易》之辞，而言动之过可改。百姓之愚，以卜筮济之，亦寡言动之过焉。圣人之《易》，为君子、小人言动，而作也，故终详焉。

第九章　文言传章句第九

文言曰：元者，

文，文王。元、亨、利、贞，文王所言。文言曰元犹云初九曰潜龙勿用。

善之长也。

长谓自此始，此孔子释文王之言。

亨者嘉之会也。

嘉亦善也，视善之所始，而初四三上，往会合之。

利者，义之和也。

或亢或匪，阴阳不孚，则不和矣。变通尽利，使民宜之。

贞者，事之干也。

通变之谓事。贞之为干犹桢之为干。干者，筑墙立于旁者也。立于此而有事于彼，所以重有干也。徒有干而无事，干为无用矣。

君子体仁足以长人，

长人，长乎人也。以仁为体则有以造天下万物之命，天下待命于一人，故可以为人之长。

嘉会足以合礼，

礼有等杀，二五尊贵，初四三上卑贱。初四三上从二五不逾越，故合礼。

利物，足以和义，

专其利于己，乖戾不和矣。利为义之和以其乃物也。

贞固足以干事。

固则有恒矣。筑非干不成，贞非通不固有事，于始乃可以终。

君子行此四德者，故曰：乾，元、亨、利、贞。

四德皆以行言，君子行此，则自强不息，不俟卜筮，自合易道以为德。

初九曰："潜龙勿用。"何谓也？子曰：龙德而隐者也。

龙，谓谦三互震，德而隐，则乾二未之坤五。

不易乎世，不成乎名，

父子相继为世，易乎世谓变通也。德隐而不能变通则名必辱。

遁世无闷，

谦通于履，相错为遁、临。闷，犹隐也。易乎世，则不隐伏。

不见，是而无闷，

不见不成屯而成谦也。是即有孚失是之是，是则有孚于履，履二先之谦五，不隐伏矣。

乐则行之，

乾二先之坤五，则乐二五先动，初四从之而行。

忧则违之，

三上先于二五则忧违去也。坤成谦，则去而通履。

确乎其不可拔，

确乎示人易，谓宜易乎世也。初之四为拔，谓不可以谦初之夬四。

潜龙也。

所以宜确乎变易，而不可拔者以乾二尚潜也。

九二曰："见龙在田，利见大人。"何谓也？子曰：龙德而正中者也。

龙谓屯下震，德而正中，则乾二已之坤五。

庸言之信，庸行之谨，

庸，用也，常也，以更代，而有常也。坤成屯则乾成家人。用言谓家人通解，解二之五成萃。信，孚也。谓解成萃，与家人孚也。用行，谓家人上之解三。谨，犹严也。家人有严君谓解成咸，四不之初也。

闲邪存其诚，

闲即闲有家人之闲，存，生也。诚，实也。家人孚于解，解成萃，不成临。

善世而不伐，

善世则易乎世而存诚矣。不伐，家人上不先之解三也。谓家人孚于解，解成萃，不成恒。

德博而化，

博，犹普也。化，变化也。家人旁通于解，乃能变化。

《易》曰："见龙在田，利见大人。"君德也。

君宜行健，乾道所为变化。见龙在田，谓坤成屯，利见大人。谓屯通鼎，坤成屯则乾成家人，屯通鼎则家人通解，故此《传》以家人通解赞之。

九三曰："君子终日乾乾，夕惕若厉，无咎。"何谓也？子曰：君子进德修业。

不已，则德进，无咎，则业修。

忠信所以进德也。

屯旁通于鼎则信，鼎二先之五则忠。

修辞立其诚，所以居业也。

辞，言也。鼎成咸，则修辞。立，犹成也。鼎先有实，而后屯成既济，故立其诚。居即利居贞之居。

知至至之，

屯通子鼎，鼎二之五，为至哉坤元。

可与几也。

君子几不如舍。

知终终之，

终谓屯成既济。知者，知其当至，知其当终。

可与存义也。

终则有始，故利物而和义。

是故居上位而不骄，

骄，犹亢也。居上位，则成家人。则在上九，知几而变通之，则不致骄亢。

在下位而不忧，

在下位，刚在坤，三成谦也。成谦则忧，通履，则不忧。

故乾乾因其时而惕，虽危无咎矣。

惕则不危。

九四曰："或跃在渊，无咎。"何谓也？子曰：上下无常，

非为邪也。进退无恒，非离群也。

上，上应也。谓上从二之坤三。下，下应也，谓四从二之坤初。或上应成屯、家人，或下应成蹇、革。家人、屯、蹇、革退，则解、鼎、睽、蒙进。上应成革则必变而通蒙，革四乃下应于蒙五，故无常，无常即无恒也。二不先之五则邪。成两既济则离群。所以无常、无恒者，恐其邪也，恐其离群也。变而后能恒，恒而不变，遂不可恒也，故无恒而后恒。

君子进德修业，欲及时也，故无咎。

革之通蒙犹屯之通鼎，其趣时同，故其进德修业同。

九五曰："飞龙在天，利见大人。"何谓也？子曰：同声相应，同气相求。

同，通也。求犹应也。同声，四从二之坤初，成屯、家人。屯下震，家人上巽，雷风相薄，故声应同气。上从二之坤三，成蹇、革。蹇下艮，革上兑。山泽通气，故气求也。

水流湿，

乾二之坤五，坤成比，上坎为水，震为涂，涂泥沮洳之地下，湿者也。凡四之初称下，湿之义下也。流湿以坎流震，坤成屯也。

火就燥。

乾成同人，下离为火。兑为正秋，秋气燥，就燥以离，就兑乾成革也。

云从龙，

上言当位而盈，此言失道而改。乾四之坤，初成复，有湿而水不流则通于姤，姤二之复五，上坎为云，下震为龙，故云从龙。

风从虎。

乾上之坤三成夬，有燥而火不就则通于剥。夬二之剥五，上巽为风，下坤为虎，故风从虎。

圣人作而万物睹。

作，始也。睹，见也。万物睹犹云万物相见也。乾知大始以生万物，当位而成屯、家人、蹇、革，其通鼎、解、睽、蒙，固睹。失道而成复、小畜、夬、谦，其通姤、豫、剥、履，亦睹也。

本乎天者亲上，

乾二之坤五，是坤五本乎乾也。亲上即比之亲万国。

本乎地者亲下。

坤五之乾二，是乾二本乎坤也。亲下即同人亲也。

则各从其类也。

同人通师，师二之五为类。同人四上从之，比通大有，大有二之五为类，比初三从之，申上万物睹之义。

上九曰："亢龙有悔。"何谓也？子曰：贵而无位，

阳贵成两既济，两五皆刚，故贵。萃有位，解不成萃，故无咎。

高而无民，

家人上巽为高，反其道，使乎于小人为民。家人不通解而上之屯三，成两既济，故无民。

贤人在下位而无辅，

贤人在下位，谓解二也。家人上宜辅解，五而行，解二伏藏未见于五，而家人上仍之屯三，故解无辅。家人通解为利，利者，义之各。义者，宜也。尊贤为大，故屯通鼎，鼎二先之五，则养贤。家人不通解，则贤人在下位，不能尊贤，不可为义也。

是以动而有悔也。

动则变通于解。

"潜龙勿用"，下也。

乾四之坤初，为下明。所云勿用，谓不以乾四之坤初。

"见龙在田"，时舍也。

可舍则舍，谓成屯。舍而通鼎，《传》赞利见大人也。井初六、九二《传》与此同。

"终日乾乾"，行事也。

时行则行，通变之谓事。

"或跃在渊"，自试也。

试谓革四之蒙初，童蒙有我，而后求之。是有所自而试也。

“飞龙在天”，上治也。

亦赞利见大人。上谓家人上，从解五而成既济，为天下治。

“亢龙有悔”，穷之灾也。

不悔而家人上之屯三，成两既济，是穷而至于灾。

乾元“用九”，天下治也。

不乱故治。

“潜龙勿用”，阳气潜藏。

以藏释潜，明与否藏同。

“见龙有田”，天下文明。

相杂故文，不伤则明。谓屯通鼎皮既济，不成明夷。

“终日乾乾”，与时偕行。

明行事为时行。

“或跃在渊”，乾道乃革。

自试言革、通蒙，此明乾成革。

“飞龙在天”，乃位乎天德。

天德谓乾成家人，位谓萃有位以孚之。

“亢龙有悔”，与时偕极。

极，中也。悔则通于解，为时行。解二之五，则得中。

乾元“用九”，乃见天则。

天下所以治以有法制也。乾“元”者，始而亨者也。有元而后有亨，亦有亨，而乃得为元。初四三上先二五而行，则二五后于初四三上，不可为始。二五不可为始，则初四三上，不可为亨，故有始而后亨也。

“利贞”者，性情也。

性情之善，人与已同。尽其性，以尽人物之性，故利物而后贞。

乾始能以美利利天下，

乾始，乾元也。元之不已则利矣。《战国策》称善为元元，元而又元，谓利天下也。

不言所利，大矣哉！

其利至大，故不见其利。

大哉乾乎！则健中正，

刚谓乾五。健谓二行于坤五，即成家人，又通解，而解五得中，乾成既济为正。

纯粹精也。

申上文而言也，纯即屯也，粹即萃也。乾成家人通解，解成萃，坤成屯通鼎，鼎成咸，亦萃也。纯犹厚也。先二五而后三上应之则厚。精，静也。静，犹定也。家人通解，解二先之五则粹，家人后成既济则精。

六爻发挥，旁通情也。

发谓由此之彼也。挥动也。全《易》之义，惟在旁通，圣人于此特表出之。六爻发挥，《易》卦之旁通也。己欲立，而立人，己欲达而达人，人情之旁通也。惟旁通乃知来物，所谓格物，所谓絜矩，所谓强恕也。

时乘六龙，以御天也。

谓乾成家人，通于解。

云行雨施，天下平也。

谓坤成屯，通于鼎，以上申《象》义。

君子以成德为行，

德谓元、亨、利、贞也。成此四德而行则无失道之凶矣。

日可见之行也。

二先动成离日，而后坤可成屯。

“潜”之为言也，隐而未见，

谓成谦，不成屯。

行而未成，

坤先成屯通鼎，而后三从鼎五，而行，乃成元、亨、利、贞之德。今三先行，故未成。

是以君子、弗用也。

申初九之义。

君子学以聚之，

学而时习，则方以类聚，谓家人通解，解成萃。

问以辨之，

问即益勿问之问，问则与人酬接。谓旁通也，反复其道，以辨上下。

宽以居之，

宽，含宏也。居即居贞。

仁以行之。

乾二行于坤五，又通于解、鼎，则仁覆于天下。四者皆本，利见大人而引申之。

《易》曰："见龙在田，利见大人。"君德也。

申九二之义。

九三重刚，而不中，

谓家人三上。

上不在天，

谓五。

下不在田，

谓初。

故乾乾，因其时而惕，虽危"无咎"矣。

申九四之义。

九四重刚，而不中，

谓革初四。

上不在天，下不在田，

未之坤初。

中不在人，

谓三，侯果曰："易有天道，有地道，有人道。兼三才而两之，谓两爻为一才也，初兼二地也，三兼四人也，五兼六天也，四是兼才非正，故言不在人也。"

故"或"之。或之者，疑之也。故"无咎"。

申九四之义。

夫"大人"者，与天地合其德，

《经》称大人，谓鼎、解、睽、蒙，二先之五也。《传》举以赞之，乾成革、家人，坤成蹇、屯，本于乾二先之坤五，此天地之德也。今变通于鼎、解、睽、蒙，其德亦同于乾、坤。

与日月合其明，

乾下成离，坤上成坎，即坎二之离五之比例。乾、坤不成需、明夷，即鼎、解、睽、蒙不成泰、既济。

与四时合其序，

初四应成家人、屯，则三上时行，通于解、鼎。三上应成蹇、革，则初四时，行通于睽、蒙。

与鬼神合其吉凶。

乾成革，通于蒙，蒙成观，又通大壮，则神道设教而吉。坤成蹇通于睽，睽成大壮，又成泰，则载鬼一车而凶。

先天而天弗违，

先天即先甲也。谓乾二之坤五，二五先行，而上下应之。不忧，故不违也。

后天而奉天时，

后天即后甲也。乾成家人又通于解，坤成屯又通于鼎，随时以应，而不失其次序。

天且弗违，而况于人乎！况于鬼神乎！

乾且不可违，鼎、解、睽、蒙岂可有违！乾、坤违，则成复、小畜、谦、夬，以至于需、明夷、鼎、解。睽、蒙违则成大畜、临、大壮、升，以至于既济、泰。天弗违，乾、坤成家人、屯、蹇、革也。奉天时，鼎、解、睽、蒙。奉天之弗违而亦不敢违，先以二之五遁、萃、无妄、观，为利见大人也。天指乾，人指鼎、解、睽、蒙。人奉天时则神，人违而不奉天时则鬼，鬼则为匪人，神则为大人。人奉天乃大，旧说以天，乃在后天，且不违大人，失之。以上申九五之义。

“亢”之为言也，知进而不知退，知存而不知亡，知得而不知丧，

乾、坤成家人、屯，知进、知存、知得也。不变通于解、鼎，则不知退、不知亡、不知丧也。

其唯圣人乎！知进退存亡，而不失其正乾，其唯圣人乎！

由进知退，由存知亡，由存知亡，由得知丧，则不亢。由退知进，由亡知存，由丧知得，则不失其正。以上申上九之义。文言曰：《释文》云本或有“文言曰”者，本即指孔颖《正义》本，然则陆德明所依本无此三字是也。

坤至柔而动也刚，

震动谓成屯。

至静而德方，

方，帝也。坤成屯，寂然不动，惟旁通以为德。

后得主而有常，

屯三得鼎五为主而后之鼎上成咸。含万物而化光。含而不尽，则变化光明。坤道其顺乎？承天而时行。初应，乾成屯，则三时行于鼎。三应乾成蹇，则初时行于睽。以上申坤《象》之义。

积善之家，必有余庆。

既善于坤五成屯，又善于鼎五成咸，故积。

积不善之家，必有余殃。

不善而坤成谦，又不善，而谦成明夷，故有余殃。

臣弑其君，子弑其父，非一朝一夕之故，

君父谓五，五不先行，而初四三上，逾越则尊卑上下率而致寇至矣。

其所由来者渐矣。由辨之不早辨也。

当成复、成谦时，即改悔而变通，上下尊卑尚可辨也。至剥床而后辨，则辨已迟，乃仍不辨，蔑贞凶矣。

《易》曰："履霜，坚冰至。"盖言顺也。

乾行成屯。蹇则盈坤。即通鼎、睽以顺之。乾行成谦，复则失坤，即通履、姤以顺之。如冬甚寒则承之以春。夏甚热则承之以秋。是为时行。此之谓顺。若夏而益之以温，冬而益之以凉，同而不和，非顺之道也。故褚遂良、陆贽为顺，李勣、裴延龄则谄而已矣。

"直"其正也，

正即贞也。乾二之坤五则直，坤由屯，而成既济，故正。

"方"其义也。

坤成屯而旁通于鼎，利物所以和义也。

君子敬以直内，

家人，内也，谓乾、坤成家人、屯、屯、蹇。

义以方外，

睽，外也，谓变通于解、鼎、睽、蒙。

敬义立，而德不孤。

敬立而上下应，义立而上下又应，故不孤。惟上下无应，所谓睽孤也。

“直方大，不习无不利”，则不疑其所行也。

家人与屯疑，通于解、鼎，则不疑。蹇与革疑，通于睽、蒙，则不疑。疑则危，危则孤矣。

阴虽有美，

乾二先之坤五，为美。

“含”之以从王事，弗敢成也。地道也，妻道也，臣道也。

犹云小人道也。

地道“无成”而代“有终”也。

代犹嗣续也。坤成屯，三不遽终，嗣续于鼎，而后终。

天地变化，

乾成小畜，坤成复，复变通于姤，复上坤，姤上仍乾。

草木蕃，

复下震为蕃鲜，姤下巽为草木，是变化而有孚也。复通于姤，则无咎矣。

天地闭，

乾二不之坤五而四先之坤初。

贤人隐。

坤成复，五隐不见，故无誉也。

《易》曰：“括囊，无咎无誉。”盖言谨也。

乾四之坤初，失道，坤变通于姤，姤四不之初，以补救小畜、复之失。惟能变通，乃为谨慎，与初六互明。

君子“黄”中通理，

以中释黄，明乾二之坤五，乾与坤通，而天下自此治。

正位居体，

黄中则正位。体犹礼也。五居其先，则品叙不越。

美在其中而畅于四支，

二五为中，初四三上为四支。

发于事业，

成屯，又发挥于鼎，而后成。

美之至也。

既美于坤五，又美于鼎五。所以至哉坤元。

阴疑于阳必战，

乾二不之坤五，故疑。乾上之坤三，故战。谓坤成谦。

为其嫌于无阳也。

嫌当依荀、虞、陆、董，诸家作嗛。嗛，古谦字，谓乾上之坤三成谦卦也。乾二先未之坤五，故坤尚无阳。

故称“龙”焉。

震为龙，坤五先有阳，则乾上之坤三，成蹇无震。唯其谦于无阳，三互震，乃有龙。

犹未离其类也，

乾二之坤五，乾下成离，乃离其类。

故称“血”焉。

血犹恤也。三先于五，故恤。

夫“元黄”者，天地之杂也，天元而地黄。

杂于五，则黄，此杂于三，三中而不中，故以黄兼元。元黄之色苍，故为震象。

第十章　说卦传章句第十

昔者，圣人之作《易》也，

圣人，伏羲也。

幽赞于神明，而生蓍，

蓍，筮所用也。神而明之，使民不倦，而假卜筮，因贰以济民行，是赞之于幽隐之中，所谓不可使知之也。

参天两地而倚数，

倚，依也。参即奇，两即偶也。天地之数，不外于奇偶，而《易》之刚柔依之。其变化旁通，亦不外九数之齐同、比例也。《管子》言伏羲作九九之数，以合天道，而天下化之。

观变于阴阳而立卦，

独阴不生，独阳不生。有阴必偶之以阳，有阳必配之以阴。立卦以明其变，由乾、坤以至既济、未济。如屯之于鼎，蒙之于革，皆阴阳两两相孚。

发挥于刚柔，而生爻，

卦即两两相孚，则旁通往来，六爻发挥，旁通情也。立卦以未变动言，生爻以变动言，生生之谓易。

和顺于道德，而理于义，

反复往来者，道也。五当位于中，德也。当位则和，时行则顺。理，分也。义，宜也。如屯通鼎，家人通解。则阴阳以尽利而分。

穷理尽性，以至于命。

变通以尽利则分，穷理穷其所分也。尽性至命，所以穷理也。在屯、家人成既济，则尽性矣。在鼎、解成咸，则至于命。申上文，发挥生爻之义。

昔者圣人之作《易》也。将以顺性命之理，是以立天之道，曰阴与阳，立地之道，曰柔与刚，立人之道，曰仁与义。

自阴柔进为阳刚，为仁。自阳刚退而通于阴柔，为义。

兼三才而两之，故《易》六画而成卦。分阴分阳，迭用柔刚，故《易》六位，而成章。

分阴分阳，旁通两卦相孚，所谓观变于阴阳，而立卦也。一阴一阳，反复其道，故迭用柔刚，所谓发挥于刚柔而生爻也。六画者，一卦之六画也。六位者，旁通十二爻之六也。于此六爻相交易成章。

天地定位，

否，上天下地，二五之位，已定。

山泽通气，

损，上山下泽。二五交，为通气。

雷风相薄，

恒，上雷下风。二五交，则相薄。

水火不相射，

既济上水下火，六爻皆定。不相往来，故不相射。

八卦相错。

六十四卦，皆此天地、山泽、雷风、水火相错也。

数往者顺，

数，计也。二五先定，则初四，三上宜往。或以初四往，或以三上往，皆自二五顺计之，故为顺也。

知来者逆，

初四顺二五，往矣。舍三上，而旁通于他卦，更以二五为始，三上顺二五，往矣。舍初四，而旁通于他卦，更以二五为始，由终而更始，故为逆。

是故，《易》逆数也。

二五变通为易，初四三上，相从为应，易为逆数，则应为顺数也。以上明旁通、相错、变化、时行，皆伏羲制之。

雷以动之，风以散之，

震、巽旁通。

雨以润之，日以烜之，

坎、离旁通。

艮以止之，兑以说之，

艮、兑旁通。

乾以君之，坤以藏之。

乾、坤旁通，此明分阴分阳也。动散、润烜、止说、君藏则迭用柔刚矣。京房以甲乙丙丁戊己庚辛，自下配而上。道家附会为纳甲，非《易》义也。

帝出乎震，齐乎巽，相见乎离，致役乎坤，说言乎兑，占乎乾，劳乎坎，成言乎艮。

伏羲既以旁通，迭用教人顺性命之理，又以八卦明四时之运行，以始终于艮。故于令升，以此为《连山》之《易》，而杜子春乃以《连山》属伏羲。

万物出乎震。震，东方也。齐乎巽。巽，东南也。齐也者，言万物之絜齐也。

絜读如姑，洗修洁百物之法，韦昭谓洗濯枯秽，改柯易叶也。

离也乾，明也。万物皆相见，南方之卦也。圣人南面而听天下，向明而治，盖取诸此也。

立于坎而向离，故听。凡卦成既济，为天下治。既济上坎为耳，下离为目。以听向离，以见相坎也。故目不相听则睽。

坤也者，地也。万物皆致养焉，故曰致役乎坤。

坤不言西南者，以诸卦之方，互见之。地即土也，坤为土，则震、巽为木，乾、兑为金，离为火，坎为水，艮为山，山属于地，亦皆互见之。无君子，莫治野人。无野人，莫养君子。治人者，食于人。治于人者，食人。故坤养乾，即役于乾。

兑，正秋也。万物之所说也，故曰，说言乎兑。

兑不言西方，亦互见之。言正秋，明震为正春，离为正复，坎为正冬。亦互见也。说，解脱也。谓万物至秋而解落。

战乎乾。乾西北之卦也，言阴阳相薄也。

阴谓坤。

坎者，水也。正北方之卦也，劳卦也，万物之所归也，故曰劳乎坎。

事功曰劳。

艮，东北之卦也。万物之所成终而所成始也，故曰，成言乎艮。

东北，当冬尽春初之地，为终则有始，贞元相续之际也。文王系辞，言西南得朋，东北丧朋，又言蹇利西南，不利东北。又言解利西南，南征吉，故《传》详言八卦方位。明南征指离，西南指坤，东北指艮，西郊、西山指兑也。以正秋即八月。明至于八月有凶，指解成临，下兑也。以帝出属震，明帝乙享于帝，皆指震也。睽见恶人则上有离，故于离言相见。龙战于野，谓坤通于乾，故言战乎乾以明之。劳谦谓谦上成坎，故言劳乎坎以明之。《传》之赞《经》，随在发明如此。黄冈万氏年茂云：“天三百六十五度奇，地之上下，各百八十二度半奇，地上四分之，各九十一度奇，地之颠在域中，西北北极出其上，南北去地上各九十一度奇，北极纵则七政横，日月平列而寒暑皆不相推，故域中迤北薄北极下地恒阴，迤南薄中，衡见南极恒阳。若迤颠西北出其背，北极南易，阴阳俱反。唯迤东南入域中，北极北半下而四序推，五行出矣。故地自颠东南，行万一千二百五十里，天移四十五度奇。又东南万一千二百五十里，域中之中也。域中之地，万里而遥。以广南北极之度度之，过域中之中，约二十度奇，其西北域不及中者，亦可以是准之，此域中之徼也。夫生土为山，北极北上则山位东北矣。成土为地，南极南下，则地位西南矣。地之气，阳回于艮出震者，日升乾也。阳转于坤入兑者，日下巽也。惟乾巽之交，阴阳和会，五气顺布，然后人受天地之中以生，而五性具备。圣人体天在域中，天地之中也。先儒以乾坤退处西北、西南隅者。孰是？天地而退处，孰是？乾而不位西北隅，坤而不位本南隅也。

神也者，妙万物而为言者也。

妙，好也。好，犹善也。

动万物者，莫疾乎雷。

雷所以启蛰。

桡万物者，莫疾乎风。

桡，屈也。

燥万物者，莫熯乎火。

熯，犹烜也。

说万物者，莫说乎泽。

兑之为泽，犹解脱之为释。

润万物者，莫润乎水。终万物始万物者，莫盛乎艮。

六子各成其用，时而行之则神。所以神其用者，乾坤也，故不言乾坤。

故水火相逮，

逮，及也。相逮，谓既济变通于未济。

雷风不相悖，

恒与益旁通。

山泽通气，

损与咸旁通。

然后能变化，既成万物也。

既，尽也，尽成，则不遗矣。能变化神也。妙万物，乃能成万物矣。水火、雷风、山泽各执一端，则不能神。圣人通其变，使民不倦，亦如天地之用水火、雷风、山泽耳。

乾，健也。

所以名乾者，以行健，初筮、再筮不已。

坤，顺也。

所以名坤者，以承天时行。

震，动也。

震之义为动，柔中二宜之五。

巽，入也。

巽刚中，宜逊以随人。凡二五称出，初四三上称人。

坎，陷也。

坎之义，为陷，谓二不先行。

离，丽也。

初四附五，成家人，三上附五成革。

艮，止也。

名艮者，以成蹇、成咸则初止不行。

兑，说也。

兑，犹解脱也。以成革则舍而通蒙。八卦之名，各明一义，而实互相通。

乾为马，

凡辞称马者，皆指乾，乘马、丧马、马壮是也。

坤为牛，

凡称牛，皆指坤，牝牛、童牛是也。

震为龙，

凡称龙，皆指震，乾、坤言潜龙、龙战是也。

巽为鸡，

《经》不言鸡，中孚上巽，称“翰音”。

坎为豕，

凡称豕皆指坎，羸豕、豮豕是也。

离为雉，

凡称雉，皆指离，雉膏、射雉是也。

艮为狗，

狗，犹拘也，与牛、羊并举，则为狗耳。

兑为羊。

凡称羊，皆指兑，刲羊、丧羊是也。

乾为首，

明辞称无首、折首、得大首、濡其首。

坤为腹，

明左腹，腹亦厚也。

震为足，

明剥床，以足、鼎折足。

巽为股，

明咸其股、夷于左股。

坎为耳，

明鼎耳、灭耳及诸言聪听。

离为目，

明反目及盱眇。

艮为手，

巽顺于震为股，巽顺于是艮为肱。

兑为口。

明咸其口舌、自求口实及诸称言语者。

乾，天也，故称乎父。坤，地也，故称乎母。

有地必承乎天，有母必齐乎父。八卦之作，为民知母不知父也。乾坤定位，设卦之原。

震一索而得男，故谓之长男。

索犹靡也。彼此相靡切也。

巽一索而得女，故谓之长女。

乾初坤初相索，即乾四之坤初。

坎再索而得男，故谓之中男。离再索而得女，故谓之中女。

乾二坤二相索，即乾二之坤五。

艮三索，而得男，故谓之少男。兑三索而得女，故谓之少女。

乾三坤三相索，即乾上之坤三。乾坤，生六子，父母定，而后男女之少长叙焉。叙少长则自初而二、面三，两卦旁通，以中为始，其索同而为叙，异亲亲尊贤，其趣有不同也。

乾为天，

《经》凡称天皆指乾。

为圜，

天圜周环不已。

为君，

《经》言“不及其君”，又称“大君”、“国君”。

为父，

《经》称“干父之蛊”。

为玉，为金，

《经》称“玉铉”、“金铉”、“金夫”、“金柅”、“金车”，又称“用圭”。

为寒，

《经》称“寒泉”。

为冰，

《经》称“坚冰至”。

为大赤，

《经》称“朱绂”。朱为大赤也。

为良马，

良，善也。大畜“良好马逐”。

为老马，

“老马”犹云“老夫”。老亦考也。

为瘠马，

瘠，羸也。马指需下。乾羸指明夷下离。

为驳马，

驳，杂也，谓二四上与坤相杂。

为木果。

巽为本，艮为果，夬下乾，夬二之剥五，成巽木。剥上之三成蹇，下艮为果，皆自夬下乾所生，所以赞硕果也。

坤为地，为母，

经称干母之蛊，受兹介福于其王母。

为布，

布，犹溥也。坤广生故溥。

为釜，

釜所以受，举一釜而凡筐篚能受之物。视此釜亦为斧之假借。在萃则得，在明夷则丧。

为吝啬，

谓泰上坤、明夷上坤，啬亦吝也。

为均，

丰虽旬无咎，旬读均。

为子母牛，

子所以嗣续，谓乾二之坤五。

为大舆，

大壮、大有，皆称大舆，睽、小畜、大畜、师、剥皆称舆，其称车者，为舆也。

为文，

于乾言圜，知坤为方矣，于坤言文，知乾为武矣。

为众，

众亦舆也，与师为众互明。师二之五则以众正。解成萃，则得众。晋成否，则众允。

为柄。

柄本通作枋，枋亦方也，丰日中见斗，斗有柄，谓成明夷，上有坤有，柅为籰柄，亦以复上有坤。

其于地也，为黑。

黑则幽不明，谓成明夷。

震为雷，为龙，

前后复言之犹乾为父，坤为母也。旧破字为駹，解为杂色、苍色非是。

为元黄，

其血元黄，互坎兼互震也。

为旉，

即枯杨生华之华。

为大涂，

睽见豕负涂，谓大壮上震。

为长子，

师长子帅师，谓成屯下震，

为决躁，

决即大壮藩决之决。躁同燥，大壮止震。决二以之五，下成离火就燥。

为苍筤竹，

竹所以为书契，方策所用也。苍筤犹沧凉也，别于扁竹之竹。

为萑苇。

萑苇所以包鱼，包有鱼则复成屯，震在下。

其于马也，为善鸣，

马谓乾也。雷故鸣，善鸣，谓乾二先之坤五为善而后成屯也。

为馵足，

马后左足，白为馵，左为乾四之坤初。坤初成震足，乾四成巽白，后左足白，则乾二先之坤五矣，与善鸣同义。

为作足，

作，始也。谓乾二不之坤五，而四之神初，以足为始，则不后矣。

为的颡。

的犹白也。颡首之上半也。乾四之坤初，以乾为巽，故白其颡。

其于稼也，为反生。

稼犹家也。巽必旁通于震，震为巽之反。家人、观上巽反为解、大壮，乃生也。即明家人之反身。

其究为健，

健指乾，申上反生，而言究也。家人反而通解，解上震，因而解成咸，是为究也。健即利建侯之建。

为蕃鲜。

晋锡马蕃庶、贲皤如、大壮触藩，皆蕃也。

巽为木，

《经》凡言木，皆指巽。

为风，为长女，为绳直。

凡称徽纆、繘井。有关于绳者，准此。

为工，

攻犹工也。同人成家人，上巽攻吉。

为白，

《经》称“白马”，“白贲”。

为长，

益上不之三，而通于恒，则长久。

为高，

《经》言“高宗”、“高墉”、“高陵”，皆谓巽。

为进退，

谓巽，皆言之。

为不果，

艮为果蓏，夬二之剥五。艮变为巽，上亦未之三，故不果。

为臭。

臭所以实鼻，艮为鼻。鼻中有实，是为臭也。

其于人也，为寡发，

乾四之坤初，成小畜，上巽巽寡，即小畜寡也。发犹拔也。不可拔而拔，故寡。

为广颡，

广而旁通成益，巽在上也。广颡，犹云包桑。

为多白眼，

谓成家人，下离为眼，上巽为白，成小畜则寡，成家人则多。

为近利市三倍，

益兴利，则上之三而为巽也。市者，交易之地。益易为恒，恒交为咸。咸三则相聚，为三倍也。

其究为躁卦。

与震其究，为健互明也。解成咸，大壮成革，互乾为健，上兑为躁卦。

坎为水，为沟渎，

沟犹媾也。蒙再三渎。

为隐伏，

坎在上则见，在下则伏同人伏戎，谓师二也。

为矫輮，

直者使屈，曲者使信，即反复其其道之义。

为弓轮。

弓即弧也，睽称张弧、说弧。轮，犹伦，劳民。既济、未济称曳其轮。

其于人也为加忧，

谓乾成需也。

为心病，

乾二之坤五，坎在坤上，则心亨。坤成明夷，乾成需。坎在乾上，则心病矣。心以加忧而病也。

为耳痛，

与心病同义。

为血卦，

坎不先在五，而先互，于三则恤。血犹恤也。经称泣血、血去、无血、其血、元黄，皆谓坎在三也。

为赤。

困于赤绂。

其于马也，为美脊，

马谓乾也，美谓善也，脊即背也。乾二先之坤五，坤成蹇，两坎相贯，故脊美。

为亟心，

亟，极也。乾二之坤五为心。

为下首，

谓需、坎在乾上。

为薄蹄，

薄，轻也。蹄，足也。谦轻故薄。三互坎，为血，互震为元黄，坎震合一，故有蹄而薄也。为美脊，则亟心矣。为下首则薄蹄矣。

为曳。

睽见舆曳。未济、既济曳其轮。

其于舆也，为多眚，

坤为与，升成泰。上坤，无妄又成既济，上坎，则其匪正有眚。

为通，

泰乎否而二之五则通。

为月，

经称月几望。

为盗。

即寇也。泰不孚否而二之五，需不孚晋而二之明夷五，皆致寇至。

其于木也，为坚多心。

木谓巽也，巽二之震五，而上从之成蹇，不薄故坚，不寡故多，坚多则心不丙。

离为火，为日，

《经》称“日中”、“终日”、“不终日”。

为电，

与《象传》互明。

为中女，为甲胄，

“先甲三日”，则随成革，下离。“后甲三日”，则蛊成既济，下离。

为戈兵。

皆戎器也。凡《经》称“戎”，皆指离。

其于人也，为大腹，

腹可受者也。坤五，受乾二，离五，受坎二，皆象腹。坤之受象釜、象舆，侈口者也。离象瓶、象樽，有颈而腹，故大也。妇孕不育，妇三岁不孕，称孕亦指此。

为乾卦，

乾行健，二之坤五，下成离。坎二之离五，上成乾。

为鳖，

鳖犹敝也。井九二瓮敝漏。

为蟹，为蠃，为蚌，

蟹犹解也。蠃犹嬴也。蚌犹邦也。邦、蚌皆从丰，丰亦豐也。皆以假借明之。

为龟。

《经》称灵龟、十朋之龟。

其于木也，为科上槁。

槁犹枯也。贲上之困三，成大过、明夷，为株木、为枯杨。槁一作折，谓上兑。

艮为山，

《经》称“岐山”、“西山”及“邱陵”，皆是。

为径路，

《经》称“衢”“巷”，取此。

为小石，

《经》称“介于石”。

为门阙，

《经》称“同人于门”、“不出门庭”、“阙”、“观”、也。明观以成蹇，下艮为盥，而不荐。

为果蓏，

《经》称“以杞包瓜”。瓜，蓏也，又称“邱园”。园圃，所要树果蓏。

为阍寺，

《经》称“厉熏心”。熏即阍也。“寺”，奄人。犹豕之豮者也。剥成蹇下艮称宫人，宫人，宦寺也。

为指，

手指曰拇，岐为枝，指岐山。犹岐指也。

为狗，

狗当作拘，经称拘系之。

为鼠，

《经》称硕鼠。

为黔喙之属。

豹变指此。

其于木也，为坚多节。

节，止也，谓巽成蹇，初止不行。

兑为泽，为少女，

坎、艮不言中男、少男而离、兑信中女、少女者，既明经之称妹、称娣，又与二女同居相发明也。

为巫，

《经》称“史巫纷若”。

为口舌，

《经》称“咸其辅颊舌”。

为毁折，

《经》称“折足”。

为附决。

与震，为决躁互明，谓大壮二之五。以震化兑，在震为决躁，在兑为附决，附丽，谓下离。

其于地也，为刚卤，

卤，苦也。离四之坎初成节，下兑。节通旅，则甘，系贲则苦也。节三之贲上，贲成明夷。上坤为地，坎刚，故刚卤。

为妾，

《经》称畜得妾，皆指兑。

为羊。

《九家》作常，常即恒也。恒二之五，乃为有恒，则上成兑也。孔子作《传》，所以翼经，皆释经文所系也。如附决、决躁、多节、多心，显然可见，或以此为孔子所广，虞仲翔因更广之，非其义也。

第十一章 序卦传章句第十一

有天地然后万物生焉。

明所以首乾坤。

盈天地之间者，唯万物，故受之以屯。屯者，盈也。

唯物于天地之间，故宜通于万物，而不可自盈，自盈则不可久。经云盈缶，又云坎不盈，皆谓成屯也。

屯者物之始生也。

天地所生非一物。则乾坤所生，不能自屯而止，故又旁通于鼎，而始生焉。

物生必蒙，故受之以蒙。

屯通鼎而始生，犹革通蒙而始生，以屯例革，以蒙例鼎，序则反对而用则旁通也。

蒙者，蒙也，物之稚也。

始生不已乃盈，幼稚必蒙昧，一名俱兼两义。

物稚不可不养也，故受之以需。

屯虽通鼎，革虽通蒙。然必鼎二先之五，乃为养贤。蒙二先之五，乃为养正。若不俟二五，而初上先行，则失所养矣。蒙二先之五，犹需二先之晋五也。序卦之义，相受以名。

需者，饮食之道也。

需二之晋五为食，鼎二之五亦为食。

饮食必有讼，故受之以讼。

在需则通晋，在明夷，则通讼，讼乃食旧德也。一行引孟喜曰："阴阳养万物，必讼而成之。君臣养万民，亦讼以成之。"

讼必有众起，故受之以师。

明夷、需失众。明夷通讼，则得众。

师者，众也。

师、同人相错，即明夷、讼，故明夷莅众。

众必有所比，故受之以比。

得众，则上下皆应，而有以辅之。

比者，比也。

比卦之比，取比辅之义。

比必有所畜，故受之以小畜。

需二之明夷五则无所畜。即无有比辅者。

物畜然后有礼，

不能畜则紊尊卑之等。

故受之以履。

履者，礼也。

履而泰，然后安，故受之以泰。泰者，通也。

履而不能通，则成两既济而止。通然后安，终则有始也。

物不可以终通，故受之以否。

否者，窒也。以阳孚阴，则通，以阴化阳，则窒，皆指五也。通则虚受人，窒则中有实。虚实相济，通窒互根，不可偏执如此。

物不可以终否，故受之以同人。

同亦通也。需二窒于晋五为否，否五孚于泰五则通。同人孚于师，犹明夷孚于讼。

与人同者，物必归焉，

帝乙归妹，于泰则上下交，而其志同。

故受之以大有。

物归，则富以其邻。

有大者，不可以盈，故受之以谦。有大而能谦必豫，故受之以豫。

盈则亢，而不能有序，谦则不亢，而有序矣。

豫必有随，故受之以随。

有序则有先后，依序而行，则有随者。

以喜随人者，必有事，故受之以蛊。蛊者，事也。

通变之谓事，事在二五而后初四三上随之，是为以喜随人。若以初四三上，先二五，则忧矣。

有事而后可大，故受之以临。临者，大也。

柔中则小，变通则柔中化为刚中，故大。

物大然后可观，故受之以观。

观，示也。小变为大，乃可示本。大不能变通者，非观也。

可观，而后有所合，故受之，以噬嗑。嗑者，合也。

二五先有以示之，而后初四三上与之合。

物不可以苟合而已，故受之以贲。贲者，饰也。

已，止也。质胜文无，以著尊卑上下，而礼不可行，则为苟合而止。

致饰，然后亨则尽矣，

尽者，穷也。苟合，则止于质，致饰，则穷于文，谓宜变。

故受之以剥。剥者，剥也。

剥卦之剥，为剥削之剥，剥削之义为尽。

物不可以终尽，剥穷上反下，故受之以复。

穷上有二。一以当位而穷，剥成蹇是也。一以失道而穷，剥成明夷是也。剥成蹇犹蛊成蹇，即拘系之上穷。剥成明夷，犹复成明夷，即巽在床下之上穷。震成复，复成明夷，皆是上穷。未成明夷，而即通于姤，则穷上而反下，虽吝无咎矣。是剥、复皆有上穷，蹇通睽，明夷通讼，亦皆为复。

复则不妄矣，故受之以无妄。

妄，虚也，致饰则虚而不实，故至于剥尽。穷上变通，而复其道，故实而不妄，妄谓柔中也。复、姤所反在下，蹇、睽所反亦在下。睽五自复，犹复五来复也。

有无妄，然后可畜，故受之以大畜。

畜犹容也。二五实能容之初四三上，乃相比辅，亦惟中无伪妄者，乃可容之。

物畜然后可养，

顺于道，不逆于伦，为畜。上畜下，容也。下畜上，顺也。畜系于物谓物之顺者，乃可养。

故受之以颐。颐者，养也。不养，则不可动，故受之以大过。

以动赞过。

物不可以终过，故受之以坎。坎者，陷也。

过，犹逾也。有险阻，则遏其逾养，而动，则过为过度之过。不养而终于过，则过为过失之过。失则陷矣，君子不可陷也。

陷必有所丽，故受之以离。离者，丽也。

既陷非有所附丽，不可以为变通。初四三上先二五则陷，初四三上后二四则丽，坎陷、离丽，互明其义也。

有天地，然后有万物。

干宝谓物有先天地生者，妄说也。

有万物然后有男女。有男女然后有夫妇。有夫妇然后有父子。有父子然后有君臣。有君臣然后有上下。有上下然后礼义有所错。

此赞伏羲作《易》之功也。父子、君臣、上下，礼义皆本于夫妇。伏羲定人道，制嫁娶，其教切矣。乾坤，父母也。父母为已定之夫妇，六子，一父母所生，不可以合，故必相错旁通。巽长女，震长男，不可配，相错为恒、益，则可配矣。兑少女，艮少男，不可配，相错为咸、损，则可配矣，故咸与恒相次，而咸必旁通于损，恒必旁通于益，恒、咸男女也，非其匹也。损、益亦男女也，非其匹也。必旁通而后孚，此男女必待嫁娶，而后合也。故孔子畅发，此指于咸，而伏羲之功著矣。

夫妇之道，不可以不久也。故受之以恒。恒者，久也。

咸通损犹益通恒。感通则长久。

物不可以久居其所，

宜变动不居，惟不久，而道之用乃久，犹不盈，而物之生乃盈。

故受之以遁。遁者，退也。

鼎成遁，已居其所，宜退而变通。

物不可以终遁，故受之以大壮。

退则阳孚于阴，壮则阴化为阳。

物不可以终壮，

大壮则止。

故受之以晋晋者，进也。

终壮则一进不更进矣，故大壮而又欲其进。

进必有所伤，故受之以明夷。夷者，伤也。

壮而又进，以至于伤，与下升而不已义同。

伤于外者，必反其家。故受之以家人。

自家人通解，为反身。自解通家人，为反其家。凡柔中之卦，为刚中之反。家人，内也。凡刚中为内，皆可称家。明夷柔中，而失道，故伤于外。旁通于讼，则反其家。

家道穷必乖，故受之以睽。睽者，乖也。

解失节，成恒、成泰，犹睽孤成大壮、成泰。

乖必有难，故受之以蹇。蹇者，难也。

睽孤则蹇不可往。

物不可以终难，故受之以解。

睽成泰则艰难，泰通否则解。

解者，缓也。缓必有所失，故受之以损。

难而能通则解矣。解而怠缓则仍失。如泰通否而泰二不失之五，亦睽通蹇，而睽四先之蹇初。

损而不已必益，故受之以益。

暑往则寒来，寒往则暑来。

益而不已必决，故受之以夬。夬者，决也。

益而不已，谓不终止，变通反复乃决也。

决必有所遇，故受之以姤。姤者，遇也。

二决则与五遇。

物相遇而后聚，故受之以萃。萃者，聚也。

大畜二五先遇而后上聚于萃三。姤二先遇到于复五而后聚而成咸。

聚而上者，谓之升，故受之以升。

萃聚于上则五已由豫、解而升。升聚于下，又自二而升五。

升而不已，必困，

故受之以困。困犹穷也。失道固困穷，当位而盈亦困穷。

困乎上者必反下，故受之以井。

困乎上即穷上也。井，深也。深，亦下也，故取义于下。

井道不可不革，故受之以革。

井，法也。立法之道，随时补救，所谓制而用之也。

革物者，莫若鼎，故受之以鼎。

鼎所以熟物，物经亨饪则新。

主器者，莫若长子，故受之以震。

卦有两义，如蹇难受以解，谓解脱其难而下，又以缓慢懈怠言之，震为长子，又取于动，亦其类也。成器则终，主则有始矣。

震者，动也，物不可以终动，止之，故受之以艮。艮者，止也。物不可以终止，故受之以渐。渐者，进也。

止则静，由动而静也。静则退犹退而进也。

进必有所归，故受之以归妹。

退则反，进则复。

得其所，归者必大，故受之以丰。丰者，大也。

与临受蛊同义。

穷大者，必失其居，故受之以旅。

大而穷成两既济，则贞而不居。如鼎二不居五，而家人上之屯三也。

旅而无所容，

旅成贲，又成明夷，故无所包容。

故受之以巽。巽者，入也。

入则有所容。

入而后说之，故受之以兑。兑者，说也。

入而又变通脱去。

说而后散之，故受之以涣。

入则聚，聚而又散。

涣者，离也。物不可以终离，故受之以节。

离有丽义，亦有散义。涣成蹇，三附于五而三即判于五。革四之蹇初，成两既济，则终离散矣，故止之以变通也。

节而信之，故受之，以中孚。

止非徒止，所以有孚于彼也。

有其信者必行之，故受之以小过。

大过与颐，孚则二动，而行于颐五，小过与中孚，孚则五动而行于中孚二。

有过物者必济，

过亦渡也，故与济义合。

故受之以既济，物不可穷也，

既，尽也，故穷。

故受之，以未济。终焉。

既济，终矣。变通于未济，则有始。受之以未济而后终，则终而不终矣。名之相次，所以寓消息、明变通也。伏羲画八卦，重为六十四卦，各命以名，而次序之，示万世以因时变化之妙，故孔子作《传》以赞之。韩氏谓非《易》之缊，妄矣。

第十二章　杂卦传章句第十二

乾刚坤柔，

举乾、坤以例诸卦之刚柔也。诸卦刚中，即为刚，柔中即为柔。

比乐，

乾二之坤五也凡二先之五为乐。

师忧。

谓二未之五。

临观之义，或与或求。

感二气感应，以相与，临之与，谓咸临也，是经称与者准此。童蒙求我则成观，故观为求。求犹应也。凡经称求者准此。

屯见，而不失其居，

见乃谓之象。鼎，象也。屯通鼎，而鼎二之五，则利居贞。

蒙杂而著。

著谓著于五，先五后三，是杂而著也。

震，起也。

明《姤·九四》“起凶”。

艮，止也。

与革，已日互明。

损、益，盛衰之始也。

损五虚，由虚而进于盈。故为盛之始。益五实，由实而反为虚，故为衰之始。

大畜，时也。

谓萃之用禴，与西邻禴祭之时，互明。

无妄，灾也。

谓成两既济，知存不知亡。

萃聚，

解二之五则分者聚。

而升不来也。

升二之五成蹇，为来誉、来反、来连、来硕，不来未成蹇也。轻，犹薄也，谓乾上之坤三。

谦轻，而豫怠也。

乾二不急之坤五而四之坤初成小畜，而旁通豫，故怠缓。

噬嗑，食也。

井不泥，则食。

贲，无色也。

无色，素也。五空素无色，故宜饰。

兑见，

谓成革通蒙犹成屯通鼎。革上兑见犹显代也。

而巽伏也。

坎伏于师下，同人上之师，三成升，为伏戎。

随无故也。

故犹事也。随五已定，不复有事。

蛊，则饬也。

饬同饰，二之五为饰，与困二之贲五义同。

剥，烂也。

烂，兰也。与往蹇来连之连同。剥成谦通履，犹师成升，通无妄，升二之五成蹇，为往蹇来连，在升为其臭如兰。

复，反也。

复于姤为反，姤二之复五乃复。

晋，昼也。

明明夷为夜。

明夷，诛也。

诛即灭也，与株木之株同。

井通，

谓井养不穷。

而困相遇也。

师成升通无妄，即姤通复之比例，故经云大师兄克相遇。

贲上之困三，成明夷、大过，即升、革之相错，谓不能以二之贲五，致成大过，而后通颐，为师成升而后通无妄之比例，此所以困也。

咸，速也。

速，犹疾。谓四不之初。

恒，久也。

益变通于恒，则永久。

涣，离也。

离成丰，而通于涣，仍与离丽同。

节，止也。

艮初不能止而兑成节。节通旅，则仍艮止。

解，缓也。

缓，犹慢也。谓负且乘。

蹇，难也。

谓睽上之三犹观上之三与大壮之艰互明。

睽，外也。

柔中为外，睽外则蹇内也。

家人，内也。

家人通解，犹蹇通睽，家人内则解外。

否、泰，反其类也。

否反为泰，泰二之五为否之类。

大壮则止，

谓成革，巳日乃孚。巳者，止也。大者壮，谓二之五。

遁则退也。

谓退而孚于临，自柔变刚，为进，自刚易柔，为退。

大有，众也。

与师众互明。

同人，亲也。

乾二之坤五，为比亲上。坤五之乾二，亲下为同人。

革，去故也。

革、蹇已盈，宜去而从蒙。

鼎，取新也。

屯之盈，同于革。革去故即屯之知几。而舍革通蒙，即舍屯通鼎。鼎之养圣贤，即蒙之养正。《传》之赞经互发如此。

小过，过也。

小畜上之豫三，晋上之三，皆三先于五。尊卑越上下，失斯为过矣。

中孚，信也。

旁通两卦，刚柔两两相孚，故为信。凡卦之失道而有过者，一经转移，则旁通相孚，孚则过改矣。过则疑，改则信，补救其过，即信其所疑。

丰，多故也。

革五已定则去故。革五未定为丰，丰为失道之卦。非特蛊之有事而已，故多故也。荀慈明本无也字。

亲寡，旅也。

得道者多助，失道者寡助。寡谓寡助也。谓坎、兑成节，旅与节孚，则有以亲节之寡。

离上而坎下也。

离上谓本坎二，以亲离五，坎下谓本离五，以亲坎二，坎属乾，离属坤。

小畜，寡也。

乾四之坤初与离四之坎初同，故寡助也。小畜通豫，亦有以亲寡矣。

履不处也。

君子之道，或出或处，二之五为出，二不之五为处。乾成夬，二潜伏不出。谦孚于履，则二之谦五为出也。

需，不进也。

二不可进于明夷五。

讼，不亲也。

以二未通，于明夷言，即师二未之五之比例。

大过，颠也。

谓颠颐。

姤，遇也，柔遇刚也。

复五遇姤二。

渐，女归，待男行也。

成蹇，宜待睽五之二而行。

颐，养正也。

大过、明夷，相错为革，革通蒙犹大过通颐，故颐养正，亦蒙以养正，与明夷、蒙大难互明。

既济，定也。

六爻皆定，不复动。

归妹，女之终也。

渐上巽为女，成家人下，离亦女，渐上又之归妹三，归妹成泰，则渐成既济而终。

未济男之穷也。

既济上坎为男，既济穷，故易为未济。

夬，决也，刚决柔也。

柔谓剥五。

君子道长，小人道忧也。

忧，当依李氏《集解》作消，夬通剥，以阳孚阴，为小人。夬二之剥五，以阴化阳，为君子。君子、小人迭为消长，惟旁通有然。师、比以下，虽仍序卦之反对，而已不依屯、蒙、需、讼之序，明序卦以名不拘卦之先后也。

大过以下，不依反对，明序虽用反对，必散别以旁通他卦，为反复消长，故末直以君子道长，小人道消明之，非仅言夬而已也。

第三篇　易图略

焦循的《易图略》则是把《易通释》和《易章句》以文字和图表的形式予以详细说明，并对传统易学中的“卦变”，“半象易”、“纳甲”、“卦气”、“爻辰”等进行研究，提出了自己的独特看法。

叙目

余学《易》，所悟得者有三：一曰旁通，二曰相错，三曰时行。此三者皆孔子之言也，孔子所以赞伏羲、文王、周公者也。

夫《易》，犹天也。天不可知，以实测而知，七政恒星，错综不齐而不出乎三百六十度之经纬；出泽水火，错综不齐，而不出乎三百八十四爻之变化。本行度而实测之，天以渐而明；本《经》文，而实测之，《易》亦以渐而明。非可以虚理尽，非可以外心衡也。

余初不知其何为“相错”，实测《经》文《传》文，而后知比例之义，出于“相错”。不知相错则比例之义不明。余初不知其何为“旁通”，实测《经》文《传》文，而后知升降之妙，出于旁通。不知旁通则升降之妙不著。余初不知，其何为“时行”，实测《经》文《传》文，而后知变化之道出于时行。不知时行，则变化之道不神。未实测于全《易》之先，胸中本无此三者之名。既实测于全《易》，觉《经》文《传》文有如是者，乃孔子所谓“相错”。有如是者，乃孔子所谓“旁通”。有如是者乃孔子所谓“时行”。测之既久，益觉非相错、非旁通、非时行，则不可以解《经》文《传》文，则不可以通伏羲、文王、周公、孔子之意。十数年来以测天之法，测《易》，而此三者，乃从全《易》中自然契合。既撰为《通释》二十卷，复提其要为《图略》。凡“图”五篇，“原”八篇，发明旁通、相错、时行之义。“论”十篇，破旧说之非，共二十三篇，编为八卷，次《章句》后，譬如郭守敬生刘洪、祖冲之、何承天、傅仁均、一行之后，司得岁实消长，不用积年日法，非能越乎前人，亦由前人之说而密焉耳。

夫祖冲之立岁差，傅仁均立定朔，当时泥古者惊为异说。余以此三事说《易》，亦祖氏之岁差，傅氏之定朔也。知我者，益加密焉，余之所深冀也。

嘉庆癸酉十一月，冬至前五日。

焦循书于半九书塾之倚洞渊九容数注《易》室。

第一章　旁通图第一

䷀乾	二之坤五	四之坤初	上之坤三
䷁坤	五之乾二	初之乾四	三之乾上
䷲震	五之巽二	四之巽初	上之巽三
䷸巽	二之震五	初之震四	三之震上
䷜坎	二之离五	初之离四	三之离上
䷝离	五之坎二	四之坎初	上之坎三
䷳艮	五之兑二	初之兑四	上之兑三
䷹兑	二之艮五	四之艮初	三之艮上

䷌同人	四之师初	上之师三		
䷆师	二之五	五之二	初之同人四	三之同人上
䷇比	初之大有四	三之大有上		
䷍大有	二之五	五之二	四之比初	上之比三
䷐随	四之蛊初	三之蛊上		
䷑蛊	一之五	五之二	初之随四	上之随三
䷴渐	初之归妹四	上之归妹三		
䷵归妹	二之五	五之二	四之渐初	三之渐上

䷂屯　三之鼎上
䷱鼎　二之五　五之二　初之四　四之初　上之屯三
䷤家人　上之解三
䷧解　二之五　五之二　初之四　四之初　三之家人上
䷰革　四之蒙初
䷃蒙　二之五　五之二　初之革四　三之上　上之三
䷦蹇　初之睽四
䷥睽　二之五　五之二　四之蹇初　三之上　上之三

䷈小畜　二之豫五　上之豫三
䷏豫　五之小畜二　初之四　四之初　三之小畜上
䷗复　五之姤二　三之姤上
䷫姤　二之复五　初之四　四之初　上之复三
䷪夬　二之剥五　四之剥初
䷖剥　五之夬二　初之夬四　三之上　上之三
䷎谦　五之履二　初之履四
䷉履　二之谦五　四之谦初　上之三　三之上

䷻节　二之旅五　三之旅上
䷷旅　五之节二　初之四　四之初　上之节三
䷕贲　五之困二　上之困三
䷮困　二之贲五　初之四　四之初　三之贲上
䷶丰　五之涣二　四之涣初
䷺涣　二之丰五　初之丰四　三之上　上之三
䷯井　二这噬嗑五　初之噬嗑四
䷔噬嗑　五之井二　四之井初　三之上　上之三

䷒临　二之五　五之二　三之遁上
䷠遁　初之四　四之初　上之临三
䷭升　二之五　五之二　初之无妄四
䷘无妄　四之升初　三之上　上之三
䷙大畜　二之五　五之二　上之萃三
䷬萃　初之四　四之初　三之大畜上
䷡大壮　二之五　五之二　四之观初
䷓观　初之三壮四　三之上　上之三

䷄需　二之晋五
䷢晋　五之需二　初之四　四之初　三之上　上之三
䷣明夷　五之讼二
䷅讼　二之明夷五　初之四　四之初　三之上　上之三
䷊泰　二之五　五之二
䷋否　初之四　四之初　三之上　上之三
䷨损　二之五　五之二　三之上　上之三
䷞咸　初之四　四之初

䷟恒　二之五　五之二　初之四　四之初
䷩益　三之上　上之三
䷼中孚　二之小过五　三之上　上之三
䷽小过　五之中孚二　初之四　四之初
䷛大过　二之颐五　初之四　四之初
䷚颐　五之大过二　三之上　上之三
䷾既济
䷿未济　二之五　五之二　初之四
四之初　三之上　上之三

《传》云："六爻发挥，旁通情也。"凡爻之已定者不动，其未定者，在本卦，初与四易，二与五易，三与上易。本卦无可易，则旁通于他卦。亦初通于四，二通于五，三通于上。成已所以成物，故此爻动，而之正，则彼爻亦动，而之正，未有无所之，自正不正人者也。枉己未能正人，故彼此易而各正，未有变已正之爻为不正，以受彼爻之不正者也。虞仲翔"三变受上"之说，其悖道甚矣。初必之四，二必之五，三必之上，各有偶也。初不之四，二不之五，三不之上，而别有所之，则交非其偶也。虞仲翔谓，"过以相与"为"初与五应，二与上应"，无是义矣。

卦始于乾坤，初与初索，成震、巽；二与二索，成坎、离；三与三索，成艮、兑；此乾坤平列也。若乾与坤重为否、泰，则否四之初，即一索也。泰二之五，即再索也，否上之三，即三索也。若乾与乾重，坤与坤重，则乾四之坤初，即否四之初也。乾二之坤五即泰二之五也。

乾上之坤三，即否上之三也，故旁通之义，即由一索、再索、三索之义而推。索，即摩也。刚柔相摩即吾与尔摩之摩，一以贯之者也。凡旁通之卦，一阴一阳，两两相孚，共十二爻。有六爻静，必有六爻动，即济六爻皆定，则未济六爻皆不定，六爻发挥，六位时成，谓此十二爻中之六爻也。

升降之说见于荀爽。旁通之说见于虞翻。但荀氏明升降，开乾坤二卦，而诸卦不详。虞氏以"旁通"解《易》，而不详"升降"之义。顾乾坤之升降，即乾坤之旁通。两诸卦之旁通，仍乾坤之升降也。

试举《经》文证之。

《同人·九五》"大师克相遇"，若非师与同人旁通，则师之"相克"、师之"相遇"，与同人何涉？其证一也。

《艮·六二》"不拯其随"，兑二之艮五，兑成随，兑二之"拯"，正是随之"拯"。若非艮、兑旁通，则"不拯其随"之义，不可得而明，其证二也。

涣初之丰四，丰成明夷，故《丰·九四》言"遇其夷主"，与《涣·六四》"匪夷所思"互相发明。若非丰、涣旁通，则“匪夷所思”、“遇其夷主”，何以解说？其证三也。

《屯·九五》“屯其膏”即《鼎·九三》“雉膏”之膏，屯、鼎旁通，其证四也。

需“不进”也，“晋者，进也”。惟需、晋旁通，故进、不进相反，其证五也。

《解·上六》“射隼，于高墉之上”，谓六三旁通于家人，家人上巽，为高墉，同人四之师，初成家人，亦云“乘其墉”，家人与解旁通，一“墉”字明之，其证六也。

“噬嗑，食也”。“井泥不食”、“井渫不食”，谓未旁通于噬嗑，其证七也。

屯“见而不失其居”，《蛊·六四》“往见”，谓初六旁通于随四，随即成屯。是为随、蛊旁通，其证八也。

《同人·九三》“升其高陵”。上九通于师三，师成升，其证九也。

《明夷·六五》“箕子之明夷”，“箕子”即“其子”。《中孚·九二》“鸣鹤在阴，其子和之”，谓九二旁通小过六五。惟小过六五，不和中孚之九二，而以四之初成明夷，故云“其子之明夷”。苟其子与鹤鸣相和，则明不伤夷，是中孚、小过旁通，其证十也。

旁通自此及彼，自近及远，故取义于射。既济六爻皆定，不用旁通，则“水火不相射”，其证十一也。

困成需，贲成明夷，则“有言不信”。以贲之“小”而合困之“有言”，为“小有言”。需旁通于晋，明夷旁通于讼，则虽小有言而终吉，故需、讼称“小有言”，明夷称“主人有言”，其证十二也。

明夷“三日不食”旁通于讼，则“食旧德”，其证十三也。

物畜然后有礼，故受之以履。《祭义》、《仲尼燕居》，皆以礼为履。履旁通于谦，故“谦以制礼”，其证十四也。

“井泥不食”谓丰四之井，初成需，故“需于泥”。丰成明夷，需二之明夷五。为“致寇至”，《传》云：“灾在外”，即丰“过旬灾”之灾，其证十五也。

《小畜》“密云不雨，自我西郊”，其辞又见于《小过·六五》。小畜上之豫三，则豫成小过，中孚三之上，则亦成需，以小过为豫之比例，以中孚为小畜之比例。解者不知旁通之义，则一“密云不雨”之象，何以小畜与小过同辞？其证十六也。

家人何以“行有恒”？上旁通于解三则解成恒，其证十七也。

大畜，时也。随四之蛊初即大畜，是为天下随时，其证十八也。

《杂卦传》：“大过，颠也。”而大过《经》文不称“颠”。《颐·六二》《六四》两称“颠”，颠即“颠实扬休”之颠，谓颐五空虚，大过二往填实之。非大过与颐旁通，何以《经》之“颐”在颐，而《传》之“颠”在大过？其证十九也。

《临·初九》、《九二》皆云：“咸临。”惟遁上之临三，则遁成咸，其证二十也。

《兑·九五》“孚于剥”，兑三之艮上成夬，夬与剥旁通，故“孚于剥，有厉”，即夬之“孚号，有厉”，其证二十一也。

《益·上九》“立心勿恒，凶”，向非恒、益旁通，恒之有心，何与益事？其证二十二也。

同人四之师初，同人成家人，是以“承家”，其证二十三也。

师，众也。又以大有为众，何也？师二之五成比，比则旁通于大有，大有二之五成同人，同人则旁通于师，其证二十四也。

贲上之困三，困成大过，为棺椁所取，贲成明夷，中心灭亡，故云“死期将至”，其证二十五也。

革“治历明时”，“章”、“蔀”，历法也。惟涣二之丰五，丰成革，五“来章”四“丰蔀”，所以“治历明时”。不知旁通之义，则不知丰之“章”、“蔀”，即革之“治历”，其证二十六也。

“或跃在渊，乾道乃革”，谓乾成革，而旁通于蒙。“渊”，即泉也。“跃在渊”，犹“云山下出泉”也。其证二十七也。

丰四之涣初，涣成中孚，丰成明夷，故明夷、涣皆称“用拯马壮吉”。其证二十八也。

夬二旁通剥五成观，故《剥·传》云：“观，象也。”若非旁通，剥之象何以有观？其证二十九也。

巽二旁通震五，震成随，故巽称“随风”，其证三十也。

《易》之系辞，全主旁通，略举此三十证，以例其余。

第二章　当位失道图第二

乾䷀		䷌同人		䷤家人
	二之五		四之初	
坤䷁		䷇比		䷂屯
			上之三	䷰革
				䷦蹇

以上当位

	䷈小畜		䷄需
四之初		上之三	
	䷗复		䷣明夷
	䷪夬		䷄需
上之三		四之初	
	䷎谦		䷣明夷

以上失道

坎䷜　　　　䷇比　　　　䷂屯
　　二之五　　　　初之四
离䷝　　　　䷌同人　　　䷤家人
　　　　　　　　　　　　䷦蹇
　　　　　　　三之上
　　　　　　　　　　　　䷰革

以上当位

　　　　䷻节　　　　䷄需
初之四　　　　三之上
　　　　䷕贲　　　　䷣明夷
　　　　䷯井　　　　䷄需
三之上　　　　初之四
　　　　䷶丰　　　　䷣明夷

以上失道

震䷲　　　　䷐随　　　　䷂屯
　　五之二　　　　四之初
巽䷸　　　　䷴渐　　　　䷤家人
　　　　　　　　　　　　䷰革
　　　　　　　三之上　　䷦蹇

以上当位

	䷗复		䷣明夷
四之初		三之上	
	䷈小畜		䷄需
	䷶丰		䷣明夷
三之上		四之初	
	䷯井		䷄需

以上失道

艮䷳		䷴渐		䷤家人
	五之二		初之四	
兑䷹		䷐随		䷂屯
				䷦蹇
			上之三	
				䷰革

以上当位

	䷕贲		䷣明夷
初之四		上之三	
	䷻节		䷄需
	䷎谦		䷣明夷
上之三		初之四	
	䷪夬		䷄需

以上失道

同人䷌　　䷌同人　　䷤家人
二之五　　四之初
师䷆　　䷇比　　䷂屯
䷰革　　䷰革
上之三
䷦蹇

以上当位

䷤家人　　䷾既济
四之初　　上之三
䷒临　　䷊泰
䷰革　　䷾既济
上之三　　四之初
䷭升　　䷊泰

以上失道

比䷇　　䷇比　　䷂屯
二之五　　初之四
大有䷍　　䷌同人　　䷤家人
䷰革
三之上
䷦蹇

以上当位

䷂屯　　　　䷾既济

四之初　　　　三之上

䷙大畜　　　　䷊泰

䷰革　　　　䷾既济

三之上　　　　四之初

䷭升　　　　䷊泰

以上失道

随䷐　　　　䷐随　　　　䷂屯

二之五　　　　四之初

蛊䷑　　　　䷴渐　　　　䷤家人

䷰革

三之上

䷦蹇

以上当位

䷂屯　　　　䷾既济

四之初　　　　三之上

䷙大畜　　　　䷊泰

䷰革　　　　䷾既济

三之上　　　　四之初

䷭升　　　　䷊泰

以上失道

渐䷴		䷴渐		䷤家人
	二之五		初之四	
归妹䷵		䷐随		䷂屯
				䷦蹇
			上之三	
				䷰革

以上当位

		䷤家人		䷾既济
	初之四		上之三	
		䷒临		䷊泰
		䷦蹇		䷾既济
	上之三		初之四	
		䷡大壮		䷊泰

以上失道

家人䷤		䷤家人		䷤家人
	二之五		初之四	
解䷧		䷬萃		䷂屯
				䷾既济
			上之三	
				䷞咸

以上当位

		䷤家人		䷾既济
	初之四		上之三	
		䷒临		䷊泰
		䷾既济		䷾既济
	上之三		四之初	
		䷟恒		䷊泰

以上失道

屯䷂		䷂屯		䷂屯
	二之五		四之初	
鼎䷱		䷠遁		䷤家人
				䷾既济
			三之上	
				䷞咸

以上当位

		䷂屯		䷾既济
	四之初		三之上	
		䷙大畜		䷊泰
		䷾既济		䷾既济
	三之上		四之初	
		䷟恒		䷊泰

以上失道

革䷰		䷰革		䷾既济
	二之五		四之初	
蒙䷃		䷓观		䷩益
				䷰革
			上之三	
				䷦蹇

以上当位

		䷾既济		䷾既济
	四之初		上之三	
		䷨损		䷊泰
		䷰革		䷾既济
	上之三		四之初	
		䷭升		䷊泰

以上失道

蹇䷦		䷦蹇		䷾既济
	二之五		初之四	
睽䷥		䷘无妄		䷩益
			上之三	
				䷰革

以上当位

		䷾既济		䷾既济
	初之四		上之三	
		䷨损		䷊泰
		䷦蹇		䷾既济
	上之三		初之四	
		䷡大壮		䷊泰

以上失道

小畜䷈		䷤家人		䷤家人
	二之五		初之四	
䷏豫		䷬萃		䷂屯
				䷾既济
			上之三	
				䷞咸

以上当位

		䷈小畜		䷄需
	四之初		上之三	
		䷗复		䷣明夷
		䷄需		䷄需
	上之三		四之初	
		䷽小过		䷣明夷

以上失道

复䷗		䷂屯		䷂屯
	五之二		四之初	
姤䷫		䷠遁		䷤家人
				䷾既济
			三之上	
				䷞咸

以上当位

		䷗复		䷣明夷
	四之初		三之上	
		䷈小畜		䷄需
		䷣明夷		䷣明夷
	三之上		四之初	
		䷛大过		䷄需

以上失道

夬䷪		䷰革		䷾既济
	二之五		四之初	
剥䷖		䷓观		䷩益
				䷰革
			上之三	
				䷦蹇

以上当位

		需		需
	四之初		上之三	
		颐		明夷
		夬		需
	上之三		四之初	
		谦		明夷

以上失道

谦		蹇		既济
	五之二		初之四	
履		无妄		益
				蹇
			上之三	
				革

以上当位

		明夷		明夷
	初之四		上之三	
		中孚		需
		谦		明夷
	上之三		四之初	
		夬		需

以上失道

节　　　屯　　　屯
　二之五　　四之初
旅　　　遁　　　家人
　　　　　　　　既济
　　　　　　三之上
　　　　　　　　咸

以上当位

　　　　节　　　需
　四之初　　三之上
　　　　贲　　　明夷
　　　　需　　　需
　三之上　　四之初
　　　　小过　　明夷

以上失道

贲　　　家人　　家人
　五之二　　四之初
困　　　萃　　　屯
　　　　　　　　既济
　　　　　　上之三
　　　　　　　　咸

以上当位

	䷕贲		䷣明夷
四之初		上之三	
	䷻节		䷄需
	䷣明夷		䷣明夷
上之三		四之初	
	䷛大过		䷄需

以上失道

丰䷶		䷰革		䷰革
	五之二		上之三	
涣䷺		䷓观		䷦蹇
				䷾既济
			四之初	
				䷩益

以上当位

	䷣明夷		䷣明夷
四之初		上之二	
	䷼中孚		䷄需
	䷶丰		䷣明夷
上之三		四之初	
	䷯井		䷄需

以上失道

井䷯		䷦蹇		䷦蹇
	二之五		上之三	
噬嗑䷔		䷘无妄		䷰革
				䷾既济
			初之四	
				䷩益

以上当位

		䷄需		䷄需
	初之四		上之三	
		䷚颐		䷣明夷
		䷯井		䷄需
	上之三		初之四	
		䷶丰		䷣明夷

以上失道

临䷒		䷂屯		䷾既济
	二之五		三之上	
遁䷠		䷠遁		䷞咸
				䷂屯
			四之初	
				䷤家人

以上当位

		䷒临		䷊泰
	四之初		三之上	
		䷤家人		䷾既济
		䷊泰		䷊泰
	三之上		四之初	
		䷞咸		䷾既济

以上失道

升䷭		䷦蹇		䷾既济
	二之五		初之四	
无妄䷘		䷘无妄		䷩益
				䷦蹇
			上之三	
				䷰革

以上当位

		䷊泰		䷊泰
	初之四		上之三	
		䷩益		䷾既济
		䷭升		䷊泰
	上之三		初之四	
		䷰革		䷾既济

以上失道

大畜䷙	䷤家人	䷤家人
二之五	四之初	
萃䷬	䷬萃	䷂屯
		䷾既济
	上之三	
		䷞咸

以上当位

	䷙大畜	䷊泰
四之初	上之三	
	䷂屯	䷾既济
	䷊泰	䷊泰
上之三	四之初	
	䷞咸	䷾既济

以上失道

大壮䷡	䷰革	䷾既济
二之五	四之初	
观䷓	䷓观	䷩益
		䷰革
	上之三	
		䷦蹇

以上当位

		䷊泰		䷊泰
	四之初		上之三	
		䷩益		䷾既济
		䷡大壮		䷊泰
	上之三		四之初	
		䷦蹇		䷾既济

以上失道

需䷄		䷾既济		䷾既济
	二之五		四之初	
晋䷢		䷋否		䷩益
				䷾既济
			上之三	
				䷞咸

以上当位

		䷄需		䷄需
	四之初		上之三	
		䷚颐		䷣明夷
		䷄需		䷄需
	上之三		四之初	
		䷽小过		䷣明夷

以上失道

明夷䷣		䷾既济		䷾既济
	五之二		四之初	
讼䷅		䷋否		䷩益
				䷾既济
			上之三	
				䷞咸

以上当位

		䷣明夷		䷣明夷
	四之初		上之三	
		䷼中孚		䷄需
		䷣明夷		䷣明夷
	上之三		四之初	
		䷛大过		䷄需

以上失道

泰䷊		䷾既济		䷾既济
	二之五		四之初	
否䷋		䷋否		䷩益
				䷾既济
			上之三	
				䷞咸

以上当位

		䷊泰		䷊泰
	初之四		上之三	
		䷩益		䷾既济
		䷊泰		䷊泰
	上之三		初之四	
		䷞咸		䷾既济

以上失道

损䷨ㅤ		䷩益		䷩益
	二之五		四之初	
咸䷞ㅤ		䷞咸		䷾既济
				䷾既济
			上之三	
				䷞咸

以上当位

		䷨损		䷊泰
	四之初		上之三	
		䷾既济		䷾既济
		䷊泰		䷊泰
	上之三		四之初	
		䷞咸		䷾既济

以上失道

恒䷟		䷞咸		䷾既济
	二之五		四之初	
益䷩		䷩益		䷩益
				䷞咸
			上之三	
				䷾既济

以上当位

		䷊泰		䷊泰
	四之初		上之三	
		䷩益		䷾既济
		䷟恒		䷊泰
	上之三		四之初	
		䷾既济		䷾既济

以上失道

中孚䷼		䷩益		䷩益
	二之五		四之初	
小过䷽		䷞咸		䷾既济
				䷾既济
			上之三	
				䷞咸

以上当位

䷼中孚	䷄需
四之初	上之三
䷣明夷	䷣明夷
䷄需	䷄需
上之三	四之初
䷽小过	䷣明夷

以上失道

大过䷛	䷞咸	䷾既济
二之五		四之初
颐䷚	䷩益	䷩益
		䷞咸
		上之三
		䷾既济

以上当位

䷄需	䷄需
四之初	上之三
䷚颐	䷣明夷
䷛大过	䷄需
上之三	四之初
䷣明夷	䷣明夷

以上失道

既济䷾　　䷾既济　　䷾既济

二之五　　四之初

未济䷿　　䷋否　　䷩益

䷾既济

上之三

䷞咸

以上当位

䷾既济　　䷾既济

四之初　　上之三

䷨损　　䷊泰

䷾既济　　䷾既济

上之三　　四之初

䷟恒　　䷊泰

以上失道

《易》之动也，非“当位”即“失道”。两者而已。何为“当位”？先二五后初四三上是也。何为失道？不俟二五而初四三上先行，是也。当位则吉，失道则凶，然吉可变凶，凶可化吉。吉何以变凶？乾二先之坤五，四之坤初应之，乾成家人，坤成屯，是当位而吉者也。若不知变通而以家人上之屯三，成两既济，其道穷矣。此“亢龙”所以为“穷之灾”也。此吉变凶也。凶何以化吉？乾二不之坤五，而四先之坤初。乾成小畜，坤成复，是失道而凶者也。若能变通，以小畜通豫，以复通姤。小畜、复初四虽先行，而豫、姤初四则未行，以豫、姤补救小畜、复之非，此“不远复”，所以修身也。此凶变吉也。惟凶可以变吉，则示人以失道变通之法。惟吉可以变凶，则示人以当位变通之法。《易》之大旨，不外此二者而已，特撰此图于旁通之后。

乾、坤、坎、离、震、巽、艮、兑八卦，两两旁通，二五先行，成同人、比、随、渐四卦，是之为“元”。初四应之，成家人、屯，三上应之，成蹇、革，是之为“亨”。家人通解，屯通鼎，蹇通睽，革通蒙。或同人、比、随、渐不俟“亨”而即变通，则同人通师，比通大有。随通蛊，渐通归妹，所谓“变而通之以尽利”，是由“元亨”而“利”者也。八卦二五不先行而初四先行，成小畜、复、节、贲。三上先行成夬、谦、丰、井。初四先行，而又以三上行之，三上先行，而又以初四行之，皆成需、明夷二卦。八卦成此十卦则不“元”不“亨”。变而通之，小畜通豫，复通姤，节通旅，贲通困，夬通剥，谦通履，丰通涣，井通噬嗑，需通晋，明夷通讼。

于是小畜、豫、贲、困，二五先成家人、萃两卦；复、姤、节、旅，二五先行成屯、遁两卦；夬、剥、丰、涣，二五先行成革、观两卦；谦、履、井、噬嗑，二五先行成无妄、蹇两卦；以变通而仍得元。或以初四应，或以三上应，成家人、屯、蹇、革；既济、咸；既济、益，而仍得“亨”。是由不“元”不“亨”以“利”，而复得“元亨”者也。

然变而通之不能尽利，又不以二五先行而或先初四，或先三上，则同人、师、大有、比、随、蛊、渐、归妹、家人、解、屯、鼎、蹇、睽、革、蒙十六卦，失道而成临、升、大畜、大壮、恒、损六卦。小畜、豫、复、姤、夬、剥、谦、履、节、旅、贲、困、丰、涣、丰、噬嗑十六卦，失道而成颐、大过、中孚、小过四卦。又变而通之则临通遁，升通无妄，大畜通萃，大壮通观，恒通益，损通咸，颐通大过，大过通颐，中孚通小过，小过通中孚。于是临成屯，升成蹇，大畜成家人，大壮成革，损、颐、中孚成益、恒、大过，小过成咸，仍为“元亨”。其失道而又失道者，非成明夷、需即成既济、泰。然泰通于否，既济通于未济，无论当位、失道，一经变通，则“元亨”者更加以“元亨”，不“元”不“亨”者改而为“元亨”。“元亨”非“利”则“穷”，利而后贞乃“终则有始”。成两既济则贞而不利。

凡“元亨”必成家人、屯、蹇、革，或既济、咸，或既济、益。而家人通解，则解成咸，家人成既济。屯通鼎则鼎成咸，屯成既济。蹇通睽则睽成益，蹇成既济。革通蒙则蒙成益，革成既济。益通恒则恒成咸，益成既济。咸通损则损成益，咸成既济。成既济则终，成咸、益，则有始。故《恒·彖传》特明之云：“终则有始”。

六十四卦，本诸乾、坤、坎、离、震、巽、艮、兑之八卦，而八卦之生生，不外“元、亨、利、贞”四字。而所以“元、亨、利、贞”，由“穷则变，变则通，通则久”九字尽之。括以一言则谓之易而已矣。

昔人谓伏羲作十言之教，曰：乾、坎、艮、震、巽、离、坤、兑、消息。余谓文王作十二言之教，曰：元、亨、利、贞、吉、凶、悔、吝、厉、孚、无咎。元、亨、利、贞则当位而吉，不元、亨、利、贞则失道而凶。失道而“消不久”固厉，当位而“盈不可久”亦厉，因其厉，而悔则孚，孚则无咎。同一“改悔”，而独历艰难困苦，而后得有孚则为吝，虽吝亦归于无咎。明乎此十二言，而《易》可知矣。

第三章　时行图第三

䷀乾	䷌同人	䷌同人
䷁坤	䷇比	䷆师
䷜坎	䷇比	䷇比
䷝离	䷌同人	䷍大有

䷸巽	䷴渐	䷴渐
䷲震	䷐随	䷵归妹
䷹兑	䷐随	䷐随
䷳艮	䷴渐	䷑蛊

䷈小畜	䷤家人	䷤家人
䷏豫	䷬萃	䷧解
䷮困	䷬萃	䷬萃
䷕贲	䷤家人	䷙大畜

䷫姤	䷠遁	䷠遁
䷗复	䷂屯	䷒临
䷻节	䷂屯	䷂屯
䷷旅	䷠遁	䷱鼎

夬	革	革
剥	观	蒙
涣	观	观
丰	革	大壮

井	蹇	蹇
噬嗑	无妄	睽
履	无妄	无妄
谦	蹇	升

中孚	益	益
小过	咸	恒
大过	咸	咸
颐	益	损

讼	否	否
明夷	既济	泰
需	既济	既济
晋	否	未济

左二五先行当位变通不穷

乾	小畜	小畜
坤	复	豫
震	复	复
巽	小畜	姤

䷜坎	䷻节	䷻节
䷝离	䷕贲	䷷旅
䷳艮	䷕贲	䷕贲
䷹兑	䷻节	䷮困
䷌同人	䷤家人	䷤家人
䷆师	䷒临	䷧解
䷵归妹	䷒临	䷒临
䷴渐	䷤家人	䷠遁
䷇比	䷂屯	䷂屯
䷍大有	䷙大畜	䷱鼎
䷑蛊	䷙大畜	䷙大畜
䷐随	䷂屯	䷬萃
䷰革	䷾既济	䷾既济
䷃蒙	䷨损	䷿未济
䷥睽	䷨损	䷨损
䷦蹇	䷾既济	䷞咸
䷘无妄	䷩益	䷩益
䷭升	䷊泰	䷟恒
䷡大壮	䷊泰	䷊泰
䷓观	䷩益	䷋否

䷶丰	䷣明夷	䷣明夷
䷺涣	䷼中孚	䷅讼
䷉履	䷼中孚	䷼中孚
䷎谦	䷣明夷	䷽小过

䷯井	䷄需	䷄需
䷔噬嗑	䷚颐	䷢晋
䷖剥	䷚颐	䷚颐
䷪夬	䷄需	䷛大过

右初四先行不当位变而通之仍大中而上下应

䷀乾	䷪夬	䷪夬
䷁坤	䷎谦	䷖剥
䷳艮	䷎谦	䷎谦
䷹兑	䷪夬	䷉履

䷜坎	䷯井	䷯井
䷝离	䷶丰	䷔噬嗑
䷲震	䷶丰	䷶丰
䷸巽	䷯井	䷺涣

䷌同人	䷰革	䷰革
䷆师	䷭升	䷃蒙
䷑蛊	䷭升	䷭升
䷐随	䷰革	䷘无妄

䷇比	䷦蹇	䷦蹇
䷍大有	䷡大壮	䷥睽
䷵归妹	䷡大壮	䷡大壮
䷴渐	䷦蹇	䷓观

䷤家人	䷾既济	䷾既济
䷧解	䷟恒	䷿未济
䷱鼎	䷟恒	䷟恒
䷂屯	䷾既济	䷩益

䷒临	䷊泰	䷊泰
䷠遁	䷞咸	䷋否
䷬萃	䷞咸	䷞咸
䷙大畜	䷊泰	䷨损

䷕贲	䷣明夷	䷣明夷
䷮困	䷛大过	䷅讼
䷫姤	䷛大过	䷛大过
䷗复	䷣明夷	䷚颐

䷷旅	䷽小过	䷽小过
䷻节	䷄需	䷼中孚
䷈小畜	䷄需	䷄需
䷏豫	䷽小过	䷢晋

右三上先行不当位变而通之仍大中而上下应

䷀乾	成家人	䷀乾	成革
䷁坤	成屯	䷁坤	成蹇
䷝离	成家人	䷝离	成革
䷜坎	成屯	䷜坎	成蹇
	下应		上应

䷲震	成屯	䷲震	成革
䷸巽	成家人	䷸巽	成蹇
䷹兑	成屯	䷹兑	成革
䷳艮	成家人	䷳艮	成蹇
	下应		上应

䷇比	成屯	䷇比	成蹇
䷍大有	成家人	䷍大有	成革
䷆师	成屯	䷆师	成蹇
䷌同人	成家人	䷌同人	成革
	下应		上应

䷴渐	成家人	䷴渐	成蹇
䷵归妹	成屯	䷵归妹	成革
䷑蛊	成家人	䷑蛊	成蹇
䷐随	成屯	䷐随	成革
	下应		上应

䷄需	成既济	䷄需	成既济
䷢晋	成益	䷢晋	成咸
䷣明夷	成既济	䷣明夷	成既济
䷅讼	成益	䷅讼	成咸
	下应		上应

䷼中孚	成益	䷼中孚	成既济
䷽小过	成既济	䷽小过	成咸
䷛大过	成既济	䷛大过	成咸
䷚颐	成益	䷚颐	成既济
	下应		上应

䷫姤	成家人	䷫姤	成咸
䷗复	成屯	䷗复	成既济
䷷旅	成家人	䷷旅	成咸
䷻节	成屯	䷻节	成既济
	下应		上应

䷕贲	成家人	䷕贲	成既济
䷮困	成屯	䷮困	成咸
䷈小畜	成家人	䷈小畜	成既济
䷏豫	成屯	䷏豫	成咸
	下应		上应

䷯井	成既济	䷯井	成蹇
䷔噬嗑	成益	䷔噬嗑	成革
䷎谦	成既济	䷎谦	成蹇
䷉履	成益	䷉履	成革
	下应		上应

䷪夬	成既济	䷪夬	成革
䷖剥	成益	䷖剥	成蹇
䷶丰	成既济	䷶丰	成革
䷺涣	成益	䷺涣	成蹇
	下应		上应

䷘无妄	成益	䷘无妄	成革
䷭升	成既济	䷭升	成蹇
䷥睽	成益	䷥睽	成革
䷦蹇	成既济	䷦蹇	
	下应		上应

䷰革	成既济	䷰革	
䷃蒙	成益	䷃蒙	成蹇
䷓观	成益	䷓观	成蹇
䷡大壮	成既济	䷡大壮	成革
	下应		上应

䷂屯		䷂屯	成既济
䷱鼎	成家人	䷱鼎	成咸
䷒临	成屯	䷒临	成既济
䷠遁	成家人	䷠遁	成咸
	下应		上应

䷬萃	成屯	䷬萃	成咸
䷙大畜	成家人	䷙大畜	成既济
䷧解	成屯	䷧解	成咸
䷤家人		䷤家人	成既济
	下应		上应

䷊泰	成既济	䷊泰	成既济
䷋否	成益	䷋否	成咸
䷾既济		䷾既济	
䷿未济	成益	䷿未济	成咸
	下应		上应

䷟恒	成既济	䷟恒	成咸
䷩益		䷩益	成既济
䷨损	成益	䷨损	成既济
䷞咸	成既济	䷞咸	
	下应		上应

右元亨

䷤家人	成既济终	贞
䷧解	成咸有始	利
䷂屯	成既济终	贞
䷱鼎	成咸有始	利
䷰革	成既济终	贞
䷃蒙	成益有始	利
䷦蹇	成既济终	贞
䷥睽	成益有始	利
䷩益	成既济终	贞
䷟恒	成咸有始	利
䷞咸	成既济终	贞
䷨损	成益有始	利

右利贞

《传》云："变通者，趣时者也。"能"变通"即为"时行"。"时行"者，元、亨、利、贞也。更为此图，以明之，而行健之不已，教思之无穷，孔门贵仁之旨，孟子性善之说，悉可会于此。大有二之五，为乾二之坤五之比例。故《传》言"元亨"之义，于此最明。云："大中而上下应之。"大中，谓二之五为"元"，上下应则"亨"也。盖非上下应则虽大中不可为"元亨"。

《既济·传》云："利贞，刚柔正而位当也。"刚柔正则六爻皆定，"贞"也。"贞"而不"利"，则刚柔正位不当。"利"而后"贞"，乃能刚柔正而位当。由"元亨"而"利贞"，由"利贞"而复为"元亨"，则"时行"矣。

"一阴一阳之谓道"。乾二之坤五成同人、比，两五皆刚。同人孕于师，比孚于大有，又为一阴一阳。阴变阳为"得"，阳通阴为"丧"。自阳退而易为阴谓之反，自阴进，而交为阳谓之复，是为“反复其道”。复而不反，则“亢”，反而不复，则“迷”。乾、坤、坎、离生同人、师、比、大有，震、巽、艮、兑生渐、归妹、随、蛊。上应之成蹇、革，下应之成家人、屯，而家人、屯又变通于鼎、解，而终于既济、咸。蹇、革又变通于睽、蒙，而终于既济、益。咸、损、益、恒四卦循环不已，此二十四卦“元、亨、利、贞”，所谓“生而知之，安而行之”者也。

自乾、坤、坎、离、震、巽、艮、兑初四先行，成小畜、复、节、贲则失道矣。小畜之失在四，通于豫，以补之。复之失在初，通于姤以补之。节、贲通旅、困，同三上先行，成夬、谦、丰、井则失道矣。夬之失在上，通于剥以补之。谦之失在三，通于履以补之。丰、井通涣、噬嗑，同凡二五先行，初四应之为下应，三上应之为上应，二五得中，而上下应之，乃为元亨。今初四先行，则小畜二之复五，成家人、屯，屯三再之家人，上应之，已成两既济，有上应无下应矣。

故补之以豫、姤，则姤二之复五，复初不能应，姤初则能应也。小畜二之豫五，小畜四不能应，豫四则能应也。今三上先行，则井二之丰五，成蹇、革。蹇初再之革四应之，已成两既济，有下应无上应矣，故补之以涣、噬嗑，则丰五之涣二。丰上不能应，噬嗑三则能应也，此“学而知之，利而行之”者也。

然姤四之初，仍成小畜，豫四之初，仍成复，噬嗑上之三，仍成丰，涣上之三，仍成井，则变而仍不通也。小畜、复不能变，而且以小畜上之复三，丰、井不能变，而且以丰四之井初，小畜、井成需、复，丰成明夷，为凶、为灾、为焚、为死。上下皆无所应，失而又失矣。然明夷可变通于讼，需可变通于晋，在明夷失在初三，而讼之初三可应也。在需失在四上，而晋之四上可应也。一转移而“元亨利贞”，与同人、比、渐、随等，此“困而知之，勉而行之，及其成功”一也。惟不能时行致成两既济，则终止道穷，所谓困而不学者矣。

《易》之一书，圣人教人改过之书也。穷可以通，死可以生，乱可以治，绝可以续。故曰为衰世而作。达则本以治世，不得诿于时运之无可为。穷则本以治身，不得谢以气质之不能化。孔子曰："假我数年，五十以学《易》，可以无大过矣。"此圣人括《易》之全而言之。又举《恒·九三》"不恒其德，或承之羞"，断之云："不占而已矣。"占者，变也。恒者，久也。羞者过也。能变通则可久，可久则无大过。不可久则至大过，所以不可久，而至于大过，由于不能变通。变通者，改过之谓也。此韦编三绝之后，默契乎羲、文之意，以示天下。后世之学《易》者，舍此而言《易》，讵知《易》哉！

第四章　八卦相错图第四

乾䷀	䷋否
坤䷁	䷊泰
坎䷜	䷾既济
离䷝	䷿未济
震䷲	䷟恒
巽䷸	䷩益
艮䷳	䷨损
兑䷹	䷞咸

同人䷌	䷅讼
师䷆	䷣明夷
比䷇	䷄需
大有䷍	䷢晋
随䷐	䷛大过
蛊䷑	䷚颐
渐䷴	䷼中孚
归妹䷵	䷽小过

小畜䷈	䷓观
豫䷏	䷡大壮
复䷗	䷭升
姤䷫	䷘无妄
夬䷪	䷬萃
剥䷖	䷙大畜
谦䷎	䷒临
履䷉	䷠遁

屯䷂	䷯井
鼎䷱	䷔噬嗑
家人䷤	䷺涣
解䷧	䷶丰
蹇䷦	䷻节
睽䷥	䷷旅
革䷰	䷮困
蒙䷃	䷕贲

右八卦相错一

同人䷌	䷋否
比䷇	䷾既济
随䷐	䷞咸
渐䷴	䷩益
革䷰	䷬萃
观䷓	䷤家人
遁䷠	䷘无妄
屯䷂	䷦蹇

右八卦相错二

小畜䷈	䷩益
复䷗	䷊泰
夬䷪	䷞咸
谦	䷊泰
节䷻	䷾既济
贲䷕	䷨损
井䷯	䷾既济
丰䷶	䷟恒

大畜䷙	䷚颐
屯䷂	䷄需
大壮䷡	䷽小过
蹇䷦	䷄需
家人䷤	䷼中孚
临䷒	䷣明夷
革䷰	䷛大过
升䷭	䷣明夷

左八卦相错三

家人䷤	䷩益
屯䷂	䷾既济
革䷰	䷞咸
蹇䷦	䷾既济
需䷄	䷾既济
明夷䷣	䷊泰

右八卦相错四

《说卦传》云："天地定位，山泽通气。雷风相薄，水火不相射。"天地，乾坤也。山泽，艮兑也。雷风，震巽也。水火，坎离也。天地相错，上天下地成否，二五已定，为定位。山泽相错，上山下泽成损，二交五，为通气。雷风相错，上雷下风成恒，二交五，为相薄。水火相错，上水下火成既济，六爻皆定，不更往来，故不相射。此否则彼泰，此损则彼咸，此恒则彼益，此既济则彼未济，而统括以“八卦相错”一语。六十四卦皆此天地、山泽、雷风、水火之相错也。

《传》又自发明之云：“水火相逮，雷风不相悖。山泽通气，然后能变化，而成万物。”变“不相射”而云“相逮”。“不相射”谓既济，“相逮”谓既济变通于未济也。“不相射”则“寂然不动”。“相逮”则“感而遂通”矣。变“相薄”而云“不相悖”，五“失道”则悖。恒二之五而后益上之三，则“不相悖”，“不相悖”由于相薄也。“水火不相射”之射，即“射鲋”、“射隼”、“射雉”之射。“雷风不相悖”之悖，即《解·传》所称“解悖”，《颐·传》所谓“道大悖”。大过二之颐五与恒二之五等。恒二之五成咸，大过二之颐五，与恒二之五等。恒二之五成咸，大过二之颐五亦成咸。大过二不之颐五，而颐上之三则道大悖。其既成咸，则不相悖。可知家人上之解三成恒，解二先之五则不成恒，而成咸，故“解悖”。“解悖”则“不相悖”。《传》以“解悖”、“道大悖”与“雷风不相悖”赞明。知雷风指恒则知其为震、巽所错。知雷风为震、巽所错则知天地为乾、坤所错，山泽为艮、兑所错，水火为坎、离所错也。

试举其最显者：蒙、革为困、贲之相错，故蒙称“困蒙”。睽、蹇为旅、节之相错，故蹇称“中节”。家人、解即丰、涣之相错，故丰称“蔀其家。”鼎、屯相错为噬嗑，噬嗑食也，故鼎称“雉膏不食”。比、大有相错为需、晋。“大有，众也”，则晋称“众允”。“比，乐也”，则需称“饮食燕乐”。大壮、观相错为小畜，故小畜“舆说輹”，大壮“壮于大舆之輹”。临、遁相错为履，故“履虎尾”，遁亦云“遁尾”。

归妹、渐相错为小过、中孚，随、蛊相错为大过、颐，大过二之颐五成咸，则“过以相与”，中孚二之小过成咸，则“与尔靡之”。所谓与即咸之感应相互，而归妹既成随，则系于蛊，蛊既成渐，则系于归妹，故蛊二之五即大过二之颐五，归妹二之五即中孚二之小过五。渐系归妹，不能兼随，即不能兼大过之“过以相与”。随系蛊，不能兼渐，即不能兼中孚之“与尔靡之”，故云“不兼与”。非“相错”则“兼与”之义未易明也。而咸、艮两卦之辞，发明咸、损为艮、兑之相错尤为明了。

《艮·六五》“艮其辅”，即《咸·上六》“咸其辅，颊舌”。《咸·六二》“咸其腓”，即《艮·六二》“艮其腓”。《损·传》“一人行，三则疑也”，《兑·传》云：“行未疑也。”“行未疑”之行，即“一人行”之行。兑以“朋友讲习”，正发明损之“得其友”。非明乎八卦相错之比例，咸、艮两卦，取象之同，将莫能知其妙也。

凡此以旁通相错为旁通，皆未经行动者。其既行动，或得或失、亦以相错之卦为比例。《传》于蛊称“终则有始”，于恒亦称“终则有始”。所以明随、渐相错即咸、益，咸、益相错即随、渐也。恒上震下巽，二之五，即巽二之震五也，犹随也。损上艮下兑，二之五，即在艮称“不拯其随”，在咸称“执其随”。兑二之艮五，兑成随，艮以随称之，以旁通知之也。咸通于损，损二之五成益，损之成益，即兑之成随，咸以随称之，则以相错知之也。《家人》“利女贞”，谓解二之五。《观·六二》“利女贞”，谓大壮二之五。大壮二之五成革，解二之五成萃，萃与家人相错，成革、观，革与观相错，成萃、家人，故解二之五与大壮二之五相比例也。《蒙》“子克家”，上之三称克。二之五为子蒙，二之五成观，观、革相错，成家人、萃，则观三克上，即萃三克家人上，故云“子克家”也。《归妹·初九·传》云：“归妹以娣，以恒也。”归妹何得有恒？知咸、益与随、渐相错，而归妹之以恒乃明。归妹二之五成随，即恒二之五成咸，故以恒二之五为归妹二之五之比例也。既济、否相错，为比、同人，故比之“匪人”亦否之匪人。《否》“不利君子贞”，谓泰不成既济，而否成既济，同人则“利君子贞”，谓师先成比也。泰二之五，则“于食有福”，讼二之明夷五，则“食旧德”，讼二不之明夷五则“三日不食”。需二之晋五在需，则“饮食”，在晋，则“受福”，未济二之五，则“实受其福”。讼、晋、未济成否、明夷、需，泰成既济。既济“繻有衣袽”，需二之晋五，成既济、否也。师“否藏凶”，师二之五成比，比、同人相错成否也。同人“勿用有攸往”，临二之五成屯，则通于鼎，不可以三往也。《遁》“勿用有攸往”，鼎二之五成遁，则通于临，不可以上往也。此屯、鼎、遁、临之“时行”也。

乃《无妄》“不利，有攸往”，《传》云：“无妄，灾也。”《遁·传》云：“不往，何灾也。”遁、屯相错，成无妄、蹇，《蹇·九五》“朋来”，谓升二之五也。师“朋来”，谓姤二之复五也。姤二之复五，复成屯，姤成遁，遁、屯相错成蹇，故升之成蹇，犹复之成屯。小畜、豫相错，为观、大壮，《观》“后以省方”，谓大壮二之五，即小畜二之豫五之比例。豫四之初，成复，故“后不省方”，谓不能相错为观也。此皆以二五之行为比例。损以“远害”而节不“害民”，革四之蒙初，成损，犹困四之初，成节。节通旅，损通咸，则“远害”。“远害”故“不害民”。损二不之五，而咸四之初成既济，相错既节、贲，故《传》云：“未感害也。”姤上之复三，复成明夷，姤成大过，故为“大难”。“大”者大过，“难”者明夷也。

大过、明夷，相错为革，明夷通讼，与革通蒙同，故云：“以蒙大难。”非明乎相错，不知“蒙大难”之义也。丰四之涣初，涣成中孚，丰成明夷，中孚、明夷相错为家人。不知内难之何以为内也。需“致寇至”，谓晋成明夷，需二之明夷五，为寇也。《解》“致寇至”，谓解成泰。家人成既济而泰二之五，为寇也。泰、既济相错，即需、明夷，屯见而益亦见善。损成益，而后咸四之初为“居吉”，与屯于《离·初九》明示云：“履错然。”遁、屯相错、为蹇、无妄，与履二之谦五同。《传》云：“以辟咎也。”《睽·初九·传》亦云：“以辟咎也。”睽二之五，成无妄，为“见恶人”，正与履二之谦五等。盖离四之坎初成节，不能“无咎”。节通于旅，节二之旅五，旅成遁，节成屯，为履二之谦五之相错，故直云“履错然”。明指出“错”字，而“八卦相错”之错，正由此而畅述其旨。

比例之用相错，其义最为微妙，如蒙称困蒙，知其为革所孚也。盖革、蹇相错不能成困，革、蒙相错乃成困也。惟革、蒙为困、贲，而旅得称“童仆”。童即“童蒙”之童，仆为“仕于家”之名。知旅四先之初成贲，变通于困，困二之贲五成家人为仆，即蒙二之五之比例，故云“童仆”。

若贲与节错，则不成蒙、革、遂不得云“童仆”也。《履·六三》“武人为于大君”。“大君”，履二之谦五也。解四之初，为临，“不宜”矣。乃旁通于遁则宜。临、遁相错，为谦、履，临二之五即履二之谦五之比例，故云“大君之宜”，谓旁通于遁为“宜”也。非旁通于遁，则不错为履、谦，即不得云“大君之宜”也。

屯通于鼎，鼎四之初，成大畜，大畜不孚屯，而孚萃，萃与大畜错为夬、剥，大畜二之五，为夬二之剥五之比例，夬成革，剥成观，与蒙二之五同，故《大畜》云“童牛之告”。童即“童观”之童，告即“初筮告”之告，非孚于萃，则家人与屯不能相错为观，即不得称“童”称“告”也。晋、需相错，为大有、比，需与晋孚，乃错大有，故《六三》“众允之”。

需与明夷，则不错，大有即“非众允”之矣。睽四之蹇初，革四之蒙初，皆成损；而蹇、革成既济。损二之五成益，益、既济相错，为家人、屯，无随也。惟损通于咸，而二之五，则益、咸相错乃成随、渐，《咸·九三》“咸其股，执其随”，所以明损之通咸，又所以明损之成益。错随则不错家人，故损“得臣无家”也。

第五章　比例图第五

乾䷀

否泰错

坤䷁

泰否错

屯䷂

井噬嗑错　蹇无妄错　需颐错　既济益错

临二之五　萃四之初　旅五之节二

姤二之复五　大有四之比初　蛊初之随四

乾二之坤五四之坤初　离五之坎二四之坎初

巽二之震五初之震四　艮五之兑二初之兑四

师二之五同人四之师初　归妹二之五渐初之归妹四

解二之五四之初　困二之贲五四之初

蒙䷃

贲困错

需䷄

比大有错　屯大畜错　蹇大壮错　既济泰错

大过四之初　中孚上之三　剥初之夬四

豫三之小畜上　噬嗑四之井初　旅上之节三

坤初之乾四三之乾上　离四之坎初上之坎三

震四之巽初三之巽上　艮初之兑四上之兑三

谦初之履四履上之三　丰四之涣初涣上之三

复三之姤上姤四之初　贲上之困三困四之初

讼四之初上之三

讼䷅

同人师错　否未济错

师䷆ 明夷讼错
比䷇ 需晋错　既济否错 乾二之坤五　离五之坎二　师二之五
小畜䷈ 观大壮错　益泰错 坤初之乾四　巽初之震四　姤四之初
履䷉ 遁临错
泰䷊ 坤乾错　复小畜错　谦夬错　明夷需错 恒四之初　损上之三　无妄四之升初 遁上之临三观初之大壮四　萃三之大畜上 比初之大有四三之大有上　同人四之师初上之师三 随四之蛊初三之蛊上　渐初之归妹四上之归妹三 家人上之解三解四之初　屯三之鼎上鼎四之初 革四之蒙初蒙三之上　蹇初之睽四睽上之三 未济四上初上之三
否䷋ 乾坤错　同人比错 未济二之五　需二之晋五　明夷五之讼二
同人䷌ 讼明夷错　否既济错 坤五之乾二　坎二之离五　大有二之五
大有䷍ 晋需错

谦䷎

临遁错　泰咸错

剥上之三　乾上之坤三　兑三之艮上

豫䷏

大壮观错

随䷐

大过颐错　咸益错

巽二之震五　艮五之兑二　归妹二之五

蛊䷑

颐大过错

临䷒

谦履错　明夷中孚错

解四之初　同人四之师初　渐初之归妹四

观䷓

小畜豫错　家人萃错

蒙二之五　夬二之剥五　丰五之涣二

噬嗑䷔

鼎屯错

贲䷕

蒙革错　损既济错

旅四之初　坎初之离四　兑四之艮初

剥䷖

大畜萃错

复䷗

升无妄错　泰益错

豫四之初　乾四之坤初　巽四之震初

无妄

姤复错　遁屯错

睽二之五　谦五之履二　井二之噬嗑五

大畜

剥夬错　颐需错

鼎四之初　比初之大有四　随四之蛊初

颐

蛊随错　大畜屯错

晋四之初　夬四之剥初　井初之噬嗑四

大过

随蛊错　萃升错

讼上之三　贲上之困三　复三之姤上

坎

既济未济错

离

未济既济错

右上经

咸

兑艮错　随渐错　夬谦错　革蹇错

恒二之五　否上之三　颐五之大过二

中孚二之小

过五　大畜上之萃三　临三之遁上

解二之五家人上之解三　鼎二之五屯三之鼎上

小畜二之豫五上之豫三　复五之姤二三之姤上

节二之旅五三之旅上　贲五之困二上之困三

明夷五之讼二讼上之三　需二之晋五晋上之三

未济二之五上之三

恒䷟

震巽错

未济上之三　家人上之解三　屯三之鼎上

遁䷠

履谦错　无妄蹇错

大壮䷡

豫小畜错　小过需错

睽上之三　比三之大有上　渐上之归妹三

晋䷢

大有比错

明夷䷣

师同人错　临家人错　升革错　泰既济错

履四之谦初　涣初之丰四　姤上之复三

困三之贲上　小过四之初　颐上之三

乾四之坤初上之坤三　坎初之离四三之离上

巽初之震四上之震三　兑四之艮初三之艮上

豫四之初小畜上之豫三　旅四之初节三之旅上

井初之噬嗑四噬嗑上之三　夬四之剥初剥上之三

晋四之初上之三

家人䷤

涣丰错　观革错　中孚明夷错　益既济错

大畜二之五　遁四之初　困二之贲五

豫五之小畜二　归妹四之渐初　师初之同人四

坤五之乾二初之乾四　坎二之离五初之离四

震五之巽二四之巽初　兑二之艮五四之艮初

大有二之五四之比初　蛊二之五随四之蛊初

复五之姤二姤四之初　节二之旅五旅四之初

鼎二之五四之初

睽☲☱

旅节错

蹇☵☶

节旅错　屯遁错　需小过错　既济咸错

升二之五　观上之三　噬嗑五之井二

履二之谦五归妹三之渐上　大有上之比三

乾二之坤五上之坤三　离五之坎二上之坎三

震五之巽二三之巽上　兑二之艮五三之艮上

师二之五同人上之师三　蛊二之五随三之蛊上

夬二之剥五剥上之三　丰五之涣二涣上之三

蒙二之五三之上

解☳☵

丰涣错

损☶☱

艮兑错　贲节错

未济四之初　蹇初之睽四　革四之蒙初

益☴☳

巽震错　渐随错　小畜复错　家人屯错

损二之五　否四之初　小过五之中孚二

大过二之颐五　大壮四之观初　升初之无妄四

蒙二之五革四之蒙初　睽二之五蹇初之睽四

夬二之剥五四之剥初　丰五之涣二四之涣初

井二之噬嗑五初六噬嗑四　需二之晋五晋四之初

明夷五之讼二讼四之初　未济二之五四之初

夬☱☰

萃大畜错　咸泰错

履上之三　坤三之乾上　艮上之兑三

姤䷫

无妄升错

升䷭

复姤错　明夷大过错

蒙上之三　同人上之师三　随三之蛊上

萃䷬

夬剥错　革观错

解二之五　贲五之困二　小畜二之豫五

困䷮

革蒙错

井䷯

屯鼎错　既济恒错

涣上之三　离上之坎三　震三之巽上

革䷰

困贲错　萃家人错　大过明夷错　咸既济错

大壮二之五　无妄上之三　剥五之夬二

涣二之丰五　师三之同人上　蛊上之随三

坤五之乾二三之乾上　坎二之离五三之离上

巽二之震五上之震三　艮五之兑二上之兑三

大有二之五比三之大有上　归妹二之五渐上之归妹三

谦五之履二履上这三　井二之噬嗑五噬嗑上之三

睽二之五上之三

鼎䷱

噬嗑井错

震䷲

恒益错

艮䷳

损咸错

渐䷴

中孚小过错　益咸错

蛊二之五　震五之巽二　兑二之艮五

䷵归妹

小过中孚错

丰䷶

解家人错　恒既济错

噬嗑上之三　坎三之离上　巽上之震三

旅䷷

睽蹇错

巽䷸

益恒错

兑䷹

咸损错

涣䷺

家人解错

节䷻

蹇睽错　既济损错

困四之初　离四之坎初　艮初之兑四

中孚䷼

渐归妹错　家人临错

讼四之初　谦初之履四　丰四之涣初

小过䷽

归妹渐错　大壮蹇错

晋上之三　节三之旅上　小畜上之豫三

既济䷾

坎离错　节贲错　井丰错　屯家人错

蹇革错　需明夷错　比同人错

泰二之五　咸四之初　益上之三　晋五之需二

讼二之明夷五　解三之家人上　鼎上之屯三

蒙初之革四　睽四之蹇初

师初之四人四三之同人上　大有四之比初上之比在三

蛊初之随四上之随三　归妹四之渐初三之渐上

豫五之小畜二三之小畜上　姤二之复五上之复三

剥五之夬二初之夬四　谦五之履二初之履四

噬嗑五之井二四之井初　涣二之丰五初之丰四

旅五之节二上之节三　困二之贲五三之贲上

临二之五遁上之临三　遁四之初临三之遁上

升二之五无妄四之升初　升初之无妄四无妄上之三

萃四之初大畜上之萃三　大畜二之五萃三之大畜上

大壮二之五观初之大壮四　大壮四之观初观三之上

中孚二之小过五小过四之初

小过五之中孚二中孚上之三

大过二之颐五颐上之三　颐五之大过二大过四之初否四之初上之三　恒二之五四之初　损二之五上之三

未济䷿

离坎错

右下经

乾隆丁未，余始习九九之术，既明《九章》，又得秦道古、李仁卿之书，得闻《洞渊》《九容》奥义，读《测圆海镜》卷首《识别》一册，而其所谓“正负寄左、如积相消”者，精微全在于此。极奇零隐曲之数，一比例之，无弗显豁可见。因悟圣人作《易》，所倚之数，正与此同。夫九数之要，不外“齐同”、“比例”。以此之盈，补彼之朒，数之齐同如是，《易》之齐同亦如是。以此推之得此数，以彼推之亦得此数，数之比例如是，《易》之比例亦如是。说《易》者，执于一卦一爻，是知五雀之俱重，六燕之俱轻，而不知一燕一雀，交而适平，又不知两行交易，遍乘而取之。宜乎左支右诎，莫能通其义也。

余既悟得旁通之旨，又悟得比例之法。用以求《经》，用以求《传》，而《经》、《传》之微言奥义，乃可得而窥其万一，既撰《通释》以阐明之，复仿李仁卿《识别》列为此图。如睽二之五，为无妄，井二之噬嗑五，亦为无妄，故睽之“噬肤”即噬嗑之“噬肤”。坎三之离上成丰，噬嗑上之三亦成丰，故丰之“日昃”即离之“日昃”，丰之“日中”即噬嗑之“日中”。晋上之三，为小过，小畜上之豫三亦为小过，故“遇其妣”，即晋“受福之王母”，“过其祖”即豫所“配之祖考”。一家人也，见于蒙，以蒙、革相错，为困、贲，困二之贲五成家人，为蒙二之五之比例，故“子克家”。见于大畜，以大畜二之五，成家人，故“不家食吉”。见于丰，以丰、涣相错为家人，故“蔀其家”。一屯见也，乾二之坤五，四之坤初成屯，则“见龙在田”，蛊二不之五，而初之随四成屯，则“往见吝”。姤四先之初，而后二之复五，成屯，则“有攸往，见凶”。兑二之艮五，四不之艮初，而艮上之兑三，成革不成屯，则“不见其人，无咎”。渐上之归妹三，归妹成大壮，渐成蹇，蹇、大壮相错成需，故归妹以须，须即需也。归妹四之渐初，渐成家人，归妹成临，临通遁，相错为谦、履，故“眇能视”，“跛能履”。临二之五，即履二之谦五之比例也。以此类推，可得引申触类之义矣。洞渊九容之数，如积相消，必得两数相等者，交互求之，而后可得其数，此即两卦相孚之义也。非有孚则不相应，非同积则不相得。《传》明云：“裒多益寡。”又云：“参伍以变，错综其数。”又云：“引而申之，触类而长之。”其脉络之钩贯，或用一言，或用一字，转相牵系，似极繁赜，而按之井然。不啻方圆弦股，以甲乙丙丁字指之，虽千变万化，缘其所标以为之识，无不了然可见。

是故“不雨西郊”见于不畜，亦见于小过。“用拯马壮”见于涣，亦见于明夷。“富以其邻”、“不富以其邻”，谦、泰与小畜互明。“舆说輹”，“壮于大舆之輹”，大畜、小畜与大壮并著。“箕子”、“帝乙”微意，寓于人名，“鸣鹤”、“枯杨”古训，藏于物类。以六书之假借，达九数之杂糅，事有万端，道原一贯，义在变通，而辞为比例，以此求《易》，庶乎近焉。

比例之用，随在而神。姑条其大略：

泰、否为乾、坤之比例；既济、未济为坎、离之比例；益、恒为巽、震之比例；损、咸为艮、兑之比例；一也。

小畜二之豫五，成家人，萃，为夬二之剥五，成观、革之比例；姤二之复五，成屯、遁，为履二之谦五，成无妄、蹇之比例，二也。

升通无妄，而二之五成蹇，为睽通蹇，而二之五，成无妄之比例；大畜通萃，而二之五成家人，为解通家人，而二之五成萃之比例，三也。

乾四之坤初，成复、小畜，为离四之坎初成节、贲之比例；兑三之艮上，成谦、夬，为巽上之震三成丰、井之比例，四也。

乾、坤成家人、屯，为成蹇、革之比例；乾、坤成复、小畜，为成谦、夬之比例，五也。

乾四之坤初，成小畜、复，小畜通豫，为复通姤之比例；坎三之离上，成丰、井，丰通涣，为井通噬嗑之比例，六也。

乾二之坤五，乾成同人，坤成比，为师二之五之比例，亦为大有二之五之比例，巽二之震五，巽成渐，震成随，为蛊二之五之比例，亦为归妹二之五之比例，七也。

履四之谦初，成中孚、明夷，丰四之涣初，亦成中孚、明夷，皆为小过四之初之比例；同人上之师三成升、革，蛊上之随三亦成升、革，皆为蒙上之三之比例，八也。

小畜上豫三，成小过，小过通中孚，仍小畜通豫之比例；姤上之复三，成大过，大过通颐，仍复通姤之给，九也。

丰、涣相错，为家人、解，解二之五，同于小畜二之豫五，则小畜二之豫五，为涣二之丰五之比例；贲、困相错，为蒙、革，蒙二之五同于夬二之剥五，则夬二之剥五，为困二之贲五之比例，十也。

归妹三之渐上成大壮、蹇，相错为需、小过，则需通晋，小过通中孚，即蹇通睽、大壮通观之比例；同人四之师初成家人、临，相错为中孚、明夷，则中孚通小过，明夷通讼，为家人通解、临通遁之比例，十一也。

乾二之坤五，既同于师二之五，亦同于大有二之五，则师成临，大有成大畜，为坤成复之比例；巽二之震五，既同于归妹二之五，亦同于蛊二之五，则蛊成升，归妹成大壮，为震成丰之比例，十二也。

辞之引申尤为神妙无方，条而别之亦约有数类。其一，《易》之为书，本明道德事功，则直称其为道、为德、为事、为功，是也。其二，立十二字为全书之纲，元、亨、利、贞、吉、凶、悔、吝、厉、孚、无咎，是也。其三，由纲而为之目，如遇、交、求与艰、匪、笑、誉等是也。其四，于卦位、爻位标以辩之，如大小、内外、远近、新旧、君子、小人是也。其五，即卦名为引申，如夬、履、困、蒙、观、颐、咸、临是也。其六，以卦象为引申，如冰即乾，龙即震，《说卦传》所云是也。其七，以一辞兼明两义，如坤为母，母从手为拇，则兼取艮。巽为鸡，既别其名为翰音，则兼引申飞鸟遗之音之音是也。其八，以同辞为引申，如用拯马壮，明夷与涣互明是也。其九，以同辞而稍异者，为引申，如《蛊·彖》“先甲三日，后甲三日”，《巽·九五》称“先庚三日，后庚三日”是也。其十，以一字之同为引申，如“频复”、“频巽”、“甘节”、“甘临”是也。其十一，以一字之训诂为引申，迷之训为冥、为晦，久之训为永、为长，成之训为定、为宁是也。其十二，以同声之假借为引申，如豹为约之假借，羊为祥之假借，祀为巳之假借，床为戕之假借是也。

《史记·孔子世家》称“孔子读《易》韦编三绝”，非不能解也，正是解得其“参伍错综”之故。读至此卦此爻，知其与彼卦彼爻相比例，遂检彼以审之。由此及彼，又由彼及彼，千脉万络，一气贯通，前后互推，端委悉见。所以“韦编”至于“三绝”。即此“韦编三绝”一语，可悟《易》辞之“参伍错综”。孔子读《易》如此，后人学《易》无不当如此，非如此不足以知《易》也。若云一见不解，读至千百度，至于“韦编三绝”乃解，失之矣。

第六章　原卦等第六

原卦

伏羲氏之画卦也。其意质而明，其功切而大。或以精微高妙说之则失矣。陆贾《新语》云："先圣乃仰观天文，俯察地理，图画乾坤，以定人道。民始开悟，知有父子之亲，君臣之义，夫妇之道，长幼之序，于是百官立，王道乃生。"《白虎通》云："古之时未有三纲之纪。民人但知其母，不知其父，于是伏羲仰观象于天，俯察法于地，因夫妇正五行，始定人道，画八卦以治下。"谯周《古史考》云："伏羲制嫁娶以俪皮为礼。伏羲之前，有男女而无定偶，则人道不定。伏羲定人道而夫妇正，男女别。"《系辞传》云："天尊地卑乾坤定矣。"《序卦传》云："有天地，然后有万物。有万物，然后有男女。有男女，然后有夫妇。有夫妇，然后有父子。有父子，然后有君臣。有君臣，然后有上下。有上下，然后礼义有所措。"所以明伏羲，定人道之功也。

知母不知父则同于禽兽。父子、君臣、上下、礼义，必始于夫妇，则伏羲之定人道，不已切乎？以知识未开之民，图画八卦以示之，而民即开悟，遂各遵用嫁娶，以别男女而知父子，非质而明能之乎？矿在后世观所画之卦，阴阳、奇偶而已，而在人道未定之先，不知有夫妇者；知有夫妇，不知有父子者；知有父子，人伦王道自此而生。非圣神广大，何以能此！

然后则伏羲之卦可知矣，为知母，不知有父者示也。故乾坤定位，而后一索、再索、三索，以生六子，有父子而长少乃可序。吾知伏羲之卦，必首乾而次坤，或谓伏羲之卦为《连山》，《连山》首艮，是仍无父之子矣，伏羲不尔也。故《传》云："天尊地卑，乾坤定矣。"明伏羲之卦首定乾坤也。

乾坤生六子，六子共一父母，不可为夫妇，则必相错焉，此六十四卦所以重也。犹是巽之配震也，坎之配离也，兑之配艮也。在三画，则同一父母之所生；在六画，则已为阴阳之相错。相错者以此之长女，配彼之长男，以彼之中男、少男，配此之中女少女。一相错而婚姻之礼行，嫁娶之制备。八卦成列，因而重之。吾于此知伏羲必重卦为六十四，或谓伏羲但作八卦不重卦，则所以制夫妇之礼，即用一父母所生之男女矣。伏羲必不尔也，故《传》云："有男女然后有夫妇。"不赞于乾坤，而赞于咸恒。明伏羲之定人道、制嫁娶，在相错，为六十四也。孔子于《序卦》明男女之有夫妇，而于伏羲作八卦，统其辞云："通神明之德，类万物之情，六爻发挥，旁通情也。""旁通情"即所以"类万物之情"，可知卦之旁通，自伏羲已然，非旁通无以示人道之有定，而夫妇之有别也。

情性之大莫若男女。人之性，孰不欲男女之有别也。方人道未定，不能自觉，圣人以先觉觉之，故不烦言，而民已悟焉。民知母不知父，与禽兽同，伏羲作八卦而民悟，禽兽仍不悟也，此人性之善，所以异乎禽兽，所谓神明之德也。

民之性，在饮食男女。制嫁娶，使民各有其偶也。教渔佃，使民自食其力也。圣人治天下，不过男女饮食，为之制嫁娶、教渔佃矣。人伦正，而王道行，所以参天地，而赞化育者，固无他高妙也。神农、黄帝、尧、舜踵此而充扩大，文王、周公、孔子述此而阐明之。彼先天心法之精微，岂伏羲之教哉！

原名

六十四卦之名，非据见在之画，而名之也。雷风何以恒？风雷何以益？山上有水，何取乎蹇？山上有火，何取乎旅？《传》云："不易乎世，不成乎名。"然则名之成，成于易也。易乎世则有始是为开。开而当名，名当则荣，名不当则辱。非所困而困焉，名必辱，谓不当也。乾上之坤三，轻而不当者也。与履通则开而当名为谦，谦以通履而得名，不通履不可名谦也。

恒四之初浚而不当者也。与否通则开而当名为泰，泰以通否，而得名，不通否不可名泰也。贲变通于困，贲五之困二，则开而不名为困矣。惟困二，不之贲五，而贲上之困三，成大过，大过又不变，通于颐，而四上之初，此困之所以名困而名辱矣。

困之名以其不能须待，倘能须待，而通于晋，则不困穷而名即为需。需、明夷相错，为泰、既济，需、晋相错，为大有、比，故需二之晋五，为大有二之五之比例，其名则荣。否不俟泰二之五，而成既济，即比不俟大有二之五而成既济，《比》之“匪人”即为《否》之“匪人”，此否之所以名否，其名则辱。夫否即需二之晋五者也。何以名晋者改而名否？以其不能开而当也。泰即睽上之三而又四之蹇初者也。何以不名，睽而转名为泰？以其能开而当也。物相杂为文，文不当，故吉凶生。当则吉，不当则凶，而皆本于相杂。杂而当，则名大有、同人、丰、豫、颐、泰、中孚诸名，而为荣，杂而不当，则名大过、小过、明夷、困、否诸名而为蜃，故云“其称名也，杂而不越”。杂以其既动也，不越不以当，而辱不以不当而荣也。又云：“其称名也小，其取类也大。”称名小，谓不能开而当，名者小犹辱也。取类谓旁通也。

明夷、小过以不当，而小其名，明夷取类于讼，则得大首。小过取类于中孚，则宜下大吉。其名虽辱，一能变通则小化为大，凶变为吉，名亦且转蜃而为荣矣。执见在之画以核其名，则刚不行，何以为乾健，而纯柔者，乌知其为坤顺哉！

原序

《易》重旁通，乃卦之序，不以旁通，而以反对，用反对者，正所以用旁通也。无反对，即用旁通为序，见反对有穷，而旁通不穷也。伏羲通神明之德，类万物之情。万物之情，非生而即类者也。神明之德非生，而即通者也。自然而定位者，天地也。自然而变通者，寒暑日月也。生而知之者，圣人也。

其贤人以下则必待于教。反对者，自然者也。一阴一阳之谓道，反对之卦不能一阴一阳，即不能合于道，故必旁通，以为道焉。如震反为艮，男仍是男。巽到为兑，女仍是女。男女长幼皆父母一气所生，生而相聚，故列以为序。夫妇必由嫁娶，不容任其自然，故不能旁通序也。卦之有旁通如人之有夫妇也。序以反对，而辞则指其“所之”。所之者，旁通也。且《易》之为书也，参伍错综，引申触类，其辞每以比例互明，反对于旁通，亦双例互明者也。屯旁通鼎，革旁通蒙，屯犹革也。鼎犹蒙也，故屯、蒙与鼎、革与为比例。

丰旁通涣，节旁通旅。丰犹节也，旅犹涣也，故丰、旅与节、涣互为比例。反对旁通，四卦交互，如九数之杂乘。《序卦》一传，全明乎变通，往来之义。而《杂卦传》前用反对，自大过以下顿破之，而明之以“君子道长，小人道消”，所以示反对之序，必散而旁通以事消长之道也。

不特此也。离四之坎初，成节、贲，犹离上之坎三，成丰、井，贲旁通困，丰旁通涣。《经》于《困·初六》称“三岁不觌”，明贲上之困三。于《丰·上六》称“三岁不觌”，明涣初之丰四，丰可例贲，则例节可知矣。困可例涣则例噬嗑可知矣。屯旁通鼎犹蹇旁通睽。《经》于《屯·六二》言“匪冠昏媾”，明屯通鼎，而鼎成泰。

于《睽·上九》言“匪冠昏媾”，明蹇通睽，而睽而泰。屯可例蹇，则例革可知矣。睽可例鼎，则例解可知矣。小畜二之豫五，而后上之豫三，为中孚二之小过五，而后中孚上之三之比例。《经》于《小畜·彖》称“密云不雨，自我西郊”，为中孚成既济之例。于《小过·六五》称“密云不雨，自我西郊”，为豫成咸之例。小畜可例中孚则例谦可知矣。豫可例小过，则例履可知矣。小畜上之豫三，即小过也。履四之谦初，即中孚也。凡此《经》文，互相比例，明白显然，于是《传》之赞《经》，亦每以互明之。

家人旁通解犹革旁通蒙。《传》于《家人·六二》云：“顺以巽也。”于《蒙·六五》云：“巽以顺也。”一以家人例革，则例蹇，可知矣。一以蒙例解，则例鼎可知矣。井旁通噬嗑，犹谦旁通履。

《传》于《井·上六》云：“元吉在上”于《履·上九》

亦云："元吉在上。"一以井例谦则例贲可知矣。一以履例噬嗑，则例豫可知矣。然则以反对为序者，示人以比例之端也。若序卦如是，辞之义即如是，则《易》之为书，亦何刻板而不灵，且有何难知而韦编三绝哉！至于屯、蒙、需讼之相次，则孔子特为序卦作《传》。卦丽于名，缘名以立义，《传》已详言之。后人惟当体《传》之义，不宜更益一辞，自宋人有三十六宫之说，于是谓上经，反对十八卦，下经反对十八卦而元人萧汉中，明人来集之，别为卦序，其用心非不苦。然而《序卦》之指不如是也。

原彖象

孔子《十翼》，于卦辞称《彖传》，于爻辞称《象传》。然则文王之卦辞，谓之"彖"，周公之爻辞，谓之"象"。《系辞传》言"彖"者四：一云："彖者，言乎象者也。爻者，言乎变者也。"一云："《易》者，象也，象也者，像也。彖者，材也。爻象以情言"一云："知者观其彖辞，则思过半矣。"既以象、彖、爻为三，又以象属彖，而别乎爻，又以爻合象，而别乎卦。其论象也，云："圣人设卦观象，系辞焉，以明吉凶，刚柔相推而生变化。"则以象属卦，而别乎辞。云："君子居，则观其象而玩其辞，动则观其变而玩其占。"则以象属辞而别于变。云：圣人有以见，天下之赜，而拟诸其形容，象其物宜，是故谓之象。圣人有以见天下之动，而观其会通，以行其典礼。"

系辞焉，以断其吉凶，是故谓之爻。则系辞以明吉凶者，谓爻也。云："爻也者，效此者也。象也者，像此者也。爻象动乎内，吉凶见乎外，功业见乎变。圣人之情见乎辞。"则吉凶之见，又爻、象所共也。既云八卦以象告，爻象以情言；又云"立象以尽意，设卦以尽情伪"。既云"八卦成列，象在其中。刚柔相推，变在其中"；又云"观变于阴阳而立卦，发挥于刚柔而生爻"。凡此者参差错综，说之殊不易了。思之既久，乃知其为互言也。合六爻而为卦，分一卦而为爻，文王虽总一卦象以系辞而其辞不外乎爻。周公虽分六爻，以系辞，而其辞，实本乎卦。

其名“彖”者，何义也？彖之言挩也，读如遁。文王为知进而不知退者戒也，示其义曰彖，遁辞则退也，示天下后世以安不忘危，存不忘亡，治不忘乱。

孔子于《乾》赞之云：“遁世，无闷。”于《大过》又赞之云：“遁世无闷。”亢而能遁，则悔亡，过而能遁，则无咎。乾旁通于坤，而成屯，屯、遁而通于鼎，“君子几不如舍”，故以鼎二之五之卦，名之为遁。惟遁乃易乃元、亨、利、贞。举一遁，而全《易》之义括焉矣，此彖之所以为彖也。然而文王之意为不知退者言也。退于此，必进于彼，非徒退而已也。周公述文王之意，分系其辞，于爻而名之曰象。孔子赞之，一则云：“象也者，像此者也。”再则云：“《易》者，象也。象也者，像也。”像之言似也，似者，继续也。阳退而孚于阴，遁也，彖之谓也。阴进而化为阳，续也。象之谓也。孔子以屯为见，以鼎为象，而云见乃谓之象，明以屯通于鼎为象矣。

盖乾成家人，坤成屯，屯往家人上为亢龙，盈不可久，所谓知进而不知退。圣人知进知退则舍家人而通于鼎，在屯为退，在鼎为进，鼎进而以遁名，而《传》则赞云：“鼎，象也。”如是为似续之不已，即如是为遁退之不亢。孔子又赞于《剥》云：“观，象也。”剥成观，犹蒙成观，革去故，即退也。革退而蒙进成观，犹屯退而鼎进成遁。孔子于《彖传》特指鼎、观两卦为象，又以两像字训之。象之取义于似续，所谓与天地相似也。男下女，贵下贱，则遁于是上下，交而事成，夫妇和而有子，则象矣。

《象》辞所以发明《彖》辞，故知者观《彖》辞，即思过半言，不待观《象》辞即明也。故象言变，本于彖之言变也。象言情，先乎彖之言情也。彖有吉凶，象亦有吉凶。爻之变化，即卦之变化。王弼谓《彖》者统论一卦之体。《象》者各辨一爻之义，岂知《彖》、《象》者哉！孔子以像赞《象》，又以材赞《彖》云：“彖者，材也。”何为材？材即才也。《易》之为书也，广大悉备，有天道焉，有人道焉，有地道焉。兼三才而两之，故六。六者，非它也，三才之道也。“立天之道曰阴与阳，立地之道曰柔与刚，立人之道曰仁与义。

分阴分阳，迭用柔刚。”迭用者，阴退而反其道为阴，阴进而复其道为阳，即所云“化而裁之，谓之变”也，即所云“财成天地之道”也。裁、财、材，其义一也。材取其用，“用九”，“用六”以知大始，而成变化，如是而为《彖》，亦如是，而为《象》，即如是而为《易》。故云：“易者，象也。彖者，言乎象者也。”彖、象一而二，二而一者也。说者或以天地、风雷、山泽、水火为象，失之矣。

原辞上

伏羲设卦，辞自文王始系之。孔子作《系辞传》云：“圣人设卦观象，系辞焉，以明吉凶。”伏羲设卦，以观变通之象，观象者，即观其当位、失道之吉凶也。

文王之辞，即明所观之象之吉凶也。故申之云：“刚柔相推而生变化。”观象者，观此也。明吉凶者，明此也。故云：“辞也者，各指其所之。”所之者何？即刚柔之相推者也。刚柔者，爻也，就其反对而序之，无以见其变化也。推而使有所之，乃生变化，生变化乃辨吉凶。所之者，初之四，二之五，上之三也。六十四卦之序，不动，而有所之乃动。伏羲设卦现象，全在旁通变化，所谓“天地变化，圣人效之”。当时旁通行动之法，必口授指示，而所以通德类情者，乃人人易知。历千百年，而口授指示者不传，但存卦之序。当日所推而有所之者，不可见，文王虑学者，仅见其以反对为序，而不知其以旁通者为所之之变化也。而指之以辞，告之以辞，故既云“各指其所之。”又云：“系辞焉，所以告也。”夫文王之所指，即伏羲之所指。文王之所告，即伏羲之所告。伏羲以手指之，文以辞指之。

伏羲又口告之，文王以辞告之。“君子所居而安者，《易》之序也”，明序以言乎其未有所之也。“所乐而玩者，爻之辞也”，明辞以言乎其有所之也。《说卦传》云：“发挥于刚柔而生爻。”《文言传》云：“六爻发挥，旁通情也。”而圣人之情即见乎辞，譬之，说句股割圆者，绘方圆弧角之形，此伏羲所设之卦也。为天元、为幂，则卦之爻也。使不标以正负之目，明以甲乙丙丁之名，则其比例和较之用不可得而知，此六爻发挥之所之，必赖文王系辞，以明之《细草》。《细草》所以明天元之法，象辞、爻辞所以明卦之变通，可相观而喻也夫！

原辞下

夫学《易》者，亦求通其辞，而已矣。横求之，而通，纵求之而通，参伍错综之，而无不通，则圣人系辞之本意得矣。如《比·初六》“有孚，比之无咎，有孚盈缶，终来有他吉”十五字，何以一气贯注？须字字承接讲明，此纵之能通也。

上顾《象》辞，下合诸爻之辞，皆一贯，此横之能通也。“有孚”便与全《经》诸“有孚”，一气相贯，“盈”字便与全《经》“盈”字一气相贯，“缶”字便与全《经》“缶”字，一气相贯，“终”字、“来”字、“有他”字便与全《经》“终”字、“来”字、“有他”字一气相贯，此参伍错综之无不通也。汉魏以来，说《易》诸家，最详善者，莫如仲翔虞氏，非不镂心刻骨，求合圣《经》，乃求之于辞，鲜能画一。如《小畜》称“密云不雨，自我西郊”，《小过·六五》亦称“密云不雨，自我西郊”，此不容不贯之显然者也。

虞氏解《小过》云：“密，小也。晋、坎在天为云，坠地成雨，上来之三，折坎入兑。小为密，坤为自我，兑为西，五动乾，为郊，故‘密云不雨，自我西郊’。”解《小畜》云：“密，小也。兑为密，需、坎升天为去，坠地为雨，上变为阳，坎象半见，故‘密云不雨，上往也’。豫、坤为‘自我’，兑为‘西’，乾为‘郊’，雨生于西，故自我西郊。九二未变，故施未行矣。”依翻之说，晋下坤，为自我，晋四互坎为云，上之三，成小过，则坎云变为互兑，故云密云。坎在上为云，在下为雨，上谓五，下谓三小过五变成咸，三五皆无坎云，既密亦不雨矣。咸互乾为郊，是晋下坤变为互兑，又变为互乾，故自我西郊，此于辞非不达也。乃通之小畜，则不可通，何也?

晋变小过，需变小畜，同为“密云不雨”固矣。然晋下有坤，为自我，由坤变兑、变乾，为自我西郊，而需无坤，“自我”二字，遂无著，不得不以豫、坤言之。乃坤在豫，而小畜、需本有乾、兑，非由豫、坤所变，其需之变小畜，何有于自我西郊?此达于小过，必不达于小畜也，又如《蛊·象》“先甲三日，后甲三日”，《巽·九五》“先庚三日，后庚三日”，亦不容不贯之显然者也。虞氏以“纳甲”说之解《蛊·象》云:“初变成乾，乾为甲，至二成离，离为日，谓乾三爻在前，故先甲三日贲时也。变三至四体离，至五成乾，乾三爻在后，故‘后甲三日’。”

解《巽·九五》云:“震，庚也。变初至二成离，至三成震。震主庚，离为日，震三爻在前，故先庚三日谓益时也。动四至五。成离，终上成震，震爻在后，故‘后庚三日’也。”依翻之说，巽初与二同，变成离为三日，三变成震，为先庚。四与五同变，又成离为三日，上变成震，为后庚。熊明来谓先指内卦，后指外卦似矣。乃蛊用初与二同。变不能得乾，不得不变其说，为初变成乾，为先甲，二变成离。为三日，三爻之变遂无所著，直谓三变，至四体离。

体离者，成噬嗑，上离也。与巽之初二，同变为离，三变为震，已自不合。且巽则先下卦成震，后上卦亦成震矣。乃蛊，则先下卦成乾，旋变为离，乃上卦成乾，下卦则已成震。或初二同变以就离，或初爻独变以就乾，就乾则乾先于离，就离则离先于震，就乾于初则离之变在二，就离于四，则乾之变在五。此不特“先甲”“后甲”不能达于“先庚”“后庚”，并“先甲三日”且不能达于“后甲三日”也。

余求之十余年，既参伍错综，以求其通，而撰《通释》，又纵之横之以求其通而撰《章句》，非敢谓前人之说皆不合，而余之说独合，第以求通圣人之《经》宜如是。愿核吾说者，即以是核之也。

原翼

孔子晚而好《易》，读之韦编三绝，而为之《传》，名之曰《十翼》，亦谓之赞《易》。说者谓孔子之《易》非文王之《易》，文王之《易》，非伏羲之《易》，近世儒者多知其说之非，而欲于孔子《十翼》为《彖》辞、爻辞之义，而不俟他求。然文王之《彖》辞，即伏羲六十四卦之注，而非如学究之所为注也。

周公之爻辞、即文王《彖》辞之笺。孔子之《十翼》，即《彖》辞、爻辞之义疏，而非如经生之所为义疏也。何也？学究之注，经生之义疏，就一章一句，枝枝节节，以为之解，而周公、孔子之笺、疏，则参伍错综，触类引申，以学究、经生之笺、疏，视之孔子之《十翼》，仍不可得而明，文王周公之辞，仍不可得而通。

试言其略：《屯·六三》“君子，几不如舍”，谓坤成屯，乾成家人，则屯三不宜之家人上，当舍而旁通于鼎，《传》则于《乾·九三》赞云：“知至至之，可与几也。”明屯三之“几”，谓坤三乾上也。

《乾·九三》言“终日乾乾”，因于《豫·六二》“不终日”赞云：“君子见几而作，不俟终日。”明豫成咸，四不之初，宜舍而通损，即乾成革。四不可之蹇初，宜舍而旁通于蒙，革通蒙，即咸通损之比例，《经》止于屯，明坤三乾上之知几，《传》则于豫明乾四坤初之知几，《经》以“不终日”与“终日乾乾”互明之意，昭然可见矣。

《归妹·九四》“迟归，有时”，《传》云：“有待而行也。”迟之义为待，故以待赞迟，谓渐上之归妹三，归妹成大壮，渐成蹇。蹇初不可之大壮四，宜旁通于睽，故待之乃为时行。

于是《蹇·初六》赞之云：“宜待也。”一“待”字，如蛛丝马迹，脉络贯通，不然“宜待”二字于“往蹇来誉”果何谓也。《坎·彖》称“行有尚”，谓坎二，先之离五，则初行之离四，坎不致成节，三行之离上，离不致成丰。《节·九五》、《丰·初九》皆言“往有尚”，此爻辞，赞《彖》辞也。《传》之赞《坎》云：“往有尚，往有功也。”以往赞行，明《坎·彖》之“行有尚”，即《节·九五》、《丰·初九》之“往有尚。”乃一则于《小畜·彖》赞之云：“密云不雨，尚往也。”丰通涣成既济、益，犹大壮通观成既济、益，既犹坎成屯，离成家人。以大壮之尚往赞丰之往有尚，则知坎二之离五，而坎初之行为有尚也。节通旅成既济、咸，犹小畜通豫成既济、咸，即犹坎成蹇，离成革，以小畜之尚，往赞节之往有尚，则知坎二之离五而坎三之行为有尚也。“尚往”二字，似极平泛无深意，集而观之，其所以赞《经》者简妙如此。《离·上九·传》“王用出征，以正邦也。”骤观之，不知其所谓，及求之《蹇》，《象传》亦云：“当位贞吉，以正邦也。”当位谓睽二先之五，而后以蹇初之睽四，则蹇成既济而贞睽成益不成两既济故吉，乃知离之“王用出征有嘉折首”“谓成革，离成革，则坎成蹇，蹇通睽，即当位贞吉也。”又求之《渐》，《彖传》云：“进以正，可以正邦也。”则亦知渐成蹇，而通于睽，渐之所以进，谓睽二之五矣。

《解·六三·传》：“负且乘，亦可丑也。”骤观之，不知其所谓。及求之《大过·九五·传》亦云：“老妇士夫亦可丑也。”又求之《解·六二·传》：“窥观女贞，亦可丑也。”大过、颐相错为随、蛊，大过二之颐五，为蛊成渐之比例，亦归妹成随之比例，大过通颐为可丑，则归妹通渐亦可丑。惟归妹二不之五而成泰，则渐成既济。为离群丑，离群丑则不可丑，大过之亦可丑，与渐之离群丑，互相发矣。而归妹未成泰，在“夫征不复”，则归妹成大壮，渐成蹇，在“妇孕不育”，则归妹成临，渐成家人。惟家人通解，则离群丑者亦可丑，故于《解》赞之云：“亦可丑也。”惟大壮通观，则离群丑者，亦可丑，故于《观》赞之云：“亦可丑也。”而解之亦可丑，则赞于负且乘，负且乘解成泰也。解成泰犹归妹成泰。泰通否，则亦可丑。于《解》赞之则不独明归妹成临、渐成家人之“可丑”，并明渐成既济、归妹成泰之亦“可丑”矣。

《渐·九五·传》：“终莫之胜吉，得所愿也。”骤观之，不知其所谓，及求之《涣·九二·传》，云："涣奔其机，得愿也。"奔即贲，谓涣成蹇，丰成革。革通于蒙，蒙、革相错为贲，故贲其机。乃知渐上之归妹三成蹇，归妹成大壮，则莫之胜。惟大壮成革，以通于蒙，则"三岁不孕，而终吉"。以"得愿"以得所愿，为之枢纽，则丰成革，而通蒙，与归妹成革，而通蒙，可得明矣。《夬·九三》："君子夬夬，终无咎也。"骤观之不知其所谓，及求之《蛊·九三·传》亦云："干父之蛊，终无咎也。"干父之蛊，谓随四之蛊初成大畜，下乾为父。

大畜变通于萃，则大畜二之五，而上之萃三，大畜成既济而终，萃成咸，得无咎，大畜、萃之相错，即为夬、剥，《传》用"终无咎"三字，既明夬之孚于剥同于大畜孚于萃，而夬四之剥初，剥成颐，夬成需，颐、需相错。正是屯、大畜，即为随四之蛊初之比例，故云"若濡有愠无咎"知濡即需谓夬成需也。夬成需犹蛊成大畜也。凡此散视之极平极泛，而所以赞《经》者，极神极妙者也。盖《经》以辞之同者之识，《传》亦以辞之同者赞之。《彖》、《象》之辞含而未明，则补其所未言，以申其所已言。譬如已有左翼而增以右翼，或章此翼以见彼翼，或反彼翼以见此翼，赞之以《彖传》、《象传》，犹恐其未明，又赞之以《系辞传》、《说卦传》、《文言》、《序卦》、《杂卦》诸《传》。乾为冰，赞"坚冰"也。

坤为腹，赞"左腹"也。震为元黄，赞"其血元黄"也。巽为白，赞"白贲无咎"也。坎为沟渎，赞"再三渎"也。离为龟，赞"十月之龟"也。艮为拘，赞"拘系之"也。兑为毁折，赞"折首""折足"也。臭受于鼻，果蓏生于园，竹以为书契，萑苇以包鱼，文不必为《经》所有，而无非赞《经》。"罔罟"即"括囊"之变，"杵臼"即"好爵"之靡，"棺椁"本于"栋桡"，"书契"由于"纳约"。于观"求"而知蒙之"求我"，于屯"见"而知姤之"见凶"，于噬嗑"食"而知井之"不食"，于咸"速"而知需之"不速"，于睽"外"知"外比之"指蹇通于睽，于升"不来"知"来誉"、"来连"、"来反"、"来硕"指升进为蹇。

谦"轻"即剥之"蔑"，豫"怠"即困之"徐"，困"相遇”比例于同人，则困而“反”，则大师“相遇”而旅外“颠颐”。“取灾”“众允”，无不宛转屈曲，以一字赞明。《经》称“虎变”、“虎视”、“虎尾”，而赞之以“风从虎”。《经》称“盈缶”、“坎不盈”，而赞之以“屯者盈也”。譬如《象》举一隅，《象》则增以一隅，《传》则又增以一隅，举一以反三，或犹以为难。有三率以知一率，则庶乎《易》。

悉此孔子，赞《易》之功，所以广大，而通神也。惟其参伍错综，触类引申，不似学究、经生枝枝节节以为之解，而学者以学究、经生之笺、疏例之，所以为赞、为翼者不可见，而《象》、《象》之本意亦不明，遂觉孔子之《传》无当于文王、周公之辞。夫孔子之《传》，所谓翼也，赞也。文在于此而意通乎彼，如人身之络与经联贯，互相纠结，针一穴而府藏皆灵，执一章一句，以求其事宜乎！三隅虽举，仍不能以一隅反也。明乎其所为翼，所为赞，则以《象》、《象》、《序》、《杂》诸《传》分割各系《经》句下者，非也。疑《说卦》、《杂卦》两《传》非孔子作者，非也。

观《传》可以知《经》，亦观《经》乃可知《传》。不知《经》与《传》互相参补，舍《经》文而但释《传》者，亦非也。

原筮

夫以圣人作《易》，而仅以供人之筮，吾疑焉。及观《春秋传》诸筮法，又与圣人作《易》，迥乎不同，吾益疑焉。《春官》：“筮人掌三《易》，以辨九筮之名。一曰巫更，二曰巫咸，三曰巫式，四曰巫目，五曰巫易，六曰巫比，七曰巫祠，八曰巫参，九曰巫环。”郑氏注谓“九巫”读皆当作“筮”，其说更、咸等义，傅会未合。

余既悟得变通之指，乃知圣人作《易》之义如是。九筮占《易》之法亦如是。夫《易》者，圣人教人改过之书也。更者，改也。极孤危凶困，一经改过，遂化为而无咎，故首曰更。

已有过宜更，人有过宜感，以我感乎乎人，使之亦无过。

所谓“寂然不动，感而遂通”。咸者，感也。故次曰咸。式者，法也。谓先二五，以为之应也。何以更？何以感？则必以二五交易之，故曰易。二五交易，可为式法矣。而初四从之则为比，比即辅相之也。故易之次为比。初四比之，而三上又从之，则终止穷矣。必使终则有始，乃为续终，故谓之祠。祠者，犹继嗣也。谓不成两既济也。参，犹骖也。两旁曰骖，谓旁通也。环犹周也。谓“反复其道，周回不已”也。此九者，作《易》之指也，而即筮《易》之法也。然则筮《易》之法与圣人作《易》之指，一以贯之矣。圣人作《易》，非为卜筮而设也。故《易》有圣人之道四，卜筮仅居其一而已。“君子居则观其象而玩其辞，动则观其变而玩其占”，所谓“以言者，尚其辞，以动者，尚其变”，不必卜筮，而自合乎《易》之道。惟是“百姓 日用而不知”，未可以道喻也。而人谋鬼谋，百姓与能。其所欲者吉与利，其所忌者凶与灾。欲与忌，交錮于胸而不能无疑。

圣人神道设教，即以所作之《易》用为卜筮。因其疑而开之，即其欲而导之，缘其忌，以震惊之，以趋吉避凶之心，化而为迁善改过之心，此圣人卜筮之用，所以为神而化也。君子言尚辞，动尚变，不必假诸卜筮。百姓言尚辞，动尚变，则假诸含义筮，故尚辞、尚变而又尚占也。《传》云：“探赜索隐，钩深致远。以定天下之吉凶，成天下之亹亹者，莫大乎蓍龟。”又云：“鼓之舞之，以尽神。”又云：“极天下之赜者，存乎卦，鼓天下之动者存乎辞，化而裁之存乎变，推而行之，存乎通，神而明之存乎其人，默而成之，不言而信，存乎德行。”又云：“因贰以济民行，以明失得之报。”贰即疑也，因民之疑，而使之迁善改过，以从于德行，所以默而成之，不言而信。亹亹，勉也。民不能自喻于善，因其疑，而转移于吉凶之际，乃勉强以自改过，则所以鼓之舞之者，在此卜筮也，即在此《易》也。天下之赜、天下之动，谓百姓也。假卜筮之事，而《易》之教行乎百姓矣。《易》之教行乎百姓，而吉凶乃与同患。

《传》云：“是以明于天之道，而察于民之故。是兴神物以前民用。圣人以此齐戒，以神明其德夫。”察于民之故，知民疑于吉凶也。知民疑于吉凶，而以神道设教。其道神，其物亦神，故称蓍策为神物，神明其德，所谓济民行也。君子自明其德，百姓不能自明其德，而神道设教，以明其德，所为神而明之也。夫云德、云行、云亹亹，而筮以济之，则《易》之用于筮者，假筮以行《易》，非作《易》以为筮也。“《易》为君子谋”，用《易》于卜筮，则为小人谋。此筮之道，即《易》之道也，而宁有二哉？善乎！顾氏亭林之言曰：“卜筮者，先王所以教人去利怀仁义也。是以严君平之卜筮也，与人子言依于孝，与人弟言依于顺，与人臣言依于忠，而高允亦有筮者，当依附爻象，劝以忠孝之论，君子将有为也，将有行以问焉而以言其受命也，如响告其为也，告其行也。死生有命，富贵在天，若是则无可为也，无可行也，不当问亦不必告也。《易》以前民用也，非以为人前知也，求前知非圣人之道也。”顾氏之说，得乎“因贰以济民行”之指矣。然则古之筮者，必深明乎九筮之义，而所谓“化而裁之，变而通之”，皆筮法，即皆鼓舞神明之用。民之求筮者，不必通乎《易》，而非通乎《易》则不可应人之筮。盖圣人之教人也，不愤、不启、不悱、不发。求筮者，心怦怦于吉凶成败之际，则愤悱所不可已，迎其机而导之人之。

《易》，易也。至春秋时，九筮之法，筮者不知而别为筮法，则不特失“因贰以济民行”之本意，而谬悠虚妄，私造繇辞以为占法。陈敬仲之生，则谓其“昌于异国”。泰伯之战，则以为“必获晋君”。晋伯姬之嫁，即知其“败于宗邱”，而“死于高梁之墟”。楚子救郑，知“南国蹴射其元王中厥目”。穆子之生，即知“谗人之名曰牛”。惟子服惠伯论坤之比，谓忠信之事，则可又云《易》，不可占险，此古占法之犹存一线，异乎诸术士之谈，而当时傅会牵合，汩设圣《经》，孔子所以韦编三绝，以明其书非徒卜筮之书，而寡过之书也。古之卜筮，所以教人寡过也。而春秋时之占法，固已大谬乎圣人。彼辛廖卜、楚邱卜、徒父、史苏之徒，与后世京房、管辂、《火珠林》、飞伏、纳甲之法相同，岂知圣人作《易》之教者乎！

第七章 论《连山》《归藏》等第七

论《连山》《归藏》

说《易》者，必言《河图》、《洛书》、《连山》、《归藏》。《河图》、《洛书》经前儒驳正，无复遗说。惟《连山》、《归藏》，言人人殊，大率多以《连山》为伏羲，而夏因之，《归藏》为黄帝，而殷因之。又谓《连山》以艮为首，《归藏》以坤为首。

妇不可以先夫，则坤不可为首也；子不可以先父，则艮不可为首也。伏羲作八卦，重六十四卦，其首皆以乾坤，故曰乾坤定矣，何得又首艮？神农、黄旁继伏羲以治天下，尊卑长幼，何容变紊？其序首艮、首坤之说，殊足疑焉。以余推之，《连山》者，当如于令升之说，即帝出乎震，齐乎巽，相见乎离，致役乎坤。说言乎兑，战乎乾，劳乎坎，成言乎艮是也。艮位东北，坤位西南，《彖》辞及之四时首春，春始于寅，当东北艮位，艮成终亦成始，故曰《连山》。首艮，非六十四卦之序，以艮为首也。

《归藏》当如近世徐敬可之说，即子复、丑临、寅泰、卯大壮、辰夬、巳乾、午姤、未遁、申否、酉观、戌剥、亥坤为十二辟卦是也。始于子而实受气于亥，坤初生为复，至二为临，至三为泰，至四为大壮，至五为夬，至上为乾。乾初生为姤，至二为遁，至三为否，至四为观，至五为剥，至上仍为坤，故曰《归藏》。

首坤由坤而乾，故又曰坤乾，非六十四卦之序，以坤为首也。伏羲通神明之德，类万物之情，以乾坤为首，而序六十四卦，无可移者也。取八卦以属八方，即以属四时，又取十二卦以属十二月，以为消息，于重卦、序卦之外别一取义。以始艮终艮，而目之为《连山》，以始坤终坤而目之为《归藏》，与五运六气之说相为表里，后世谶纬、术数之家多本之。余尝思其义，伏羲之卦，明人道者也。《连山》、《归藏》明术数者也。郑康成云："殷阴阳之书，存者有《归藏》。"谓之阴阳之书，则阴阳五行家言也。

大幽、堪舆之属，托诸神农、黄帝，《连山》、《归藏》盖即其类。其始本不与设卦观象之意相混淆，而自为用，夏，殷以来，术士之说行，而伏羲之卦象渐失其本。殷人尚鬼，盖更有甚者，其季世之人第知六十四卦为占验灾祥之用，而不知其为天道人伦之学，故文王专取伏羲之卦而系以辞，指之曰"元、亨、利、贞"，曰"吉、凶、悔、吝、厉、无咎"，而阴阳术数之丛杂，一概屏之。周公制官以《连山》、《归藏》存诸太卜，示卜筮之占可参用之而已。

孔子赞《易》，直本伏羲，以及神农、黄帝、尧、舜，而夏、商绝不言之，且曰："殷之末世，周之盛德。"然则《连山》、《归藏》传于夏、殷，原非禹、汤之制作，盖其时伏羲之教，明而未晦，虽有《连山》、《归藏》而自别行，故禹、汤无容阐明之。殷季《易》道晦，而术数之说惑人，故文王屏《连山》、《归藏》而系辞，犹孔子屏辛廖卜、楚邱卜、徒父、史苏等之说而作《十翼》。伏羲之卦，晦于殷季，而文王阐明之。文王之《易》晦于春秋，而孔子赞翼之。圣道明，邪说黜，故《易》直为羲、文、周、孔四圣人之书也。

《连山》、《归藏》，何得而并之？或曰何为邪说？曰季平子逐君，史墨对赵简子称，君臣无常位，而引大壮雷乘乾为天之道，意以震指臣，乾指君，为臣可乘君之证，当时假《经》义以文其邪说如此。孔子修《春秋》，书公在乾侯以明正季氏之罪，赞《易》以定上下为万世君臣之法。

孟子于殷末及春秋，均云邪说暴行有作，则文王与孔子所以黜邪说同，故凡《左传》诸说《易》，皆不得漫引以为《易》义，而《连山》、《归藏》可知矣，然则周公存之太卜者，何也？曰以《易》教论则术数在所屏，以术数论则《连山》、《归藏》，实为阴阳五行之正宗。执方位十二辟卦以说

《易》，《易》之外道也。舍方位十二辟卦，以为术数，又术数之外道也。

论卦变上

卦变之说，本于荀虞。其说皆不能画一，荀爽谓屯本坎卦，初六升二九，二降初。蒙本艮卦，二进居三。三降居二，则本六子矣。谦，乾来之坤则谓乾上之坤三。解，乾动之坤，谓乾、坤交通，动而成解，则本于乾坤矣。讼阳来居二，则本遁。旅阴升居五，则本否。晋阴进居五，则本观。损，乾之三居上，则本泰。是又本十二辟矣。乃《萃》则云："此本否卦，上九阳爻，见灭迁移。"是则用《易林》之法，所谓否之萃矣。随为震之归魂。蛊者，巽也。解者，震世也。是又用京房世应之说也。荀氏书，残缺不完，虞氏备矣。以十辟为主，以明夷、解、升、震四卦自临来，晋、蹇、萃、艮四卦自观来，讼、无妄、家人、革、巽五卦自遁来，需、大畜、睽、鼎、兑五卦，自大壮来，蛊、贲、恒、损、井、归妹、丰、节、既济，九卦自泰来，随、噬嗑、咸、益、困、渐、旅、涣、未济九卦，自否来。三阴三阳，既本诸泰、否。二阴四阳、四阴二阳，既本诸临、观、大壮、遁，则一阴五阳、五阴一阳，亦宜本诸复、姤、剥、夬矣。乃谦则乾上九来之坤，与荀氏同，所谓自乾坤来，无复、姤、夬、剥之例矣。豫则复初之四。比则师二之五，说者以为从"两象易"之例。非乾往来，而履则变讼，初为兑、小畜，则需上变为巽，此亦荀氏萃本否卦之说，于卦变中，别一义矣。

二阳之卦自临来者，宜为明夷、解、升、震四卦，自观来者，宜为晋、蹇、萃、艮四卦，其屯、蒙、颐、坎四卦可自观来，亦可自临来，莫知所指。乃以屯为坎二之初，蒙为艮三之二，用荀说也。

坎则云乾，二五之坤，与离旁通于爻，观二之上，是既本乾坤，又本十辟。而颐则晋四之初，晋则非乾坤，非六子，非十辟矣。又何说乎？自遁来者宜为讼、无妄、家人、巽四卦，自大壮来者，宜为需、大畜、睽、兑四卦，其鼎、革、大过、离四卦，可自遁来，亦可自大壮来。以屯、蒙、颐、坎例之，则蒙自艮来。革宜自兑来，屯自坎来，鼎宜自离来，而革则云遁辟上之初，与蒙旁通，鼎则云大壮上之初，与屯旁通，又本于十辟。离为坤，二五之乾，与坎旁通于爻，遁辟初之五，与坎一例矣。

大过，则云大壮五之初，或兑三之初，例诸颐，为晋四之初者，又何所适从？且所谓之者，两爻相易也。如遁三之二为讼，大壮四之五，为需，四之五，亦五之四，三之二亦二之三，是也。至大畜则云大壮初之上，妄则云遁上之初，损则云泰初之上，益则云否上之初。依诸例，则大壮初之上鼎也，遁辟上之初革也，泰初之上蛊也，否上之初随也，此则以初爻加于上爻之上，上爻续于初爻之下，与两爻相易者迥别。

中孚、小过两卦，无所依附，则云中孚、讼四之初也。此当从四阳二阴之例，遁辟阴未及三，而大壮阳已至四，故从讼来。小过、晋上之三，当从四阴二阳临、观之例。临阳未至三，而观四已消也。所说殊艰涩不易解，究而推之，不过谓遁辟初之四，而二不能及三，大壮上或之三，而阳实在四。惟自讼来则遁二已及三，而初又之四，即为中孚。然则大壮，五先之四为需，需上又之三，成中孚，亦可也。临阳未至三，二未至三，成明夷也。观四已消五未之四成晋也，五先之四，则四不消，四不消而晋上之三为小过，则临二先至三成明夷，明夷初又之四成小过，亦可也。盖两阳爻齐之乃成小过，两阴爻齐之乃成中孚。无两爻齐之之理，而其例既穷，乃变其说，为讼四之初，晋上之三，晋上之三仍是观五先之四，观上次之三也。

讼四之初，仍是遁二先之三，遁初次之四也。仍是两爻齐之。虞氏自知其不可强通，姑晦其辞，貌为深曲，而究无奥义也。其于丰云“此卦三阴三阳之例，当从泰二之四，而丰三从噬嗑上来之，三折于坎狱，中而成丰”，于旅云“贲初之四，否三之五，非乾坤往来也”，与噬嗑之丰同义。说者又以此为“两象易”之例。然则卦之求也，自乾坤一也，自六子二也，自十辟三也。上下相加如损、益四也，上下刚柔，相变如小畜、履五也，“两象易”六也，两爻齐之如遁先生讼、生中孚七也，谓诸卦各有所自来乎？谓每卦，兼有所自来乎？

余于此求之最深最久。知其非《易》义所有，决其必无此说。夫乾坤索为六子，八卦错，为六十四，相摩相荡，而设卦之义已毕。其旁通，以各正性命，时行以“自强不息”，则爻之变化也。今谓卦之来由于爻之变，其谬一也。诸卦生于六子，而六子又生于诸卦，其谬二也。一阳之卦不生于剥、复，一阴之卦不生于姤、夬，与泰、否、临、观等例，参差不一，其谬三也。彭城蔡景君说谦、剥上来之三，蜀才谓师本剥卦，同人本夬卦，则一阳一阴与二阳二阴之例通矣。然一阳之卦有四，皆可兼自复、剥来。

一阴之卦有四，皆可兼自姤、夬来。与革、鼎、屯蒙、坎、离、颐、大过之于遁、大壮、临、观等。于彼于此，无所归附，其谬四也。至于晋、讼可生中孚、小过。噬嗑可生丰，贲可生旅，蔓衍无宗。不能自持其例，其谬五也。虞氏而后若蜀才、卢氏、姚信、侯果之流皆言卦变，宋李挺之、朱汉上复整天齐而更张之，皆不免支左而诎右。

王弼屏而去之，郑东谷、俞石涧力辨卦变之非，而东谷取错卦，石涧取反对，明人来鲜矣本石涧之书，而以反对为卦综，以旁通，为卦错，东谷谓，以乾坤为本，而取刚柔之变相错，然而八卦相错，自卦之相错也，而以为旁通，非其义矣。

论卦变下

说《易》者，必沾沾于“卦变”、“反对”者，何也？以《彖传》有“往来”、“上下”、“进退”之文也。荀、虞以来，大抵皆据以为说《传》文不可以强通，故不能画一耳。

余尝综而核之，晋、鼎、睽皆云，柔进而上行，谓观四进五成晋，遁二进五成鼎，晋、鼎二卦自十辟来似矣。而何解于睽？以十辟例之。睽宜为大壮，三之上之卦，大壮三之上，则刚进非柔进，求诸十辟，不可得。乃以为无妄二进而之五，夫无妄非十辟也。无妄二可进于五，则讼初亦可进于五。中孚四亦可进于五，皆上行得中，又何说辞乎？且《晋·传》云："柔进而上行。"即承之云："是以康侯用锡马蕃庶，昼日三接也。"然则"柔进而上行"五字，正解释"康侯锡马"之辞。彼视四之五，以正易为不正，遂足为"康侯用锡马蕃庶，昼日三接"之解乎？

《睽·传》云："柔进而上行，得中而应乎刚，是以小事吉。"然则此柔进，上行去云者，《解·彖辞》之"小事吉"也。《鼎·传》云："柔进而上行，得中而应乎刚，是以元亨。"则又《解·彖》辞之"元吉亨"也。顾睽五柔为丧马矣，为恶人矣，而可为小事吉乎？鼎五柔为覆悚，为形渥矣，而可为元吉乎？《传》称"刚来"者四：随"刚来而下柔"，谓否上之三。讼"刚来而得中"，谓遁三之二。涣"刚来而不穷"，谓否四之二，似矣。而无妄"刚自外来而为主于内"，独加"内外"二字。

若豫知后有谓遁三之初者，而早破之，其说穷，不得不改为上加于初矣。或谓三在下卦中爻之外，自三来居初，在中画之内而为卦主，上卦为外，下卦为内，常例也。以三为外，是内外混淆矣。三可为外，虞氏何必迁移其说以自紊乎？《讼·传》云："讼，有孚窒惕中吉，刚来而得中也"明以刚来得中，为解释《彖》辞之文，以为遁三之二，遁二三皆正，一经卦变，而皆不正，二五两刚不正，而可谓之吉乎？《涣·传》云："刚来而不穷，柔得位乎外。"而上同非变通，不可谓不穷，《传》以刚来为不穷，乃谓否四之二，二五两刚，与讼同不穷，安在柔得位乎外？谓否二之四矣。而所云上同者，何谓也？《传》称"刚上"者四，恒、蛊皆云"刚上"者四，恒、蛊皆云"刚上而柔下"，恒则谓泰初之四，蛊则谓泰初之上。大畜刚上而尚贤，无讼大壮四之上、无妄初之上，而五与上皆失正，何以称贤？所谓日新而大正者何在？至《贲·传》云："贲，亨，柔来而文刚，故亨。分刚上，而文柔，故小利有攸往。"明以二语分释《彖》辞。所谓"亨"，所谓"小利有攸往"，谓柔来，为泰上之二，何以得亨？已牵强难说。

若泰二之上，明是刚往，不是柔往。刚大柔小，常例也。乃以“刚上”为“小往”，不且阴阳谬戾乎？《传》所以释《经》，《经》云：“小利有攸”，《传》云“分刚上而文柔”，而《经》与《传》不且方凿而圆枘乎？恒刚上而柔下承之，云雷风相与，咸柔上而刚下承之，云二气感应以相与，岂否三之上遂为二气感应乎？又何以为男下女也。岂泰初之四，遂为雷风相与乎？又可以为久于其道也。

损下益上，其道上行。虞翻以为泰初之上固不可为道，或以为泰三之上，亦岂道乎？一阴一阳之谓道，初之上、三之上，为一阴一阳乎？《益·传》云：“损上益下，民说无疆，自上下下，其道大光。”道何以光？民何以说？岂否初之四之谓乎？兑，说也。否无兑，益亦无兑，上下往来，不可虚辞说，所谓说，所谓道，乃可以虚辞说乎？《噬嗑·传》云：“刚柔分，动而明，雷电合而章。柔得中而上行。”《节·传》云：“刚柔分，而刚得中。”以节为泰三之五，噬嗑为否之五似矣。乃噬嗑之柔得中而上行，承雷电合而章，则所谓上行者，言合而不言分，分之不可为合，犹大之不可为小也。顾上行既指合而不指分，则以否初之五为刚柔分者，即不得以上行为否初之五矣。

《谦·传》云：“地道卑，而上行。”为卦变之说者，乾上之坤三也，为反对之说者，豫下坤到于上也。坤居上，五失位，以三先五“为灾”、“为伤”、“为败”、“为冥”、“为晦”、“为迷”、“为死”，正所谓卑而逾矣。何亨之有？何吉之有？又何有终之有？“卑而上行”，犹云“柔以时升”。地之上行，可云剥三之上柔之升，不可云，临初之三。虞翻云：“柔谓五坤也。升谓二坤邑无君，二当升五。”虞氏此说最精、最明，可推诸所称“柔进而上行”者，所谓时行也。说者不识“时”字，而以柔之升为自解三之四，洵锻头以便冠矣。彼持反对之说者，谓萃下坤升而在上，斥卦变之说，至此而穷，诩反对之说，至此而验。顾萃到为升，坤晦于上，正所谓冥升矣。安所得为时乎！

蹇为观上之三，而称“往得中”。渐为否三之四。而云

“进得位，刚得中”，为卦变之说者又穷。而为反对之说者，则云解到体蹇，则二往五为得中，归妹到体渐，则二进于五为刚得中，然《蹇·传》之“往得中”，解释《彖》辞“利西南”，解反为蹇，所谓西南者，安在西南坤也。解无坤，蹇亦无坤。不且反正失据邪？又何解于“解，利西南”之“得众”也？

小过之“小事吉”，犹睽之“小事吉”。《小过·传》以“柔得中”解“小事吉”，犹睽《传》以“柔进而上和得中，应乎刚”解“小事吉”也。兑刚中而柔外，说以利贞，是以“顺乎天而应乎人”。“顺乎天而应乎人”，与《革·传》同。则刚中者，谓二之艮五。柔外者，谓三之艮上。二之艮五、三之艮上。兑成革，《传》明以顺天应人，而赞之，可不烦言。而解据卦变之说，则刚中为大壮三之五，柔外为大壮五之三，五可为中，三不可为外。无妄谓三在初外，且不可此乃以三在五外可乎？若以刚中即指兑五，柔外即指兑上，顾五刚上柔之卦多矣。于兑言之，殊为无谓，复何以处乎？刚之在二，与柔之在三也。

《巽·传》云：“刚巽乎中正，而志行，柔皆顺乎刚。”巽乎中正者，二之震五，而震三顺之成蹇，又通于睽，睽二之五，而睽四顺之，蹇成既济。柔指需与睽，是为巽乎中正，即为皆顺乎刚，刚失正于二，柔失正于初，可谓顺乎！推之《旅·行》云：“柔得中乎外，而顺乎刚。”旅之顺乎刚，犹巽之顺乎刚也。得中乎外，谓节二之旅五也。旅、节相错，为睽、旅。

五犹睽五睽外也，故得中于外，顺乎刚。谓节二已来五成刚，而三又之旅上以顺之也。巽小亨，旅亦小亨，巽小亨成家人，旅小亨亦成家人，谓否三之五为柔得中乎外，三五皆失位，谓之顺乎刚，不可也。凡《传》称外内、刚柔、往来、上下，皆指旁通，以为卦变，非也。以为反对，亦非也。或举而悉归之乾坤，益泛而不可通矣。然则“卦变”之说，何所来乎？曰亦有之。乾二之坤五为比，谓比之来，由乾二之坤五可也。然离五之坎二，亦为比，师二之五亦为比也。坎三之离上，为丰，谓丰之来，由坎三之离上可也。

然巽上之震，三亦为丰，噬嗑上之三，亦为丰也。“辞也者，各指其所之”。所之或当位，或失道，而科研单位 则指其所之，以明之。谓此卦象之吉，由某卦之所之如此；此卦之凶，由某卦之所之如此；此卦之悔吝，由某卦之所之失道而能变通如此。随举其所之以为辞，谓之之卦可也，谓卦由某卦而生不可也。故谓噬嗑上之三，为丰可也，谓泰二之四为丰，则不可也。谓旅初之四为贲可也，谓否三之五为旅则不可也。谓晋上之三为小过可也，谓否三之五为旅则不可也。谓晋上之三为小过可也，谓观四之五为晋不可也。谓讼四之初，为中孚可也，谓遁三之二为讼不可也。

盖汉魏之时，孔门说《易》之遗，尚有景响，而荀、虞不求其端，不讯其末，不知各指所之之义，而以为卦爻可随意推移，遂成千古谬说之所由来。余既为当位、失道等图，以明其所之之吉、凶、悔、吝，此即为荀、虞之卦之说之所本。去其伪，存其真。惜不能起荀、虞而告之耳。徜殁后有知，当与之畅谈于地下也。

论半象

虞翻解“小有言”，为震象半见，又有半坎之说。余以为不然，盖乾之半，亦巽 、兑之半，坤之半，亦艮、震之半，震之下半，何异于坎、离之半，坎之半？又何异于兑、巽、艮之半？求其故，而不得造为半象、又造为三变，受上之说。试思半象之说兴，则履、姤之下均堪半坎，师、困之下皆可半震，究何从乎？虞氏之池朱汉上讥其牵合，非过论也。

论两象易

虞翻说《系辞传》“宫室取大壮”，谓“与无妄两象易，棺椁取大过”，谓“与中孚，两象易”。“书契取夬”，谓“与履两象易”。此与相错，似近而非。细究取宫室、棺椁、书契之义，而所谓“两象易”者，殊不切而盖取十三。其取离、益、噬嗑、乾、坤、涣、随、小过、睽，又何以不“两象易”也？其注大畜“利贞”云：“与萃旁通，此萃五之复二，成临。”又注《杂卦》大畜“时也”云：“大畜五之复二成临。”其注小畜云：“与豫旁通，豫四之坤，初成复。”二者，吴中惠氏，亦以为“两象易”，然其义不可解。

明谓萃五之复二，豫四之坤初，虞氏固未尝以为“两象易”。张太史惠言，治虞氏之学，谓此为消息，于虞氏本意为得之，然自虞氏之说，《易》固无之也。

第八章　论纳甲等第八

论纳甲

“纳甲”之法，始见京记《易传》。其说云：“分天地，乾坤之象，益之以甲乙壬癸。震巽之象，配庚辛，坎离之象，配戊已，艮兑之象，配丙丁，八卦分阴阳，立位配五行。”陆绩注云：“乾坤二分，天地阴阳之本，故分甲乙壬癸，阴阳之终始。庚阳入震，辛阴入巽。戊阳入坎，已阴入离，丙阴入艮，丁阴入兑。”然十干之配八卦，第以阴阳，分配六子，而乾坤为之始终。其乾卦《传》云：“甲壬配，外内二象。”注云：“乾为天地之首，分甲壬入乾位，盖以乾内三爻配甲，外三爻配壬，初二三为始，四五上为终也。”

沈括《梦溪笔谈》说之最精：“乾坤始于甲乙，则长男长女乃其次，宜纳丙丁，少男少女居其末，宜纳庚辛。乃反此者，卦必自下生，先初爻，次中爻，末乃至上爻。”其说是也。盖由壬癸，而庚辛，而戊已，而丙丁，而甲乙，自终而始亦循环之义也。其说在当时已为异常。京氏得之焦延寿，延寿得之隐士而托诸孟喜，憔牧、白生不肯者也。然其以甲乙为始，壬癸为终，丙丁戊已庚辛次壬癸而上，第以纪后先之叙，于《说卦传》东南丁北之位未尝紊也。魏伯阳《参同契》本就氏，此文而系之于日月，为《易》之说。以月三日生明，始受一阳之光，昏时见于西方，为震纳庚。八日上弦，受二阳之光，昏时见于南方，为兑纳丁。十五望日，全受日光，昏时见于东方，为乾纳甲。十六始受一阴，平旦没于西方，为巽纳辛。二十三日下弦，受二阴，平旦没于南方，为艮纳丙。

三十日晦于东方为坤纳乙。坎戊为月精，离已为日光，壬癸纳甲乙，为乾坤终始。其说用以明修炼之法，假庚辛丙丁甲乙，为月出没之方。然兑少阴而心为二阳，艮少阳而以为二阴，固非阴阳之义。而同一东方，何生甲而没乙？同一西方，何生庚而没辛？同一南方，何生丁而没丙？如谓生于阳没于阴，则甲庚为阳而生，丁为阴而亦生，乙辛为阴而没，丙为阳而亦没。戊阳入坎，以坎中男属阳也。已阴入离以离中女属阴也。今依坎月离日言之，而以坎纳戊。以离纳已，异乎京氏之义矣。

虞翻知伯阳此说本之京房而房则以为传自孟氏，于是翻奏上《易注》云："高祖父零陵太守光，少治《孟氏易》，世传其业。"又云："郡吏陈桃梦臣，与道士相遇，布《易》六爻，挑其三以饮臣，臣乞尽吞之。道士言《易》道在天，三爻足矣。岂臣受命，应当知《经》"！又讥荀谓"所说西南得朋，东北丧朋，颠倒反逆，了不可知"。考翻说"得朋"，惟以纳甲。然则累世所传之《孟氏易》即京房之说，而魏伯阳所演，而失者也。其说西南为庚丁，东北为乙癸，先甲为乾，先庚为震，已牵合不能贯通。

其解"八卦成列"云："乾坤列东，艮兑列南，震巽列西，坎离在中。"因而解"四象生八卦"云："乾坤生春，艮兑生夏，震巽生秋，坎离生冬。"直据魏伯阳之说，而定八卦之方位，四时之所生，于孔子离南坎北之位既悖，于孔子兑正秋之位亦悖。盖甲乙壬癸并纳乾坤，乾坤列东，不得又列于北，乃北戊已所纳之坎离列之北方，魏伯阳之说，固未有此也。其解"水火不相射"云："水火相通，坎戊离已，月三十日一会于壬。"或以此为坎离，列北之义。

徐敬可云："望夕之阳，既盈于甲，其夜半日行于壬，而月与为冲。晦旦之阳，既尽于乙，其夜半日行至癸。而月与同躔。故壬癸配甲乙，此谓日月会于癸。"与虞翻会壬之说异。乾纳壬甲，乾三阳属望，则于土地法为冲而不为会，徐说为是矣。然日出于东，月生于西，晦于东，此有定者也。故祭日于东，祭月于西，以日朝出于东，月三日生明于西也。君西酌牺象，夫人东酌罍尊，以日夕入于西，月晦入于东也。

至于日月之会，不专在北，谓会于壬不可，谓会于癸亦不可，故魏伯阳明言，庚受西方满，甲东方而壬癸。第云乾坤括始终，不言坎离会于壬癸，而虞翻乃执，以为八卦之列，如此而附会坎离，生冬之说，又乖于魏氏之义矣。离为日，坎为月，《说卦传》之明文也。《离·传》云：“明两作。”与兼山丽泽一例。虞翻以两作为日月，是离为日又为月矣。翻自知离不可为月，而谓乾五之坤成坎，坤二之乾成离，以为日月两作之说，益支离矣。《系辞传》云：“日月运行，一寒一暑。”与雷霆风雨并言之，日月谓坎离也。《说卦传》云：“燥万物者，莫熯乎火。润万物者，莫润乎水。”与雷风山泽并言之，水火亦谓坎离也。盖运行不可云水火，燥润不可云日月，随所宜黏液为文，故“雨以润之，日以烜之”，不必以坎月配离日言也，故“雨以润之，日以烜之”，不必以坎月配离日言也。

《易》之言天地，以乾坤也，言四时以变通，即时行也。言日月以成既济，离下坎上也。非《易》之一书专论日月，而日月悬象，又专论月之朔、望、弦、会，圣人明示之云：“易与天地准，故能弥纶天地之道。”又云：“夫易广矣大矣，以言乎天地之间，则备矣。天地设位，而易行乎其中矣。”杨筠松术士也。知“纳甲”之非，且有不须寻“纳甲”之说，奈何儒者持，以说圣《经》哉！

论纳音

《礼记·月令》：“季夏，行春令。”注云：“辰之气乘之也。未属巽，辰又在巽位，二气相乱为害。”《正义》引《易林》云：“震主庚子午，巽主辛丑未，坎主戊寅申，离主己卯酉。艮主丙辰戌，兑主丁巳亥。”惠征士谓《抱朴子》所引《玉策记》、《开名经》以五音六属，知人年命之所在，为周泰时书，焦氏本之。京氏之说，本之焦氏。录《火珠林八卦六位图》，为京君明《易》学。

按：《抱朴子·仙药篇》引《玉策记》及《开名经》云：“子午属庚，卯酉属己。寅申属戊，丑未属辛，辰戌属丙，己亥属丁。一言得之者，宫与土也。三言得之者，征与火也。五言得之者，羽与水也。七言得之者，商与金也。九言得之者，角与木也。沈存中《补笔谈》列其说而释之而疑一何以属土？三何以属火？七何以属金？皆奇数无偶数。莫知何义，都不可推考。

余考《南齐书·乐志》以一言得土，三言得火，五言得水，七言得金，九言得木，以为纳音数。近《知不足斋丛书》内，所刻隋萧吉《五行大义》载此所云一言、三言、五言、七言、九言者甚者详，亦目之曰“纳音数”。推其术盖本于纳申者也。乾纳甲壬，坤纳乙癸，震纳庚，巽纳辛，坎纳戊，离纳己，艮纳丙，兑纳丁。纳甲也，子午属庚，则震初子四午；丑未属辛，则巽初丑四未；寅申必戊，则坎初寅四申；卯酉属己，则离初卯四酉；辰戌属丙，则艮初辰四戌；巳亥属丁，则兑初巳四亥。

推之乾初，甲子四壬午，坤初乙，未四癸丑，即纳甲加十二支，如《易林》所云也。一言得之者，子午得庚也，丑未得辛也，寅申得戊也，卯酉得已也，辰戌得丙也，巳亥得丁也。三言得之者，子午属戊，自戊得庚也；丑未属已，自己得辛也；寅申属丙，自丙得戊也；卯酉属丁，自丁得巳也；辰成属甲，自甲得戊也；卯酉属乙，自乙得已也；辰戌属壬，自壬得丙也；巳亥属癸，自癸得丁也。七言得之者，子午属甲，自甲得庚也；丑未属乙，自乙得辛也；寅申属壬，自壬得戊也；卯酉属癸，自癸得已也；辰戌属庚，自庚得丙也；巳亥属辛，自辛得丁也。九言得之者，子午属壬，自壬得庚也；丑未属癸，自癸得辛也；寅申属庚，自庚得戊也；卯酉属辛，自辛得已也；辰戌属戊，自戊得丙也；巳亥属已，自己得丁也。

甲子乙丑七言，而得庚辛，故纳金，而壬申癸酉庚辰辛巳甲午乙未壬寅癸卯庚戌辛亥，视此矣。丙寅丁卯，三言而得戊己，故纳火，而甲戌乙亥戊子己丑丙丁酉甲辰乙巳戊午未视此矣。戊辰己巳九言，而得丙丁，故纳木，而壬午癸未庚寅辛卯戊戌巳亥壬子癸丑庚申辛酉视此矣。庚午辛未一言而得庚辛，故纳土，而戊寅己卯丙戌丁亥庚子辛丑戊申己酉丙辰丁巳视此矣。丙子丁丑五言而得庚辛，故纳水，而甲申乙酉壬辰癸巳丙午丁未甲寅乙卯壬戌癸亥视此矣。纳土者，纳宫也；纳火者，纳徵也；纳水者，纳羽也；纳金者，纳商也；纳木者，纳角也；故曰纳音。纳音之原，本于纳甲。如此沈存中，既列此数，而又以娶妻生子牵合律吕，以为纳音之义，则未考《南齐书》，不知此一言、三言云云者之为“纳音”矣。瑞桂堂《暇录》引《太元》“甲己子午九，乙庚丑未八，丙辛寅申七，丁壬卯酉六，戊癸辰戌五，巳亥四”之说，先元升《三易备遗》用邵子《横图》乾兑离震巽夬艮坤之序，排为六十四，以六十甲子系之。如《笔谈》之说，则黄钟子生林钟未，自子至未，乃为隔八相生，此以甲子至壬甲，则自子至申，为隔九不可合。如《暇录》之说，则水火土必用借，亦说之未定者也，《横图》之序近矣。乃逢子亥辰，巳必空一位，朱氏巧为之说，以当《归藏》，知所纳土火水金木。本诸一三五七九之数，则诸说之各为臆测者，皆非其原也。至一三五七九之数，萧吉谓，本诸《乐纬》。凡五行有生、壮、老三教：木生数三，壮数八，老数九。火生数二，壮数七，老数三。土生数五，壮数十，老数一。金生数四，壮数九，老数七。小生数一，壮数六，老数五。其生壮之数，即天一，地二；天三，地四；天五，地六；天七，地八；天九，地十之数也。金克木，木老于九；火克金，金老于七；土克水；水老于五。金火土之生数、壮数，即木金水之老数，此有理可推。乃土宜，老于三，火宜老于一。

今则土老于一，火老于三，一为土之所克，三为火之所母，与金木水之老数不能画一。萧吉谓一示君德，二顺父母，三表臣节，四敬从夫，五事鬼神，亦牵合未能得其处然。纳甲始于焦、京，本纳甲，而为纳音，纳音京氏，所不言，亦未有用以说《易》者。盖西汉末纬家所造而又谬攸其数，以土先火惑人听闻，京氏以前固未有。此《玉策记》、《开名经》踵《乐纬》而为之者，焦氏未必本乎此也。“纳甲”余所不取，更及“纳音”？而考核其由来，以告牵合“先天”，以傅会《归藏》者。

论卦气六日七分上

卦气值日见《易纬·稽览图》。以甲子起于中孚，以小过、蒙、益、渐、泰属寅，需、随、晋、解、大壮属卯，豫、讼、蛊、革、夬属辰，旅、师、比、小畜、乾属巳，大有、家人、井、咸、姤属午，鼎、丰、涣、履、遁属未，恒、节、同人、损、否属申，巽、萃、大畜、贲、观属酉，归妹、无妄、明夷、困、剥属戌，艮、既济、噬嗑、大过、坤属亥，未济、蹇、颐、中孚复属子，屯、谦、睽、升、临属丑。

坎、离、震、巽四正卦为四象，每岁十二月，每月五卦卦六日七分。《唐书》载一行《十二议》，其第六篇《卦议》云："十二月卦出于《孟氏章句》，其说《易》本于气，而后以人事明之。京氏又以卦爻配期之日，坎、离、震、兑，其用事，自分至之首，皆得八十分日之七十三。颐、晋、井、大畜，皆五日十四分，余皆六日七分，止于占灾眚与吉凶善败之事。至于观阴阳之变，则错乱而不明。

自《乾象历》以降，皆因京氏。惟《天保历》依《易通统轨图》，自八十有二节，五卦初爻，相次用事，及上爻而与中气偕，终非京氏本旨，及《七略》所传。案；郎颉所传卦，皆六日七分，不以初爻相次用事，《齐历》谬矣。又京氏减七十三分为四正之候，其说不经，欲附会纬文"七日来复"而已。夫阳精道消，静而无迹，不过极其正数至七而通矣。七者，阳之正也。安在益其小余令七日而后雷动地中乎？当据孟氏自冬至初，中孚用事。一月之策，九六七八，是为三十。而卦以地六，候以天五，五六相乘，消息一变，十有二变而岁复初。坎、震、离、兑，二十四气，次主一爻。其初则二至二分也。坎以阴包阳，故自北正。微阳动于下，升而未达，极于二月，凝涸之气消，坎运终焉。春分出于震，始据万物之元，为主于内，则群阴化而从之。极于南正，而丰大之变穷，震功穷焉。离以阳包阴，故自南正。微阴生于地下，积而未章，至于八月，文明之质衰，离运终焉。仲秋阴形于兑，始循万物之末，为主于内，群阳降而承之。极于北正，而天泽之施穷，兑功究焉。故阳七之静始于坎，阳九之动始于震，阴八之静始于离，阴六之动始于兑，故四象之变，皆兼六爻，而中节之应备矣。易爻当日十有二，中直全卦之初，十有二节值全卦之中。《齐历》又以节在贞，气在悔，非是。按孟氏所说别无可核，惟见此议。然以《易》说历，与以历说《易》，同一牵附。《易》自为《易》，历自为历，其义可通，其用不可合。

就所举孟氏之义，以五卦共三十爻为一月，一爻主一日，虽云六日七分，而此七分未尝以当一日。京氏傅会于"七日来复"，苦七分不可以为一日，乃割颐之七十三分益于中孚之六日七分，每日法八十分，以七十三分如入七分合成一日为七日。若是卦不起中孚而起于颐，不合于法，故以此七十三分归诸坎，而颐之六日七分乃仅有五日十四分，于是亦割晋以归震，割井以归离，割大畜以归兑，错乱不经，诚如一行所诮，不知京氏固非，孟亦未是。《汉书·儒林传》言"孟喜得《易》家候阴阳灾变书，诈言师田生且死时枕喜膝，独传喜。同门梁邱贺疏通证明之，曰：'田生绝于施雠手中，时喜归东海，安得此事？'上闻喜改师法，遂不用喜。"六日七分即所得阴阳灾变托之田生者。《艺文志》："《章句》旋、孟、梁邱氏各二篇。"此乃得之田王孙者。《丁宽传》云："宽授同郡砀田王孙。王孙授施雠、孟喜、梁邱贺，由是《易》有施、孟、梁邱之学。"今《说文》、《释文》中所引，即此班固以孟与施、梁邱并称，明此《章句》乃得之田生者也。《艺文志》又有《孟氏京房》十一篇、《灾异孟氏京房》六十六篇，此与京房并称，则所传卦气七分之学，梁邱氏疏通证明者此也。孔子之《易》授于商瞿，五传至田何，何授丁宽，宽授田王孙，王孙授孟喜，至喜以灾异伪托，而商瞿以下所授遂歧，班氏分析甚明。此言六日七分，必非《章句》中之说，唐时所存之十卷，盖以灾异羼人，顾《章句》止二篇，而唐以残缺之书何以尚得十卷？其十一篇、六十六篇者，羼入其中必矣。一行据以制历，学者且据以说《经》，何哉！

论卦气六日七分下

郑康成解“七日来复”云：“建戌之月，以阳气既尽，建亥之月纯阴用事，至建子之月阳气始生，隔此纯阴一卦，卦主六日七分，举其成数言之而云七日来复。”此与京氏异。盖无论自坎来，自颐来，自中孚来，皆非《经》之所有，以其与剥相次，故改为自剥隔坤而来复。然六日七分者，六十卦所值。以坤言之，则相隔一月，何目七日？虞翻自称传《孟氏易》，其说“七日来复”不用六日七分，有以也。《易》言“七日”者三，既济于卦气属十月，震则所为四正卦，居方伯之位者也。依孟氏不在六日七分之例，依京氏则割晋之七十三分，以归之者也。何为七日也？卦气之说，宋刘牧《钩隐图》，元胡一桂《启蒙翼传外篇》辨之已详。近时讲汉学者复尊而理之，余故略为之辨。

夫《易》六十四卦，三百八十四爻，与一岁三百六十五日四分日之一，本不可以强配，术家取卦名以纪之，以坎、震、离、兑为四正，以乾、坤侪于十辟，以艮、巽为六日七分，《杂卦》彼原无取于八卦、六十四卦之义。譬如“纳甲”、“先天”为丹家修炼之法，原不妨乾南坤北，离东坎西。亦不妨乾甲坤乙，兑丁震庚。彼别有用意，则风雨寒温，自征飞候，汞龙铅虎，本《参同契》。用以说《经》，则谬矣。其取坎、离、震、兑为四正，本诸《说卦传》东西南北之位。其取十二辟卦，第以阴爻阳爻自下而上者，以为之度，其余不足以配。于是乾、坤、复、姤等既用以配十二月，又用以当一月中之六日七分，譬之罗经二十四向，于十干则舍戊己，于八卦止用乾、巽、坤、艮，其别有用意，原无关于《易》也。李鼎祚虽疑之以为“未测端倪”，然以六日当坤之六爻，七分为闰余不用，而以复初当一日，合为七日，则犹惑也。王伯厚《困学纪闻》为之说云：“上系七爻，起于中孚‘鸣鹤在阴’。下系十一爻，起于咸‘憧憧往来’。《卦气图》自复至咸，八十八阳，九十二阴。自姤至中孚，八十八阴，九十二阳。咸至姤，凡六日七分；中孚至复，亦六日七分。”然则孔子《系辞传》竟本诸卦气而言，乃咸之后次以困，困于卦气属戌，中孚之后，次以同人。同人于卦气属申，此何说也？上系七爻终于解，下系十一爻解次于困，且噬嗑连初上两爻，而中孚之前尚有大有，又何说也？细推中孚次复、咸，次媚，以逮屯、谦、鼎、丰之序，殊不可解。

李觏《盱江集》载《易图序论》专驳刘牧，而取《太元》证卦气云：“所主之日，取卦气乎？取卦名乎？曰取诸卦名而已。《太元》所以准《易》者也。起于冬至，其首曰中，于《易》则中孚。其次曰周，阳气周神而反乎始，于《易》则复。复者，反也。亦谓反乎始也。其次曰礥，阳气微动，动而礥礥，物之生难也。于《易》则屯。屯者，物之始生也。”朱汉上本此，以《太元》之八十一与六十四卦之名相比，胡双湖《启蒙翼传》载王荐《元图发微》、《太元拟卦图》，其说尤详。推而准之，中为中孚，周为复，礥闲为屯，少为谦，戾为睽，上干为升，守羡为临，差为小过，童为蒙，增为益，锐为渐，达交为泰，耎徯为需，从为随，进为晋，释为解，格为大壮，夷乐为豫，争为讼，务事为蛊，更为革，断毅为夬，装为旅，众为师，密亲为比，敛为小畜，疆晬为乾，盛为大有，居为家人，法为井，应迎为咸，遇为姤，灶为鼎，大廓为丰，文为涣，礼为履，逃唐为遁，常永为恒，王以永准节。度为节，昆为同人，减为损，守为否，翕为巽，聚为萃，积为大畜，饰疑为贲，汉上以疑准震非。视为观，沈内为归妹，去为无妄，晦瞢为明夷，穷为困，割为剥，止坚为艮，成为既济，阙为噬嗑，失剧为大过，驯为坤，将为未济，难动为蹇，养为颐。

然此卦气之序，非《易》之序，《太元》所准者，卦气也，非《易》也。《易》之序，孔子传之矣。《太元》所准，用以训释卦名可耳，举《太元》以证卦气之序，不可也。扬雄者，知卦气而不知《易》者也。“纳甲”、“卦气”皆《易》之外道，赵宋儒者，辟卦气而用“先天”，近人知先天之非矣，而复理“纳甲”、“卦气”之说，不亦唯之与阿哉！

论爻辰

郑康成以“爻辰”说《易》本于《乾凿度》，而实不同。《乾凿度》云：乾贞于十一月子，左行阳时六。坤贞于六月未，右行，阴时六。其岁终次从于屯、蒙。屯、蒙主岁，屯为阳，贞于十二月丑，其爻左行，以闲时而治六辰。

蒙为阴贞于正月寅。其爻右行，亦闲时而治六辰。岁终则从其次卦。阳卦以其辰为贞，丑与左行，闲辰而治六辰。阴卦与阳卦同位者，退一辰以为贞，其爻右行，闲辰而治六辰。泰、否之卦，独各贞其辰，共北辰，左行相随也。中孚为阳，贞于十一月子。小过为阴，贞于六月未。法于乾坤，三十二岁期而周相传。”郑氏注云：“贞，正也。初爻以此为正。次爻左右者，各从次数之。一岁终则从其次，屯蒙需讼也。阴卦与阳卦，其位同，谓与同日，若在冲也。阴则退一辰者，为左右交错相避，泰、否独各贞其辰，言不用卦次，泰卦当贞于戌，否当贞于亥。戌，乾体所在。亥，又坤消息之月，故避之谓泰贞于亥。戌，乾体所在。亥，又坤消息之月，故避之谓泰贞于正月，否贞于七月。泰从正月至六月，皆阳爻，否从七月至十二月皆阴爻，否、泰各自相从中孚贞于十一月，小过贞于正月。”按：此主岁之法，用六十四卦之序，始乾、坤，次屯、蒙，次需、讼，次师、比，以终于既济、未济。每两卦主一岁，故三十二岁，期而周也。屯何以为阳？蒙何以为阴？汉上以乾、震、坎、艮所生为阳。坤、巽、离、兑所生为阴。盖以屯为坎二世卦，蒙为离四世卦。于是中孚为艮之游魂，为阳；小过为兑之游魂，为阴。似也而推之需、讼则不合。愚谓乾所以贞子，坤所以贞未，此本京氏《易》，共阳卦、阴卦非用世应法也。

京氏乾初纳子二，纳寅三，纳辰四，纳午五，纳申上，纳戌为左旋。坤初纳未二，纳巳三，纳卯四，纳丑五，纳亥上，纳酉为右旋。所谓左行阳进六，右行阴时六也。屯贞十二月，蒙贞正月，则又本卦气值日。屯为十二月卦，蒙为正月卦也。

云左行、右行，皆闲时而治六辰，则亦如乾左坤右之例。屯自丑而卯、而巳、而未、而酉、而讫于亥，蒙自寅而子、而戌、而申、而午、以讫于亥，蒙自寅而子、而戌、而申、而午、以讫于辰。推之需则贞于卯，讼则贞于辰，需为坤之归魂。讼为离之归魂，则皆阴矣。何以分阴阳？光山胡氏云：“前为阳，后为阴，是《纬》之本意也。造《纬者》，杂取而成于乾坤，本京氏而阴阳之分。遂以前后为目，其浅鄙可知矣。”屯在蒙前，故为阳。

小过在中孚后，故为阴。需在前，为阳贞于卯，讼在后为阴贞于辰。师在前为阳，比在后为阴，师、比皆四月，则宜同贞于巳。两爻同贞一辰，则巳未酉亥丑卯。每辰二爻而午辰寅子戌申空而无贞，非其法矣。故云“阳卦以其辰为贞，阴卦与阳卦同位”者，退一辰以为贞。师在前为阳卦，自贞于巳而左行以讫于卯，经在后为阴，则退一辰贞于午，右行以讫于申，两卦十二爻，仍爻值一辰也。泰宜贞，正月寅，否宜贞，七月申，而师、比同值巳为同日，泰否、寅申相冲为在冲，在冲与同日等。

依师、比例泰宜贞正月，否宜退一辰，贞八月酉，乃不用退避，而用随行，不用闲行而用连行，于是泰贞寅、卯、辰、巳、午、未，否贞申、酉、戌、亥、子、丑，仍爻值一辰，不相重复，于诸卦别为一例。中孚宜贞子，小过宜贞寅，子寅亦同为阳辰，当依退法。乃中孚之贞子者，仍贞于子，而小过宜退，而贞于卯者，不退于卯而贞于未，以中孚等乾，小过等坤，故云“法乾坤”，此又一变例也。盖乾宜贞巳，坤宜贞亥，改而贞子贞未，亦相避也。自乾、坤、中孚、小过、泰、否六卦变例外，若比宜避师，复宜避剥，观宜避临，大壮宜避遁，姤宜避夬，井宜避困，升宜避萃，恒宜避咸，益宜避损，贲宜避噬嗑，归妹宜避渐，旅宜避丰。大有宜避同人，履宜避小畜。其坎、离、震、兑、巽、艮六卦，无明文。以坎值子，以离值午，则离宜避坎。以震值卯，而艮在亥，艮宜避震。以兑值酉，而巽亦在酉，则兑宜避巽。

本无深意，第以相避济其穷也。《乾凿度》之说如此。郑氏注云："泰、否独，各贞其辰，言不用卦次，泰卦当次于戌，否卦当次于亥。"推此说，所谓卦次者，以乾贞子，则屯蒙贞丑寅，需讼贞卯辰，师比贞巳午，坤贞未，则小畜履贞申酉，故泰否贞戌亥。是则不用卦气，非《乾凿度》本意。然所谓左右交错者，无有异也。至其注《易》，则以乾自子在行无异也。而坤则初贞未，二贞酉，三贞亥，四贞丑，五贞卯，上贞巳，则亦左旋。而屯蒙以下仍用乾坤，逢九从乾爻所值，逢六从坤爻所值。何以明之？坤上六为蛇，蛇，巳也，知坤自未左行至巳。

于是坎上六、大过上六。爻亦在巳则坎、大过之上六，即坤之上六也。泰六五在卯，即坤六五在卯也。中孚六四、坎六四，爻辰在丑，即坤六四在丑也。中孚六三在亥，即坤六三在亥也。明夷六二在酉，即坤六二在酉也。困、比初六在未，即坤初六，在未也。困九四在午，即乾九四在午也。贲九三、坎九三、明夷九三在辰即乾九三在辰也。

钱溉亭教授谓：京氏本律品之合声。郑氏本月律，其说具见《春官·太师》郑注。太师掌六律、六同，以合阴阳之声。阳声，黄钟子，太蔟寅，姑洗辰，蕤宾午，夷则申，无射戌，其次与乾六爻左旋相近。阴声，大吕丑，应钟亥，南吕酉，函钟未，小吕巳，夹钟卯，其次与坤六爻右旋相近。然坤初六贞于未，而大吕起于丑，故郑氏既以十二次十二月，明其声之合，而又详其所生之序。则黄钟下生林钟，黄钟子，林钟未，是合乎乾贞子、坤贞未。

林钟上生，太蔟之九二，太蔟下生南吕之六二，太蔟丑，是乾由子而丑。南吕酉，是坤申未而酉。贾公彦云："阳声，据左旋而言，阴声，据右转而说。"此与《乾凿度》左行右行相近。疏又云："六律左旋，六同右转，以阴阳左右为相合。若相生则六律、六同皆左旋，以律为夫，以吕为妇，妇从夫之义，故皆左旋。"此与郑氏爻辰坤自未至巳之例相近。"

夫《乾凿度》依合声，宋朱震已言之作阳律阴吕合声图，第以合声之起，于大吕者，易而为林钟，以傅会于乾贞子、坤贞未，而相生之序，遂与合声相混。惠氏栋谓《乾凿度》之说，与“十二律相生图”合，引郑氏上生下生之序，此亦非也。《乾凿度》坤贞于未，而自由未右转，与林钟生于未而左行者殊异。愚谓阳左行，阴右行，如占梦观天地之会，阳建左行，阴压右行，即《淮南子》所云：“北斗之神，有雌雄。五月合午，十一月合子。”又说：“文包字注，元气起于子。男左行三十，女右行二十。”

《史记·天官书》言“岁星”、“岁阴”，董子言“阴阳出入上下”诸篇皆以阴阳分左右，《乾凿度》同之，不必本于律吕之合声。依合声之阳左阴右，则与贞未相乖。依相生之林钟生未，又与右旋大戾，此汉上所由混合于前，惠氏不免舛误于后也。要之，纬家之书，淆杂无定，原无与于圣《经》，郑氏注《乾凿度》，自依《纬》为说。其注《易》不用《乾凿度》为爻辰之序。皆用左旋。既以诸卦之爻，统于乾坤，如九之在初者皆子，六之在初者皆未也。又以诸卦之爻合于六子，如萃九五、井九二、中孚二五，皆坎爻。损六五、颐二五，皆离爻。萃九四，震爻，贲六四、损六四，巽爻。艮上九、离九三，井九三、丰九三，皆艮爻。推之上六、六三为兑爻，初六亦巽爻，初九亦震爻也。自为郑氏一家之学，非本之《乾凿度》，亦不必在于月律也。

然以离九三为艮。爻位值丑，丑上值弁星，弁星似缶。坎上六，爻辰在已，蛇之蟠屈，似徽纆。临卦斗临丑，为殷之正月以见周改殷正之数，谬悠非《经》义。至以焚如，为不孝之形，女壮为一女当五男，尤非圣人之义，余于“爻辰”无取焉尔。

第四部　船山说易

第一篇 周易内传

王船山从程颐的义理解释学出发，容纳了朱熹易为占卜之书的观点，但他不是把占作为卜问吉凶的活动，而只是作为警醒自己，发现修德上的缺漏，从而更加完善自己的媒介。王夫之的卜问完全是假想的，是处于假想境地的自己对筮得的结果作出的扣问和应对，不是对吉凶休咎的现实预测，它完全是修德之事。

第一章　周易内传卷一上

上经乾坤

伏羲氏始画卦，未有《易》名，夏曰《连山》，商曰《归藏》，犹筮人之书也。文王乃本伏羲之画，体三才之道，推性命之原，极物理人事之变，以明得吉失凶之故，而《易》作焉。《易》之道，虽本于伏羲，而实文王之德与圣学之所自著也。

易者，互相推移，以摩荡之谓。《周易》之书，乾坤并建以为首，《易》之体也；六十二卦，错综乎三十四象，而交列焉，《易》之用也。纯乾纯坤，未有易也；而相峙以并立，则易之道在，而立乎至足者为《易》之资。屯、蒙以下，或错而幽明易其位，或综而往复易其几，互相易于六位之中，则天道之变化、人事之通塞尽焉。而人之所以酬酢万事、进退行藏、质文刑赏之道，即于是而在，故同一道也，失则相易而得，得则相易而失，神化不测之妙，即在庸言庸行一刚一柔之中。大哉！易之为道！天地不能违之以成化，而况于人乎！

阴阳者，定体也，确然陨然为二物，而不可易者也；而阳变阴合，交相感以成天下之盛宴者，存乎相易之大用。以蓍求之，而七、八、九、六。无心之动，终合揆于两仪之象数。为万物之始，皆阴阳之撰。夫人之情，皆健顺之几。天下无不可合之数，无不可用之物，无不可居之位，特于其相易者各有趋时之道，而顺之则吉，逆之则凶。圣人所以显阴阳之仁，而诏民于忧患者，存乎《易》而已矣。故曰："忧悔吝者，存乎介。"介者，错综相易之几也。此《易》之所以名，而义系焉矣。

后世纬书，徇黄老养生之邪说，谓有太初，有太始，有太易，其妄滋盛。《易》在乾坤既建之后，动以相易。若阴阳未有之先，无象无体，而何所易耶？邵子“画前有《易》”之说，将无自彼而来乎！

经者，七十子之徒以古圣所作者，谓之经，孔子所赞者，谓之传，尊古之辞也。分上、下者，以分简策而均之。说详《发例》。

䷀乾上乾下 乾

乾：元亨利贞。

乾，气之舒也。阴气之结，为形为魄，恒凝而有质。阳气之行，于形质之中外者，为气为神，恒舒而毕通。推荡乎阴，而善其变化，无大不居，无小不入，其用和煦而靡不胜，故又曰“健”也。此卦六画皆阳，性情功效，皆舒畅而纯乎健。其于筮也，过揲三十有六，四其九而函三之全体，尽见诸发用，无所倦吝，故谓之乾。

《周易》并建乾、坤为太始，以阴阳至足者，统六十二卦之变通。古今之遥，两间之大，一物之体性，一事之功能，无有阴而无阳，无有阳而无阴，无有地而五天，无有天而无地，不应立一纯阳无阴之卦；而此以纯阳为乾者，盖就阴阳合运之中，举其阳之盛大流行者言之也。六十二卦有时，而乾、坤无时。乾于大造为天之运，于人物为性之神，于万事为知之彻，于学问为克治之诚，于吉凶治乱，为经营之盛，故与坤并建，而乾自有其体用焉。

元、亨、利、贞者，乾固有之德，而功即于此遂者也。“元”，首也；取象于人首，为六阳之会也。天下之有，其始未有也，而从无肇有，兴起舒畅之气，为其初几。形未成，化未著，神志先舒，以启运，而健莫不胜，形化皆其所昭彻，统群有而无遗，故又曰“大”也。成性以后，于人而为“仁”；温和之化，恻悱之几，清刚之体，万善之始也。以函育民物，而功亦莫侔其大矣。“亨”，古与烹、享通。烹饪之事，气彻而成熟；荐享之礼，情达而交合；故以为“通”义焉。

乾以纯阳至和至刚之德，彻群阴而欣合之，无往不遂，阴不能为之碍也。“利”者，功之遂、事之益也。乾纯用其舒气，遍万物而无所吝者，无所不宜，物皆于此取益焉。物莫不益于所自始，乾利之也。“贞”，正也。天下惟不正则不能自守。正斯固矣，故又曰正而固也。纯阳之德，变化万有而无所偏私，因物以成物，因事以成事，无诡随，亦无屈挠，正而固矣。

乾本有此四德，而功即于此效焉。以其资万物之始，则物之性情，皆受其条理，而无不可通；惟元故亨，而亨者大矣。以其美利利天下，而要与以分之所宜，故其利者皆其正；而惟其正万物之性命，正万事之纪纲，则抑以正而利也。其在占者，为善始而大通，所利皆贞，而贞无不利之象，德、福同原而不爽，非小人所得而与焉。就德而言之为四；就功而言之，亨惟其元，而贞斯利，理无异也。此卦即在人事，亦莫非天德，不可言利于正。天道之纯，圣德之成，自利而自正，无不正，而不利之防。若夫人之所为，利于正而不利于不正，则不待筮而固然，未有不正，而可许之以利者也。

初九：潜龙勿用。

“初”者，筮始得之爻。“上”，卦成，而在上也。“九”者，过揲之策三十六，以四为一则九也。于象则一，而函三奇之画。一，全具其数；三，奇而成阳；三三凡九。阴，左一，右一，中缺其一；三二而为六。阳，清虚浩大，有形无形皆彻焉，故极乎函三之全体而九。阴，聚而吝于用，则虽重浊，而中固虚以受阳之施，故象数皆有所歉而俭于六。“初”、“上”先言卦位，而后言象数；“初”为位所自定，“上”所以成卦也。“二”、“三”、“四”、“五”，先言象数，而后言位。初画已定六画之规模，听数之来，增以成象也。

伏而不见之谓“潜”。“龙”，阳升而出，阳降而蛰，绝地而游，乘气而变，纯阳之物也。乾，纯阳，故取象焉。六爻成，而龙德始就，乃随一爻而皆言龙者，六爻相得以成象，虽在一爻，全体已具，亦可以见爻之未离乎象也。《易》参三才而两之。初、二，地位；三、四，人位；五、上，天位；其常也。而易之为道，无有故常，不可为典要；惟乾、坤为天地之定位，故分六爻为三才。初在地之下，龙之蛰乎地中者也，故曰“潜龙”。

“勿”者，戒止之辞。“勿用”，为占者言也。龙之为道，潜则固不用矣，无待止也。占者因其时，循其道，当体潜为德而勿用焉。才德具足于体，而效诸事之谓用。既已为龙，才盛德成，无不可用，而用必待时以养其德。其于学也，则博学不教，内而不出；其于教也，则中道而立，引而不发；其于治也，则恭默思道，反身修德；其于出处也，则处畎亩之中，乐尧舜之道；其于事功也，则遵养时晦，行法俟命；其于志行也，则崇朴尚质，宁俭勿奢。《易》冒天下之道，惟占者，因事而利用之，则即占即学。卦有小大，若此类卦之大者，皆可推而通之。惟夫富贵利达，私意私欲之所为，初非潜龙，其干求闻达，不可谓之用，非《易》所屑告者。张子曰：“易为君子谋，不为小人谋。”凡象爻之有戒辞者，放此。

九二：见龙在田，利见大人。

“见”，上贤遍反，下如字。

“见”者，道行而昭示天下之谓。“田”，地上也，人之所养也。以重画言之，出乎地上；以内贞外悔言之，得内卦之中，德著于行，有为之象也。六画之卦，因三画而重之；分三才之位，自画者筮者相积之数而言也。已成乎卦，则又有二卦相承之象焉，故《大象》以“云雷”言屯之类，就其既成之象而言也。变动不居，为道屡迁，而非术士之以一例测者比也。龙之德，圣人也；其位，天子也。初之“潜”，学圣之功，养晦之时。三、四之“惕”、“跃”，不履中位，为圣修之序，升闻受命之基。君子所有事，故正告以其爻之道。二、五居中，皆为君位之定，圣道之成，非占者所敢当，则告以龙之

"见"，而占者所利见也。伊尹受汤之币聘，颜子承夫子之善诱，其此象与！而时有大人，愚贱皆利戴，以承其德施，亦通焉。若以利禄干进取者，见小人而邀其荣宠，渎占得此，为灾而已矣。余卦放此。

九三：君子终日乾乾，夕惕若厉，无咎。

"乾乾"，乾而又乾，健之笃也。"惕若"，忧其行之过健，而有戒也。"厉"，危也。凡言"无咎"者，并宜若有咎而无之也。三、四皆人位，而人依乎地以立功，三尤为人事焉，故于此言君子之道。内卦已成，乾道已定，故曰"终日"。九二德施已普，而三尤健行不已，必极其至，故曰"乾乾"。然阳刚已至，安于外卦之下，虽进而不敢骤达于天，惟恐不胜其任，故曰"夕惕若"。其象与上九同，则过于进而不已，危道也，故"厉"。"厉"则咎矣，以"惕若"内省其"乾乾"，是以"无咎"。君子希圣之功，竭才求进，其引天下为己任也，无所疑贰；然刚于有为者，惟恐动而有咎，方"乾乾"而即"惕若"，知圣域之难登、天命之难受也。君子之德如此，其敏以慎，而但言"无咎"；德至圣人，犹以无大过为难也。凡言"无咎"，小大非一。此则就君子寡过之深心而言也。

九四：或跃在渊，无咎。

"四"超出于下卦之上，故曰"跃"。居上卦之下，仰承二阳，而为退爻，以阳处阴，故又曰"在渊"。或跃也，或在渊也，疑而未决。志健而虑深，则其跃也，不以躁进为咎；其在渊也，不以怯退为咎；两俱似咎，而皆无咎也。未达一间而"欲罢不能"，止不如进也；"欲从末由"，进而止也。"上帝临女，勿贰尔心"，止不如进也；"俟时而后兴"，进而止也。处此者，君子忧患之府，圣人慎动之几，惟纯乾为道，而介其时，乃能胜之。甚矣，免于咎之难也！

九五：飞龙在天，利见大人。

纯乾之德，积清刚而履天位，天下莫测其所自，在己亦非期必而至；惟不舍其健行，一旦自致，故为“飞”之象焉。豁然一贯，而天德全，天佑人助而王业成，道行则揖让而有天下，道明则教思垂于万世，占者弗敢当，学者亦弗敢自信，故为圣人作而天下“利见”之象。惟君子为能利见之，则虽尧；舜、周：孔之已没，乐其道，而愿学焉，亦利见也。若小人革面，以遵路，亦可为寡过之民。

上九：亢龙有悔。

“亢”，自高而抑物之谓。行之未有大失，而终不歉于心之谓“悔”。卦之六爻，初、三、五，三才之正位也；二、四、上，重爻非正位，而上为天之远于人者。三爻皆阴，非阳所利，特二居地位，利于上升，故为多誉之爻，且于贞、悔二象为得中。四、上不然，上尤不切于人用。龙德，履天位而极矣，上则无余地矣。积策，至于二百一十六，无余数矣。天地阴阳之撰，位与数皆无余焉，更健行不已，将何往乎？德极其刚，行极其健，非无一时极盛之观，而后且有悔。然不损其龙德者，自强不息，尽其大正，则悔所不恤，圣人固不以知罪易其心也。此爻于理势，皆君子之所戒，惟学问之道不然，愤乐而不知，老之将至，任重道远，死而后已，不以亢悔为忧。故《文言》专言天道人事，而不及圣学。

用九：见群龙无首，吉。

“用九”，六爻皆九，阳极而动也。旧说以为筮得乾者，六爻皆动，则占此爻。“用”者，动而见于行事之谓。筮法：归奇为不用之余，过揲为所用之数。六爻过揲之策皆四其九。归奇之十三，不成象数而不用。其所用以合天道、占人事者；皆九也，故曰“用九”。

“见”者，学《易》者明其理，占《易》者知其道，因而见天，则以尽人能则吉。六爻皆具象数之全，秉至刚之德，各乘时以自强。二、五虽尊履中位，而志同德齐，相与为群，无贵贱之差等。既为群矣，何首何从之有？“无首”者，无所不用其极之谓也。为潜，为见，为跃，为飞，为亢，因其时而乘之耳。规其大，尤慎其小；敦其止，尤敏其行；一以贯之，而非执一以强贯乎万也。博学而详说，乃以反约；无适无莫，而后比于义。能见此者，庶几于自强不息之天德，而吉应之矣。

邪说波行，皆有首，而违天则者也。如近世陆、王之学，窃释氏立宗之旨，单提一义，秘相授受，终流为无忌惮之小人，而凶随之，其炯鉴已。王弼附老氏“不敢为天下先”之说，谓“无首”为藏头缩项之术，则是孤龙，而丧其元也。《本义》因之，所不敢从。

《彖》曰：大哉乾元！万物资始，乃统天。

文王以全卦所具之德，统爻之变者，谓之“彖”。言“《彖》曰”者，孔子释《彖辞》之所言如此也。“《象》曰”，义同。

物皆有本，事皆有始，所谓“元”也。《易》之言元者多矣，惟纯乾之为元，以太和清刚之气，动而不息，无大不届，不小不察，入乎地中，出乎地上，发起生化之理，肇乎形，成乎性，以兴起有为而见乎德；则凡物之本、事之始，皆此以倡先而起用，故其大莫与伦也。木、火、水、金、川融、山结，灵、蠢、动、植，皆天至健之气，以为资而肇始。乃至人所成能，信、义、智、勇，礼、乐、刑、政，以成典物者，皆纯乾之德；命人为性，自然不睹不闻之中，发为恻悱不容已之几，以造群动而见德，亦莫非此元为之资。在天谓之元，在人谓之仁。天无心，不可谓之仁；人继天，不可谓之元；其实一也。故曰元即仁也；天人之谓也。乾之为用，其大如此，岂徒万物之所资哉！天之所以为天，以运五气，以行四时，以育万物者，莫非乾以为之元也，故曰“乃统天”。“乃”者，推其极而赞之之辞。

尝推论之：元在人而为仁。然而人心之动，善恶之几，皆由乎初念，岂“元”之定为仁哉！谓人之仁即“元”者，谓乾之元也。自然之动，不杂乎物欲，至刚也；足以兴四端万善而不伤于物者，至和也；此乃体乾以为初心者也。夫人无忌于羞恶，不辨于是非，不勤于恭敬，乃至残忍刻薄而丧其恻隐，皆由于惰窳不振起之情，因仍私利之便，而与阴柔重浊之物欲相昵而安；是以随物意移，不能自强，而施强于物。故虽躁动烦劳，无须臾之静，而心之偷惰，听役于小体以怀安者，弱莫甚焉。惟其违乎乾之德，是以一念初起，即陷于非僻而成乎不仁。惟以乾为元而不杂以阴柔，行乎其所不容已，恻然一动之心，强行而不息，与天通理，则仁于此显焉，故曰元即仁者，言乾之元也，健行以始之谓也，故惟乾之元为至大也。

云行雨施，品物流形。

天气行于太虚之中，絪组流动者，莫著于云；其施于地，以被万物者，莫著于雨。言其著者，则其轻微周密，于视不见、听不闻之中，无时不行、无物不施者，可知已。“品物”，物类不一，而各成其章之谓。“流形”，理气流行于形中也。行焉施焉，而无所阻，流于品物成形之中而无不贯，亨之至盛者矣。

自其资始而统天，为神化流通之宰者，则曰“元”。自其一元之用，充周洋溢，与地通彻无间，而于万物无小不达者，则谓之“亨”。故可分为二德，抑可合言之曰“大亨”。始而不可以施行，其始不大；亨非其始之所统，必有不亨。《本义》“旷占者大亨”之说，本与《文言》四德之旨不相悖。非乾之元，非云行雨施之亨，又何以能大亨？夫岂小人不仁无礼，徼一时之遭遇，快意以逞之为大亨乎？舍《彖传》以说《彖辞》，不信圣人而信鬻术者之陋说哉！

大明终始，六位时成，时乘六龙以御天。乾道变化，各正性命，保合大和，乃利贞。

此通释“利”“贞”之义。“大明”，天之明也。“六位”，六爻之位。“时成”，随时而刚健之德，皆成也。“六龙”，六爻之阳。“乘”之者，纯乾之德，合六为一，如乘六马共驾一车也。

“御”，驱策而行之于轨道也。以化言之，谓之天；以德言之，谓之乾。乾以纯健不息之德，御气化而行乎四时百物，各循其轨道，则虽变化无方，皆以乾道为大正；而品物之性命，各成其物则；不相悖害，而强弱相保；求与相合，以协于太和。是乃“贞”之所以“利”，“利”之无非“贞”也。以圣人之德拟之，自诚而明者，察事物之所宜，一几甫动，终始不爽，自稚讫老，随时各当，变而不失其正，益万物而物不知，与天之并育并行，成两间之大用，而无非太和之天钧所运者，同一利贞也。

盖尝即物理而察之：草木、虫鱼、鸟兽以至于人，灵顽动植之不一；乃其为物也，枝叶实华、柯干根荄之微，鳞介羽毛、爪齿官窍、骨脉筋髓、府藏荣卫之细，相函相辅，相就相避，相输相受，纤悉精匀，玲珑通彻，以居其性，凝其命，宣其气，藏其精，导其利，违其害，成其能，效其功，极至于目不可得而辨，手不可得而揣者，经理精微，各如其分，而无不利者无不贞焉。天之聪明，于斯昭著；人之聪明，皆秉此以效法，而终莫能及也。各如其分，则皆得其正。其明者，无非诚也，故曰“大明”也。自有生物以来，讫于终古，荣枯生死、屈伸变化之无常，而不爽其则。有物也，必有则也。

利于物者，皆贞也。方生之始，形有稚壮大小、用有强弱昏明之差，而当其萌芽，即函其体于纤细之中，有所充周，而非有所增益，则终在始之中；而明终以明始，乃诚始而诚终，故曰“大明终始”而“六位时成”也。是惟纯乾之德，太和之气，洋溢浃洽，即形器以保其微弱，合其经纬，故因时奠位，六龙各效其能，以遵一定之轨，而品物于斯利焉，无不贞者无不利，故曰“时乘六龙”而“利贞”。乾之以其性情，成其功效，统天始物，纯一清刚。善动而不息，岂徒其气为之哉？理为之也。合始终于一贯，理不息于气之中也。法天者，可知利用崇德之实矣。

首出庶物，万国咸宁。

此则言圣人体乾之功用也，积纯阳之德，合一无闲，无私之至，不息之诚，则所性之几发于不容已者，于人之所当知者，而先知之，于人之所当觉者，而先觉之，通其志，成其务，以建元后父母之极，乾之元亨也。因而施之于天下，知无不明，处无不当，教养劝威，保合于中节之和，而天下皆蒙其利，不失其正，万国之咸宁，乾之利贞也。

凡《彖传》于释《彖》之余，皆以人事终之，大小险易，各如其象之德，学《易》者可法，筮者可戒。惟乾言圣人之上治，尧舜而下，莫敢当焉，学《易》者不可躐等而失下学之素。若筮者得纯乾之卦，必所问之非义，筮人之不诚，神不屑告，而策偶成象；又或天下将有圣作物睹之征，而偶见其兆也。

《象》曰：天行健，君子以自强不息。

此所谓《大象》也。孔子就伏羲所画之卦，因其象以体其德。盖为学《易》者示择善于阴阳，而斟酌以求肖，远其所不足，而效法其所优也。数之积也，画已成而见为象，则内贞外悔，分为二象，合为一象，象于此立，德于此著焉。天、地、雷、风、水、火、山、泽，八卦之垂象于两间者也，而合同以化者，各自为体，皆可效法之以利用。君子观于天地之间，而无非学，所谓希天也。故异于《彖》，而专以天、地、雷、风、水、火、山、泽之相袭者示义焉。

“天行”云者，朱子谓“重卦皆取重义，此独不然。天一而已，但天之行一日一周，而明日又一周，有重复之象”是也。变乾言“健”，健即乾也。或先儒传授，声相近而误尔。“以”，用也。学《易》者不一其道，六十四卦各有所用之，所谓“存乎其人，存乎德行”也。理一也，而修己治人，进退行藏，礼乐刑政，蹈常处变，情各异用，事各异趋，物各异处。学《易》者，斟酌所宜，以善用其志气，则虽天地之大，而用之也专；杂卦之驳，而取之也备。此精义之学也。违其所宜用，则虽乾、坤之大德，且成乎大过，况其余乎！因卦之宜而各专所拟议，道之所以弘也。纯乾之卦，内健而外复健，纯而不已，象天之行。君子以此至刚不柔之道，自克己私，尽体天理，发愤忘食，乐以忘忧，不知老之将至，而造圣德之纯也。强者之强，强人者也；君子之强，自强者也。强人则竞，自强则纯。乾以刚修己，坤以柔治人。君子之配天地道一，而用其志气者殊也。修己治人，道之大纲尽于乾、坤矣。

“潜龙勿用”，阳在下也。

此以下皆所谓《小象》，释周公之爻辞也。取一爻之画，刚柔升降、应违得失之象，与爻下之辞相拟，见辞皆因象而立也。其例有阴有阳，有中有不中，有当位有不当位，有应有不应，有承有乘，有进有退，画与位合，而乘乎其时，取义不一。所谓“周流六虚，不可为典要”，《易》道之所以尽变化也。

初九处地位之下，五阳积刚于上，立纯阳之定体，疑无不可用者；以道在潜伏，不可以亟见，故一阳兴于地下，物荣其根，为反己退藏、固本定基、居易俟命之道，位使然也。

“见龙在田”，德施普也。

“普”与溥通，周遍也。阳出地上，草木嘉谷，皆载天之德，以发生而利于物，此造化德施之普也。大人藏密之功已至，因而见诸行事，即人情物理，以行仁义象之，故为天下所利见，《礼》曰：“先王以人情为田。”顺人情以施德，德乃周遍。以时则舜之历试，以事则文王之康功田功，以日用则质直好义，虑以下人、而邦家皆达，皆天德之下施者也。

“终日乾乾”，反复道也。

复，如字，扶又反。

三居下卦之上，乾象已成。反而自安其正，而以刚居刚；三为进爻，健行不已，行而复行，欲罢不能；故为终日乾乾、夕复惕若之象，不言“夕惕”者，省文。

“或跃在渊”，进无咎也。

四为阴位，为退爻，而以刚处之。或跃或在渊，进退不决。然体乾而近于五，可以进矣。不进本无咎，而进亦无咎也。

“飞龙在天”，大人造也。

造，如字，七到反。

“造”，至也。大人积刚健之德，至五而履乎天位，天德以凝、天命以受矣。董仲舒曰：“天积众精，以自刚。”积之既盛，则有不期，而自至者，故曰“飞”。

“亢龙有悔”，盈不可久也。

以位言之，至上而已盈，成功者退之候。天体之运，出地之极，至百八十二度半强而复入于地。行已极而必倾，不可久之象也。以数言之，过揲之策，至三十六而止，无可复加。六爻皆极其盈，惟有减损，不能增益，数之盈不可久也。象数之自然，天不能违，况圣人乎！然圣人知其不可久，虽有悔，而不息其刚健，则于龙德无损焉。

“用九”，天德不可为首也。

天无自体，尽出其用以行四时、生百物，无体不用，无用非其体。六爻皆老阳，极乎九而用之，非天德，其能如此哉！

天之德，无大不届，无小不察，周流六虚，肇造万有，皆其神化，未尝以一时一物为首而余为从。以朔旦、冬至为首者，人所据以起算也。以春为首者，就草木之始见端而言也。生杀互用，而无端，晦明相循而无间，普物无心，运动而不息，何首之有？天无首，人不可据一端以为之首。见此而知其不可则自强不息，终始一贯，故足以承天之吉。

《文言》曰：元者，善之长也。亨者，嘉之会也。利者，义之和也。贞者，事之干也。君子体仁，足以长人，嘉会足以合礼，利物足以和义，贞固足以干事。君子行此四德者，故曰“乾，元亨利贞”。

“文”，《系传》之所谓“辞”，文王周公《彖》、《爻》所系之辞也。“言”者，推其立言之意，引伸之，而博言其义也。乾、坤为《易》之门，详释其博通之旨。然以此推之，余卦之义类可知矣。

元、亨、利、贞者，乾之德，天道也。君子则为仁、义、礼、信，人道也。理通而功用自殊，通其理，则人道合天矣。“善之长”者，物生，而后成性存焉，则万物之精英，皆其初始纯备之气，发于不容已也。“嘉之会”者，四时百物，互相济以成其美，不害不悖，寒暑相为酬酢，灵蠢相为事使，无不通也。“义之和”者，生物各有其义而得其宜，物情各和顺于适然之数，故利也。“事”谓生物之事。“事之干”者，成终成始，各正性命，如枝叶附干之不迁也。此皆以天道言也。

“体仁”者，天之始物，以清刚至和之气，无私而不容已，人以此为生之理，而不昧于心，君子克去己私，扩充其恻隐，以体此生理于不容已，故为万民之所托命，而足以为之君长。“嘉会”者，君子节喜怒哀乐而得其和，以与万物之情相得，而文以美备合礼，事皆中节，无过不及也。“利物”者，君子去一己之私利，审事之宜而裁制之以益于物，故虽刚断，而非损物以自益，则义行而情自和也。“贞固”者，体天之正，而持之固，心有主，而事无不成，所谓信以成之也。此以君子之达天德者言也。

仁、义、礼、信，推行于万事万物，无不大亨而利正，然皆德之散见者。《中庸》所谓“小德”也。所以行此四德，仁无不体，礼无不合，义无不和，信无不固，则存乎自强不息之乾，以扩私去利，研精致密，统于清刚太和之心理，《中庸》所谓“大德”也。四德尽万善，而所以行之者一也，乾也，故曰“乾元亨利贞”。惟乾，而后大亨至，正以无不利也。

初九曰“潜龙勿用”，何谓也？子曰：“龙德而隐者也。不易乎世，不成乎名，遁世无闷，不见是而无闷，乐则行之，忧则违之，确乎其不可拔，‘潜龙’也。”

易，羊只反。

揲以求画，则六位积，而卦德乃成，而观变玩占，在成卦之后，则分全体之一，而固全载本卦之德。爻也者，言其动也，故一阳动于下，而即日“龙德”。余卦准此。

“稳”有二义：以位言之，则隐居之谓；以德言之，则静所存，而未见之动者也。“易”，为所移也。世有盛衰，所秉者正，世易而道不易也。事功著而名成，静修之事。自信诸心。而迹不显，人所无能名也。“不易乎世”，与世异趋，“遁世”也。“不成乎名”，人不知其潜行之实，“不见是”也。潜则固不行矣，而言“乐行”“忧违”者，立阳刚之质以为德基，由此而行乎二、五，则利见矣；行乎三、四，则无咎矣。二、五者，乐地也；三、四者，忧地也。“违”者，远于咎之谓。其行其违，皆以刚健之德。为退藏之实，故曰“确乎其不可拔”。通一卦以赞一爻之德，故虽潜而龙德已成也。

九二曰“见龙在田，利见大人”，何谓也？子曰：“龙德而正中者也。庸言之信，庸行之谨，闲邪存其诚，善世而不伐，德博而化。《易》曰：‘见龙在田，利见大人。’君德也。”

行，下孟反。

“正中”，谓正位乎中也。以贞、悔言之，二、五为上下卦之中；以三才之位言之，二出地上，五在天下。天地之间，大化之所流行，亦中也。乾无当位不当位；天化无所不行，凡位皆其位也，中斯正矣，故曰“正中”。“庸”也者，用也，日用之言行也。“在田”，卑迩之事，因人情，达物理，以制言行，出乎身，加乎民，必信必谨，以通志而成务也。刚健以“闲邪”，执中以“存诚”。闲邪则诚可存，抑存诚于中，而邪固不得干也。程子以“克己复礼”为乾道，此之谓也。履中而在下，故曰“不伐”。以阳爻居阴位，变民物浊柔之质，反其天性，故曰“化”。凡此皆守约施博之道，德成于己，而达物之情，君天下之德，于此立焉。及其升乎五位，亦推此而行之尔。是以为天下之所利见，而高明广大之至德，不越乎中庸精微之实学，亦于此见矣。

九三曰“君子终日乾乾，夕惕若厉，无咎”，何谓也？子曰：“君子进德修业。忠信所以进德也。修辞立其诚，所以居业也。知至至之，可与几也。知终终之，可与存义也。是故居上位而不骄，在下位而不忧。故乾乾因其时而惕，虽危无咎矣。”

龙德皆圣人之德，此言“君子”者，圣不自圣，乾惕之辞也。九二君德已成，九三益加乾惕，故曰“进德”。九二敦庸行，九三益尽人事之当为，以应变，故曰“修业”。三为进爻，以阳刚处之，乃大有为以涉世变之象，故德以历变而益进，业以应变而益修。乃其所以进、修者，一惟其固有之忠信以存心，而即其言行之谨信以立诚，惕若于退省之余，而不恃其健行之识力；忠信笃敬，参前倚衡，而蛮貊之邦，无不可行矣。业统言行，独言“修辞”者，君子之施政教于天下者辞也，辞诚则无不诚矣。“诚”者，心之所信，理之所允，事之有实者也。变“修”言“居”者，所修之业，非苟难之事，皆其可居者也。三居下卦之上，“乾”必至此而成象，故曰“至”。至此而乾道已成，人事已尽，故曰“终”。知至而必至，极天下之变，而吾敬信皆有以孚之，乃以尽精微，而事豫立，故曰“可与几”，乾乾之益也。知终而终，虽上达不已，但自尽其德业，不妄冀达天造命之化，以反疏其人能，故曰“可与存义”，夕惕之志也。健行，而一以惕若之心临之，应几速，而守义定，圣功之密也如此，则心恒有主而不骄不忧矣。“上位”，下卦之上也。“下位”，上卦之下也。居上下之间，危地也。知几存义，一因其时，而不舍其健行，惕若之心，以此履危，无咎矣。

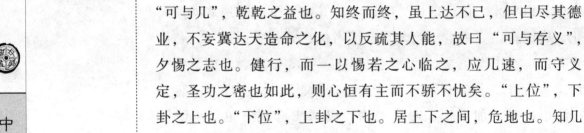

九四曰“或跃在渊，无咎”，何谓也？子曰：“上下无常，非为邪也。进退无恒，非离群也。君子进德修业，欲及时也，故无咎。”

自初至三，皆象圣修之功。九二君道已尽，九三更加乾惕，以应物尽变，乾德成矣。自四以上，以学言之，则不思不勉而人圣；以时位言之，德盛道行，将出以受天命之候也，故四以上皆以功效言之。

四出下卦之上，故曰“上”；于上卦为下，故曰“下”。四，阴位，退爻也，故曰“退”；刚而不已，近乎五，故曰“进”。上而进，或跃也；下而退，或在渊也。疑而自试，虽不遽进，而无嫌于跃。要其纯健之体，行志而非从欲，则贞而不邪；与上下合德、而一于健，不杂阴柔，以与群龙相异，则得群而不离。“进德”谓德已进，“修业”谓业已修；前之进修，固可及时而见功。由下学而上达，非有速成之过；行法而俟命，非有侥幸之情；是以无咎。

九五曰“飞龙在天，利见大人”，何谓也？子曰：“同声相应，同气相求。水流湿，火就燥，云从龙，风从虎，圣人作而万物睹。本乎天者亲上，本乎地者亲下，则各从其类也。”

此明惟大人，所以为天下之利见也。“同声相应”，倡之者必和也；“同气相求”，感之者必动也。惟其下湿，故水流之；

惟其高燥，故火就之。诚为龙，而云必从；诚为虎，而风必从。惟刚健中正之德，已造其极，故见乎四支、发乎事业者，民虽未喻其藏，而无不共睹其光辉。乾之“首出庶物，万国咸宁”者，于斯而显矣。阳刚之得位以中，圣人之本也。而六爻皆纯，无有异趣，天下皆仪式，圣人之德，即百世之下，犹将兴起。上下五阳，拱于九五，道一风同，见之者利，德之不孤，而必有邻，如三辰之依气以运而“亲上”，百昌之依形以发而“亲下”，类之相从，理气之必然者也。若共、驩、向魋、匡人之见圣如不见，斯拂人之性，而自人利耳，岂理数之常哉！

上九曰“亢龙有悔”，何谓也？子曰：“贵而无位，高而无民，贤人在下位而无辅，是以动而有悔也。”

阳贵阴贱，上爻托处最高。“无位”者，五为天位之正，上其余气，而远于人也。阴为民，下五爻皆阳，敌体相竞，“无民”也。“贤人”，谓四以下群阳。“无辅”者，众皆亲九五，而从之，不为上辅也。“动”谓此爻独为老阳发用，时非其时，位非其位，贤人非其人，而仍以刚动，有悔道矣。其亢也，初不恤悔；有悔矣，而龙德不屈。伯夷所以思虞夏，而悲歌，孔子所以遇获麟，而反袂也。

“潜龙勿用”，下也。

位在下，故以不用自养其德。

“见龙在田”，时舍也。

舍，如字，音赦。

“舍”，止也。君德已成，时未居尊，故止于田，以修其庸德；然德化虽未行，固宜为天下之所利见。

“终日乾乾”，行事也。

以刚居刚，而履人位。事方任己，不容不乾乾也。

“或跃在渊”，自试也。

或“跃”或“在渊”，出而试其可行与否。进而受命，而退不失己。圣人之行，虽决之以义，而道以适于事者为极至，无嫌于姑试进退以自考，所以异于功名之士勇于行、隐遁之士果于止也。

“飞龙在天”，上治也。

位居尊上，故治化行于天下，而天下利见之。

“亢龙有悔”，穷之灾也。

位已至极，无可复进，虽尚志高卓，而灾及之。难自外至，非所宜得者，曰“灾”。

乾元“用九”，天下治也。

“乾元”谓乾为诸卦之首，众阳齐兴，德无偏盛，君臣民庶道，一风同之象也。篇中五序《象》，《爻》之辞，反复以推卦德，示《易》道之广大悉备，义味无穷，使读《易》者即约以该博，勿执典要以废道。于乾详之，而凡卦皆可类推矣。然《易》之蕴，文、周之辞已括尽无余，外此而穿凿象数，以谓《易》惟人之意求，而别揣吉凶，则妄矣。

此上七节，以时位言之。

“潜龙勿用”，阳气潜藏。

体虽纯乾，而动爻，则为动于地中之象，乃阳所藏密之基也。凡一爻之义，皆以其动言之，余准此。

“见龙在田”，天下文明。

阳气出于地上，百昌向荣、春光明盛之象。因此见凡卦之中，皆可与时序相应，京房之徒强配卦气，为妄而已。

“终日乾乾”，与时偕行。

阳动于进爻，乃四时日进不止之象。言“与时偕”者，天道不倚于四时，而四时皆与天为体，时之所至，天亦至也。

“或跃在渊”，乾道乃革。

内卦乾道已成，外卦阳刚复起，革之象也。天体常一，而道有变化。寒暑晦明，运不息而气异。其相承相易之际，一进一退。如在渊而跃，革以渐也。

“飞龙在天”，乃位乎天德。

天道周流于六位，惟五居中，而应乎天位，乃天之大德敦化，所以行时生物之主宰，运乎上，而云行雨施，皆自此而出也。

“亢龙有悔”，与时偕极。

“极”，至也，穷也，极其至则穷也。气数穷，则天道亦变矣。

乾元用九，乃见天则。

数止于九；所谓十者，仍一也，故《洛书》尽于九，而《河图》中宫十五；裁有余，补不足，虚极于六，盈极于九，天地之化，止于此矣。九者，已极而无可增也。惟乾纯阳，而发用之数，见乎过揲者皆九。天阳之数，无所不用，于此见天之所以为天，大极无外，小人无间，生死荣枯，寒暑晦明，灵蠢动植，燥湿坚脆，一皆阳气之充周普遍，为至极而无能越之则焉。故人之于道，惟有不足，无有有余；惟有不及，无有太过。尽心乃能知性，止至善，而后德以明、民以新，故曰“圣人，人伦之至”。道二，仁与不仁而已，无得半中止之道也。君子于此，可以知天，可以尽性矣。

此上七节，以天化言之。

“乾元”者，始而亨者也。“利贞”者，性情也。

凡物与事皆有所自始，而倚于形器之感，以造端，财有所滞而不通。惟乾之元，统万化而资以始，则物类虽繁，人事虽赜，无非以清刚不息之动几贯乎群动，则其始之者，即所以行乎万变而通者也。利者，健行不容已之情，即以达万物之情；贞者，健行无所倚之性，即以定万物之性；所以变化咸宜而各正性命，物之性情，无非乾之性情也。此以明元亨利贞，皆乾固有之德，故其象占如此。元亨为始而亨，非遭遇大通之福；利贞言性情，则非利于贞，而以不贞为小人戒；明矣。舍孔子之言，而求文王之旨，将孔子其为凿说乎！

乾始，能以美利利天下，不言所利，大矣哉！

此言四德之统于元也。“美利”，利之正也。“利天下”，无不通也。“不言所利”，无所不利之辞，异于坤之“利在牝马”，屯之“利在建侯”。当其始，倚于一端，而不能统万物始终之理，则利出于偏私，而利于此者不利于彼，虽有利焉而小矣。乾之始万物者，各以其应得之正，动静生杀，咸恻隐初兴、达情通志之一几所函之条理，随物而益之，使物各安其本然之性情，以自利；非待既始之余，求通求利，而惟恐不正，以有所择而后利，此其所以为大也。

大哉乾乎，刚健中正，纯粹精也！

此言元之所以统四德，惟其为乾之元也。“中正”，以二、五言。丝无疵纇，曰“纯”，米无糠秕曰“粹”，谓皆阳刚一致，而不杂阴之浊滞也。阴凝滞而为形器。五行已结之体，百物已成之实，皆造化之粗迹；其太和清明之元气，推荡鼓舞，无迹而运以神，则其精者也。乾之为德，一以神用，人乎万有之中，运行不息，纯粹者皆其精，是以作大始而美利咸亨，物无不正。在人为性，在德为仁，以一心而周万理，无所懈，则无所滞。君子体之，自强不息，积精以启道义之门，无一念利欲之间，而天德王道于斯备矣。

六爻发挥，旁通情也。“时乘六龙”，以御天也。“云行雨施”，天下平也。君子以成德为行，日可见之行也。

承上文，而言乾之为德，既大始，而美利天下，而六爻之动，自潜而亢，有所利，有所悔，或仅得无咎，发挥不一者，何也？自卦而言，一于大正；自爻而言，居其时，履其位，动非全体，而各有其情，故旁通之。要其随变化，而异用者，皆以阳刚纯粹之德，历常变之必有，而以时进其德业，则乘龙御天，初无定理，惟不失其为龙，而道皆得矣。圣人用之，则云行雨施，而以“易知”知天下之至险，险者无不可使平。君子学之则务成乎刚健之德，以下学，以上达，以出以处，以动以静，以言以行，无日无事不可见之于行，则六爻旁通，虽历咎悔而龙德不爽，惟自强之道，万行之统宗，而功能之所自集也。

潜之为言也，隐而未见，行而未成，是以君子弗用也。

“见”，贤遍反。

“隐而未见”，以位言；“行而未成”，以道言。“未成”，谓方在笃志近思之时，不即见之成能也。“弗用”者，君子自修之序，自不急于见功。《爻》言“勿用”，以君子之道戒占者也。

君子学以聚之，问以辨之，宽以居之，仁以行之。《易》曰“见龙在田，利见大人”，君德也。

学博，则聚古今之理于心。问审，则择善而辨所宜从。宽谓容物而不自矜。仁则推爱之理而顺乎人情。四者下学之事，宜民之道，故为“在田”之象。而学问至则百王之法惟所损益，宽仁施，则百姓之情皆可上达，宜为天下所利见，虽未履天位，而君德备矣。古者世子人大学以亲师考道，天子卑服而亲康功田功，皆以养成君德也。

九三，重刚而不中，上不在天，下天在田。故乾乾因其时而惕，虽危无咎矣。

重，平声，下同。

不在天，不在田，惟其位非中也，时之危也。“重刚”，行之乾乾也。刚者，非但勇于任事，实则严以持心；不恃其健行，而知时之不中，防其所行之过，操心危则行不危矣。以位则建大猷，以乘时而未就，以学则望圣道，一间之未达，成汤之“惟恐胜予”，颜子之“欲罢不能”，皆此爻之象，尽人事之极也。

九四，重刚而不中，上不在天，下不在田，中不在人，故或之。或之者，疑之也，故无咎。

“重刚”，下卦已刚，而此复刚；又三、四为人位，重三为四，而皆刚也。“不在人”者，三为人之正位，四其余位，人道已尽，而俟天之时也。德之将熟，命之将受，决于止则自画而贰尔心，决于进则躐等而有惭德；疑而自试，必得其所安，君子体道之深心也。

夫大人者，与天地合其德，与日月合其明，与四时合其

序，与鬼神合其吉凶。先天而天弗违，后天而奉天时。天且弗违，而况于人乎？况于鬼神乎？

夫，音扶。先，悉荐反。后，胡豆反。

九五履天位，而刚健中正，以应天行，故其德之盛如此。天地以主宰言。日月、四时、鬼神，皆天地之德，以纯粹之精，而健行得中。明不息，序不紊，刑赏不妄，人而天矣。“先天”，谓天所未有，大人开物而成务；“弗违”，气应物化而功就也。“后天”，天已垂象，因而行之；“奉天时”，时至功兴，不爽其则也。天且弗违则人不可不见，而见之者，鬼神自应以吉。当大人之世而弗见焉，鬼神弗佑，四裔之诛自取之矣。违大人，即以违天也。《书》曰：“未见圣，若不克见；既见圣，罔克由圣。”大人不世作，而圣言孔彰，乐其道者见之。非圣无法，允为自弃。勿曰生不逢尧舜之世，遂可随末俗，以迁流也。

“亢”之为言也，知进而不知退，知存而不知亡，知得而不知丧。其唯圣人乎？知进退存亡，而不失其正者，其唯圣人乎？

丧，息浪反。

进退以行言，存亡、得丧以遇言。保其固有曰存，本所无有曰亡，得所未有曰得，失其所有曰丧。刚而不止，居高而不肯下，亢也。亢之为道，率由于不知；而龙之亢，非不知也。秉刚正之德，虽知而不失也。惟若孔子，知不可为而为之，而不磷不缁者不失，乃能与于斯。忠臣孝子，一往自靖，不恤死亡之极，亦有圣人之一体，虽有悔而固为龙德；时乘之，亦所以御乱世之天也。

此上十节申释《彖》、《爻》之辞，言君子体《易》之道。

☷坤上坤下 坤

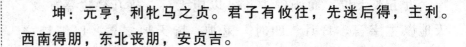

坤：元亨，利牝马之贞。君子有攸往，先迷后得，主利。西南得朋，东北丧朋，安贞吉。

丧，息浪反。

陨然委顺之谓坤，阴柔之象也。此卦六爻皆阴，柔静之至。故其德为坤。凡卦有取象于物理人事者，而乾坤独以德立名；尽天下之事物，无有象此纯阳纯阴者也。阴阳二气，絪缊于宇宙，融结于万汇，不相离，不相胜，无有阳而无阴、有阴而无阳，无有地而无天、有天而无地。故《周易》并建乾、坤为诸卦之统宗，不孤立也。然阳有独运之神，阴有自立之体；天人地中，地函天化，而抑各效其功能。故伏羲氏于二仪交合以成能之中，摘出其阳之成象者，以为六画之乾，而文王因系之辞，谓道之“元亨，利贞”者，皆此纯阳之撰也；摘出其阴之成形者，以为六画之坤，而文王因系之辞，谓道有“元亨利牝马之贞”者，惟此纯阴之撰也；为各著其性情功效焉。然阴阳非有偏至之时，刚柔非有偏成之物。故《周易》之序，错综相比，合二卦以著幽明屈伸之一致。乾坤并立，屯蒙交运，合异于同，而经纬备；大小险易，得失之几，互观而益显。乾坤者，错以相应也。屯蒙者，综以相报也。此《周易》之大纲，以尽阴阳之用者也。余卦放此。

坤之德“元亨”，同于乾者，阳之始命以成性，阴之始性以成形。时无先后，为变化生成自无而有之初几，而通乎万类，会嘉美以无害悖，其德均也。阴，所以滋物而利之者也。然因此，而滞于形质，则攻取相役，而或成乎惨害，于是而有不正者焉。故其所利者“牝马之贞”，不如乾之以神用而不息，无不利而利者皆贞也。凡言“利”者，皆益物而和义之谓，非小人以利为利之谓。后仿此。

马之健行，秉乾之气而行乎地，阳之丽乎阴者也。“牝马之贞”，与乾合德，以为正也。“君子有攸往”以下，为占者告也。乾之龙德，圣人之德；坤之利贞，君子希圣之行也。刚以自强，顺以应物。坤者，攸行之道也。君子之有所往，以阴柔为先，则欲胜理、物丧志而“迷”；以阴柔为后，得阳刚为主而从之，则合义而利。此因坤之利而申言之，谓君子之所利于坤者，“得主”而后利也。

同类相比，曰“朋”。“西南”、“东北”，以中国地势言之：西南为梁州，崇山复岭，冰雪夏积，阴所聚也；东北，冀、营、兖、青之域，平衍而迤于海，地气之不足也。“得朋”则积阴相怙，“丧朋”则群散私党，而顺受阳施。盖阳九阴六，有余不足，自然之数；而地以外皆天，地所不足，天气充之。以其本不足者承天，而不恃其盈以躁动，则其贞也，以从一而安为贞，非以坚持不屈为贞。此因坤之贞，而申言之，谓君子体坤之贞者，惟安斯吉也。

《彖》曰：至哉坤元！万物资生，乃顺承天。

阴非阳无以始，而阳藉阴之材，以生万物，形质成而性即丽焉。相配而合，方始而即方生，坤之“元”所以与乾同也。“至”者，德极厚而尽其理之谓。乃其所以成“至哉”之美者，惟纯乎柔，顺天所始，而即生之无违也。

坤厚载物，德合无疆；

“厚”谓重坤，象地之厚。“无疆”，天之无穷也。其始也生之，既生矣载之。天所始之万物，普载无遗，则德与天合，故与乾均为元，而“至”者即大也。

含弘光大，品物咸亨。

惟其至顺也，故能虚以受天之施，而所含者弘。其发生万物，尽天气之精英，以备动植飞潜、文章之富，其光也大矣。品物资之以昌荣，而遂其生理，无有不通，坤之“亨”所以与乾合德也。

牝马地类，行地无疆；柔顺利贞。

马之行健，本乾之象。牝秉阴柔之性则与地为类。地顺承天，则天气施于地之中。如牝马虽阴，而健行周乎四方，此地之利贞，以守一从阳为贞也。

君子攸行。先迷失道，后顺得常。

六阴聚立，有“先迷”之象。然纯而不杂，虚静以听天之施，则固先阳后已，顺事物而得唱和生成之常道。君子体之以行，能知先之为失道，而后之为得主，则顺道而行，无不利矣。以性主情，以小体从大体，以臣顺君，以刑济赏，阴亦何不利之有哉！

“西南得朋”，乃与类行；“东北丧朋”，乃终有庆。安贞之吉，应地无疆。

重坤积阴，有西南地形崇复之象。然顺而又顺，趋以就下，则又有东北迤海之象。两者皆地势也，在知择而已。君子之行，不法其积阴怙党之咎，而法其委顺以承天、不自私同类之贞，则终必受天之庆矣。吉自外来日“庆”。丧朋以从乾，安贞之吉也，君子所以应地道而德合无疆也。

《象》曰：地势坤，君子以厚德载物。

“势”，形之势也。地形高下相积，而必渐迤于下；所处卑，而物胥托于其上；皆大顺之象也。重坤者，顺德之厚也。君子体坤之德，顺以受物，合天下之智愚贵贱，皆顺其性而成之，不以己之所能，责人之不逮，仁礼存心，而不忧横逆之至，物无不载也。

六十四卦之变动，皆人生所必有之事，抑人心所必有之几；特用之不得其宜，则为恶。故虽乾坤之大德，而以刚健治物，则物之性违；柔顺处己，则己之道废。惟以乾自强，以坤治人，而内圣外王之道备矣。余卦之德，皆以此为统宗，所谓“易简而天下之理得”矣。

初六：履霜，坚冰至。

当纯阴之下，非偶然一阴，发动之象也。坚冰之至，霜所必致。履者，人履之。阴兴必盛，自然之数也。故一生，一杀，不以损天地之仁；一治，一乱，不以伤天地之义。特当其时，履其境，不容不戒，故为占着告之。

《象》曰：“履霜”“坚冰”，阴始凝也。驯致其道，至坚冰也。

上“坚冰”二字盖衍文。《本义》按《魏志》作“初六履霜”，义亦通。凝，聚也。霜、冰皆阴之凝聚而成，在初为始尔。坚冰之至，初无异理，即此阴之凝者然也。“其道”凝而不释之道。“履霜”，《彖辞》所谓“先迷”；“驯致”，则所谓“得朋”也。

六二：直方大，不习无不利。

阴之为德，端凝静处而不妄，故为“直”；奠位不移，而各得其宜，故为“方”；纯乎阴，则“大”矣。直、方，其德也；大，其体也。惟直、方故能大，其大者皆直、方也。秉性自然而于物皆利，物无不载，而行无疆矣。九五，乾之盛也。六二，坤之盛也。位皆中，而乾五得天之正位而不过，坤二出于地上而阴不匮。故飞龙者，大人合天之极致；直方者，君子行地之至善也。

《象》曰：六二之动，直以方也。“不习无不利”，地道光也。

“动”谓此爻发动而见功也。有其德，则施之咸宜，配地道之乘时，发生品物，光辉普见。

六三：含章可贞，或从王事，无成有终。

六二柔顺中正，内德固，而所以发生品物者备其美。六三居其上，成乎坤体，所含者六二之章光。故虽以阴居阳，而可不失其正。三为进爻，出而图功之象。履乎阳位，故曰“从王”，《象》所谓“丧朋”而承天时行也。“或”者，不必然而然之辞。“含章”，无必于从事之志；乃因时而出，行乎其所不得不行，虽有成功而不自居。“终”，与“知终终之”之“终”，皆以内卦小成言之也。事虽从王，志在自尽其道。内卦象德，外卦象位。三者，德之终也。

《象》曰：“含章可贞”，以时发也。“或从王事”，知光大也。

知，如字。

惟所含者，内有直方之美，故以时发见而“可贞”。德之已成，时在可见，故从王事，自知其志行之光大而不失时，要以自尽其含弘之用，而非急于见功也。阴以进为美，不倦于行，所以配乾之无疆。

六四：括囊，无咎无誉。

“括囊”，藏之固也。柔居阴位，四为退爻，不求誉，而避咎之道也。四与初同道，而初居地位之下，伏阴自怙；四处重阴之中而为人位，乃有意沈晦、退而自守之象，故不同于初之阴狠。

《象》曰：“括囊无咎”，慎不害也。

欲退藏以免于咎，则无如避誉而不居。危言则召祸，诡言则悖道，括囊不发，人莫得窥其际，慎之至也。

六五：黄裳，元吉。

“黄”者，地之正色，既异黑白之黝素，尤非青赤之炫著，于五色，为得其中。衣在上，而著见。裳在下，而又有芾佩以掩之；饰在中，而与衣以文质相配者也。六五居中以处上体，而柔顺安贞之德，自六二而已成。大顺之积，体天时行，若裳以配衣，深厚而美自见，宜乎其吉矣。凡言吉者，与凶相对之辞，自然而享其安之谓。“黄裳”非以求吉，而固吉，故曰“元吉”。凡言“元吉”者，准此。

《象》曰：“黄裳元吉”，文在中也。

“黄”，其文也；“裳”者，在中之象。

上六：龙战于野，其血玄黄。

阴亢已极，则阳必奋起。龙，阳物也。“于野”，卦外之象，阴阳各有六位。坤六阴毕见，则六阳皆隐而固在；此盛而已竭，彼伏而方兴，战而交伤，所必然矣。阳之战阴，道之将治也，而欲奋起于涸阴之世，则首发大难，必罹于害。陈胜、项梁与秦俱亡；徐寿辉、张士诚与元俱殒。民物之大难，身任之，则不得辞其伤。《易》为龙惜，而不恤阴之将衰，圣人之情见矣。

坤卦纯阴，其道均也。而中四爻皆君子之辞，惟初、上以世运之阴幽争乱言之。盖乾坤者，本太极固有之实，各有其德，而不可相无。体道以学《易》者，法其所可用而不能极其数。二、五得中而不过；三、四人位，乃君子调变之大用所自施，故以其德言之，美者极其盛，而次亦可以寡过。初则沈处地下，上则高翔天际，而无所施其调变，故以气运言之，而为潜、为亢、为凝、为战。乃阳虽无功而过浅，君子犹可因时以守约，圣人固且逢悔而不忧；阴则初惨而不舒，上淫而不忌，是以冰之坚，玄黄之血，成乎世运之伤，此坤之初、上所以独危也。然卦体纯而不杂，则抑天数自然之致。非人事之有愆，故“坚冰”、“龙战”，皆属乎气运，而示占者知命以谨微，非他卦凌杂致咎，为人事所致之孽也。是以坤之初、上，皆不言凶。

《象》曰：“龙战于野”，其道穷也。

六阴皆见于象，穷极而无余，阳必起而乘之。

用六：利永贞。

六者，数之不足者也。惟安于不足，则质虽凝滞，而虚中以听阳之施，以顺为正，阴之贞也。十八变而皆得六，处于至不足之数，不如七之与八，求益以与阳争多寡。丧朋而安贞，始终如一，以资万物之生，故无不利而永得其正。

《象》曰：用六永贞，以大终也。

阳始之，阴终之，乃成生物之利。“永贞”以顺阳，而资生万物，质无不成，性无不丽，则与乾之元合其大矣。

《文言》曰：坤至柔而动也刚，至静而德方。

“至”，谓六爻皆阴，柔静之极也。柔者，无锐往之气，委顺，而听阳之施也。乃其为体，有形有质，则其与阳俱动也，异于阳之舒缓；而坚劲以果于所为，生杀乘权，刚亦至焉。阴体凝定，非阳感不动，静也；而惟其至静，高下柔刚各有一定之宜而不迁，故随阳所施，各肖其成形，以为灵、蠢、动、植，终古不忒，是其德之方也。柔静者，牝道也。动而刚，虽牝而固马。方者，牝马之贞也。

按：此统刚柔动静以言阴。《系传》亦曰：“立地之道，曰柔与刚。”又曰：“夫坤，其静也翕，其动也辟。”动静刚柔，初非阴阳判然、各据一端而不相函之滞理，审矣。天地、水火、男女、血气可分阴阳，而不可执道之自然者，类如此。泥于象迹名言者，将使天地相为冰炭，官骸相为仇敌，沟画而界分之，亦恶足以知道哉！

后得主而有常。

不唱而和，以听阳施，则不失柔顺之常理也。卦无阳爻，而言“得主”者，阴阳有隐见，而无有无；阴见，而阳固隐于所未见；至柔至静，则不拒阳，而阳隐为之主。

含万物而化光。

此释《彖传》“含弘光大”之义，见其得主而利也。地虽块然静处，而万物之形质文章，皆其所由毓发；感阳以化，则天下之美利备焉。“化光”，则亨利同乎天矣。“太极”第三图，土居中宫，全具太极之体，金、木、水、火皆依以生，殆此意与？而术家言天一生水，至五而始生土，其未察于天化物理，明矣。

“坤”道其顺乎，承天而时行。

动而刚方，天动之也。得主，得天也。化光者，天化也。惟其至顺，故承天而不滞于行，是以元亨而安贞得吉也。

积善之家，必有余庆。积不善之家，必有余殃。臣弑其君，子弑其父，非一朝一夕之故，其所由来者渐矣，由辨之不早辨也。《易》曰：“履霜，坚冰至”，盖言顺也。

一阴初动，未必即为凶惨。故卦之初筮，得六者三十二；亨利而吉者九，无咎者六。阴虽起，而即有阳以节宣之，则丧朋而庆矣。坤体纯阴，自一阴而上，顺其情而驯致之，遂积而不可掩。乱臣贼子，始于一念之伏，欲动利兴，不早自知其非，得朋而迷，恶日以滋，至于“龙战”，虽其始念不正，抑以积而深也。“辨之”，斯悔其非道之常，而安其贞矣。“顺”如“顺过遂非”之顺，即所谓“驯致”也。不道之念一萌，不能降心抑志，矫反于正。为君父者又不逆而折之，惟其欲而弗违，顺阴之志，无所不至，所必然矣。

直其正也，方其义也。君子敬以直内，义以方外，敬义立而德不孤。“直方大，不习无不利”，则不疑其所行也。

存之于体者曰“正”，制之于事者曰“义”。“内”以持己言，“外”以应物言。主敬则心不妄动，而自无曲挠，行义则守正不迁而事各有制；天下皆敬而服之，德不孤而行之无疑矣，所以不习而无不利也。六二居中得正，敬德也；顺而不违于天则，义行也；故为坤道之盛，而君子立德之本也。坤中四爻皆以君子修德业者言之。坤无尊位，异于乾之四爻以上，为乘时履位之象。《易》之道不可为典要，类如此。其以君臣隐见定爻位者，失之矣。

阴虽有美，含之以从王事，弗敢成也。地道也，妻道也，臣道也。地道无成，而代有终也。

六三含六二之美于中，而为进爻，以应外卦于上，故虽坤道小成，而不自居其成，积学以待问，补过以尽忠，敬戒而无违，纯乎顺也。“代有终”者，天之所生，皆地效其材，以终天之化也。

天地变化，草木蕃，天地闭，贤人隐。《易》曰“括囊，无咎无誉”，盖言谨也。

纯阴之世，阳隐而不见，天闭而不出，地闭而不纳，于时为坚冰，于世为夷狄、女主、宦寺。能隐者斯贤也，虽有嘉言善行，不当表见以取誉。姚枢、许衡以道学鸣，如李、梅冬实，亦可丑矣。六四柔得位而不敢履中，故能谨之德归之。

君子黄中通理。正位居体。美在其中，而畅于四支，发于事业，美之至也。

六五黄中之美，与二合德；敬义诚于中，形于外，无异致也，故曰“通理”。端己以居位，而盛德表见，以充实其安贞之体，则美既在中，而威仪之赫喧、文章之有斐，美无以尚矣。坤无君道，以二为内美、五为外著，君子暗然日章之德也。

若此类，惟君子占此为吉。无其德而占遇之，如《春秋传》南蒯所筮，神所弗告，筮策之偶然尔。故曰：“《易》为君子谋，不为小人谋。”如蒯比者，卦之吉，于己为凶。不可谓《彖》、《爻》不足以尽吉凶之理，而别求之术家之象数也。

阴疑于阳必战，为其嫌于无阳也，故称“龙”焉。犹未离其类也，故称“血”焉。夫玄黄者，天地之杂也。天玄而地黄。

为，于伪反。

阴阳各六，十二位而向背分。阳动而见，阴静而隐，其恒也。六阴发动，乘权而行阳之道，阴向而阳背，疑于阴之且代阳而兴矣。六阳秉刚健之性，岂其终隐？阴盛极而衰，阳且出而有功；必战者，理势之自然矣。阳欲出而阴怙其势，非能不战而静退者也，乃言阴战，则阴为主；而不见阳之方兴，故卦无龙体著见，而称龙以归功于阳。《春秋》以尊及卑，以内及外，王师败绩于茅戎，不言败之者，此义也。“未离其类”者，阳虽伤，而所伤者阳中之阴也，刚健之气不能折也。故秦汉、隋唐之际，死者陈胜、杨玄感而已，皆龙之血也。阳以气为用，阴以血为体。伤在血，阴终不能伤阳，而阴衄矣。“杂”谓交伤。“玄”者，清气虚寥之色；“黄”者，浊气组结之色。

第二章 周易内传卷一下

䷂ 坎上 震上 屯

屯：元亨，利贞。勿用有攸往，利建侯。

“屯”者，草芽穿土，初出之名；阳气动物，发生而未遂之象也。此卦初九一阳，生于三阴之下，为震动之主。三阴亦坤体也。九五出于其上，有出地之势；上六一阴复冒其上，而不得遂，故为屯。冬春之交，气动地中，而生达地上，于时复有风雨凝寒未尽之雪霜，遏之而不得畅；天地始交，理数之自然者也。元亨利贞，乾之四德，此卦震首得阳施，为物资始，阳气震动，于物可通；九五刚健中正，虽陷阴中而不自失，足以利物而自得其正；故乾之四德，皆能有之；此天地之始化，得天最夙者也。然虽具此四德，而于时方为屯难：初阳潜于地下，五阳陷于阴中，阳为阴覆，道不得伸，则与乾初“勿用”之时义同，而无同声同气之辅，虽在天位，而不足以飞，是以“勿用有攸往”也。“利建侯”者，九五居尊，阳刚得位，而道孤逢难，必资初九之阳鼓荡迷留之群阴，乃可在险而不忧。此为大有为者王业初开，艰难未就，必建亲贤英毅者遥为羽翼，以动民心而归己，然后可出险而有功。故其合宜而利物者，在建初九以为辅也。阳，君也，而在下；又震为长子，皆元侯之象。凡此类，取义甚大，非小事所可用。然以义推之，则凡事在艰难。资刚克之才，以济已于险，亦可通占；而困勉之学，宜资师友以辅仁，亦此理也。《易》之义类旁通，玩《象》占者所宜推广，然必依立辞之理，非术士附会《象辞》之迹，以射覆，可云“易者意也”而以饰其妖妄也。

《象》曰：屯，刚柔始交而难生。

难，去声。

“始交”，谓继乾坤，而为阴阳相杂之始也。《周易》并建乾坤以为首，立天地阴阳之全体也。全体立则大用行，六十二卦备天道人事、阴阳变化之大用。物之始生，天道人事变化之始也。阴以为质，阳以为神，质立而神发焉。阳气先动，以交乎固有之阴，物乃以生。屯之为卦，阳一交而处乎下，以震动乎阴之藏；再交而函乎中，以主阴而施其润。其在草木，则阳方兴而欲出之象。故屯继乾坤而为阴阳之始交。以象言之，则雷动云兴，为天地蒸变、将施泽于物而未行之象。

坤立而阳交，宜以复为始，而始屯者，天包地外而入地中，天道不息之自然，阴虽繁盛，阳气自不绝于地上，有动则必有应，地中之阳兴于下，地上之阳即感而为主于中，屯以成焉。若孤阳起于群阴之下而为复者，人事之变尔。乾坤初立，天道方兴，非阴极阳生之谓，是故不以复为始交而以屯也。

“难生”，谓九五陷于二阴之中，为上六所覆蔽，有相争不宁之道焉。阳之交阴，本以和阴而普成其用，然阴质凝滞而吝于施，阳人其中，欲散其滞以流形于品物，情且疑沮而不相任，则难之生不能免也。故六二“疑寇”，九五“屯膏”，上六“泣血”，皆难也。戡乱以定治，而民未遽服；正性以治情，而心犹交战，皆物始出土、余寒相困之象也。

动乎险中，大亨贞。雷雨之动满盈。

震动于下，坎险于上，方险而动，阳刚不为难阻。体天之健行以出，而有功，所以具四德，而首出咸通，得性命之正。震雷发乎地中，坎雨行乎天位，鼓动积阴而为之主，虽一阴覆上，不为衰挠，得其正则于物无不利也。此释“元亨利贞”之义。

天造草昧，宜建侯而不宁。

造，昨到反。

此以人事释“勿用有攸往，利建侯”之义。“天造”犹言天运，谓天欲开治之时也。“草”，草创也。“昧”，蒙昧也。“宁”，谓安意坦行也。一阳起于阴中，王业草创之象。九五虽居尊位而在群阴之中，万物未睹，昧于所从；于斯时也，所恃者初九动而有为，宜建之为侯，以感人心而济险。未得快意决往，遽求定以自为功也。

《象》曰：云雷屯，君子以经纶。

坎不言水，而言云者，当屯之世，阴阳初交，雨未即降，所谓“屯其膏”也。“经”者，理其绪而分之。“纶”者，比其绪而合之。雷以开导晦蒙，分阴阳之纪；云以翕合阴阳，联离异之情。经纶运于一心，不恤艰难，以济险阻，君子用屯道之“不宁”者以拨乱反治。若时际平康，可以端拱而治，则坦然与天下利见，无事图难行险，自屯以屯天下矣。

初九：磐桓，利居贞，利建侯。

“磐”，大石。“桓”，邮亭表木，午贯交植，若今之拒表，皆不动者。初九一阳处三阴之下，坚立不可动摇，潜而未行，故有此象，所谓“勿用攸往”也。“居贞”之“利”，志之定也。“利建侯”，九五宜建之以为侯也。建侯得正，则君臣交受利矣。

《象》曰：虽“磐桓”，志行正也。以贵下贱，大得民也。

“磐桓”而安处于下，未足以行其正也。然为震之主，当屯难之世，欲震动群阴，与之交感，以济九五于险，则志在行正，而非坐视时艰，不思有为。若其伏处阴下，则欲得三阴之心而与俱动耳。阳贵阴贱，阳君阴民，守侯度以率民事主，所以宜建之为侯也。

六二：屯如邅如，乘马班如，匪寇婚媾。女子贞不字，十年乃字。

乘，食证反。

“邅”，迟回不进。车驾四马曰“乘”。屯阳御四阴，以动而涉险，故三言“乘马”。“班”，相别而往也。《春秋传》：“有班马之声。”女子许嫁而字，初阳震动欲出，而二以阴居其上，止之不进，与初异志，如乘马不相随而分歧路，盖疑初九之为寇已也。夫阳欲交阴，以成生物之功，岂其相寇哉？欲相与为婚媾尔。而二倚其得中，不与之交，如女子年已及期，义当有字，而亢志不字；至于九五，阳已居尊，而下与相应，乃不得已顺以从之，如冯衍幅巾而降光武，时已过矣。所以犹为“贞”者，得位居中，非为邪也。

《象》曰：六二之难，乘刚也。“十年乃字”，反常也。

屯之所以为“难生”者，二掩初，上掩五，使不得升也。阴阳交以成生物之功，“常”也。女子之贞，非以不字为贞；“乘刚”不相下，阴志之变也。上应九五，乃反乎常，故虽晚而犹不失其正。“十年”，数之极也，天道十年而一改。

六三：即鹿无虞，惟入于林中，君子几，不如舍，往吝。

舍，如字。

君猎，虞人翼兽，以待射；“无虞”，鹿不可必得也。“林中”，车鲑马阻之地。“舍”，止也。六三当震体之成，而为进爻；上六穷阴不相应，坎险在前，往无所获，而有所碍，故有此象。三柔而无锐往之象，类知几而能止者，故可勉以君子之道。然体震而躁进，不保其能舍，则有“往吝”之忧。穷于已之谓“吝”。

《象》曰：“即鹿无虞”，以从禽也。君子舍之，“往吝”穷也。

求进而不知险，惟贪于从禽，而躁动不已，自非君子，能无吝以致穷乎？

六四：乘马班妇，求婚媾，往吉，无不利。

四与初应而又上承九五，不专有所适，故有“班如”之象。然柔得位而为退爻，始虽疑而终必决往，与初为正应。“求婚媾”，初来求也。柔而得正，初所宜求；求而必往，四之顺德。阳动而有功，必得阴之顺受，而后生化以成，于己为“吉”，于物为“无不利”矣。

《象》曰：求而往，朋也。

四有可求之美，初有待往之情，明于其当然，终解“班如”之惑。君臣朋友之际，审于所从，则无不利而吉。

九五：屯其膏，小贞吉，大贞凶。

“膏”，泽也，水之润物者也。“贞”，正物之谓。九五虽有阳刚中正之德，而为上六所掩，陷于险中，无能利于所往。盖雷动云兴，时雨不能降之象。于斯时也，委屏辅之任于初九，而因其可为者，小试正物之功，则满盈之经纶，徐收后效而吉矣。如一旦求大正于物，阴险争衡，而不解，必至于凶。故虽仁义之美名，不可一旦而袭取，如春初茁芽，始出于地，遽尔茂盛，必为疾风寒雨所摧，初九微阳，不能入险而相援也。

《象》曰：“屯其膏”，施未光也。

为阴所蔽也。

上六：乘马班如，泣血涟如。

涟与澜同。

阳方兴而已履中位，上六独怀异志，以相难，初既得民，五膏盈满，岂能终遏之哉？时过势倾，惟自悲泣而已。陨泪无声曰“泣血”。

《象》曰：“泣血涟如”，何可长也？

阴留于阳生之后，势不能久，故消阻而悲泣。能建侯而得民，可不以之为忧矣。

䷃艮上坎下 蒙

蒙：亨。匪我求童蒙，童蒙求我。初筮告，再三渎，渎则不告。利贞。

告，旧音古毒反，如字亦通。

“蒙”者，草卉从生之谓，晦翳，而未有辨也。阴阳之交也，始自屯；乃一回旋之际，阴得阳滋，而盛阳为之隐，初阳进而居二，五阳往而居上，皆失其位，阳杂阴中而无纪，五为卦主，而柔暗下比于二阴，故为蒙。但以柔得中而下应乎二，阴虽盛而上能止之，以不终于昧，下听二之正己，故有亨通之道焉。“匪我求童蒙”以下，皆言处蒙之道，而归功于二也。二刚而得中，治蒙之任属焉。故内之而称“我”。“童蒙”谓五也。谓之童蒙者，鸟兽之生，得慧最夙，及长而渐流于顽戾；惟人之方童，蒙昧无识，理未曙，而欲亦有所闲止而不知纵。六五之阴暗，而上有阳以止之，其象也；人之所以异于禽兽也。屯动乎险中，出以济险，治道之始也；刚得上位，君道立而可以定难也。蒙险而止之，以闲邪而抑其非僻，教道之豫也；刚在下而得中，道不可行而可明，君道诎而道在师也。礼有来学，无往教；五虚中而二以刚应之，五求二，二不求五也。“初筮告，再三渎，渎则不告”，二之所以得师道者。五求而应，初筮之告也。刚中而不枉道，渎则不告也。当告则告，不可告则不告，中道而立使自得之，养蒙之正术，能利益于蒙，利且贞。是以亨。

《象》曰：蒙，山下有险。险而止，蒙。

此以二体之象，释卦名之义。山在上，既不易登，而下有险，愈茫昧不知所适。然遇险而止，不涉倾危，安于未有知，而不妄行，则未为善，而抑未习于不善，童蒙待启之象。

“蒙亨”，以亨行时中也。

蒙之所以亨者，以方在蒙昧，而能求阳以通其蔽，资中道以止愚妄，及欲觉未觉、愤悱之时，求亨通而不自锢也。

“匪我求童蒙，童蒙求我”，志应也。

六五之志，与二相应，自然来学，不待往教，所以得亨。

“初筮告”，以刚中也。“再三渎，渎则不告”，渎蒙也。

君子诲人不倦，而师道必严；“刚中”裁物，所以善诱。彼志在躐等，不能以三隅反，而复以一隅问者，乃全求诸人，而不求诸己，愈渎则愈蒙；其蔽也贪多闻，侈奇衺，见异说而迁，必将“见金夫不有躬”，尽弃其学而陷于左道。故君子虽有不忍人蒙昧之心，必不告以渎之。

蒙以养正，圣功也。

蒙之所以能利贞者，惟以善养之而正也。筮而告，无所隐，渎而不告，不使渎，所以养蒙而正之也。中以养不中，才以养不才。优而柔之，使自得之；引而不发，能者从之。作圣之功，中道之教，存乎养之而已。此赞九二教道之至，盖蒙未有亨道，在教者之刚严而善养，乃得利贞。

《象》曰：山下出泉，蒙。君子以果行育德。

行，下孟反。

“泉”者，水始出之细流。故于山下之水，不言水而言泉。泉方出山，而放乎四海，无所止息，“果”矣。曲折萦回，养其势以合小为大，“育”也。君子之行，成于勇决，而德资于涵养。勇决则危行而不恤利害，涵养则成章而上达天德。宁武之愚不可及，颜子之如愚足发，皆此道也。

初六：发蒙，利用刑人，用说桎梏，以往吝。

说，吐活反。

“发”，犹始也。阴阳之交，在屯，阳生于下，方震动以出；至蒙而阴复起于下以陷阳，蒙之所自发而不易收也。九二虽有刚中之德，而为初之所桎梏，必奋然决断，绝私昵而施之以威，乃可说桎梏而往正乎五。然阴性柔，初位贱，承二而易相狎昵，未见其能决于正法也，故吝。

《象》曰：“利用刑人”，以正法也。

为蒙蔽造端之孽，欲正蒙者，非施法不可。宦官宫妾，卑贱而善导人主于迷，正人君子所必治。

九二：包蒙吉。纳妇吉，子克家。

“包”亦养之之意。教道之善，取蒙者之刚柔明暗，悉体而藏之于心，调其过，辅其不及，以善养之。师道立，善人多，是以吉也。“纳妇”以下，别为一义，取象之博也。凡《彖》、《爻》有二义者，放此。蒙阳养阴而正之，故二、三皆有取妇之象。妇人之性柔而暗，其柔也告之，其暗也勿渎之，刚而得中，以此纳妇，家之吉也。五为妇，上其子也。揲蓍之法，下爻立而后生上爻，故上有为五子之象焉。教子者先教妇；妇慈而无溺爱，则子且才。故上九刚健，能终九二之德。

包蒙之吉，以之正家，家教修，而世泽长矣。

《象》曰："子克家"，刚柔接也。

父刚母柔，教养道合，故得上九克家之子。

六三：勿用取女。见金夫，不有躬，无攸利。

取，七遇反。

蒙，阴阳杂处，而未知所择，惟怀贞者能从容以慎所从。六三阴不当位，为躁进之爻，溺阳而陷之，歆于小利，而忘其正配，女子不贞之尤者也。"勿用取"，谓上九虽与为应，当决弃勿与渎也。夫人苟识之未充，辨之未审，而躁于求益，则见异而迁，惊为奇遇，忘身以徇之。曹伯悦公孙强之霸说而亡国，包显道信陆子静之禅学而髡首，其志操之邪陋，与鬻色之女同其贱，养蒙者无可施其教也。

《象》曰："勿用取女"，行不顺也。

不顺上九之正应，而贪二之近，与相溺。女德如此，乃勿取之，以远害。"顺"，《本义》作"慎"，亦可通。

六四：困蒙，吝。

四为退爻，而以柔处之，非不欲求人之我告，而初六固不能养己者，困于无闻，而不足以行。不见正人，不闻正言，君子之所闵也。然此爻独得位，虽困而未自失，故吝而不凶。

《象》曰："困蒙"之吝，独远实也。

阳实阴虚；实则有道于己，而可以教人。卦惟此爻，与阳隔远。生无道之世，日与柔暗之流俗相亲，虽有承教之心，而无可观感，故《象传》深致叹焉。

六五：童蒙，吉。

虚中待教，得童蒙之正，其吉宜矣。

《象》曰："童蒙"之吉，顺以巽也。

下顺乎二而听其包，上巽人乎上而受其止，有忠信之资而能好学者也。

上九：击蒙，不利为寇，利御寇。

越境攻人，曰"寇"，非寇盗之谓。寇盗，则不待言不利，《易》岂为盗占利不利哉！上九一阳在上，遏止二阴，"击"之象也。九二师道虽严，而位柔得中。上九居高，刚以临下，故为"击蒙"。然童蒙德本巽顺，虽知有未逮，而心无邪僻，但忧外至之恶相诱相侵，须为防护；若苛责太甚，苦以难堪，则反损其幼志。养蒙之道，止其非几，勿使狎于不顺而已矣。

《象》曰：利用"御寇"，上下顺也。

二与合德，五又巽以承教，则与捍外侮可矣，勿重伤之也。因此而知卦外有阴阳；有阴阳斯有同异，有同异斯有攻取。寇蒙者，卦外阴阳之变也。故上九之外有寇焉，而上御之。以综言之，泣血之屯；以错言之，未革面之小人；皆寇也，特隐而未见耳。合十二位之阴阳，以尽卦外之占，乃不穷于义类，学《易》者所当知也。

䷄ 坎上 乾下 需

需：有孚，光亨，贞吉，利涉大川。

“需”，缓而有待也。乾之三阳欲进，而为六四之阴所阻。九五阳刚，履乎中位，而陷于二阴之中，与三阳相隔。三阳待五之引已以升，九五待三阳之类至，交相待而未前，故为健行，而遇险之象，不能无所需迟，而固可以需者也。“孚”者，同心相信之实也。阴与阳合配曰“应”。阴阳之自类相合曰“孚”。凡言“孚”者，放此。旧说谓“应”为“孚”，非是。九五与三阳合德，虽居险中，而诚以相待，秉志光明，而情固亨通，终不失正，吉道也。此以赞九五之德。“利涉大川”，为下三阳言也；虽为四所阻，不能不有需迟，而性本健行，不畏险而自却，且有九五以为之主，非阴所能终阻，涉焉，斯合义而利矣。

《彖》曰：需，须也，险在前也。刚健而不陷，其义不困穷矣。

险在前，不容不有所待，而后济。然天下之陷于险者，皆由锐志前行，而不虑险之在后，则至于困穷，讼之所以“终凶”也。险在前，知之已明而健于行，踌躇满志以有为，虑已熟而无可畏葸，见义必为，不忧其困矣。

“需，有孚，光亨，贞吉”，位乎天位，以正中也。

九五位乎天位，足为群阳之主，而得位秉正，不以在二阴之中而生疑阻，则信著光明，亨通可俟也。

“利涉大川”，往有功也。

健以济险，虽需迟而不陷，往斯利矣。九三以近险而进，“致寇至”，然则往且犯难，而《彖》云“有功”者，全体乾而有恒，则利九三独动，而不需群起立功；抑必有独撄其难者，则先动者当之。凡《彖》、《爻》异占者，大率类此。所谓“变动以利言，吉凶以情迁”也。

《象》曰：云上于天，需。君子以饮食宴乐。

上，时掌反。

水不可加于天上，故变言“云”。云者，水气之清微者也。“上”，升也。地以上皆天，升高则上于天矣。云升而未降为雨，故为“需”。需者，事之贼也。君子敏则有功，无所用需；惟其于饮食宴乐也，可以饮食宴乐矣，而犹需之，故酒清骰干，终日百拜，而后举逸逸之酬。后天下以乐，而后钟鼓田猎，民皆欣欣以相告，则享天下之奉而无从欲败度之愆，此则所宜需者也。此外虽研几观变，极其审慎，而当所必为，坐以待旦，何需之有！

初九：需于郊，利用恒，无咎。

“郊”，旷远之地，与人事不相涉；需而于此，则缓不及事，一旦时至势迫，则必有咎矣。但以阳刚立乾健之基，二、三两阳皆由此而生，不改其度，有可恒之道焉。以斯为“利用”，则筹度有素，而可“无咎”。盖人事之险，固非可轻犯，然必卓然自守，而识之于心；若悠悠忽忽，以为事不及己，而与相忘，是自绝于天下矣。外缓而心不忘，斯以异于庸人之偷惰也。

《象》曰：“需于郊”，不犯难行也。“利用恒，无咎”，未失常也。

难，乃旦反。

远于坎险，不犯难矣。然畏难而不敢犯者，往往葸怯震悼而白丧其神。守健以自持，积刚而不变，则不失其常度，而可以无咎。

九二：需于沙，小有言，终吉。

“沙”，汀渚平衍之地；欲涉者需于此，得其地矣。九二去坎险，在近远之间而得中，吉道也。其于九五，以阳遇阳，相敌而不相应，则始且疑而“小有言”；然已得中，而五以同德相孚，志在引二而与偕进，小言不足以间之，必以吉终。

《象》曰：“需于沙”，衍在中也。虽“小有言”，以吉终也。

“衍”，余也。需于沙而得中，可进可退，自有余地也。

九三：需于泥，致寇至。

“泥”，近于水而且陷矣。九三重刚躁进，需之急而不顾所处之不安，将有非意之伤至，则惟所处之非地有以致之也。

《象》曰：“需于泥”，灾在外也。自我“致寇”，敬慎不败也。

三阳需进，已独居前，近于险而将陷，自恃健行，不知灾之在外，宜其败矣。然志在需，而非以犯难；上六虽险，而与为正应，则敬慎持之，可以不败。盖需而在下，则怠缓已甚；三为前进之爻，无迟滞之过，但能敬慎不失，亦免于灾。虽为戒占者之辞，而爻中本有其德，非占外之通戒。凡救败皆需敬慎，岂徒需三为然哉！

六四：需于血，出自穴。

六四非需进者，而言“需于”，谓三阳于此而需也。三阳需进，九五居中以待其升，而四以阴介其间，使不能速合，阳必见攻，而阴受其伤，故为“血”。然柔而当位，上承九五而为退爻，志在出穴，下接乎阳而非相亢拒，其事苦，其情贞，在险而能出谷迁乔者也。

《象》曰：“需于血”，顺以听也。

顺于阳而听其徐来，与五相合，故出险而不迷。此并“出自穴”释之，而专挈上句，《象传》立文之简也。后放此。

九五：需于酒食，贞吉。

内三爻言“需于”者，于其地，而待人也。此言“需于”者，所以待，待己者也。《易》之辞简而义别，类如此。五与三阳道合，居中得位，以待其至；虽在险中，笃其情礼，期相燕好，不迫不忘，君道之正也。故吉。此言“酒食”，文与《大象》同，而义自别。《大象》观全卦之象，示学《易》者之大用；《爻》乃《彖辞》旁通之情，示占者，时位之宜。飞大象》言“饮宴”，发愤忘食后乐之旨；此言“酒食”，明宴好待贤之义。文偶同尔。读《易》者，不可以《大象》强合于《爻辞》，类如此。

《象》曰：“酒食，贞吉”，以中正也。

爵禄宴好，人君驭赏之权也。位正道中，以待贤者之至，得其正而吉也。古者爵有德，禄有功，于大祭之日，酬以酒，因而命之。故言“酒食”，而禄位在其中矣。

上六：入于穴，有不速之客三人来，敬之终吉。

上居坎险之极，不能出就乎阳，“入于穴”矣。然下应九三，不忘敬顺，故获“终吉”。“三人”，三阳也。九三进，则初与二汇升矣。“不速”，谓有需而不遽进，其行迟也。此卦两言“终吉”，需之为道无速效，故必久而后吉。

《象》曰：“不速之客”来，“敬之终吉”，虽不当位，未大失也。

“不当位”，《本义》云未详，窃谓不当，需之主位也。四出穴以需；五居中以需；上六“入于穴”与三阳不相酬酢，故卦本以阳为主，而于此言客，无与延之为主也，特以顺应九三，故未失柔道，而得“终吉”。

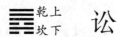

䷅乾上坎下 讼

讼：有孚，窒惕，中吉，终凶。利见大人，不利涉大川。

凡势位不相敌，而负直以相亢、怀险以求伸，则讼。此卦三阳上行，有往而就消之势，已成乎否，将成乎遁；九二不恤险陷，退而下行，为主于内，以止阳于将消，其为功于乾，大矣。乾乃决志健往，不与之相应，则二怀不平之怨，而与五相讼。如卫元咀之于卫侯郑者，始于相援，而终以相亢，物情之险所以难平也。“有孚”者，二之与五合志，以实心事之也。“窒”者，为六三所间，乾阳亢往，无由自达也。其始也，惟恐阳之往而且消，自处忧危之中，以求阳而安之，“惕中”之“吉”也。至于五不我应，激而成讼，则忠信之反为悍逆，以下讼上，终于凶矣。“利见大人者”，五本中正，不以二之忤而终绝之，见之则疑忌消而志道仍合，所以利也。“不利涉大川”者，健于前行，不恤险之在后，未可坦行也。讼之凶，二任之；涉川之不利，则上九之亢而不知退也。

《彖》曰：讼，上刚下险，险而健，讼。

以上之刚，激下之险；下已险而上终怙其健，讼之所以成也。

“讼，有孚，窒惕，中吉”，刚来而得中也。

卦由下生，先筮得者，为内、为来；卦已小成，而再至者，为外、为往“凡言往来，自卦变言之，此据遁而言也。阳本连类以往，九二降而处内，故谓之“来”。阳欲去，而九二宁陷不往，屈已入险；“有孚”，虽“窒”而不恤忧危，吉道也。

“终凶”，讼不可成也。

始于惕，终于险，至于讼，则虽直而辱己犯上，陷于小人之道，故凶。

“利见大人”，尚中正也。

九五刚健中正，所尚者大人无私有容之道，见之则疑忌自消。

“不利涉大川”，入于渊也。

险在下曰“渊”。阳亢而不虑险，斯陷矣。

《象》曰：天与水违行，讼。君子以作事谋始。

人与己违则讼人，欲与道违则自讼。而事后追悔，心志乱而愈乖。惟于作事之始，两端交战于心，必辨其贞胜之心，毫厘不以自恕，如讼者之相讦，而后得失审，以定于画一，善恶分明，如天高水流，不相胶涸。君子之用讼，自讼于始，终不讼人也。

初六：不永所事，小有言，终吉。

“所事”，讼事也。“永”，引之使长也。初六与坎为体，二讼，则己不能不与其事；而以柔居事外，固无争心，虽“小有言”，恒欲退息，与四相应，归于和好，故终得吉。

《象》曰：“不永所事”，讼不可长也。虽“小有言”，其辩明也。

讼不可长，故“不永”而“终吉”。凡讼者之始，皆有所挟之理，未大远于正；相持而不解，则客气盛，而枝词出，相引无穷，终于两败。故听讼者，且贵片言之折，况讼者乎！自不欲永，则风波之辞终归昭雪，所谓“止谤莫如无辩”也。

九二：不克讼，归而逋。其邑人三百户，无眚。

“不克”，不胜也。“归而逋”，退处于二阴之间以自匿也。“邑人”，谓初与三。“三百户”，尽其邑之人也。灾自外至曰“眚”。九二挟德为怨，以讼其上，固无胜理，赖九五中正，曲谅其有孚之实，原情而恕其悍，听其诎服，不加以刑，使得保其封邑，而罪不及于初、三，皆得“无眚”，幸也。盖讼而不胜，枝蔓傍生，且有意外之祸，非遇中正如九五者，将有如卫侯郑之于元咺，祸延公子瑕，况其陪隶乎！

《象》曰：“不克讼，归逋”，窜也。自下讼上，患至掇也。

“掇”，犹拾也。下之事上，即有劳不见谅，而亦安于其义；挟以犯上，自取逋窜，于人其何伤乎！

六三：食旧德，贞厉，终吉。或从王事，无成。

古者仕者世禄，凡士之有田禄者，皆先世之德泽。“食旧德”，谓保其封邑也。六三柔而上进，不从九二以讼，而上从于乾，灾眚不及，善于自保者也。以与二为坎体，必为二所不满，则守正而亦危矣。然二既逋窜，五终正位，是以“终吉”。但处嫌疑之际，内为二所掣，外遇上九之亢，或思出而从王，固不能有成，可自安，而不可图功之象也。

《象》曰：“食旧德”，从上吉也。

"上"，谓乾也。

九四：不克讼，复即命，渝，安贞，吉。

"不克"，事不成也。九四以刚居柔而为退爻，上承九五之中正，下应初六，而与二无基心，故不欲成讼；而承宣五之德命，以谕二使复受命，虽处变而自得"安贞"之吉矣。凡讼之事，皆有居间者，为之起灭。二讼上，而三、四居其间，三既柔而从上，四又不欲讼，而代五宣其德命，则不用刑罚，而讼者自诎服以免于眚。故人即欲讼，不与讼魁谋，而有安静正直之君子居中镇定之，则讼不长，而讼者虽刚险，亦受其和平之福矣。

《象》曰："复即命，渝，安贞"，不失也。

讼之不克，何失之有！

九五：讼，元吉。

刚健中正，初无失德，虽为下所讼，无能为损，吉所固有也。

《象》曰："讼，元吉"，以中正也。

中正者，大人之德，吉自归之，见之则利；与为讼，必逋窜矣。

上九：或锡之鞶带，终朝三褫之。

"鞶"，车饰，"带"，服饰；车服所以行赏。"或"者，侥幸偶得之辞。二之讼上，本以乾上行，而不与己应为猜恨。九五中正，不与相竞；四居其间，承上意而以下告；惟上九健往之首，与二隔绝，而骄亢不屈，激成讼者也。其事若出于卫主，故或徼荣赏。而讼定以后，二既屈服，其惕中之孚，且见谅于五，必恶上之酿祸，而亟褫之。晁错忠而见诛，况传游艺之一岁九迁乎！

《象》曰：以讼受服，亦不足敬也。

激祸以居功，君子之贱恶之久矣。

䷆ 坤上 坎下 师

师：贞，丈人吉，无咎。

卦惟一阳，统群阴，而为之主，居中而在下，大将受钺专征之象。阴盛而聚，杀之事也，故为“师”。“贞”，谓六五柔静得中而不竞。惟九伐之法，道在正人之不正，则命将专征，非过刚而黩武也。“丈人”，谓二刚中之德为壮猷之元老，以之临戎，战则必胜，故吉也。王者顺天致讨，得征之正，又命将得人，而免乎凶危，然后“无咎”。不然，师之兴，咎之府也。五虽顺正，与二为应，然柔胜，嫌于不断，或委任不专，则黩武之小人且乘之以徼功而偾事。故《彖辞》虽为吉占，而有戒意。盖兵者，不得已之用，不但伤生费财，且小人乘之以立功而揽权。贞而不吉，既以病国戮民；吉而不贞，又为贪功启祸。免此二者，而后师为可兴。圣人贵生恶杀，固本靖民之情，于斯见矣。

《彖》曰：师，众也。贞，正也。能以众正，可以王矣。

王，于放反。

人众则桀傲贪残者，杂处不一。且兵强易骄以逞，惟柔静居中、顺理而无竞者，能用众而不诡于正，斯三王之所以王也。此明师必贞，而后可无咎也。

刚中而应，行险而顺。

九二刚中，有致胜之材，而五与相应，宠任既专；二致身以行险，而承上大顺之理以伐罪吊民，则或不战而敌服，或一战而定矣。此明必丈人之吉而后可无咎也。

以此毒天下而民从之，吉又何咎矣！

总承上文而言。以正兴师，则民服其义；将得其人，则民无败死之忧。二者之道备，民所乐从，虽毒民而又何咎乎？非是而毒民，其咎大矣。

《象》曰：地中有水，师。君子以容民畜众。

地中之水，不见于外，而自安于所润。君子用此道，以抚众民，以静畜动：士藏于塾，农藏于亩，贾藏于市，智愚顽廉兼容并包，养之以不扰。以之行师，有闻无声；驭众如寡，亦此道也。

初六：师出以律，否臧凶。

师之有束伍节制，相为应而不相夺伦，犹乐之有律也。“否”，不然。“臧”，善也。师一出，即当以律，乃可胜而不可败。初六乘险，而处散地，反以律为不善，而恣其野掠，其败必矣。

《象》曰：“师出以律”，失律凶也。

以律为不臧，则必失律矣。

九二：在师，中吉，无咎。王三锡命。

以一阳而统群阴，处于险中，将在军之象也。刚而得中，得制胜之道，故吉。必其吉，而后可无咎。用兵非君子事君之正道，虽吉，免咎而已。且其所以独任为主，专制师中者，以六五柔顺虚中，而与相应，故“王三锡命”，乃克有功。则其胜也，皆天子之威灵，而非可自居以为功也。

《象》曰：“在师，中吉”，承天宠也。“王三锡命”，怀万邦也。

六五居天位，而司天命，天讨之权。九二惟承锡命之宠，故吉而无咎。且王之宠锡之者，岂以私九二而假之权哉？怀宁万邦，故代天而命德讨罪，二不得邀宠而侵权也。

六三：师或舆尸，凶。

“或”者，未定之辞。徼幸而胜者有矣；师败将殪，舆尸以归，亦其恒也，视敌何如耳。六三以柔居刚，又为进爻，才弱志强，行险妄动，故其象；占如此。命将者，其可轻任之乎！

《象》曰：“师或舆尸”，大无功也。

“大”，谓阳也。九二刚中，足以制胜，而三乘其上，不用命而轻进；三败，则二功亦堕。若先縠之于荀林父、王化贞之于熊廷弼是已。

六四：师左次，无咎。

兵法：前左高，后右下。六四凭依坎险，故为“左”。以柔居柔而为退爻，“次”之象也。凡师虽次止不进，前左之军，必进为游奕；左次，则右后皆止。善师者不阵，故无咎。

《象》曰：“左次，无咎”，未失常也。

进退可据之谓“常”。

六五：田有禽，利执言，无咎。长子帅师，弟子舆尸，贞凶。

长，丁丈反。帅，所律反。

“田”，猎也。“禽”，护也。“执言”，执辞声罪，以致讨也。六五柔顺得中，无贪愤之心，因彼有可伐之罪，执辞以讨，其兴师正矣。然王者之师，虽以柔胜，而用将必须刚断。五与群阴杂处，虽下应九二，而志柔不定，则方命长子帅师，而复遣弟子得以争功躁进。若初、三，皆弟子也。侥幸尝试，必致败绩。事虽正，而轻用民于死，亦凶矣。

《象》曰：“长子帅师”，以中行也。“弟子舆尸”，使不当也。

五之锡命九二而使帅师，徒以其居中，位尊望重，而使之行耳，非能刚断而专任之，故使弟子参焉，而至于败。

上六：大君有命，开国承家，小人勿用。

“大君”，谓五也。“开国”，命为诸侯。“承家”，命世为大夫。上居事外，不与师旅之事。师还论功，六五命之，定爵行赏。赏虽以功为主，而抑必视其人。小人不可开国承家，而命之则贻害方大，故戒之。然小人侥幸有功，与君子等，而以志行见诎，则将有如赵汝愚之于韩侂胄者，激之而反成乎乱。故“勿用”者，宜早慎择于命将之日。上六虽柔不能断，但戒之，而无归咎之辞；责在六五，不在上六也。六五遣弟子分长子之任，虽免舆尸，亦终为咎。至于小人已有功而抑之，乃忠臣忧国、不恤恩怨之道，直道虽伸，国亦未易靖也。

《象》曰：“大君有命”，以正功也。“小人勿用”，必乱

邦也。

“正功”者，但正其功次。小人之“必乱邦”，非忧国远虑者不能任怨而裁抑之，故危言以戒之。

䷇ 坎上 坤下 比

比：吉。原筮，元永贞，无咎。不宁方来，后夫凶。

比，必二反。

相合无间之谓“比”。此卦群阴类聚，气相协，情相顺，而一阳居中，履天位，为群阴之所依附，无有杂间之者，故为比。凡物情之险阻，皆生于睽离，比则吉之道也。“原”，本也。“筮”，择也。君子之交，以道，合而无所昵，故曰“周而不比”。比，非能无咎者也。乃此卦群阴统于一阳，其本所择，而顺从者，乃乾元之德，奠于正位而永固；则以德以位，皆所宜，因而不失其亲，虽比而无咎矣。九五既为群阴之宗主，则虽自二而外，非其正应，为不宁之方而近说远来，皆相托以归附。惟上六独处于外，志欲相亢，而受“后至”之诛，是以凶。盖择主者审之于初，而不可怀疑，贰于既审之后。臣之事君，弟子之从师，皆此道也。“不宁方”，犹《诗》言“不庭方”。后至称“夫”者，不能信友获上，为独夫而已。

《象》曰：比，吉也。比，辅也，下顺从也。

比之所以为吉者，以其比五，而辅之也。下顺从者，阳既居尊，群阴不敢亢也。言“下顺从”，则上六之不从而逆，其凶可见矣。

“原筮，元永贞，无咎”，以刚中也。

阳资始而后阴能成化，德位永定，而无可违。九五刚中，有可亲比之道，本所当筮择为主者，故无咎。

“不宁方来”，上下应也。“后夫凶”，其道穷也。

上下皆所宜应，虽后至，能终相逆乎？徒自穷而已。所应得曰“道”。

《象》曰：地上有水，比。先王以建万国，亲诸侯。

天下之至无间者，无如水之依地，地之承水，已亲已密。君子不以此失己而从人；惟开国之王者，分土以授亲贤，恩礼周浃，以一人而统万方，则道宜于此。

初六：有孚比之，无咎。有孚盈缶，终来有它，吉。

比有以相近而相亲者，二之于初、三，四之于上是也；有以相应，而相合者，初之于四，二之于五，三之于上是也。初六远处于下，不亲于九五，宜有咎也；而六四密近于五，初柔顺之德，与四相合而相孚。因柔嘉之大臣，以托于大君，非结权要而为党援也，故“无咎”。地既疏远，情不易格，必有“盈缶”之诚，以信友而获上，上乃嘉予而与相比。非其正应而得恩礼，故曰“他吉”。

《象》曰：比之初六，有它吉也。

四非能与初以吉者。孚于四而得比于上，非初自能得之，因他而致也。

六二：比之自内，贞吉。

六二正应九五，而为坤顺之主，居中得位，以内比于初、三，与同归心于五，盖得人臣以人事君之道。忠贞之笃，其吉宜矣。

《象》曰："比之自内"，不自失也。

合众阴以比于上，虽以六三之挟异志，而犹欲与相联合，非失身于匪类也。

六三：比之匪人。

当群阴比阳之世，而上六独为"无首"之"后夫"。非人情，非人理矣。六三与之相应，如庄助之于淮南，萧至忠之于太平公主，不待言凶，自可知其必凶。

《象》曰："比之匪人"，不亦伤乎？

既已伤世，还以自伤，叹其害之烈也。

六四：外比之，贞吉。

四近于五，专心亲上，而外与初应，翕合疏远，使不宁之方。共媚一人，其忠贞之至，吉与二同。言"外"者，四体外卦，则以内卦为外也。

《象》曰："外比"于贤，以从上也。

初六托迹远而不妄说人，贤而隐者也。比之以从上，如留侯之于四皓是已。"上"谓九五。

九五：显比。王用三驱，失前禽。邑人不诫，吉。

"三驱"，天子之田。不合围，三面设驱逆之车，缺其一面，不务尽获也。九五居尊得位，以统群阴，光明洞达，无有私昵，比道之至显者也。乃人情之顺逆，未可卒化，虽大舜之世，不乏三苗，将有如上六之背公死党。而怀异志者。圣王于此，舍而不治，如田猎三驱，纵前禽而听其失，要何损于大顺之治哉？一隅未靖，臣民自谅其无能为。而不相警诫。人有定情，无警扰乘衅之忧，故吉。

《象》曰：“显比”之吉，位正中也。舍逆取顺，“失前禽”也。“邑人不诫”，上使中也。

“三驱”之法：缺其前，背我而去者则弗追，向我而来者则取之。九五听上六之为“后夫”，而不强为联合，以损恩威，故失而无伤于吉。“上使中”者，五虽周遍抚下，而与二相应，因其柔顺得中之德，任之以内比，故群阴有所托，而不以上之逆为忧。

上六：比之无首，凶。

比必有首，而后得所宗主以自立。上六背九五，而欲下比于群阴，为翕翕訿訿之小人，以罔上行私，其凶必矣。

《象》曰：“比之无首”，无所终也。

小人背公营私，以树党，乍合而终必离。不但初、二与四之憎恶，即相应如三，既伤以后，亦必惩祸，而绝之。显比之王者，虽舍之不治，终必自溃，故舜舍三苗，而三苗终窜。凡不度德相时，而好自异者，类如此占。又以示显比者，可静候其自亡也。

䷈ 巽上 乾下 小畜

小畜：亨。密云不雨，自我西郊。

“小”谓阴也。以法象言之：天包地外，地在天中，有形有涯，无形无涯，体之大小也。以数言之：阳奇，一而函三，三其三而九，四揲之而三十六；阴偶，缺三之一而为二，三其二而为六，四揲之而为二十四；用之大小也。以时化言之：阳舒而万物盈，阴敛而群动缩，功效之大小也。故阳大而阴小。大畜、大壮、大过皆谓阳，小畜、小过皆谓阴。“畜”，止也，养也，止之所以养之也。用之有余则体且忧其不足。乾之健行，乐于施而敏于行，阴间其中以节止之，所以养其有余也。艮二阴得中而谓之大畜，巽一阴而谓之小畜者，艮体阳而巽体阴也。凡卦一为主，二为从。巽一阴人于二阳之中，阴为主而得位，乾之健行方锐，而一阴以柔道止其健，五、上二阳，皆为阴用，以成巽人之德，故为小畜。“亨”谓阴亨也。柔得位，而上有二阳之助而有力，乾承其下而受其止，故亨。汉光武以柔道治天下，卒能止天下之竞，而养以安，用此道也。然其为亨，能止阳而不使过，则抑未足以开物成务而化成天下，故又为“密云不雨，自我西郊”之象。雨之降，皆由地气上升，天气上覆而不得散，乃复下而为雨。此卦阴上脐于乾，阳气盛于下，而不得降，但上为二阳所遏，为，密云而已。乾位西北，巽位东南，自乾而巽，自西而东，晴雨之征。云自西向东者不雨，以乾阳驱阴也。言“自我”者，乾在内，故内之而称我，正阳之为主也。盖酝酿轻微，方在畜积，非德化大行之征，占者虽有亨道，而未足以行也。

《彖》曰：小畜，柔得位而上下应之，曰“小畜”。

六四既自得位，下以柔道畜阳，而阳不争，上有二阳，厚其力以使能人，故能以小畜大。

健而巽，刚中而志行，乃亨。

乾方健行，而能以巽人止之。九五刚中，以施其富于四，四之志，乃得以行，朋之所以亨也。

“密云不雨”，尚往也广自我西郊”，施未行也。

“尚”，上行也。阳上哷，阴不得降，故为云。随风而东，不雨之象，能止而未足以行也。

《象》曰：风行天上，小畜。君子以懿文德。

“文德”，礼乐之事，“懿”，致饰而尽美也。礼乐自上兴，无所施洽于物，而以风动四方；君子以“风行天上”之理自修明于上，而无为之化，不言之教，移风易俗，不待政教而成矣。此卦《大象》与《彖》殊异，故读《易》者不可执《彖》以论《大象》，则不可执《大象》以论《爻》明矣。

初九：复自道，何其咎，吉。

复，芳服反，下同。何，胡可反，亦可如字读，义同。

“何”本负何之何，从人从可，人所可任，而载之也。经传或从草，作荷华之荷，传写相承之讹。乾健受畜，而施不得行，非乾志也。初与四应而受其畜，咎将归之。乃初位在潜藏，则不往而来复，以奠其居，养阳道之微，固其道也。复既以道，虽负咎而不恤，惟守道以自安，故吉。

《象》曰：“复自道”，其义吉也。

义正，则咎有所不辞。君子秉义不回，以受天下之疑谤，其究也，吉必归之。

九二：牵复，吉。

九二不与四应，非受其畜者，以初九受畜。牵引而退，使安处于中，而不进。盖君从臣谏，弟听师裁，而抑志以养德之象。

《象》曰："牵复"在中，亦不自失也。

受"牵"而"复"，乃得中位，虽志不克遂，而获所安止，不失刚中之正。

九三：舆说辐，夫妻反目。

说，吐活反。

"辐"，毂中植木。"反目"，恶怒而不相视也。九三重刚不中，而为进爻，志在躁进，乃为六四所畜，不能驰驱以逞，为"舆说辐"之象。刚竞不已，怒四之畜己，而不知四，以柔道止之者，本以养阳德于有余，乃躁进而顾与相违。如苻坚之拒张夫人、宸濠之拒娄妃，志终不逞，而徒以自丧也。

《象》曰："夫妻反目"，不能正室也。

自处不正，安能正室？而更与争，愈趋于乱，明非妻之过，而夫之过也。

六四：有孚，血去惕出，无咎。

去，如字，旧读上声，非是。

"有孚"者，为九五之所信也。阴阳异，而言孚者，二阳合，而成巽，阳从阴化，故谓之小畜，则阴阳异而孚也。六四专任畜阳之事，而巽人之德，由九五与之相孚治，不疑其独异于阳而任之，乃能以孤阴止乾之健行，则阳实任己以畜，虽与三相违，有战争之象，而终不与竞，则"血去"矣。"惕出"，惕以出之也。以柔居柔，惟恐与阳不相人，上承九五，刚中之德，而兢惕婉慎以出，此畜道之尤善者也。孟子曰"畜君何尤"，"无咎"之谓也。

《象》曰："有孚""惕出"，上合志也。

“上”谓九五。不自专而与阳志合，慎之至也。

九五：有孚挛如，富以其邻。

“挛如”，相结不舍也。“以”犹与也。九五刚中，阳德方富，而与巽为体，下与四孚以辅之，而成畜阳之美，四亦藉之以富，而不忧其孤，上《象》所谓“合志”者是也。阴为卦主，故五降尊而称“邻”。

《象》曰：“有孚挛如”，不独富也。

惟其信任之笃，故四能分有其富，而成畜阳之美。凡以柔止天下之躁动，必上遇刚正之主，而后获于上者，乃可治下。抑其用虽柔，抑必有刚正之理在中，而后婉入而不为躁人所轻忽。三虽“反目”，而四终“血去”，岂徒然哉！

上九：既雨既处，尚德载。妇贞厉，月几望，君子征凶。

载，昨再反，读如《诗》“尚输尔载”之载。

《象》言“不雨”者，自全卦之象而言也。上九言“既雨”者，自一爻之动而言也。所动在此，则视其发用之变，而不害其同。《履·六三》言“咥人”，异于《象》者，亦此义也。余卦放此。“既雨”者，重刚覆阴于下，且降而为雨，阴道行也。“既处”者，巽道已成，阳不能不止也。“尚”，物所尊也，而有专意。“载”，舟车所积之实也。重刚之稷，辅六四以施养于下，有德可恃，则不复兢惕以出，而已志行、物望塞矣。上九虽阳而体巽，其位又阴，故为“妇”、为“月”。柔而积刚，妇贞而严厉者也。月全受日之明则“望”，阳其明，阴其魄也。二阳而仅露微阴，乃“月几望”之象，亦言阴盛也。“君子”，对妇而言，谓丈夫也。巽之畜乾也，始于柔而终于刚。至于上九，阴挟德以高居，则为之君子者。虽欲有所往，而受其制，则必凶矣。母后称制，虽无失德，而非贤士大夫有为之日。陈蕃、司马温公、苏子瞻皆不明于此义，终罹于患。《易》之为戒深矣。以此推之，许衡欲行道于积阴刚驶之日，得免于凶，固无丈夫之气也。

《象》曰："既雨既处"，德积载也。"君子征凶"，有所疑也。

阴道行而见德，阳受其制，此以养之道止之，所以凶也。知止我者之养我，则不拒违弼，而德以固；知养我者之止我，则不受其羁縻，而志可行。无反目之伤，亦无征凶之虑，阳以交阴，恃此道也。"疑"，阻也。以叶韵求之，或"碍"字之误。

☱☰ 乾上 兑下 履

履虎尾，不咥人，亨。

咥，直结反。

"履"，《本义》谓"蹑而进之"，是也。凡卦皆先举卦名，而后系以象占之辞。此独不然言履，而连"虎尾"为文。盖专言"履"，不足以尽卦之名义，必言"履虎尾"，而后卦象始显也。"同人于野"，"艮其背"，准此。为卦六三，以孤阴失位，躁进而上窥乎乾，欲蹑九四，凭陵而进，乾德刚健，非所可蹑，故有此象。"不嘎人"者，以全卦言之。兑之德说，既非敢与乾竞，而初二二阳与乾合德，乾位尊高，其德刚正，不为所惑，则亦不待咥之以立威，而自不能犯。阴可以其说应之，志上通而有亨道也。

《彖》曰：履，柔履刚也。说而应乎乾，是以"履虎尾，不咥人，亨"。

六三之柔，履乾刚而思干之，犯非其分，本无亨道。惟初、二两阳本秉刚正，与乾道合，三不能独试其险波，姑以说应，为求进之术，则小人欲效于君子，附贞士以向正，君子亦无深求之意，而不责其躁妄，刑戮不施，且录用之，是以能亨。若自其履刚之逆志而言之，未有能亨者也。

刚中正，履帝位而不疚，光明也。

九五，以刚健中正之德，居至尊之位，非三所可凭陵。三虽妄进相干，不足以为其疚病，志量光明，坦然任之，三且技穷思，反以应上，而可藉之以亨矣。

《象》曰：上天下泽，履。君子以辨上下，定民志。

“辩”与辨通。《大象》之义，与《彖》全别。旧说据此以释初、上二爻，非是。履本凶危之卦，于德无取，而阴阳既有此数，物理人情，即有此道，善学《易》者，舍其本义而旁观取象，以议德行，若履，若剥，若明夷之类是已。风、火皆地类，惟泽最处卑下，与天殊绝，各履其位而不相乱。君子之于民，达志通欲，不如是之间隔，惟正名定分，礼法森立，使民知泽之必不可至于天，上刚严而下柔说，无有异志，斯久安长治之道也。三代之衰，上日降而下日升，诸侯、大夫、陪臣、处士递相陵夷，匹夫起觊觎之思，惟志不定，而失其所履，虽欲辩之，而不能矣。

初九：素履，往无咎。

“素”，如《中庸》“素其位”之素，如其所，当然之谓。初、二非履虎尾者，而与兑为体，志柔思进，则亦有履道焉。初处卑下，而与乾合德，虽志欲往，而不躁不媚，率其素道，故可免咎。

《象》曰：“素履”之往，独行愿也。

自行其往之愿而已，非与三为党，而干阳也。

九二：履道坦坦，幽人贞吉。

“道”谓所履之路。九二刚而得中，与乾合德，进而从阳以行，坦坦乎无所疑阻，乃为六三所蔽，而不能自明。盖君子不幸，当小人干上之世，而处其下，无能自达之象，故曰“幽人”。惟其正志以居，修身守道，与天下之凶危相忘，物自不能加害，不求吉，而守正者，自无不吉矣。

《象》曰：“幽人贞吉”，中不自乱也。

刚而能中，于道无失。可以坦坦于履，而不为三所乱矣。夫外物之蔽，岂能乱幽人哉？人自乱耳。以曹操之猜雄，而徐庶可行其志，贞胜故也。

六三：眇能视，跛能履。履虎尾，咥人，凶。武人为于大君。

“能”，自谓能也，以一爻之动言之。柔失位，而居进爻，又躁动以上于乎阳，乾道方盛，非所能犯，还以自伤，故“咥人”而“凶”。阴之情柔而性惨，故为“武人”。“为”谓图谋，而逞其妄作，若苏峻、祖约、苗传，刘正彦是已。既言凶，而又言“武人为于大君”者，见三虽终自败亡，而志怀叵测，无忌惮而鼓乱，固君子所宜早戒也。不为小人谋，故终戒君子。

《象》曰：“眇能视”，不足以有明也。“跛能履”，不足以与行也。“咥人”之凶，位不当也。“武人为于大君”，志刚也。

“不足以明、行”者，自恃其能，不可教诲也。“位不当”，明惟此一爻动则凶，非全卦之德。“志刚”者，志欲干阳，貌虽容说，而心怀陵犯，当早辨之，勿以其小明可取而与之行也。

九四：履虎尾，愬愬终吉。

愬，山革反。

四体乾刚，而居后，“虎尾”也。与三相次，三欲进干乎五，则迫蹑于己，有妄人不揣而见凌之象。“愬愬”，慎也。四虽虎而以刚居柔，反仁反礼，慎静而不与较，故终不相咥而吉。

《象》曰：“愬愬终吉”，志行也。

不与之较，自行其志，而孰能犯之！

九五：夬履，贞厉。

“履”，柔履刚；“夬”，刚决柔也。兑乘权则为履，乾乘权则为夬。乾阳居位，得中以临兑，以夬道应履者也。“厉”之为训，有以危而言者，“厉无咎”之类是也；有以威严为言者，“妇贞厉”之类是也。此言“贞厉”，渭其秉正，而有威也。九五“刚中正”以“履帝位”，健而能断，难说而不可犯，六二虽欲履之而进，惮其威，而自诎，所谓“光明而不疚”也。

《象》曰：“夬履，贞厉”，位正当也。

阳刚得中正之位，秉正而以威严治志刚者之妄，不待嘒而自亨矣。

上九：视履考祥，其旋元吉。

“视履”，视三之履也。“旋”，反也。上九居高临下，与三相应，三方欲履上而干之，而平情顺受，俯视而见其情，不急加谴，但反求诸己，审所以消弭之道而化灾为祥，则三亦消阻旋退，以说应而不敢生凭陵之心，善以长人，吉莫大焉。

《象》曰："元吉"在上，大有庆也。

三本为眚于刚，而临之有道，则无事咥之，而彼此俱亨，两受其福矣。

䷊坤上乾下 泰

泰：小往大来，吉，亨。

"泰"，大也；安也；施化盛大，而相得以安也。天上地下，一定之位，而此相易，以成乎泰，言其气也。卦因乎数，数自下积，故上为"往"；既成乎象，象自上垂，故下为"来"也。居之安为"吉"；行之通为"亨"。二气交通，清宁不失，故吉；由是而施化于万物，则亨。其义《彖传》备矣。

《彖》曰："泰，小往大来，吉，亨"，则是天地交而万物通也，上下交而其志同也。内阳而外阴，内健而外顺，内君子而外小人。君子道长，小人道消也。

长，知两反。

往来之义有二。自其互相酬酢者言之，则此往而彼来，阴阳易位，以相应，为天气下施，地气上应，君民志感之象，亨之道也。天以清刚之气，为生物之神，而妙其变化，下入地中，以鼓动地之形质上蒸，而品物流形，无不畅遂；若否则神气不流行于形质，而质且槁。君以其心，下体愚贱之情，而奠其日用饮食之质，民且上体君心，而与同忧乐；若否则各据其是以相非，貌虽应，而情相离。合天化人情而言，泰之所以施化盛大，而亨者见矣。

自其所处之时位言之，往者逝于外而且消，来者归于内而且长，为阴阳健顺、君子小人各得其所之象，吉之道也。内阳外阴，如春气动于内，虽有寒气在上，而生物之功必成；若否外阳内阴，则如秋日虽炎，而肃杀暗行于物内。

内健外顺，志秉刚正，有为而和顺于物；若否则色厉内荏，而戕物以从欲。内君子而外小人，君子坐而论道，而小人器使；若否则疏远君子，而以小人为腹心。内之则道行而贤者汇进，善日以长；外之则谗贼不行而枉者化直，恶日以消。否皆反此。合天道人事而言，泰之所以各安所得而吉者见矣。

乃合而言之，惟阴阳邪正各得其所，故上欲下交，而无挠沮之者；下欲上交，而无抑遏之者。安于吉而后可亨，故《彖》先言吉而后言亨也。

《彖传》于此二卦，畅言天地万物，消长通塞之机，在往来之际，所以示古今治乱道术邪正之大经，而戒人主之亲贤远奸，君子之持己以中、待物以和，至为深切。学《易》者当于此而审得失存亡之几，不可或忽。乃先儒谓《易》但为筮利害而作，非学者之先务，何其与圣人之情相违也！

《象》曰：天地交，泰。后以财成天地之道，辅相天地之宜，以左右民。

财与裁通。“左、右”，皆去声。

“裁成”地者，天也。“辅相”天者，地也。天道下济，以用地之实，而成之以道。地气上升，以效用于天，而辅其所宜。“后”则兼言裁、辅者：于天亦有所裁，而酌其阴阳之和；于地亦有所辅，而善其柔刚之用；教养斯民，佐其德而佑之以利，参而赞之，函三于一，所以立人极也。泰，君道也，非在下者所得用，故专言“后”。非王者而用泰，德位不足以配天地，而谓造化在我，为妄而已。孔子作《春秋》，行天子之事，且曰“罪我者其惟《春秋》乎”，下此者何易言也！

初九：拔茅茹，以其汇，征吉。

茹，音如。

“茹”，茹蔗也。“汇”，根科也。茅与茹蔗，茎皆坚韧，拔之不绝，而根科相缀。泰三阳聚于下，蟠固不解，而初九居地位之下，汇之象也。阳方兴，而尚潜，未有应四之情，乃二、三两阳方升，拔之而与俱升，不得终于退藏，而必往交。时宜往，而又有汲引之者，故吉。

《象》曰：“拔茅”“征吉”，志在外也。

“外”谓四也。时在必交，岂徒有拔之者不容不往，固宜变其潜藏之志，以出应其正应。

九二：包荒，用冯河，不遐遗。朋亡，得尚于中行。

“荒”犹荒服之荒，远处于外，而不受治之象，谓六五也。阴宜居下，而反居五，据位自远于君子；九二以中道包容而应之，非勇于自任者不能，故为“冯河”。六五虽有遐心，弗遗弃也。“朋”谓初、三二阳。三阳方相与为类，以居内用事，二不坚于立党，远收六五之用，乃不偏倚而尚于中道矣。言“尚”者，道大则合于君德，二虽在下，而实君也。盖内君子外小人者，用舍之大经也。而君子得朋相尚，过于远小人，不能随材器使，则有怙党交争之害，故虽外之，而未尝不授之以位、达之以情，坦然大公，人皆自得，乃为交泰之盛。李膺、杜密不亡其朋，使邪党得乘之以相倾，习尚相沿，延及唐、宋，近逮启、祯之际，党祸烈而国随以亡，大《易》之垂训烈矣哉！

《象》曰：“包荒”，“得尚于中行”，以光大也。

以刚居中，志既光大，则包荒复何所嫌？不宜复结朋以自矜矣。

九三：无平不陂，无往不复。艰贞无咎，勿恤其孚，于食有福。

“平”谓阳道坦易也。“陂”谓阴道倾险也。三阳居内而盛，阴且必生；三阴居外，成乎既往，而循环于向背之际，且自下起，故平之必陂，往之必复，自然之理势也。九三阳得位，本无有咎，而重刚过中，处盛以拒阴，有咎道焉。惟能虑陂与复，艰难守正，则免于咎。“孚”谓九二以刚与三道合，而相信也。然二非树三为党者，三若怀念不舍，固相结以摈阴，则内外离析，而泰交不成。惟忘私以怀远，而应乎上，则与九二“朋亡”之义合矣。阳主治，阴主养，故曰“食”。无野人莫养君子，不摈阴而善成之，则宣力报效，受其福矣。

《象》曰：“无往不复”，天地际也。

此通释全爻之辞；独挈首句者，略文。离乎地即天也。其际至密无间，而清浊殊绝，不相淆杂。九三与六四密迩，而阴阳两判，正当其际。昧者恃其清刚，谓可永固，则往者必复，还以自倾。三进上行，四退下就，交泰而后可以消险阻。艰贞者惟此之为恤，而非孚是恤，则福归之矣。内阳外阴，为时已泰，而保泰之道，惟在廓然大公，怀远招携，勿恃贤以绝物，如天地之相融浃，而不损其清宁。故内卦三阳，皆以外应为吉。君子体小人之嗜欲，而以道裕之，乃上下合同，而终不至于否。若否则小人欲合于君子，而非其诚，故愈相应而愈相睽，君子所宜峻拒，时异而道不同也。

六四：翩翩，不富以其邻，不戒以孚。

“翩翩”，飞而欲去之象。阳大阴小，小者不富也。六四阴初兴而当位，未至于贫，惟与五、上为邻，故成乎“不富”。四处退爻，与阳密迩，翩翩非其本志，其下应初九，不待戒而自孚。言“孚”者，三阴皆下应，无异志也。

《象》曰："翩翩，不富"，皆失实也。"不戒以孚"，中心愿也。

"皆"者，统三阳而言之。阳实阴虚，失实故不富。"中心愿"者，虽往而非其志，志在从阳。

六五：帝乙归妹，以祉元吉。

商天子以"乙"为号者非一，此言帝乙，未详何帝。"归妹"与"女归"异。女归者，归嫁于夫家，正也。归妹者，夫就妇而归之，如后世之赘婿，变也。昏礼大定于周。商盖有男归于女，虽天子或然，故《经》两言"帝乙"。男在外，女在内，正也。阳居二，阴居五，男屈从女，而女为主于上，有"归妹"之象焉。而帝乙所归之妇，柔顺中正，不骄其君子以宜家，终膺福祉，变而不失其正也。六五阴阳易位，以柔居中，应九二得中之刚，合于帝乙之吉。

《象》曰："以祉元吉"，中以行愿也。

二、五皆得中，故可行其愿，而不忧失正。君求士，士不求君，然道合则士就君而非屈，亦此义也。

上六：城复于隍。勿用师，自邑告命，贞吝。

复，芳服反。

"隍"，城下之沟无水者。城倾，则土复归于隍。上六阴处高危，其势必倾。阴阳之位十有二，向背幽明，各居其半，而循环以发见。阴倾而人，势将复从下起。三阳积下，迫阴于外，至于上六，已太荒远，无可复安，将激去而往者，又且必复，此小人被疾已甚，势且复兴之象。《易》不为小人谋，故不为阴幸而但为阳戒，言阴之将复，不可与争，但当告戒邑人，内备必至之患。然激成之势，已不可挽，虽告命得贞，而亦吝矣。占此爻者，时势如此，于爻外见意。九三艰贞乃吉，正谓此也。

《象》曰："城复于隍"，其命乱也。

疾之已甚，使居荒远倾危之地，虽自警戒，固非制治之早图。

☷☰ 乾上坤下　否

否之匪人，不利君子贞，大往小来。

"否"，塞也。"否之匪人"者，天高地下，分位本定，而邪人据地之利，尸人之功，以绝于天，小人内而后君子外，非君子之亢而不可与亲，否之者乃匪人也。君子秉刚居外，本无不正，抑何不利？小人否之则其不利必矣。不利于君子贞，非利于小人之不贞，亦非君子，可不正而利。阴据要津，君子无所往而得利，贞且不利，况可不贞乎？然君子虽不利，而固保其贞也。此言"利"者，与害相对之辞。"大往小来"，各归其位，所以否也。

《象》曰："否之匪人，不利君子贞，大往小来"，则是天地不交，而万物不通也，上下不交而天下无邦也。内阴而外阳，内柔而外刚，内小人而外君子。小人道长，君子道消也。

长，上声。

匪人乘权而君臣义绝。贤奸倒置，圣人之所无町如何者。故二卦反覆申明，而见治乱之相反，存乎人者如此其甚也。

《象》曰：天地不交，否。君子以俭德辟难，不可荣以禄。

辟、难，皆去声。

否塞而不通，君子有德，以通天下之志，无所用之。惟世之方乱，难将及己，则乡邻之斗，闭户可也。天下溺而不援，德且不欲其丰，而况禄乎！德见，则禄且及之矣。百里奚不谏虞公，孟子不复发棠，用否之道，以应否之世，不嫌绝物矣。

初六：拔茅茹，以其汇。贞吉，亨。

三阴连类相挟以据内，亦有“拔茅茹以其汇”之象，而汇则别矣。初六以柔居下，不党同伐异，而思上应乎阳，故贞而得吉。其吉也，以有亨通之理而吉也。

《象》曰：“拔茅”“贞吉”，志在君也。

在上者为之君也。

六二：包承，小人吉，大人否，亨。

否，如字，方九反。

“包承”，与九五相应，而承之也。“大人”，非必如乾之“大人”；对小人而言，刚正之君子也。“否”，不然之辞。小人得位行志，而能承顺乎阳而应之，吉矣。乃大人已远出乎外，不以小人之顺己而变其塞，固不以为亨也。否下三阴与上不交，而皆以应言之，盖圣人赞《易》扶阳抑阴之义，而不欲阴之怙恶以自绝，其旨深矣。

《象》曰：“大人否，亨”，不乱群也。

阳与阳为群。狐赤乌黑，则君子“携手同行”，岂以小人之包承，而与君子异趋乎？泰阳居内，则以“朋亡”勿恤为吉；君子得志，不宜绝人已甚。否阳居外，则以不乱群而无取乎亨；君子失志，必不枉道从彼；而求同志以卫道。惟其时而已。

六三：包羞。

以柔居刚，而为进爻，以迩阳而求合，盖小人挟势，以媚君子者骄君子，如王骓之于孟子是已。不言其凶，《易》不为小人谋。言其可羞，示君子贱恶之。

《象》曰："包羞"，位不当也。

三非柔所当处之位，虽上承乎刚，而君子但见其可羞恶；求合之情，不足恤也。

九四：有命无咎，畴离祉。

"畴"与俦通；所相应而为伍者，谓初也。"离"，丽也。九四与阴相际，而以刚居柔，处退爻而道下行，以应初六，君子而就小人，疑有咎矣。乃上承九五，则怀柔之命出自上，而非己之私；欲拔初六于汇中，而消其否，初六亦资其诱掖，进而丽吉亨之祉矣。盖初虽与阴为汇，而自安卑下，其志能贞，非若二、三之骄佞，则四固不以峻拒为道，而五且任之以下济。当小人乘权之世，初进之士，不能自拔，而迹与同昏，拒之则终陷于恶，引之则可使为善。处承宣之位者，不得严立清浊之辨，而锢其向化之情，所以收揽人才，使阳得与而阴自孤。此君子体国用人，道之当然也。范孟博惟不知此，以掾吏，而操郡守之权，不请命而行其严厉，不能曲谅人情，以挽回匡救，激成党锢之祸，两败俱伤，而国随之，岂非炯鉴哉！

《象》曰："有命无咎"，志行也。

承上以接下，初六"在君"之志得以上通，四乃上下交绥，而无所疑沮也。

九五：休否，大人吉。其亡其亡，系于苞桑。

系，古诣反。

“休”，安处也。木丛生曰“苞”。桑根人土深固，丛生则愈固矣。九五阳刚中正，道隆位定，安处不挠，而又得四、上二阳以夹辅之，故时虽否，而安处自如，大人静镇以消世运之险阻，吉道也。三阴据内以相迫，虽居尊位，权势不归，危疑交起，有“其亡其亡”之象焉；而正己择交、不改其常度。周公居东，止流言之祸而靖国家，用此道也。朱子为韩侂胄所锢，祸将不测，而静处讲学，终免于祸患。大人虽否，而亦何不吉之有！

《象》曰：“大人”之吉，位正当也。

有其德，居其位，孰能亡之哉！

上九：倾否，先膏后喜。

上九远处事外，与阴绝无干涉，而九五立本已固，需时已审，则上九可行其攻击之威。三阴否隔，已肆行而无余力，六三之羞，人知贱恶，乘高而下，倾之易矣。否者倾而人心悦矣。

《象》曰：否终则倾，何可长也？

“何可长”，言不可长也。小人之伎俩，已毕尽无余，天下皆憎恶之，乘时而倾之，当奋刚断，无使滋蔓也。

第三章　周易内传卷二上

䷌ 乾上 离下　同人

同人于野，亨，利涉大川，利君子贞。

“同人”者，同于人，而人乐与之同也。刚者，柔之所依，一阴固愿同于众阳；柔者，刚之所安，众阳亦欲同于一阴。凡卦之体，以少者为主。二者，同人之主也。柔而得应，无离群孤立之心，而少者，物之所贵，而求者也，则五阳争欲同之矣。“于野”者，讫乎疏远，迨乎邱民，皆欲同之之谓。为众所欲同，其行必“亨”。柔非济险之道，而得刚健者乐与同心，则二之柔既足以明照安危之数，而阳刚资之以“涉大川”，必利矣。“利君子贞”者，柔居中而得位，故与物同，而无容悦诡随之失。凡应事接物者，不正而利，其邪弥甚。故《易》无有言利不贞者。君子之贞，无所不利，而此独言“利君子贞”者，以同非君子之道，则其利似非君子之贞。然“吾非斯人之徒与而谁与”，义不可得而异，惟大同斯利矣。君子之利，合义而利物也，非苟悦物情，而所欲必得之谓也。

《彖》曰：同人，柔得位得中而应乎乾，曰“同人”。

具此三德，故人乐得而同之。二正应在五，不言应刚而言乾者，人之志欲不齐，而皆欲同之，则为众皆悦之乡原矣。惟不同乎其情之所应，而同乎纯刚无私之龙德，以理与物相顺，得人心之同然而合乎天理，斯为大同之德，而非苟同也。

同人曰："同人于野，亨。

《本义》曰："'同人曰'三字，衍文。"按："于野"之义未释，盖有脱误。

"利涉大川"，乾行也。

应乎乾而乾同之，刚健以济柔，故无险不可涉。

明以健，中正而应，君子正也。唯君子为能通天下之志。

"文明"非暗私之好，刚健非柔佞之交。君子之同，同于道也。同于道，则"能通天下之志"，而天下同之。小人之所以同天下者，苟以从人之欲，而利于此者伤于彼，合于前者离于后，自以为利，而非利也。

《象》曰：天与火，同人。君子以类族辨物。

火在天中，以至虚含大明，明不外发，而昭彻于中。人之贵贱、亲疏、贤愚，物之美恶、顺逆、取舍，无不分以其类，而辨其情理，则于天下无不可受，而无容异矣。大明函于内，而兼容并包，以使各得明发于外，宪天敷治，而赏善惩恶，以统群有。存发之道异，上下之用殊，同人、大有，君子并行而不悖也。

初九：同人于门，无咎。

初居退藏之地，而以刚处之，动而不括，以上承六二，故一出门而即得其友。不自安于卑陋，以求合于贤而相丽为明，虽交未及远，亦"无咎"也。

《象》曰：出门同人，又谁咎也？

卦自下生，故向上为“出”。“谁咎”，诘咎之者之辞。离群索居则虽有高贤，觌面而失之。君子友天下之善士，而鄙夫日嗫嚅于户庭妇予之间，谓可以避咎，复以出门之交，讥其不谨，愚矣哉！

六二：同人于宗，吝。

以全卦言之，众阳相协以求同于二，故曰“于野”。以六二之动言之，则二往同于人而丽于二阳之间，交不能远，故为“于宗”。“同人”云者，遇；物而即相合之谓。二近初、三，即同之，虽有正应，不能待也，其志褊矣。是以九五号眺而兴师。

《象》曰：“同人于宗”，吝道也。

君子之交，近不必比，远不必乖，是以尧亲九族，而必明俊德，施及于百姓黎民；周道亲亲，而宾三恪，怀万邦。君子友天下之善士，以为未足，考三王、俟后圣而求一揆。若规规然就所亲近者，而与同，虽得其善者，亦一乡之善士而已，自困而何能行远乎？

九三：伏戎子莽，升其高陵，三岁不兴。

六二一阴得位，众阳皆欲与之同，不能遍与相应，则争必起，三、四、五所以皆有用兵之象。三密迩于二，以相丽为明，固欲私二，以为已党，而忌，五之为正应。五位尊谊正，不可明与之争，故“伏戎于莽”，待五之来合而邀击之。“升其高陵”，谓五也。托处尊高，灼见其情形，而三之伏戎无所施，至于“三岁不兴”，而必溃矣，五之所以大师能克也。窦融之在河西，既归心汉室，而隗嚣中梗，欲连合以拒汉，光武洞照其奸，明以诏融，河西之人，谓天子明见万里，卒归汉，而嚣计遂穷，盖类于此。

《象》曰："伏戎于莽"，敌刚也。"三岁不兴"，安行也？

"敌刚"谓五以刚健居中，不能显与相敌，故伏戎以徼幸。"安行"谓五既升陵，下望知其伏，而伏不得兴，则安驱而下与二合，无所阻也。凡爻辞皆有此爻而发彼爻之义者，彼爻为卦主，而此爻乃其所际之时，所遇之事也。《易》为君子谋，不为小人谋。"伏戎于莽"之奸，其吉凶不足道，神所不告，惟明示九五之用"大师"，使知其无能为，而进克不疑。

九四：乘其墉，弗克攻，吉。

四居二、五之间，而与内卦相近，退而就下，故亦有争，同于二之情焉。"乘其墉''者，将逾三而取二也。乃以刚居柔，三方伏戎以待，则见不可攻而退，以承乎五，故吉。

《象》曰："乘其墉"，义弗克也。其吉，则困而反则也。

二非己正应，义所不得而有。始于忮求，而终于安分，既过能改之象。

九五：同人，先号眺，而后笑。大师克相遇。

号，平声。

九五于二，以刚之有余，济柔之不足，不特自得所应，且以引二于众阳之中，而使合于中正。三、四既争，二且有"于宗"之吝，义激所感，不能不"号眺"焉。而中正道合，三奸既露，四敛而退，疑释而相得以喜矣。拔孤阴于群争之地，非大用师不能克。五惟刚中，故能胜其任，而定于一。

《象》曰：同人之先，以中直也。"大师"相遇，言相克也。

二、五皆中，道宜相应，理直气激，不容已于号眺矣。

“相克”者，非惩伏莽之戎，则不得遇。故曹、卫折而晋、宋始合，隗嚣破，而窦融始归。士苟欲亲君子，必峻拒小人，皆此义也。

上九：同人于郊，无悔。

上远于二，二已应五，其与二同者，浮慕其名，泊然相遭于逆旅而已，本无求同之志，故失亦无悔。

《象》曰：“同人子郊”，志未得也。

志未相得，人同而己亦同，自谓不争，而亦恶足为有无哉！

䷍ 离上 乾下 大有

大有：元亨。

大有者，能有众大，大谓阳也。六五以柔居尊，统群阳而为之主。其所有者皆大，则亦大哉其有矣。“元亨”者，始而亨也。群阳环聚，非易屈为已有，而虚中柔顺以怀集之，则疑阻皆消，而无不通矣。此象创业之始，以柔道，通天下之志，而群贤来归，速于影响，始事之亨也。众刚效美于一人，乾道大行，故有乾元亨之德。而不言利贞者，无刚断以居中，未能尽合于义，能有众善而不能为众善之所有，则不足以利物；柔可以顺物情，而不能持天下之变，泛应群有，未一所从，则其正不固也。

此卦之德，王者以之屈群雄，绥多士，致万方之归己。而既有之后，宰制震叠、移风易俗之事未遑及焉；君子以之逊志虚衷，多闻识以广德，而既有之余，闲邪存诚，复礼执中之功犹有待焉。盖下学之初几，兴王之始事也。是以六五虽受天佑而致“易而无备”之戒焉。其辞略者，《系辞》所谓“辞有险易”，卦体简而易见，约举其占，而使人自求之也。

《彖》曰：大有，柔得尊位大中，而上下应之，曰”大有”。

居阳之中曰“大中”。位尊，故上下皆应。

其德刚健而文明，应乎天而时行，是以“元亨”。

离谓之“文明”者，阴阳相错之谓文。阴，质也；阳，文也。离阴中而阳外，其文外著，火日外景其象也。以文明之德，应天之刚健，时可行则行，而行皆亨矣，阳皆为之用也。

《象》曰：火在天上，大有。君子以遏恶扬善，顺天休命。

“遏”之、“扬”之者，乾道之健也。因天之所予，而扬之，因天之所夺，而遏之，离明之昭晰也。天者，理而已矣。顺理，而善恶自辨矣。火炎上，附天而明。天左旋，日右转而随天以升降；顺天而行，则明照于下，故遏扬之顺理象焉。赏罚黜陟，王者之事，而言“君子”者，若孔子作《春秋》，行天命天讨之事，非必有位也。君子成人之美，不成人之恶，亦此道尔。

初九：无交害，匪咎，艰则无咎。

“害”谓违众背明，相悖而害也。“匪咎”，诘词，犹言“岂非咎乎？”六五大明在上，虚中以统群有，众刚受命，以定交，初独远处，置身深隐之地，刚傲而不上交。六五虚中延访，非有失贤之咎，则非初九之咎，而谁咎乎？必若伯夷、叔齐之绝周，悲歌饿困，备尝艰苦而不恤，然后可以免咎。若严光、周党傲岸自得，非艰难之时，无艰难之心，咎其免乎？

《象》曰：大有初九，无交害也。

当大有之世，而居疏远自绝之地，则害君臣之义。

九二：大车以载，有攸往，无咎。

九二刚而居中，为群阳之所附托，皆惟其载之而行。才富望隆，归之者众，有与五分权之象，疑有咎矣。然上应六五，不居之以为已有，而往以输之于五，则迹虽专而行顺，不得以逼上擅权，犖众归已而咎之。

《象》曰："大车以载"，积中不败也。

诚信之输于五者，积于中，则持盈而物莫能伤。后世惟诸葛武侯，望重道隆，而集思广益，以事冲主，能有此德。

九三：公用亨于天子，小人弗克。

亨，许两反。

"亨"，《本义》依《春秋传》作"享"。古"亨通"、"献享"、"烹饪"三字通用，是也。九三居内卦之上，为三阳之统率，而三为进爻，率所有之大，以进于上，公领其方之小侯，修贡篚，以献天子之象也。乾健而阳富，席盛满之势以上奉柔弱之主，自非恪守侯度之君子，必且专私自植。故言"小人弗克"，以戒五之慎于任人。

《象》曰："公用亨子天子"，小人害也。

小人处此则尾大不掉，天子诸侯交受其害矣。

九四：匪其彭，无咎。

"彭"，许慎说"鼓声也"。鼓声所以集众，而进之。四阳连类，四居其上而与内卦相接，疑于众将归己。乃其引群阳而升者，将与之进奉九五，而使之富，非号召众刚使戴己也，故虽不当位而无咎。

《象》曰："匪其彭，无咎"，明辨晢也。

晢，之厉反，从折，与曾晳之晳异。

"晢"，明也。居疑贰之地，必别嫌明微，以昭君臣之定分，而后可无咎。九四与离为体，故无冒昧之过。

六五：厥孚交如，威如，吉。

"厥孚"，阳自相孚也，故曰厥。"交如"，交于五也。五虚中而明于任使，其俯有群阳也，以循物无违之道，行其坦易无疑之心，众皆愿为其所有，群阳相孚以上交，道极盛矣。而又戒以"威如"则吉者，五本有德威存焉，但众刚难驭，虽大公无猜，而抑必谨上下之分以临之，益之以威，初不损其柔和之量，而无不吉也。

《象》曰："厥孚交如"，信以发志也。"威如"之吉，易而无备也。

易，以豉反。

"信"，阴德也，故《易》每于阴言信焉。虚中柔顺，乃能笃信于人，而不贰。其于物多疑者，必其有成见以实其中，而刚于自任者也。六五孤阴处尊位，抚有众阳而不猜，其信至矣。"发志"，谓感发众志而使归己。"易"，和易近人。"无备"，不防其潜逼也。创业之始，感人心以和易，而久安长治之道，必建威以消萌，大有之所未逮，故不足于利贞，而又以"威如乃吉"戒之。

上九：自天佑之，吉，无不利。

此爻之辞，又别一义例，所以赞六五之德至而受福也。“天”即指上而言。上九在五上，而五能有之，自天佑也，其义《系传》备矣。“吉”，以居言；“无不利”，以行言。

《象》曰：大有上吉，自天佑也。

大有而能有在上之阳，则不特人助之，而天亦佑之矣。

䷎ 坤上 艮下 谦

谦：亨，君子有终。

“谦”，古与慊通用，不足之谓也。此卦惟一阳浮，寄于众阴之中，而不能如师、比之得中，复之振起；与剥略同，其不足甚矣，特阳未趋于泯丧而止于内耳。以其不足，伏处于三阴之下，安止而顺受之，不为中枵外侈，以自剥丧，为能受益而进于善，是以君子有取焉。“亨”之为义，《彖传》备矣。又言“君子有终”者，必君子而后能终其谦也。

道之在天下也，岂有穷哉！以一人之身，藐然孤处于天地万物之中，虽圣人而不能知、不能行者多矣。其在心也，嗜欲攻取，杂进于耳目，以“惟微”之道心与之相感，势不能必其贞胜，皆孤阳介立之象也。君子知此，念道之无穷，而知能之有限，故学而知其不足，教而知困，歉然望道而未之见。其于天下也，则匹夫匹妇胜予是惧，而不忍以骄亢伤之。故虽至于圣，且不自圣，以求进德于无已，而虚受万物以广其仁爱，斯则谦而有终矣。

若无忌惮之小人，如老聃之教，以私智窥天地鬼神之机，持人情之好恶，欲张固翕，以其至柔驰骋天下之至刚，已愈退则物愈进，待其进之已盈，为物情之所不容，然后起而扑之，无能出其网罗者，以为妙道之归，则始于谦者终于悍，故其流为兵家之阴谋、申韩之惨刻。小人之谦，其终如是，与谦道相反；其亨也，不如其无亨矣。

五、上二爻，行师侵伐，亦谦必有之变也。故内卦言“君子”，言“贞”，而外卦但言“吉利”。

《彖》曰：谦，亨，天道下济而光明，地道卑而上行。

“天道”，九三之阳也。他卦皆以三为进爻，四为退爻，惟谦一阳，伏处于三阴之下，豫一阳拔出于三阴之上，因内外而分上下，故谦曰“下济”，豫日“出地”，因象立义，所谓不可为典要也。“光明”，艮之德也。艮阳在外，光明外见。光者，明之加于物者也。地道之上行，阳降而阴自升，若阳让之使上也。阳知其不足，而犹然下以济阴之乏，其志光明，阴所共白，非小人伪为卑逊，以屈天下之阴谋，故“卑而上行”，无所不顺，此其所以亨也。

天道亏盈而益谦，地道变盈而流谦，鬼神害盈而福谦，人道恶盈而好谦。

好、恶皆去声。

“亏盈益谦”者，物壮盛则衰槁，稚弱则增长也。“变盈流谦”者，山阜高危，则夷下随流以充溪壑也。天、地、人、神，情、理之自然，君子体之以修德，小人测之以徼利，然而其可亨一也。

谦尊而光，卑而不可逾，君子之终也。

“尊而光”，艮德也。以一阳为群阴之主，处内卦之上，止其淫泆，其道尊也。其退伏于三阴之下者，自见不足，而非以媚物，志可大白于天下，其光也。“卑而不可逾”，坤德也。天尊地卑，坤顺之德固然，而其道上行，顺理以升，山虽高，终在地中，不可逾也。君子以养已之德，而顺天下之情，志正而量弘，斯以谦始而以谦终，非君子不能也。

《象》曰：地中有山，谦。君子以裒多益寡，称物平施。

称、施皆去声。

“地中有山”者，谓于地之中，而有山也。山者，地之高者，非地之外别有山也。地溥遍乎高下，山亦其所有尔。人见山之余于地，而不知山外乃地之不足，可增而不可损也。“裒”，聚也。“施”者，惠民之事。地道周行于天以下，时有所施化，多者裒聚之而益多，寡者益之使不乏，固不厚高而薄下，抑不损高以补下，各称其本然而无容私焉，故高者自高，卑者自卑，而要之均平。君子施惠于民，务大德，不市小恩。不知治道者，徇疲惰之贫民，而铲削富民以快其妒忌，酿乱之道也。故救荒者有蠲赈而无可平之粟价，定赋者有宽贷而无可均之徭役。虽有不齐，亦物情之固然也。不然则为王莽之限田，徒乱而已矣。

初六：谦谦君子，用涉大川，吉。

卦之所以为谦者，以九三一阳处阴下，不自足而能止为义。然阴之数不富，而其德柔，故六爻俱有谦道焉，此爻之又一例也。内卦，体也，谦以修己。外卦，用也，谦以待人。君子之谦，以反己自克而求进于道，非以悦人也。故内卦两言“君子”，而外卦有戒辞焉。“谦谦”者，处不足之地，而持之以歉也。初六当潜藏之位，初学立志之始，知道之广大，而知行之不逮，柔辑其心，以逊志于道，君子之修也。“用涉大川”而吉者，下学而上达，日见不足则日益，虽以涉浩渺无穷之域，而驯致之，无不吉也。

《象》曰：“谦谦君子”，卑以自牧也。

处位最下，而以柔为道，曰“卑”。“牧”，养也。若牧人之养牛羊，谨司其放佚，而慎调其刍秣，积小以成大也。

六二：鸣谦，贞吉。

鸣音命。

“鸣”，鸟相呼告也。九三为谦之主，二近而承之，上六其应；九四为豫之主，初六其应；皆相应求者也，故曰“鸣”。自见不足，呼三而告之，以求益也。二与三同体，三以阳道下济，不吝其劳；二虽求益，而当位得中，受艮之止，则鸣而不失其正，非以贫约屈节而媚非其类者也，故吉。

《象》曰：“鸣谦，贞吉”，中心得也。

“中心”亦志也。“天道下济”，故得益而志遂。

九三：劳谦，君子有终，吉。

“劳谦”者，有勋劳，而自居不足也。三以一阳，止于其位，群阴方在贫寡，己力任其劳而匡济之，乃退居三阴之下，有劳不伐，君子之所以终其德业也。老氏处锌而不敢为天下先，以避艰难而自居于泰。君子小人义利公私之别，于斯辨矣。

《象》曰：“劳谦君子”，万民服也。

“民”谓阴也。劳而能谦，谦而不避其劳，下济而光明，群阴皆顺之，所以有终而吉。

六四：无不利，㧑谦。

内卦谦德已成，至于四则，出以接物矣。顺人情之好，避鬼神之害，柔逊退让，无不利矣。然必推广谦道，伪散而平施之，勿侮鳏寡，勿畏强御。如恃谦为善术，而固守之，则为奄然求媚之乡原，逮乎物求无厌，而不容已于侵伐行师，谦不终矣。

《象》曰："无不利，㧑谦"，不违则也。

斟酌其可谦，而顺施之，则无不利矣，而尤必伪谦。君子之谦，非但以求利也，求得其理而平施之也。

六五：不富以其邻，利用侵伐，无不利。

阴本"不富"，然六五居中，有容畜之道，亦足以富；而上六俭吝，成其不足之势，则其为谦为少，皆"邻"使之然也。人情虽恶盈，而好谦，而顽民每乘虚，以欺其不竞，则欲更与谦退而不得，而侵伐之事起矣。汉文赐吴王以几杖，而吴卒反，盖类此。以其自居卑约，本无损于物，则用以侵伐，而师直为壮，无不利矣。然而非君子之道也，君子为不可犯，而乃以全天下之顽愚。不善用谦，以致称兵制胜，是鸷鸟之将击而戢翼，猛兽之将攫而卑伏，虽利，而亦险矣哉！

《象》曰："利用侵伐"，征不服也。

谦而犹不服，则征之必利，吴王所以卒死于汉文之柔。

上六：鸣谦，利用行师，征邑国。

上六虽与三为应，呼告以不足。而天道下济，终不益之。弱而无援，岂必四海之广哉，近而在国之邑，且有欺而叛之者。柔之极，必激而为惨，势且不容已于征伐。屈极必伸，可以得利；乃较之六五，害愈迫而道愈衰矣。

《象》曰："鸣谦"，志未得也。可用"行师"，"征邑国"也。

不能如六二之得志，近者且不服，则惟利于行师，征之而已。

䷏震上坤下 豫

豫：利建侯行师。

“豫”，大也，快也。一阳奋兴，于积阴之上，拔出幽滞之中，其气昌盛，而快畅，故为豫；乃静极而动，顺以待时而有功之象。天下既顺，而建诸侯以出治；民情既顺，而讨有罪以兴师；乃王者命讨之大权，非可亵用者也。孤阳居四而失位，然而为豫者，与小畜之阳止不舒，谦之阳伏不显，正相为反。凡此类，以错综之卦互观之，义自见矣。

《彖》曰：豫，刚应而志行。顺以动，豫。

阴阳之爻，致一而动。为群爻之异所待合者，无论其位之应不应，而皆；曰“应”。故同人、大有之阴，豫之阳，皆言“应”。“志行”者，出于地上而震；动，无能挠之者也。坤在下以立动之基，震在上以致动之用，静函动之理，其动也皆静中之所豫，前定而不穷，内顺乎心，而外顺乎物，则己志大行，而物皆顺应，此其所以可豫也。

豫顺以动，故天地如之，而况“建侯行师”乎？天地以顺动，故日月不过，而四时不忒。圣人以顺动，则刑罚清而民服。豫之时义大矣哉！

豫一阳而失其位，方静之极，而忽动以快其所为，此非常之事。“建侯行师”，王者命讨之大权，所宜慎也，而以快豫行之，疑于不利。故圣人推言所以利之故，而叹其时义之大，非善体者不能用也。审其时，度其义，知豫为天地圣人不测之神化，则不敢轻于用豫，而无“鸣豫”之凶、“盱豫”之悔矣。

方静而忽动，非蹶然而兴也。日月之有昼夜，四时之有寒暑，其变大矣。帝王之用刑罚，其威赫矣。而不过不忒，适如其恒，万民咸服，各满其志者，何也？天地顺其度，圣人顺于理也。其所以顺者，静而不废动之诚，则动可忽生，而不昧其几也。坤之为德，纯乎虚静。虚者私意不生，静者私欲不乱；故虚而含实，静而善动之理存焉。

虚静以听阳之时起而建功，故一旦奋兴，震惊群昧，人视为不测之恩威，而不知其理已裕于虚静之中，随所行而无不顺也。必若此，而后时不足以限之，位不足以拘之，于心无逆，于人无拂，坦然快适而无所不可，岂静昧其几，动乘于变，遽思快志者所胜任哉？惟二与四自知之，而自行之，非外此者所得与也。圣人耳顺从心，无所不乐，而天下见其非常，此圣而不可知之神，所以上合天道也。以是居位行志，立不测之恩威，特其见诸行事之绪余耳。

豫与复同道，而豫动于上，天道也；复动于下，人道也。以天道治人事，必审其几，故叹其“时义”之大；以人道合天德，必察其微，故叹其“见天地之心”也。

《象》曰：雷出地奋，豫。先王以作乐崇德，殷荐之上帝，以配祖考。

豫之象为“作乐”者，取雷出地，而摇空有声，老氏所谓“乐出虚”也。“殷”，中也；冬至合乐于圜丘，时之中也。“配”，合也；象祖考之德以合漠也。言“先王”者，惟德、位、时三者备而后作乐，不敢亵用之以自逸豫，而只以大昭天祖之德。豫之不可轻用也如此。宋蔡京为“丰亨豫大”之说惑徽宗，以奢靡而亡；德不崇而妄作，为宋之大晟而已。

初六：鸣豫，凶。

初六与九四相应，故见九四之奋兴，而往告以豫。乃柔弱德既不胜，于时方在潜藏，不度时审义，妄欲取悦，志淫而才不堪，故凶。孔甲抱书，以干陈涉，非道行之日，妄欲快志，其可得乎？鲁两生之所以终不出也。豫之时义，非凉德所堪，故爻多不吉。

《象》曰：初六“鸣豫”，志穷凶也。

非豫之时，而欲徼人之兴，以自快，其志卑陋而穷矣。

六二：介于石，不终日，贞吉。

二为坤主，柔得位而中，顺德之至者也。静正以居，而不妄动，“介于石”也。动而无静之体，非善动也。静而无动之体，非善静也。介于石，中立而不倚于物，则至正而万变不出其枢机，善恶之几不待审，而自著，可以不待终日，而应之速。故九四之奋兴以快所为，其本在此大正而无不吉也。

《象》曰：“不终日，贞吉”，以中正也。

得中则柔而不靡。寂然不动之中，大正存焉，故可感而遂通天下之故。

六三：盱豫悔，迟有悔。

有，与又通。

“盱”，上视也。九四之动而豫，物情所震，抑物情所喜也。六三与四相，近而承之，然异体不易相亲，徒瞻望，而觊分其欣畅，四方奋兴，不与为缘，将自悔矣。既悔其躁动以失己，遂退沮迟滞而不相就，又且自绝于大有为之世，无以见功，时过几失，而复悔之。无定情，则无所往而不悔，不能审几故也。以柔居刚，躁而不能自立，故其象如此。

《象》曰：“盱豫”“有悔”，位不当也。

独释“盱豫”，不及“迟悔”者，始而觊望，终必迟也。

柔居进爻以承刚，坤顺之道失，故无往而不悔。

九四：由豫，大有得。勿疑，朋盍簪。

“由豫”，由其道而豫也。“盍”，何不也。“簪”，聚也。动于积阴之中，而非其位，若不测之动，而实则由乎天道人情之正，动以大顺，行无不快也。“大有得”者，群阴皆为阳所得也。阳一震起，阴皆效其材，而百昌无不荣。王者奋兴，而百辟皆欣戴之，以之行师，而三军皆踊跃以效命。乃所疑者，阳孤而无同志之朋耳。然阴阳之数各六，具足于两间，阴盛而阳微，阳隐而未见耳。一阳震起，出地而畅遂，群阴皆为所得，则隐而未见之阳，何所沮而不与相应求？王者顺邱民之情，崛起有为，贤者自不期而至。君子逊志于学，一旦豁然，识大识小，皆可为师。太和日流行于天坏，在人之自致，勿忧德之孤也。

《象》曰：“由豫，大有得”，志大行也。

四之志，本欲振起群阴，而散其郁滞。静极而动，一由乎道，孰能御之？

六五：贞疾，恒不死。

“贞”，常也。四因大顺之理，奋兴于静中，势不可御。五以阴柔，处其上，抑之而不能，而又不与之相得，以欣畅，幽忧致疾，淹弥岁月，四虽无凌夺之心，可以不死，而生人之气亦微矣。衰周之君，徒延名号；矫廉之士，只自困穷；皆其象也。

《象》曰：六五“贞疾”，乘刚也。“恒不死”，中未亡也。

九四之刚，顺道而有得，岂可乘哉！“未亡”者，特未亡耳，终亦以此而亡。

上六：冥豫，成有渝，无咎。

上远于四，时方奋起，而阴暗居上，不与俱兴，味于豫者也。四顺以动，莫之能遏，志行而必成其功。其功既成，上不得不变其情，与之交畅。处卦之终，而其势危，其上更无阏抑之者。非若五之有中位可安，而重阴覆之，徒自苦以终身也。能自渝焉，则无咎矣。

《象》曰："冥豫"在上，何可长也？

冥于豫，则违时已甚，虽欲如五之不死，而不得，故必豫而后无咎。

䷐ 兑上 震下 随

随：元亨，利贞，无咎。

以下从上之谓"随"。此卦震阳生于下，以从二阴，兑阳渐长，而犹从一阴，蹑其后而顺之行，故为随。阳虽随阴，而初阳得资始之气，以司帝之出，得乾元亨之德；四、五渐长，阳盛而居中，以大正而利物，得乾利贞之德。如是则虽顺阴以升，若不能自主，如长男之随少女，而阳刚不损其健行，可以无咎。使非具四德，而系恋乎阴，以丧其刚健中正之实，则周赧、汉献之为君，唐高、宋光之为夫也，其咎大矣。

《彖》曰：随，刚来而下柔，动而说，随。

卦以下为方生之爻，故在下曰"来"。此卦自否变，上九之阳，来而居初，以处柔下。"动而说"者，有所行而歆乎物，则刚者不能自主也。此皆随之本有咎也。

大亨，贞，无咎，而天下随时。

“天下随时”者，天下已成乎，阴上阳下之时，而因时以与之周旋，顺乎时而不失其大正，此惟全体天德，而为圣人不磷不缁之坚白，而后无可无不可；事定、哀之主，从三桓之后，受命相从，而为圣之时，终无咎也。下此者，与时迁流，咎可免乎？《彖》备四德，《传》不言“利”者，体仁合礼，而恒于正，则合义而利物。凡《彖传》释利贞，不更言利，皆准此。

随时之义大矣哉！

卦下一阳本自否变，乃“倾否”之卦。乾德屈而下，拨乱反正，惟圣人顺天道以行大用，然后可以随时，故叹其时义之大，非可轻用，以枉道从人。近世无忌惮之小人以谯周、冯道随时取容当之，则廉耻丧，而为世患深矣。

《象》曰：泽中有雷，随。君子以向晦入宴息。

雷在泽中，动而入于深隐之地，长从少，男从女，阳从阴，君子无所用之，惟因昼夜动静之恒，入而宴处以息动。以动从说，顺人之情；一张一弛，文武之道也。随，弛道也；君子因其时，而后弛。不然，则朽木粪土之墙而已矣。

初九：官有渝，贞吉。出门交有功。

“官”，在上临下之称。上爻居高而非君位，故曰官。此以卦变而言，否上之阳变为阴，而阳来居初，否上九之所谓“倾否”也。变而得正，以交于阴，故吉。否则上下不交。阳既居下，出而随当位得中之阴，“倾否”之功大矣。二在地上，而为人所由，故节二与此皆曰“门”。阴虚受阳之出，故曰“出门”。

《象》曰："官有渝"，从正吉也。"出门交有功"，不失也。

从二则阳下济，而阴保其中正。阳得位，故虽从阴而不自失。

六二：系小子，失丈夫。

卦以阳随阴为义。然倡者在前，则和者踵之。随者相逐，则在后者又进而随之。故爻之相次者，皆为相随。二之阴随阴，四之阳随阳，皆随也。阴小阳大，系恋而相属也。二随三，而失初九之交，不言咎吝而自见。

《象》曰："系小子"，弗兼与也。

二以柔顺中立，本无决于弃阳从阴之志，而既系于三，则不得复与初相唱和。人之立己处人，两端而已矣。一人于邪，则虽有善，而必累于恶。损益之友，势无两交；忠佞之党，道不并立也。

六三：系丈夫，失小子。随有求得，利居贞。

阳实而阴虚，舍二从四，往求而有得矣。顾阴之从阳，道之正也，以有得而往，岂其所期望哉！能弗以有得故居而守贞，则合义而利。

《象》曰："系丈夫"，志舍下也。

内卦之阳方随己，而己舍之以从四，是以可贞。

九四：随有获，贞凶。有孚在道以明，何咎？

“获”，得其心也。五阳得位，而四随之，必获其心。乃当随之时，方竞随阴，而四独守贞以依主，苌弘之所以为晋杀，孔融之所以为操害也，虽贞而凶矣。然其所孚者，固道也，能明于倡和之义，上下之分，身虽死，而志白于天下，又何咎乎！

《象》曰：“随有获”，其义凶也。“有孚在道”，明功也。

“其义凶”者，谓以义而凶，舍生而取义也。“明功”者，惟辨于所从之正，故欲效功于五。

九五：孚于嘉，吉。

五以阳刚居尊位，其往随于上，非歆于利、动于欲也，阴阳翕合，以成嘉礼也。四方随己，与之相孚，相率而随上，嘉合成矣，故吉。夫人即有刚健之德，处尊而得辅，亦奚必傲然自恃，不屈以明高乎？随能嘉焉，斯吉矣。

《象》曰：“孚于嘉，吉”，位正中也。

当位而得中，则随人而非屈。

上六：拘系之，乃从维之。王用亨于西山。

亨。许两反。

周回荣系，而不释曰“维”，谓上六为五所联系，不使离也。五位至尊，更处其上者天神；人阳而神阴，故为王者享帝之象。位至高而幽，其与人相接，在有无恍惚之间，不可必得其歆享。而阳屈志尽诚，以邀其眷顾，王者正己无求，无强人相合之道，惟用此道以事天而已。《礼》因名山告成于天。兑位正西，而上处高，故曰“西山”。

《象》曰：“拘系之”，上穷也。

卦皆有所随。上处卦终，更无所随，穷则将托于冥漠，而不与人相接。非尽精诚，以系属之，其能与人相感悦乎？阳之随阴，非道之正，故惟以王者享帝当之，与前五爻别为一义，亦所谓不可为典要也。

䷑ 艮上 巽下 蛊

蛊：元亨，利涉大川。先甲三日，后甲三日。

先，息荐反。后，胡豆反。

“蛊”之为字，从虫从皿。当伏羲之时，民用佃渔，未有粒食，奉养于人者，以皿盛虫而进之。毛羽鳞介昆，皆虫也。故伏羲以此取义，而谓之蛊。至后世粒食，民得所养，而食虫或遇毒而坏烂，故为毒为坏，非伏羲之本旨也。此卦刚上柔下，下以柔承上，为臣事君、子养父之象。皿盛鲜食而进之，下之养上，柔道也。阳尊在上，阴卑在下，与随异道；名分正，事使顺，阴竭力以事阳，天下治矣，故曰“蛊治也”，言世方治而未乱也。“元亨”者，上下各得其分，而下能致养，于时始亨也。时方极治，上下蒙安恐将成乎偷窳，故“利涉大川”，在安思险，利在有为，涉险以建功，不可恃已治已安而自废也。“甲”者，事之始。当治之先，必有开治之功，图之迟久而后治，蛊之所以成，非易也。既已治矣，必有保治之事，深思永计以善其终，所以利涉川而保其蛊也，故申言以见慎终如始之道焉。

《彖》曰：蛊，刚上而柔下，巽而止，蛊。

“巽”者，阴顺以人，而体上之志；“止”者，上下安其位而不相凌越；养道也，治象也。

蛊，“元亨”而天下治也。

以卦变言，泰上之阴，来居于初。泰者上下交，为治道之所自开；而蛊则阴受阳交，而承阳以致养，治之成也。天下治者，承平之世也。

“利涉大川”，往有事也。

上下蒙安，而善承上者，岂徒以顺上为得哉！必宣力以效保治之业，故不曰有功，而曰“有事”。

“先甲三日，后甲三日”，终则有始，天行也。

“行”，运行之常道也。由甲至癸，十日循环，而运不息，后非永终，先者更有先焉者，天运然也。于治道之已成，必更为兴起有为以垂后，在终若始，乃合天而保治。岂徒恃四海之辑柔以奉己，而遂可晏然哉？

《象》曰：山下有风，蛊。君子以振民育德。

风在山下，人于卑下，而振动之，山峙于上，以止其飘扬，而勿使逾越。君子治民之道，兴起顽懦，而养其善以止其非，天下之所以治也。风以振之，山以育之，始而兴起，继以养成，教民之序也。

初六：干父之蛊，有子，考无咎，厉终吉。

蛊之为象，柔以承刚。《彖》自其已然而言，则为君令臣共，而朝廷治之象。周公绎思其理，以臣之事君、子之事父，一也，而臣虽柔顺，当其过亢，且有匡正革命之道；惟子之事父，先意承志，下气怡声，有隐无犯，而不伤于柔，故《爻辞》取义于父子焉。文王当纣之世，顺以奉上，而冀纣之改过以图治。周公承文王之后，道无可加，而惟继志述事，以顺承世德。故各即其体验于己者，示君臣父子之道。圣人之言，皆先行而后从者也。“干”，世也。“干父之蛊”，以养为事也。事父之道，极其柔下，不待父之慈而始敦其爱。二、三重刚在上，威严太过，父不能无咎，而子能尽其孝养，使父太刚之过不形，则蒸义允若，而亦藉以免咎矣。是则父之严，乃以成乎子之孝，终底乎大顺而吉。此一家之治象，为天下治之本也。言“考”者，通存没言之。

《象》曰：“干父之蛊”，意承考也。

其屈承父志，而柔以致养，发于意之诚，故虽严而愈谨。

九二：干母之蛊，不可贞。

内卦以一阴承二阳于上，有父母同养之象焉。二阴位在中，为母；三阳位在上，为父。于此二爻不言本爻之德，而言初六所以事之者，盖蛊本以阴承养乎阳为义，而所承之阳，其得失可勿论已。《易》之以本爻所值之时位，发他爻之旨，若此类者，众矣，在读者善通之。子之承事父母，柔顺卑下，惟命是从，蛊之正也。但二以刚居柔，母德不能安静，以顺三从之义，一一顺而下之，则且有如汉之窦后，专制内外，而权移于外戚；甚则人彘之祸，伤心含疚而不可如何。故“干母之蛊”者，有权存乎其间，因其刚而调之，期不失于敬爱而止；必以柔承之，而无所裁，则害延于家国，故曰“不可贞”。

《象》曰：“干母之蛊”，得中道也。

承其居中之正，而不顺其过刚之为，斯得之。

九三：干父之蛊，小有悔，无大咎。

九三以刚居刚，父之过于严，而不中者。起敬起孝，虽逢其恶怒而“小有悔”，然终不失顺承之道，故无大咎。

《象》曰："干父之蛊"，终无咎也。

道尽，则心可以安矣。

六四：裕父之蛊，往见吝。

"裕"，有余之谓。子之事父，柔顺卑屈，极所以养之，岂患有余哉！然孝子尽道以事其亲，无违于礼，则无违于亲矣。而或违道悖礼，以非所得者苟从亲志之私，则将得罪于乡党州闾，贻讥于天下后世，于心岂能无歉乎！外卦以二阴奉一阳，而四以阴居阴，柔过而不知所裁，故其象如此。

《象》曰："裕父之蛊"，往未得也。

往而以贻，不善于天下，其不获乎人心者多矣。不言凶悔者，其志顺亲，天下必且有谅之者。

六五：干父之蛊，用誉。

六五柔顺得中，尽道以事其亲者。"用誉"，所谓"人不间于其父母昆弟之言"也。夫子之事亲，岂以要誉哉！然率其情以行，而不问人情之然否，则自谓无过，而所抱疚于天人者多矣。故至于誉，而人子之心，可以差安。

《象》曰："干父""用誉"，承以德也。

心之所安、理之所得谓之"德"。德者，人心之同得，何誉之不至哉！

上九：不事王侯，高尚其事。

爻皆言子之事父，而上九之义别者。处高间之地，为时已过，而安受得中之养，所固然者。无得失，故无吉凶，不待占也，故别取象于逸民，无所承事而高亢自养之道焉。与随上言事天，同一变例也。四为侯，五为王，非不屈志以相下，而时当承平之代，无功可建，上下蒙安，无能为“后甲”之图，则乐道以亢志可矣。

《象》曰：“不事王侯”，志可则也。

爻言“事”，而《象传》言“志”。既高尚矣，无事之可见，志即其事也。天下宴安，上下各循其分，所虑者，人忘厝火积薪之忧，而竞于仕进，逸民不乐在朝廷，而轻爵禄，所以风示天下，使知富贵利达之外，有廉耻为重，则冒昧偷安之情知所惩，而以正人心、止僭滥者，其功大矣。

䷒ 坤上 兑下 临

临：元亨，利贞。至于八月有凶。

“临”，时已至，而治之也。为卦，二阳生出于地位，以兴起人事，将有事焉，以治阴之过，阳进而临阴也。“元亨利贞”，备乾之四德者，阳长而得中，乾道方兴，虽未讫其用，具其体矣。

“八月”，旧说以为自复数之，至遁为建未之月；或谓自泰数之，至观为建酉之月；其说皆本于京房卦气。盖自战国，经学乱而术数兴，汉儒承之，以一定之小数窥测天道，为之限制，而不审于“周流六虚，不可为典要”之变化，执十二卦以象十二月，外此者无所配合，则房又为一卦六日之说以文饰之，乃尚余四卦，则置之无用之地；其为道也，致远而泥者也。

且如以否值建申之月，否，天地不交者也，天气上升，地气下降，闭塞而成冬，十月之气也。七月，阳方函阴以成熟万物，岂其不交而否塞乎？董仲舒谓冬至前一日无阳，夏至前一日无阴。阴阳孤绝，天地且不能自立，日月且不能运行，人物且不能呼吸，而何有此一日哉！六阴六阳，絪组于两间，而太和流行，故乾曰“不息”，坤曰“时行”，非有间断也。执《易》以配律历，执律历以限象占，此亦近世《火珠林》之类，小术破道，以乱“惠迪吉，从逆凶”之理，非文、周、孔子之所有也。临中无遁象，亦无观象。若谓理势之必然户则无卦不有错综之消长。

乾之初亦可戒以坚冰，坤之初亦可许以潜龙，何独于刚初长之时，豫忧观、遁于隔岁建丑之月，谓明岁秋期之迫哉？卦中无象，逆亿而为之虑，人可不待筮而一于忧疑，何用《易》乎？且既疑于遁，以谓文王之用周正；又疑于观，以为夏正。文王演《易》之时，方服事殷，殷历未改，八月乃建申之月，岂至德如文王，而乱一王之正朔耶？《象传》言“消不久也”，使临为建丑之月，待遁与观，而消则久矣。

然则所谓“八月”者，合夏，商之正朔而言，皆秋也。《说卦》之位，兑在正西，而于时为秋。临卦，二阳之上一阴为兑；六三，兑之主也。临以刚长治阴为道，至于六三，变其所守，阴柔外比，以悦相靡，故爻言“甘临无攸利”，方幸阳之升，而又以兑终，所为凶也。《传》言“消不久”，谓阳之消阴未久，而义悦从乎阴也。言“有凶”者，抑不必其凶，六三所谓“既忧之无咎”也。

《彖》曰：临，刚浸而长。说而顺，刚中而应。大亨以正，天之道也。

长，上声。说，弋雪反。

“说而顺”，阴之德也。说则相随，顺则不逆，故刚临之，而柔受治。刚既得中，虽未居尊位，可以临矣。“应”谓六五下而听其临也。刚浸长而得十，天道上行，故四德可施也。

“至于八月有凶”，消不久也。

除恶务尽，则消而不复长。六三犹在内卦之上，二阳说其甘，而与为体，阴慝乍消，而势盛犹足以相拒，或乘间而复起，或旁激而变生。苻坚虽败，慕容、拓拔复据中国；吕惠卿乍黜，章惇、蔡京复争绍述。必待其根株永拔，而后成乎泰，非旦一夕之效也。

《象》曰：泽上有地，临。君子以教思无穷，容保民无疆。

“泽上有地”，川泽两岸为平陆也。兑为言说，言“以教”；坤厚载物，容其不肖，而保其贤也。教而“容保”之，则嘉善矜不能，而教无穷。“容保”于“教思”之后，若教者进于善，不若教者，终不弃也，则保之无疆矣。兑抑悦也。临民者以嘉言立教，而不务苟取悦于民，善于用兑者也。

初九：咸临，贞吉。

“咸”，感也。“咸临”者，以感之道临之也。临，以阳临阴，而消之，而初九与六四相应，不以威严相迫，而以德感其心，使受治焉，各当位而得正，吉莫尚矣。凡言“贞吉”，有必贞而后吉者，有本正而自吉者，因象而推，其义自见。

《象》曰：“咸临，贞吉”，志行正也。

行，去声。

临者其志，咸者其行。阳长消阴，本君子大正之志，而见之行事者，不以威而以德，善其行以成其志，无不正也

九二：咸临，吉，无不利。

九二之以感道临六五，犹之初九，而六五虚中以应之，居之安而行无不利矣。

《象》曰："咸临，吉，无不利"，未顺命也。

九二以刚居柔，不当位。不如初九之正，而能"吉无不利"者，以迫近四阴，阴方凝聚于上，不顺受其临，非刚中相感，使知不缩而速退，则不可以临治未消之阴，故虽过于严，而自足以感，无不利之忧也。

六三：甘临，无攸利。既忧之，无咎。

六三与二阳相比，不知己之已即乎消，而居非其位。恋而不舍，徒以阴柔成乎容悦，幸阳之我容，岂能久乎？故"无攸利"。其能自知忧惧，敛而就退，以听阳之临，可以免咎。三为进爻，终于必往，而以柔居刚，与二阳为内卦之体，故犹可施以教戒，望其能忧。

《象》曰："甘临"，位不当也。"既忧之"，咎不长也。

未免有咎，而可望其改，则不终于咎矣。观卦阳居上而欲消，阴宜依之以相留，故以近阳为利，而远者不吉。临阳方长，阴宜速行而远去，故以远阳为吉，而近者不利，亦扶阳抑阴之微权也。

六四：至临，无咎。

"至"犹来也。阴，待治于阳者也。若自亢以拒阳，则阳亦不施治焉。是臣不听治于君，妇不听治于夫，小人不听治于君子也。六四以柔居柔，阴过，宜有咎者，乃当位以与初相应，则初自来临，所谓"四海之内，轻千里而来告以善"也，阴无咎矣。

《象》曰："至临，无咎"，位当也。

阴阳刚柔，皆天地之撰，本俱无过，人体以为性，无不可因以成能，特在用之者耳。禹、稷、颜子，地易而道亦殊，惟其位而已。故爻于当位不当位分得失焉。其有当位，而或凶咎，不当位，而或吉利，则又因卦之大小险易。若此卦，刚初长而阴消未久，则柔居柔而当位为美，以阳方临阴，阴不宜越位，而相亢也。凡《象传》无他释，但以位分得失言者，准此通之。

六五：知临，大君之宜，吉。

知，如字。

以柔居尊，而下听九二之临，知治我者之善我，而不恃分位，以拒之，君道得矣。人之相临，以相治，其情正，而其迹相违。苟恬不知，则必傲愎而不受。惟虚中体顺，而曲喻其忠爱，乃能受其临，而不以为侮。君道得，则吉莫尚焉。

《象》曰："大君之宜"，行中之谓也。

君建中以立极，而所谓中者，得刚柔之宜也。知受治于刚，以辅己之柔，则所行无不中矣。

上六：敦临，吉，无咎。

上六坤顺之至，而处卦上，阴将逝矣。时已过，权已谢，委顺以受阳之临，已无所吝留，柔道之敦厚者也。不与阳亢，终履安吉，而于义亦正，非徒敛躬避难，消沮退藏也。

《象》曰："敦临"之吉，志在内也。

顺之极，故无相亢之异志。

䷓ 巽上 坤下 观

观：盥而不荐，有孚颙若。

观音灌，“观盥”、“大观”、“观天”、“上观”、“观民也”之观，并同。

可观之谓“观”，以仪象示人，而为人所观也。关门悬法之楼，曰观，此卦有其象焉。可瞻而不可玩，饬于己而不渎于人之谓也。此卦四阴浸长，二阳将消，而九五不失其尊，以临乎下。于斯时也，抑之而不能，避之而不可，惟居高而不自媟，正位以俯待之，则群阴瞻望尊严而不敢逼。“盥”者，将献而先濯手，献之始也。“荐”者，已奠爵，而后荐俎，献之余也。以阳接阴，以明临幽，以人事鬼之道，故取象于祭焉。既献而荐，人之事鬼，礼交而情狎，过此以往，酢酬交作，则愈狎矣。惟未献之先，主人自尽其诚敬而不与鬼相渎，则其孚于神者威仪盛大，而有不可干之象。以此格幽，自能感之，而不在爵俎之纷拏也。

阳之仅存于位，而以俯临乎阴；人君于民情纷起之际，君子于小人群起之日，中国于夷狄蠢动之时，皆惟自立矩范，不期感化，而自不敢异志。若其不然，竞与相争，亵与相昵，自失其可观之德威，未有不反为其所凌者也。然岂徒位之足据哉！言必忠信，行必笃敬，动必庄莅，确然端己，而有威可畏，有仪可象，有礼可敬，有义可服，颙若其大正，而后可使方长之阴，潜消其侵陵而乐观其令仪。裴度所谓韩弘舆疾讨贼，承宗敛手削地，非有以制其死命而自服，亦此意也。君子之处乱世，阴邪方长，未尝不欲相忮害，而静正刚严，彼且无从施其干犯而瞻仰之，乃以爱身而爱道，盖亦若此。德威在己而不在物，存仁存礼，而不忧横逆之至，率其素履，非以避祸而邀福，而远耻远辱之道存焉矣。

《象》曰：大观在上，顺而巽，中正以观天下。

“大”谓阳也。阳居五、上，以不媟于下，则阴且顺而巽之，以观其光。所以能然者，惟其履中而刚正，不失其可为仪象者于天下也。

“观，盥而不荐，有孚颙若”，下观而化也。

“下观”之观，平声，下同。

“下观”，有其观则人观之也。“不荐”则不渎，“颙若”则德威盛于躬。以此道临天下，阴邪自敛而顺化，故四阴皆仰观之。

观天之神道，而四时不忒。圣人以神道设教，而天下服矣。

“观”者，天之神道也，不言不动，而自妙其化者也。二阳在天位，自天以下皆阴也。天以刚健为道，垂法象于上，而神存乎其中；四时之运行，寒暑风雷霜雪，皆阴气所感之化，自顺行而不忒。圣人法此，以身设教，愚贱顽冥之嗜欲风气，杂然繁兴，而“颙若”之诚，但盥而不轻荐，自令巧者无所施其辩，悍者无所施其争，而天下服矣。

《象》曰：风行地上，观。先王以省方观民设教。

居上察下曰“省”。坤为地。“方”者，地之方所。阳君，阴民。“观民设教”者，观五方之风气，而调治之，使率彝伦之教也。“风行天上”，君以建中和之极，而开风化之原；“风行地上”，君以因风俗之偏，而设在宽之教。体用交得，而风教达于上下矣。此言“先王”者，先王制法，后王承之以行，皆先王之所设，非但先王为然也。

初六：童观，小人无咎，君子吝。

仰而视之，曰观。观之为卦与大壮相错，盖阴长消阳之卦。《易》于遁、否，已为阳忧之；至于观而谓四阴之仰观者，以天位未去，幸群阴之犹有所推戴，而奖之以瞻仰乎阳，圣人之情也。以仰观推戴为义，故近阳者得，远阳者失，许其相亲，而不恶其相迫。“童观”者，所谓童子之见也。初六柔弱，安于卑疏，大观在上，而不能近之以自扩其见闻；小人怙其便安之习，守其鄙琐之识，据为已有，深喻而以为道在是焉，方且自谓“无咎”，以不信有君子远大之规，君子之道所以不明不行，而成乎“吝”也。夫小人终身于咎过之涂，可吉可利，而无所往而非咎，故言无咎者，其自谓然也。《易》不为小人谋。

《象》曰：“初六，童观”，小人道也。

夫小人之道，岂有不可测之意计哉！生于闺庭之中，长于妇人之手，欲而思遂，利而思得，见可喜而疾喜，见可怒而暴怒，拘于微明之察，闻道而以为迂远，虽至于无所不至，而不出其嚅脕霑滞之习。以曹操之奸，而分香卖履，垂死不忘，童年之识留于中而不舍也。故古之戒寇者曰，“弃尔幼志”。欲为君子，莫如弃幼志之为切也。而天下之能弃幼志，以从远大之观者，鲜矣。抑孟子曰“大人者，不失其赤子之心”，与此异者何也？孟子所谓赤子之心，知爱知敬之心也，然心曰“苟不充之，不足以保妻子”。不失者其体也，充者其用也。无用之体，则痿痹不仁之体而已。学以聚之，问以辨之，宽以居之，仁以行之，知天命而必畏，知大人、圣言而必畏，惟弃幼志以从大观也。四海之大，千载之遥，天道运于上，圣人建其极，苟其不务仰观，则且非之笑之，以为安用彼为，君父可以不恤，穿窬可以不耻，而小人无忌惮之道，充塞于天下，愚父兄且以教其子弟，君子安能弗吝也？可畏矣哉！

六二：窥观，利女贞。

六二中而当位，亦可谓之贞，而为主于内卦，已成乎阴之盛满，知有大观在上，且信且疑，而从门内窃视之，弗敢决于应也，女子之贞而已，其所利者在是也。

《象》曰："窥观""女贞"，亦可丑也。

大观在上，不能相近以挽欲消之阳，而中立于群阴之间，以祈免咎，弗能为有无，是以可丑。

六三：观我生进退。

此则吉凶得失之未审，而存乎占者之自审也。六三柔，而与坤为体，则退而就阴，其时然也。三为进爻，而较近于五，则进而就阳，其志然也。退不失时，进以遂志，两者皆无过焉，道在观我所行而不在物。自修其身，内省不疚，斯以退不狎于不顺，进不迫于违时，其庶几矣。

《象》曰："观我生进退"，未失道也。

道不失，则进退皆可。

六四：观国之光，利用宾于王。

三修身以俟时，四则可决于进矣。近阳之光，阳所求也。古者乡大夫进士于天子，宾于饮射以兴之。四承五而弥近，故利在受宾兴之礼以进。

《象》曰："观国之光"，尚宾也。

"尚"谓道所贵也。君子之学修，虽耕钓而有天下之志，然必上宾于廷，乃见宗庙之美、百官之富。以先王经世之大法，广其见闻之不逮，故虽衰世之朝廷，犹贤于平世之草野，非窥观者所能测也。

九五：观我生，君子无咎。

言行皆身，所生起之事，故曰“生”。自四以下，皆奖阴以观阳，而责其不逮；以阴盛，阳且往，故必正名定分，以扶阳而尊之。至于九五，当群阴方兴，且迫之势，固不可恃位之尊，而谓人之必己观也。能为人观者，必先自观。语默动静，有一不协于君子之道，则时去势孤，位且不保。不可从咎在下者之侵陵，而咎实在己。故当此位者，必“观我生”；果其为君子，而后无咎，以其刚健中正之道未亡，责之备也。

《象》曰：“观我生”，观民也。

“我生”云者，毕其一生，所有事之辞。“观民”，言为大观，以示民也。欲为大观于上，令瞻仰之者无不奉为仪则而不敢忽，岂一言一行之足称其望哉！内省而不愧于屋漏，外察而不愆于度数，无所不致其反观，以远咎过，然后愚贱之志欲纷纭竞起，思乘隙而摘之者，无所施其窥伺，则可危可亡，而小人终莫之敢侮。君子之为观于民，自观之尽也。

上九：观其生，君子无咎。

“其”者，在外之辞，谓物情向背之几也。上九无九五之位，而阳将往矣，欲不失其大观也，尤难。内度之己，抑必外度之物；果其所以发迹，而见远者，无不中乎物理，可以招携怀远，而允为君子，然后无咎。

《象》曰：“观其生”，志未平也。

无位而将往，物且轻之，而志不能平。然不可挟不平之志，必尽道以求物理之安。

第四章　周易内传卷二下

䷔ 离上震下　噬嗑

噬嗑：亨。利用狱。

噬嗑之义，《彖传》备矣。为卦，一阳入于三阴之中，而失其位，不与阴相合也；三阴欲连类，而为一阳所间，不能合也。颐之为道，虚以受养，而失位之阳，以实碍之，不能合也。自否而变，以交阴阳而合之，而阳下阴上，皆不当位，其交不固，不能合也。积不合之势，初、上二阳，以其刚制之才，强函杂乱之阴阳于中，而使之合，是啮合也。“亨”者，物不合，则志气不通，虽曰啮合，而亦合矣，是噬嗑之亨也。然犹得中而为离明之主，具知啮合者之矫乱而不固，则且施刑以惩其妄，而不至如六国之君，昏暗傲狠，听说士之诬，以连异志之诸侯，斯亦可远于害。故惟“用狱”，而其邪妄可息也。

《彖》曰：颐中有物，曰“噬嗑”。

“物”者，非所固有之物，谓失位之九四。颐中岂可有物哉！又从而噬以嗑之，增其妄也。

“噬嗑”而“亨”。

强噬之而合，亦足为亨矣，明者所不以为亨而恶之者也。

刚柔分，动而明，雷电合而章。

自否之变，而言之，否之阴阳聚，而此卦分之。分而下者，不无躁动；分而上者，则为离明之主。雷起于不测，而电章之，则明足以烛动，而止其妄矣。

柔得中而上行，虽不当位，“利用狱”也。

“不当位”，谓六五也。变否塞之道，柔自初而上行，以得中，照其妄而治以刑，合于义矣，故“利”。两造曰“讼”，上察下恶而治之曰“狱”。

《象》曰：雷电，噬嗑，先王以明罚敕法。

“雷电”，《本义》云：“当作电雷。”中溪李氏曰：“蔡邕石经本作电雷。”离明以明罚，雷动以敕法，所以制疑叛之人心，而合之也，故为“噬嗑”。禁令悬于上，不率者则谨持而决之。此定法律于未犯之先，故既明则必断，与丰殊用。丰者折狱于已犯之后，法虽定而必详察以下求其情，故既断而必明。噬嗑，先王之道；丰，司寇之道。法定于一王，狱成于良有司也。

初九：屦校灭趾，无咎。

“屦校”，施械于足也。“灭”，掩也，没也。械其足，见械而不见足也。初与上为颐体，啮合阴阳之杂，而不恤其安，其罪也，故用狱者施以刑焉。然初九虽刚以动，而处于卑下，无坚于妄动之力。否五之阳，自上而下，屈己以合物，未有利焉；二又以柔乘己，有可噬之道，议刑者所不加以重刑，械其足而已。薄惩之则恶且止矣，故可无咎。戒用狱者知其恶之可改，早为惩创，斯得免民于咎之道也。

《象》曰：“屦校灭趾”，不行也。

戒其妄行，则不行矣。

六二：噬肤灭鼻，无咎。

初、上，噬者也；中四爻，受噬者也。大脔无骨，曰“肤”。“灭鼻”者，捧大脔而噬，上掩其鼻而不见，噬之刚躁者也。噬而合之，刚以制物，挟威以强物，而有难易之分焉。二以柔居柔，而近初易噬。若肤者，初之上噬，先噬乎二，故迫而有“灭鼻”之象。然初方动，而二遽掩之，有取噬之道焉，则噬之者亦可无咎。此初之罪所以轻，而可薄罚以止之者也。

《象》曰：“噬肤灭鼻”，乘刚也。

以其乘刚，故可恣意噬之。

六三：噬腊肉，遇毒，小吝，无咎。

干兔曰“腊”。三以柔居刚，体虽小而坚，不易噬者也；强欲噬之，则不听命而必相害。彼噬而此拒之，三亦吝矣。“小”谓阴也。然“噬嗑”之义1以不受噬为正，则相持而不从，固无咎也。

《象》曰：“遇毒”，位不当也。

以柔居刚，而不受噬，故噬之者遇毒。若二之柔，则噬之易矣。

九四：噬乾胏，得金矢。利艰贞，吉。

乾，古寒反，下同。

肉带骨曰“胏”。骨横亘于颐中，所谓“颐中有物”也，噬之最难者。“金矢”，金镞之矢，伤人者也。初上不审势度德，强欲折服之，四必亢，而与之争，操矢相加，所必然矣。不受噬者，正也。孤立于中，上下交噬，非“艰”而无以保其“贞”。四不恤其艰而贞不听命，故吉。

《象》曰："利艰贞，吉"，未光也。

四以一阳介于群阴之中而失位，则似有求合于阴之情，故初、上乘而噬之。其不欲合之意，未得昭著，非艰以保贞，无由致吉。

六五：噬乾肉，得黄金。贞厉，无咎。

黄金，金之贵者。五为离主，而得尊贵之位，故为"黄金"。离之六二，为"黄离"，其义也。乾肉虽较胏无骨，然亦坚韧而不易噬。六五居中，为离明之主，乃上九以与近而欲噬之，见其位尊而柔，觊得徼宠而分其利。而五以大明中正之德，灼见其情，守贞不惑，严厉以行法，则上且蒙罪，而不敢犯，虽立威已过，而非咎也。

《象》曰："贞厉，无咎"，得当也。

明以察之，柔而能断，持法得其当矣。

上九：何校灭耳，凶。

"负何"之"何"本音河，俗读上、去声者非是。

"何校灭耳"，械其项而掩其耳也。六五贞厉，施刑于上九，已何校矣，犹灭耳不听，而强欲噬之，以求合。噬之不仁，合之不义，不自罹于死亡不止也。初与上皆噬者也。而凡噬物者，下颔虽任动，而犹知坚脆，以有所避就；上颔坚立于上，物至则折，而无所择，其为贪狠倍甚。且二乘刚有可噬之道，五虚中明照，非可噬者，惩之而不知戒，恃刚强制，故罪烈于初，而允为凶人，用刑者所宜加以怙终之贼刑也。

《象》曰："何校灭耳"，聪不明也。

"聪"，耳官之司听者。何校而犹不听命，必欲啮合，故其恶甚。

䷕ 艮上 离下 贲

贲：亨。小利有攸往。

天地之大文，易知简能，而天下之理得，故纯乾纯坤并建以立《易》体，而阴阳刚，柔各成其能；上清下宁，昼日夕月，水融山结，动行植止，不待配合而大美自昭著于两间。圣人体天之不贰，以为德之纯，极变蕃之用而皆贞夫一，而盛德之光辉自足以经纬乎万物。若其疑此之有余，忧彼之不足，一刚而即间以一柔，组五色以成章，调五味以致和，美不足而务饰之，饰有余则诚愈不足矣。词赋，小技耳，司马相如非知道者，且以一经一纬、一宫一商，为非赋心之所存，况君子以建中和之极者乎！

贲之为卦，一阳甫立，即间以一阴，至于五而又改其常度，一阴而间以一阳，萋斐以成贝锦，人为之巧毕尽，阴阳之变至此极矣，是不足与于天地之大文，而徒为贲饰也。阳为性、为德，阴为情、为养。以阴文阳，则合乎人情而可亨；以阳文阴，则虽顺人情以往，而缘饰之以不诡于道，则“小利有攸往”。“小”谓阴也。虽亨虽利，非大始自然之美利，而不足于贞。《彖》于四德，有亨利而无元贞。夫子筮得贲而惧，以此也夫！

《彖》曰：贲，“亨”。柔来而文刚，故“亨”。分刚上而文柔，故“小利有攸往”。

“贲亨”，言贲之所以亨者，阳之亨；“小利有攸往”，阴之利，非阳之利也。自上接下曰“来”。一阳之上，一阴即至，以相错而文之。阳道本质实而刚正，阳甫动而阴即来，虚柔以适于人情，刚不戾物，而贵贱灵蠢，皆乐观而就之，阳道亨矣。“分”谓泰之变，从三阳之中，分而往上也。柔在上而易流，或至泥于情欲而违于理；刚舍中位，离其类而上，以止阴之过，则声色臭味皆有节而不拂于理，阴之往乃以利焉。“文刚”以宣阳于有余，“文柔”以节阴之不足，斯亦天理之节文，而止于亨利者。君子之道，时行时止，即质即文，而斤斤然，周密调停，以求合于人情事理，则抑末而非本也。

天文也。文明以止，人文也。

《本义》云：“先儒说‘天文’上当有‘刚柔交错’四字。”愚按：其为阙文无疑，但未定其为“刚柔交错”否耳。此言天道人情，固有贲之理势也。“文明”者，离一阴内函，二阳外见，有文而必著于外。“止”者，艮阴长而阳限其上，有所限，而不能逾也。人之有情必宣，有志欲见，而风气各殊，止于其所，习而不迁，此古今之异趣，五方之别俗，智愚之殊致，各有其美，犁然别白，而自止其所安，均为人文而相杂，以成章者也。贲之文饰，非天地自然易简之大美，然天人亦固有之，所以阴阳之变必有贲也。

观乎天文，以察时变。观乎人文，以化成天下。

此言圣人用贲之道也。刚柔杂糅，交错以致饰，既为天道人情之所固有，圣人观而知其必然，而所以用之者，则不因天之变，而易其纯一之道，不随人之变而伤其道一风同之至治。故天人虽贲，而圣人之治教自纯。天合四时而一致，而当寒暑相授之际，则一雨一霁，一温一凉，与夫日月五纬之交错，于黄道内外，圣人观而察之，以审时之变，节宣以行政令，乃以当变而不失其常。人之风气习尚，粲然殊致，而各据其所安；圣人观风施化，因其所长，济其所短，不违其刚柔之则，而反之于纯。自非圣人，因贲而与之俱贲，则随化以流，而与人争美于小节，贲之所以可惧也。夫子既释《彖》义，而引伸以言。贲虽非大美之道，而圣人善用之，则治教资焉，特非大贤以下，所可庶几耳。

《象》曰：山下有火，贲。君子以明庶政，无敢折狱。

“山下有火”，明有所止；不及高远，而照近，则纤悉皆见。“庶政”，事物之小者，如《周官》翨、庶、赤友、服不之类，明察其理，而制为法以授有司，使详尽而不敢欺。“无敢折狱”者，赦小过，而得情勿喜，以矜全民命也。使饰法以文致之，则人无以自容矣。《大象》皆取法卦德之美，独于贲、央二卦有戒辞焉。智、仁、勇皆天德，而非仁以为之本，则智伤于察，勇伤于傲，自恃为德，而以损天下，故君子慎德，尤于此致警焉。

初九：贲其趾，舍车而徒。

初九以刚居下，介然独立，二来饰已，而已无所施饰于人，则修其践履，淡泊明志，虽锡以车，不受而安于徒步。《礼》：大夫不徒行。

《象》曰：“舍车而徒”，义弗乘也。

非无饰已者，以方在潜处，义不得邀贲以为荣。

六二：贲其须。

贲有颐之象。“须”，绕颐而生者也。二以阴饰初、三之阳，三亦以阳饰二，上下交受饰焉。饰于物而徒为美观，其为文也抑末矣。

《象》曰：“贲其须”，与上兴也。

“上”谓九三。“兴”，动也。二与初犹为交饰，于三则受饰而已。柔不能自明，因阳而显，则亦随物而动尔。

九三：贲如濡如，永贞吉。

三下饰二而上饰四，二、四抑交饰乎三；阴有润物之能，而未免于相染，故有“濡如”之象，必“永贞”而后吉。所以可有“永贞”之吉者，以阳刚得位，即受其润，而可不受其染。若六二虽当位，而柔之文刚，徇情贬道，以取悦于人为美，不如刚之文柔，以道饰情为有节也。

《象》曰：“永贞”之吉，终莫之陵也。

柔而资饰于人，则物必陵之。刚虽与柔交饰，自可不失其正，阴其能陵之哉！

六四：贲如皤如，白马翰如。匪寇，婚媾。

“皤”，老人发白貌，无文者也。“翰如”，疾走如飞也。贲卦俱阴阳交错，而四承六五，纯而不杂，虽下饰三而“贲如”，卜固无饰于五而“皤如”也。言“白马”者，五无所施饰于四，以素相接也。“翰如”，五疾走以合于四也。于阴阳杂糅之世，初得此相承之爻，故相就速也。五受饰于上，而不我饰，故疑于为寇，而同类相求，保其贞素，则固与相和合矣。非阴阳交，而言“婚媾”者，相错之世，则以合德为相好也。

《象》曰：六四，当位疑也。“匪寇，婚媾”，终无尤也。

自四以下，阴阳各得其位以相饰。至于四，而所望于五者，阳之来饰；乃五与一卜交饰，而于四则两阴相若，无所于贲，四之所以疑为寇也。既相比合，以留未散之朴，又何尤焉！

六五：贲于丘园，束帛戋戋。吝，终吉。

“戋戋”，帛幅狭小貌。“邱园”，抱道隐居之地。六五居中静正，有其德而上贲之，欲其抒所藏以光济于下，而五柔退无外饰之情，俭以待物，故吝。然时方竞于交饰之文，文有余，则诚不足，固不如敦尚俭德者之安吉也。

《象》曰：六五之吉，有喜也。

乐其道，则物自宜之。

上九：白贲，无咎。

上分刚以文柔，而不受物之贲。盖率其诚素，以节柔之太过，而无求荣之心者也。虽不得位，固无咎。

《象》曰："白贲，无咎"，上得志也。

居上则身处事外，得行其志，不借外物之相饰。

䷖ 艮上 坤下　剥

剥：不利有攸往。

自外割削残毁，以及于内，曰"剥"。此卦阴自下生，以迫孤阳之去，害自内生，而谓之剥者，主阳而客阴，君子辞也。"不利有攸往"者，阳也。阴柔之凶德，于时方利，即恶极必倾；而《易》不为之谋，惟戒阳之往而已。有所行，皆谓之"往"。艮以止为德，处阴盛已极之世，止而不行犹免于害；害即不免，犹不自失；若更有攸往，不但凶危，尤义之所不许也。义之所不许者，不足以利物矣。

《彖》曰：剥，剥也，柔变刚也。

重言“剥也”者，言阳之剥丧，阴剥之也。变者，阳退而之幽，阴进而之明，变易其幽明之常。初、三、五皆刚爻，而柔居之，甚言阴之乘权也。

“不利有攸往”，小人长也。

长，上声。

小人长，利在小人矣。利在小人，则害在君子，道宜止，而不宜行。

顺而止之，观象也。君子尚消息盈虚，天行也。

观，音灌。

卦象极于凶矣，而君子当其世，以图自处，抑白有剥而不剥之道焉。阴长之卦，自媚而遁而否，早为君子道消，至于观而益迫矣，顾不以为君子危，而奖众阴以观在上之阳；又极于剥，阳已失其尊位，为君子谋者，视阴之极盛，勿以其不利为虑，而取坤之顺德，顺而受之，止于上而不妄动，亦有“盥而不荐，有孚颙若”之象焉。故视五为“贯鱼”之“宠”，犹观之“宾王’也。上自以为“舆”，犹观之“观民”也。世自乱，而已自治，横逆自加，而仁礼自存。盖时未可与论得失顺逆之常理，而因其消而息之，方虚而盈者不失，修身以立命，则昼夜屈伸、运行不息之道在己矣。虽不利于攸往，而非无可合之义，特非达天者不能也。

《象》曰：山附子地，剥。上以厚下安宅。

此全取山、地之象，而不依卦名立义者也。言“上”者，非先王盛世之事，抑非君子，尚志不枉之义。一阳孤立，仅有高位，保固图存，则用此象为得也。“厚下”，取坤之载物，养欲给求，以固结人心。“安宅”，取艮之安止，以自奠其位也。民依于君，君亦依于民，则虽危而存矣。

初六：剥床以足，蔑贞凶。

“床”，所安处者。“以”，犹及也。所见不明，不知有而藐忽之曰“蔑”，阴以载阳，使安居于上，阴之正也。初六卑下柔暗，沈溺于积阴之下，而不能自振，虽力不足以剥阳，实陷于邪，以倾阳者深矣。迷于贵贵尊贤之义，藐大人而不知畏敬，自为凶人，天下亦受其凶危矣。

《象》曰：“剥床以足”，以灭下也。

“灭”，沈没也。暗为阳害于下，以其沈没于幽暗之中，而不知奉阳之为正也。

六二：剥床以辨，蔑贞凶。

“辨”，床干也。较足而近矣，其不知有正犹初也，故凶亦如之。

《象》曰：“剥床以辨”，未有与也。

与，羊洳反。

自恃其居中得位，为群阴之主，而与阳若不相与。然则剥之而无忌，夜郎王岂知汉之大哉！

六三：剥之，无咎。

谓于剥之世，独能无咎也。与群阴居，不能拔出自奋，以拯阳而定其倾，而心不忘于贞顺，与上相应，如狄梁公之事女主、关公之为曹操用者，君子曲谅其志。

《象》曰：“剥之，无咎”，失上下也。

上下各二阴，三不与之相得，志在上九。

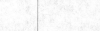

六四：剥床以肤，凶。

四近阳，而与艮为体，非不知有贞，而茫昧以自沈溺者，爻值退位，下而与群阴相比，以追阳而剥之，此华歆、崔胤外交贼臣以丧国者，其志惨，其祸深矣。“凶”，谓上九受剥而凶也。

《象》曰：“剥床以肤”，切近灾也。

为上九危之。

六五：贯鱼以宫人宠，无不利。

天子进御之制，王后当夕于月望，初自御妻、嫔、夫人而渐进。“贯鱼”，自上而下之序也。“以”犹率也。六五柔，居中位尊，以上承乎阳，阳一而阴众，有后率群妾，以分君宠之象。五阴，盛之极矣，乃独以切近剥肤，归恶于四，而五不言剥者，不许阴之僭天位，以逼孤阳，因其得中，而密近于上，节取其善焉，圣人不得已之深情也。“无不利”者，所以奖阴之顺承，而歆之以利也。

《象》曰：“以宫人宠”，终无尤也。

能率群阴，以承事乎阳，可无尤矣。阴虽处极盛之势，固有救过之道。后唐明宗焚香祝天，愿中国早生圣人，庶几此义焉。

上九：硕果不食。君子得舆，小人剥庐。

群阴盛极，一阳仅存于上，“硕果”也。“不食”，不为人所食，言不用于世也。当剥之世，功无可与立，道无可与行，上高蹈远引，安止而不降其志。虽不食，而俯临浊世，其可以驾御之道，自在“得舆”矣。彼小人者，虽朋邪以逞，徒自剥其庐而已。“庐”，所以荫己，而使宁居者。一阳覆上，本阴之所藉荫者；君子不屑与施治教，则庐剥矣。群邪得志，君子方超然卓立于其外，不歆其富贵，不屈其威武，虽无拨乱反正之功，而阴以留正气于两间，则名义不亡于人心。当时之小人，不被其荫，而终不能掩其扶持世教之道，然则“攸往不利”，而亦何不利哉！

《象》曰：“君子得舆”，民所载也。”小人剥庐”，终不可用也。

无君子则世无与立，阴虽盛，不能不载君子。“小人剥庐”，亦何所用呼？徒自失其依止而已。郑忆翁云：“天下皆秋雨，山中自夕阳。”

䷗坤上震下　复

复：亨。出入无疾，朋来无咎。反复其道，七日来复，利有攸往。

还归其故曰“复”。一阳初生于积阴之下，而谓之复者，阴阳之撰各六，其位亦十有二，半隐半见，见者为明，而非忽有，隐者为幽，而非竟无。天道人事，无不皆然，体之充实，所谓诚也。十二位之阴阳，隐见各半，其发用者，皆其见而明者也。时所偶值、情所偶动、事所偶起，天运之循环，事物之往来，人心之应感，当其际而发见。故圣人设筮，以察其事会情理之相赴，而用其固有之理，行其固然之素位，所谓几也。几者，诚之几也，非无其诚而可有其几也。是则爻见于位者，皆反其故居，而非无端之忽至矣。

然姤一阴下见，不可谓之复者，阳位乎明，阴位乎幽，阳以发，阴以居，道之大经也，则六位本皆阳位，阴有时践其位，而固非其位，故阳曰复，而阴不可曰复。且初、三、五，本阳位也，积阴犹盛，而阳起于初，得其所居，亦有复之义焉。

阳一出而归其故居，则不可复御，阴得主，而乐受其化，故“亨”。自幽而出见曰“出”；入乎积阴之下。而上与阴相感曰“入”。“疾”，患也。一阳初发，为天心始见之几，致一无杂，出无疾也；一阳以感群阴，阴虽暗昧，而必资阳以成化，情所必顺，入无疾也。“朋”谓五阴相连，而为党也。“来”，下相接也。阴犹极盛，疑有咎焉，而阳震起于下，以受阴而入与为主，则朋阴之来，非以相难，而以相就，固无咎也。

以人事言之：在事功，则王者不易民而治，而圣作于创业之始，多士多方，虽繁有其徒，皆抚之以消其疑贰；在学术，则君子不绝欲以处，而仁发于隐微之动，声色臭味，虽交与为感，皆应之以得其所安，不患朋之来，而特在初几之贞一尔。

“反复其道”者，言有反有复者其道也。诚之所固有、几之所必动也，七者，少阳之数。数极于六，不可复减，必上生至于七，而阳复萌也。天道之固然，即人事之大顺。由此以往，愈引愈出，而阳益生，皆一阳震起之功也。率此而推行之，世无不可治，而人无不可为尧舜也。

《彖》曰：“复，亨”，刚反。

复之亨，以刚之反于位也。

动而以顺行，是以“出入无疾，朋来无咎”。

以动而行乎顺之中，则于己无患其孤，而物虽赜，不足以相碍。故特患其不动耳，无忧物之不顺也。

“反复其道，七日来复”，天行也。

天之运行恒半隐半见。日过一度，周而复出于地，于此可想阴阳具足，屈伸于幽明，而非有无也。“七日”者，数极则反之大概；旧说谓自姤至复，于《易》卦、天数俱不合，今不从之。

“利有攸往”，刚长也。

长，上声。

不动则渐向于消，动则必长。往而进焉，继起之善，相因必至，故虽一阳乍生，而可谓之长。

复，其见天地之心乎！

此推全体大用，而言之，则作圣合天之功，于复而可见也。人之所以生者，非天地之心乎？见之而后可以知生，知生而后，可以体天地之德，体德而后可以达化。知生者，知性者也。知性而后可以善用吾情；知用吾情，而后可以动物。故圣功虽谨于下学，而必以“见天地之心”为人德之门。天地之心不易见，于吾心之复几见之尔。天地无心而成化，而资始资生于形气方营之际，若有所必然而不容已者，拟之于人，则心也。

乃异端执天地之体以为心，见其窅然而空、块然而静，谓之自然，谓之虚静，谓之常寂光，谓之大圆镜，则是执一嗒然交丧、顽而不灵之体，以为天地之心，而欲效法之。夫天清地宁，恒静处其域而不动，人所目视耳听而谓其固然者也。若其忽然而感，忽然而合，神非形而使有形，形非神而使有神，其灵警应机，鼓之荡之于无声无臭之中，人不得而见也。乃因其耳目之官有所窨塞，遂不信其妙用之所自生，异端之愚，莫甚于此。而又从为之说曰：此妄也，不动者其真也。则以惑世诬民，而为天地之所弃，久矣。

故所贵于静者，以动之已亟，则流于偏而忘其全，故不如息动，而使不流，而动岂可终息者哉！使终息之，而槁木死灰之下，心已丧尽。心丧而形存，庄周所谓“虽谓之不死也奚益”，而不知自陷其中也。程子曰：“先儒皆以静为见天地之心，不知动之端，乃天地之心。”非知道孰能识之！卓哉其言之乎！

自人而言之，耳目口体与声色臭味，皆立于天地之间，物自为物，已自为己，各静止其域而不相摄，乃至君臣、父子、兄弟、夫妇，各自为体，而无能相动，则死是已。其未死，而或流于利欲者，非心也。耳目口体之微明，浮动于外，习见习闻，相引以如驰，而反居其退藏之地，则固顽静而不兴者也，阳之动也，一念之几微发于俄顷，于人情物理之沓至，而知物之与我相贯通者不容不辨其理，耳目口体之应乎心者不容于掩抑，所谓恻隐之心是已。恻者，旁发于物感相蒙之下；隐者，微动而不可以名言举似，如痛痒之自知，人莫能喻也。此几之动，利害不能摇，好恶不能违，生死不能乱，为体微而为用至大；扩而充之，则忠孝友恭、礼乐刑政，皆利于攸往，而莫之能御。则夫天地之所以行四时、生百物，亘古今而不息者，皆此动之一几，相续不舍，而非育然而清，块然而宁之为天地也，审矣。

邵子之诗曰："一阳初起处，万物未生时"，其言逆矣。万物未生处，一阳初动时，乃天地之心也。然非特此也。万物已生，而一阳之初起，犹相继而微动也。又曰："玄酒味方淡"，是得半之说也。淡可以生五味，非舍五味而求其淡也。又曰："大音声正希"，则愈非矣。希声者，声之余也，是剥上之一阳也。金声而后玉振之，帝出乎震，声非希也，限于耳官之不闻而谓之希也。其曰"天心无转移"，则显与"反复其道"之旨相违矣。

天地之心，无一息而不动，无一息而非复，不估其已然，不听其自然。故其于人也为不忍之心，欲姑置之以自息于静，而不容已。而岂大死涅槃、归根复命、无转无移之邪说所得与知哉！是则耳目口体止其官，人伦物理静处其所，而必以此心恻然悱然、欲罢不能之初几，为体天地之心而不昧。自其不流于物也，则可谓之静，而固非淡味希声以求避咎也。

是心也，发于智之端，则为好学；发于仁之端，则为力行；发于勇之端，则为知耻；其实一也。阳，刚之初动者也；晦之所以明，乱之所以治，人欲繁兴而天理流行乎中，皆此也。一念之动，以刚直扩充之，而与天地合其德矣，则"出入无疾，朋来无咎"，而攸往皆利。故曰：作圣合天之功在下学，而必于此见之也。

《象》曰：雷在地中，复。先王以至日闭关，商旅不行，后不省方。

“至日”，冬至也。“后”谓诸侯。“省方”，行野而省民事也。雷在地中，动于内以自治，而未震乎物。民以治其家，君以治其朝，而无外事焉，所以反身自治而立本也。言“至日”者，自至日为始，尽乎一冬之辞。若云但此一日，则商旅暂留于逆旅，愈羁縻而不宁；后之省方，岂旦出暮归而但此一日之不行乎？民则至日以后，寒极而息，以养老慈幼，而勤修家务；后则息民于野，而修明政事，俟始和而颁行之，皆动于地中之象也。

自京房卦气之说，以冬至一日，当复之初爻，限十二卦，为十二月之气，拘蔽天地之化于十二卦之中，既无以安措余卦，则又强以六日一爻文致之，说愈不通。使其果然，则冬至后之六日，何以为“迷复之凶”邪？又云：“七日来复，自媚数之”，则十二日而卦变尽，又自相戾背矣。以冬至一日闭关为义，谓应时令，观值八月，阴气方盛，又何日独宜“省方”？

媚当夏至阴生，又何宜“施命”哉？天之有四时十二中气，自其化之一端；而八卦之重为六十四卦，又别为一道，相错而各成其理，并行而不相袭，自不相背，造化之神所以有恒而不可测也。京房者何足以知此哉！其说行，而魏伯阳窃之，以为养生之术，又下而流为炉火彼家之妖妄，故不可以不辨。

初九：不远复，无祗悔，元吉。

“不远”，速而近也。“祗”，语助词，言不至于悔也。初爻为筮之始画，一成象，而阳即见，故曰“不远”。推之于心德，一念初动，即此而察识扩充之，则条理皆自此而顺成，不至于过，而有悔，此乾元刚健之初几，以具众理，应万事，而皆吉矣。

《象》曰："不远"之复，以修身也。

"身"者，最其不远者也。乃动而出，以应物，得失休咎，听之物，而莫能自必，虽刻意求善，而悔亦多矣，何也？待物感而始生其心，后念之明，非本心之至善也。方一起念之初，毁誉吉凶，皆无所施，其逆亿，而但觉身之不修，无以自安，则言无过言，行无过行，卓然有以自立矣。以诚之几，御官骸嗜欲而使之顺，则所谓"为仁由己"、"不下带而道存"也。

六二：休复，吉。

人依树荫以息曰"休"。六二柔而得中，下近于阳，乐依其复，所谓"友其士之仁者"，与吉人居，则吉矣。

《象》曰："休复"之吉，以下仁也。

屈意而乐亲之曰"下"。不远复，以修身，仁人也。下与之依，故吉。凡阴居阳上，类以"乘刚"为咎，此独言下，而非乘者，一阳下动，以资始之德，震动群阴，非阴之敢乘，而五阴顺序以听其出入，无相杂以相亢，静以待动，其德不悖也。《易》之不可以典要求也，类然。

六三：频复，厉无咎。

"频"与"濒"通，字从涉，从页，隶文省水尔，近而未即亲之辞。六三去初较远，不能如二之下仁，而与震为体，进而临乎外卦，其于复道不远矣。然心严厉自持，不与上六相应，而后"无咎"。以柔居刚，非一于柔者，故可有"厉"之象焉。

《象》曰："频复"之厉，义无咎也。

义不得与阴相昵，而上应"迷复"也。

六四：中行独复。

就五阴而言之，四为中矣。处上下四阴之中，四阴环拱，欲奉之为主，几于不能自拔。乃柔而得位，又为退爻，舍同类而下，应乎初，乐听其复。不言吉者，卓然信道，非以谋利计功，不期乎吉者也。

《象》曰："中行独复"，以从道也。

初之德仁，而又其正应，道所宜从也。

六五：敦复，无悔。

六五居尊位，疑可以与阳相亢，不听其复，乃为坤之主，厚重自持，则阳方长，而已不拒，静以听动，无悔之道也。

《象》曰："敦复，无悔"，中以自考也。

"考"，省察也。位虽居中而度德相时，自省其不足，而顺静以退听，熟审于贞邪以待治，何后悔之有！

上六：迷复，凶，有灾眚。用行师，终有大败。以其国，君凶，至于十年不克征。

四处群阴之中，而退听，五履至尊之位，而大顺，皆不禁阳之来复。上六远阳已甚，恃其荒远，欲为群阴之长，亢而不屈，不度德，不相时，迷而凶矣。初方奋起，震群阴而施化，朋来无咎，固无所猜疑于上六而惩创之。而上六既反天道，人不致讨，天且降以水旱之灾，薄蚀之眚，乃亢极，而无自戢之情，怙其阴险，复行师以与初争胜败，师丧而命之不保，必矣。上六非天子之位，故称国君，诸侯之负固不服者也。"至于十年不克征"，谓初九荡平之难也。隗嚣死而陇右不下，陈友谅殪而武昌未平，其象也。以学者之治身心言之：仁之复也，物欲之感皆顺乎理，而余习存于几微，不易消除，非义精仁熟，仍留未去，故程子有“见猎心喜”之说。克之之难如此，特为初爻，重戒之。

《象》曰：“迷复”之凶，反君道也。

非君道而欲为之君，群阴且不从，况阳之震起者乎！

䷘ 乾上 震下 无妄

无妄：元亨利贞。其匪正有眚，不利有攸往。

“无妄”云者，疑于妄，而言其无妄也。若非有妄，则不言无妄矣。时当阴积于上，阳秉天化，以震起而昭苏之，则诚所固有之几也。乃此卦天道运于上，固奠其位，二阴处下，非极其盛，而初阳震动，非以其时，理之所无，时之或有，妄矣。然自人而言，则见为妄，白天而言，则有常以序时，有变以起不测之化，既为时之所有，即为理之所不无。理，天理也。在天者即为理，纵横出入，随感而不忧物之利，则人所谓妄者，皆无妄也。君子于天之本非有妄者，顺天而奉天时，于妄者深信其无妄，而以归诸天理之固有，因时消息以进退，而不敢希天，以或诡于妄。故天道全于上，天化起于下，元亨利贞，四德不爽。而其动也，非常正之大经，于人或见为“眚”。若日月之运行，自有恒度，诚然不相凌躐，而人居其下，则见为薄蚀，必退而自省，不敢十阴阳之变，以成人事之愆，所以“不利有攸往”。言其“匪正”者，未尝非元亨利贞之道，而特非人所奉若之正也。故曰：无妄，灾也；非天有灾，人之灾也。

《象》曰：无妄，刚自外来而为主于内。

外卦皆阳，阳与阳为类，而一阳离其群，间二阴而在下，以主阴而施化。又自遁之变言之，九二之阳，人而来初，于将遁之世，返归于内，以主二阴。其来也，欲以为主，非无情也。有情，则虽不测之变，而固非妄矣。

动而健，刚中而应，大亨以正，天之命也。

其动也，承健而动。五刚中而二应之，不失其正，则非无所禀承，而动者。虽非时序，而承天固有之四德，惟其所施而可矣。天道有恒，而命无恒，故曰："莫非命也，顺受其正"者，存乎君子尔。

"其匪正有眚，不利有攸往"，无妄之往，何之矣？天命不佑，行矣哉！

"其匪正"者，即此"大亨以正"之命，而有时不循其常，人不与之相值，则于人非所应受之命也。夷齐不遇虞、夏之世，孔子不与三代之英，天命自成其一治一乱之恒数，而于君子则为变。日月之眚，当其下者不利，亦：此理也。昧其变而不知止，谓天命实然，或随时以徼利，或矫时而冥行，则违人情、悖物理，所往必穷矣。天之命本非佑己，而可行矣乎哉？

盖天之大命，有千百年之大化，有数十年之时化，有一时之偶化；有六合之大化，有中土之时化，有一人一事之偶化。通而计之，皆无妄，就一时一事而言之，则无妄者固有妄也。有所佑、有所不佑者，圣人不能取必于天，况择地相时以自靖之君子乎！人子之于父母也，小杖则受，大杖则走。命之以非己所当为，则夫已多乎道。非是则不足以事亲，亦此道尔。

《象》曰：天下雷行，物与无妄。先王以茂对时育万物。

"茂"，盛也。"对"犹应也。雷承天，而行发生之令，不必有定方定候，而要当物生之时。物与之无妄者，物物而与之，启其蛰，达其萌，灵蠢良楛无所择，而各如其材质，皆不妄也。以无择为盛，以不测为时，此其为无妄者，虽若有妄，而固无妄也。先王不以此道，用之于威福，恐其刑已滥，而赏已淫，虽自信无妄，而必有妄矣。惟因万物之时，天所发生之候，行长养之令，金、木、水、火、土、谷惟修，草、木、鸟、兽咸若，使之自遂其生，则道虽盛而无过。然所谓“对时”者，因天因物以察其变，非若吕不韦之《月令》，限以一切之法也。

初九：无妄，往吉。

无妄之“不利有攸往”者，业已成乎无妄之世，更不可往也。“往吉”者，以其无妄而往也。初九承天之命，以其元亨利贞之德，信诸心者，动而大有为，立非常之功，如伊尹之放太甲，孔子以匹夫作《春秋》，行天子之事，则先天而天弗违，往斯吉矣。

《象》曰：无妄之往，得志也。

心安而人莫不服。

六二：不耕获，不菑畬，则利有攸往。

田间岁而垦，曰“菑”。岁耕成熟，曰“畬”。不耕而获，不垦而熟，有代之于先者也。初九为震之主，以其不妄之诚，创非常之业；二柔得位而居中，虽与震为体，而动不自已，静听以收其成，则往而利。言“则”者，戒占者之勿效人动，而亦动也。无妄之为，非诚信于己者，不可躬任其事。自初而外，皆以安静为得。不然，则虽合义守贞，而固匪其正也。

《象》曰：“不耕获”，未富也。

不言“笛畲”者，义同，则举一而可括也。不耕而获，其所收者亦薄矣。惟不贪功利，故能以静御动而往利。

六三：无妄之灾，或系之牛，行人之得，邑人之灾。

此以遁之变，而言也。“或系之牛”，遁之所谓“鞏用黄牛之革”也。“行人”谓初九，“邑人”则三固居其位者也。二欲系阳于三，而阳来居初，为初所得，三以柔，不当位，而外卦之健行，且责其不敏，故“灾”。灾，自外至者也，非三之自取，初使之然，程子所谓“无妄之祸”也。

《象》曰：“行人”得牛，“邑人”灾也。

邑人之有罪，而蒙灾，妄也。然失牛于其邑，不责其人，而谁责？则亦非妄也，灾既非妄，安受其咎可矣，故不言凶。

九四：可贞，无咎。

四与初相应，初以刚济刚，非能静以处无妄者。然动以诚动，有唱必有和，有作之者，必有成之者，谅其诚而与同道，亦不失其正，而得无咎。“可”者，仅可之辞。

《象》曰：“可贞，无咎”，固有之也。

动而无妄，固有其事，则抑固有其理。谅其非妄而与之相济可尔。

九五：无妄之疾，勿药有喜。

天位至尊而初拥震主之威，以立非常之功，五之疾也。然五中正得位，坦然任之，而不疑其妨己，而亟于施治。初九之志，本非逼上，功成而垫受其福矣。

《象》曰：“无妄”之药，不可试也。

疑之则姑试之，不知其疾，固无妄者，可勿药也。成王之于周公，始试药之而四国乱，终勿药而王室安。

上九：无妄，行有眚，无攸利。

初以阳刚震起，代天而行非常之事。上九晏居最高之地，处欲消之势，不能安靖以抚驭之，而亢志欲行，则违时妄动，自成乎“眚”，而“无攸利”矣。

《象》曰：“无妄”之行，穷之灾也。

时已过，位已非其位，权已归下，恃其故常，而亢志以行，高贵乡公之所以自毙也。

䷙ 艮上 乾下 大畜

大畜：利贞。不家食，吉。利涉大川。

“大”，阳也。大畜，以阳畜阳也。艮者，乾道之成，以止为德，以一阳止二阴于中，而因以止乾，其用虽柔，而志则刚。用柔以节乾之行于内，所以养其德而不轻见，待时而行，则莫之能御矣。乾畜美于内，精义以尽利，敦信以保贞，备斯二德，皆艮止之功也。不及元亨者，止而未行，长人之德未施，云雨之流形有待也。“不家食”者，受禄而道行也。以刚健大有为之才，止而聚于内，以不苟于行，家修之事也；而止之者，将以厚其养，而大用之，待其汲引以进，与艮之一阳，志道合而利见，受禄不诬矣。“利涉大川”者，健于行，而姑止，止之者又其同志，以之涉险，蔑不济矣。小畜，畜之者之志异，故相持而不解。大畜，畜之者之道同，故相待而终行。

《彖》曰：大畜，刚健笃实辉光，日新其德。

赞大畜之德，其美如此，其至也。“刚健”，乾之德也。“笃实辉光”，艮之德也。艮所以为笃实者，阴道敛而质，静而方，止于内而不亢，则务本敦信之道也。乾之刚健，力行不倦，而艮以静敛之，又以光昭之志，著见于外，使乾信其诚，而益务进修，日畜而日新矣。乾之六爻，外三爻，其功化也；内三爻。进德修业也。畜其德业而不急于功化，则学问益充，宽仁益裕，德白日新而盛，其资于养者深矣。君子之自修，则韫玉以待沽；明王之造士，则誉髦以成德也。

刚上而尚贤，能止健，大正也。

“尚”，进也。刚出乎二阴之上，居高以倡，引阳而进之，以进之道止之，诱掖奖进，使精其义，故“利”。健行者，恐过于敏，以止之道进之，使敦厚其德，非“大正”者不能，故“贞”。

“不家食，吉”，养贤也。

养其德，而使日新，则受以禄，而位与德相称，而吉矣。

“利涉大川”，应乎天也。

有艮上一阳与乾合志，则踌躅以涉险，自有同心之助。乾秉天德，易以知险，有应则弥利矣。

《象》曰：天在山中，大畜。君子以多识前言往行，以畜其德。

识，式吏反。行，去声。

天者，资始万物之理气也。山虽地之形质，而出云蒸雨，生草木，兴宝藏，皆天气沦浃，其中以成化。故天未尝不在山中，岂徒空虚上覆者之为天哉！山之广大，其畜天之气，以荣百昌者，厚矣。君子安安，而能迁，聚而能散，不欲多畜也。惟学问之事，愈多而愈不厌，皆足以养德，故取象焉。“前言往行”，亦人之美尔，而人受天之灵以生，言行之善，皆天理之著见，因其人而发也。能知人之善皆天之善，则异端忘筌蹄，离文字，以求合于虚寂，其邪妄明矣。

初九：有厉，利已。

三阳具，而后成乾，艮体具而后畜之也，涉险皆利。在一爻言之，则刚健欲行而不受止，此《爻》与《象》之所以小异也。乃以止道养人之德者，施于刚躁之动，自未能遽受，故日新之德，亦必抑志受止而后成，非骤止之而即受，则于三阳有戒辞，与《象》义亦不相悖。初九阳刚始进，而四以柔止之于早，固有危厉不安之意，而戒之以利于己，己亦止也。

《象》曰：“有厉，利已”，不犯灾也。

刚得其位，可以自信无害，乃出而有为，则物之险阻，固不可知，见止而止，然后无伤。

九二：舆说輹。

说，吐活反。

车，所载以健于行者，故取象焉。大畜之乾，专言行者，对艮止而言，因时立义也。“輹”，车轴缚也。“说輹”，解其轴之缚。本不欲行；与小畜之“说辐”，欲行而车败异。九二居中，无躁进之心，遇六五之止而遂止，乃静退修德之象。不言吉凶者，力务畜德，志不存于利害。若占得者，虽于事觉无害有利，而意不欲行，则止之。

《象》曰：“舆说輹”，中无尤也。

居得所安，但求无过，不以进取为念。

九三：良马逐，利艰贞。曰闲舆卫，利有攸往。

“曰”，《本义》云当作“日”；今按文义，读如字。

三以刚居刚，而为进爻，有良马之象。上九与合德而尚贤，养其才于已裕而延之进，可以骋矣。而四、五二阴居中为碍，未可遽以得志，故必知难而守正乃利。“曰”，戒令之辞。“舆”谓舆人。“卫”，从行者。九三进，初、二两阳且从之，其舆卫也。“闲”，防制之，使守其职也。己既艰贞，尤必申其戒令，使舆卫各有敬忌，而不失其度，乃“利有攸往”。

《象》曰：“利有攸往”，上合志也。

爻有以阴阳相应，为合者，有以同类相得，为合者，各因其卦。此谓上九与乾合也。

六四：童牛之牿，元吉。

施木于牛角，以禁触，曰“牿”。初九始出之刚，而位乎下，故为“童牛”；及其童而牿之，《本义》谓“禁于未发之谓豫”是也。“元吉”者，吉在事先也。四应初而止之，故有是象。

《象》曰：六四“元吉”，有喜也。

施德教于初九，非豫期于获福，乃养士，而收百年之用。小学而得上达之理，创业，而致兴王之功，皆“喜”也。“喜”“庆”皆自外至之辞，而“喜”乃中心之所悦，“庆”犹一时之嘉会尔。

六五：豮豕之牙，吉。

豕去势，曰“豮”。豮则驯，而牙不妄噬。六五应九二而畜之，九二刚不当位，有妄躁噬物之防，五豮之以制其暴，则刚柔相得而安，故“吉”。

《象》曰：六五之“吉”，有庆也。

豕，不易制者也。《春秋传》曰：“封豕长蛇，荐食上国。”制其躁而使顺应，不期而至之“庆”也。

上九：何天之衢，亨。

“何”，负也。路四达曰“衢”。“何天之衢”，庄周所谓“负云气，背青天”也。艮之畜乾，非抑遏之也，止其躁，养其德，以使裕于行也。至于上九，尚贤，而与阳合德，乾德已固，引而上升，则三阳依负之以翱翔，左宜右有，惟所往，而无不通矣。

《象》曰：“何天之衢”，道大行也。

“道”谓阳刚健行之道。

䷚ 艮上 震下 颐

颐：贞吉。观颐，自求口实。

颐之为卦，以卦画之象，而立名。上下二阳，上齶下颔之象也。四阴居中，齿象也。颐之为体，下颔动以啮，上龈止而断之。震动于下，艮止于上，亦颔象也。颐所以食，而生人之养，赖此为用，故为养也。“贞吉”，正乃吉也。天生百物五味以养人，非有不正者也。人之有唇舌齿颊，以受养，亦岂有不正者哉？滋其生，充其体，善其气，凝其性，皆养之功也。颐卦之象，中虚而未有物，静以待养，初无纵欲败度之失。因乎其所必养，亦何患乎，无饮食之正？而小体为大体之所丽，养小体者忘其大体，养大体者初不废小体，颐之贞何弗吉也？乃以其虚以待养，在可贞可淫之间，故戒之口：所谓贞者，存乎观与求而已。观所可养，而养之以养人，于可求，而求之为口实以自养，则贞也，贞斯吉也。非是弗贞，而何易言古也？

《象》曰：颐，“贞吉”，养正则吉也。

养其所，当养则正，正则遍给天下之欲而非滥，以天下养一人而非泰，咸受其福矣。

“观颐”，观其所养也。

君子以养人为道者也，然岂以徇人之欲哉！既不吝于养人，而养君子，养小人，养老，养幼。人有等，物有宜，人子不以非所得奉之亲，人臣不以非所得奉之君，鼎肉不以劳贤者之拜，秉粟不以为继富之施，远宴乐之损友，惩淫酗之恶俗，食以时，用以礼，审察观度，而正不正见矣。

“自求口实”，观其自养也。

君子谋道不谋食，非求口实者。然养资于天下之物，岂有不求，而白至者哉！求之有道，则谋食即谋道矣。自其小者，而言之，如《乡党》、《内则》所记烹割调和之皆有则，不以取一时之便，而伤生，即不使不醇不适之物，暴其气，而使沈溺粗悍，以乱其性，则虽小而实大。白其大者而言之，九州之贡，可供玉食，而箪食豆羹，乞人不屑。故伯夷叔齐饿于首阳，而孔子疏食饮水，乐在其中。禹疏仪狄而为百世师，桓公亲易牙而国内乱。所系者大，而必慎之于微。审察观度，贞不贞、吉不吉，于斯辨矣。

天地养万物，圣人养贤以及万民。颐之时大矣哉！

此又推明颐之为道，本无不正，善观之，则因其时合其宜，不必如异端之教，日中一食，矫廉之操，死于嗟来，而后为贞。而民物之生，皆厚德，皆正与天地养物之理通，而圣人之为元、后父母，亦即此以咸得也。

《象》曰：山下有雷，颐。君子以慎言语，节饮食。

山下之雷，山上闻之，其声不震。古云：衡岳峰顶闻下雷声如婴儿。愚尝验之，隆隆隐隐，方动即止，信然。饮食言语，皆由于口，言欲出而慎之，食欲入而节之，不宣志而导欲，常使如山下之雷，不迫不滥，枢机谨而心存，嗜欲制而理得，皆所以养德也。

初九：舍尔灵龟，观我朵颐，凶。

以全卦立言，谓初为“尔”，“我”谓二上四阴也。“灵龟”，所从问得失者。初九，动之主，得失之几在焉。本灵龟也，乃躁动而望，四阴以垂颐，不自观而侈于物，宜其凶也。

《象》曰：“观我朵颐”，亦不足贵也。

观人之朵颐，贱甚矣，而云“亦不足贵”者，《易》不为贱丈夫谋。若嵇、阮之流，以沈醉相尚，自谓为贵，而岂知其事止饮食，亦不足贵哉！王融云：“为尔寂寂，令邓禹笑人”，则尤“朵颐”之凶也。

六二：颠颐，拂经于丘颐，征凶。

阳求，阴与。凡物之养人者，皆地产也；故初为自求养，二以上四阴为养人。“颠”，逆也。野人养君子，下养上，顺也；自上养下，逆也。“拂”，违也。“经”，上下相应之常理。

"邱"，高也，谓五也。二与五，为正应，义当上养，即使下养小人，亦必承君命以行，而不敢专；今见初之贪求，就近与之相感，拂君臣令共之大义，不奉命而市私恩，行必凶矣。陈氏厚施于民，以夺齐，其免于凶，幸也。汲黯矫诏发粟，史氏侈为美谈，揆之孟子搏虎之喻，则固人臣之所不得为，亦凶道也。

《象》曰：六二"征凶"，行失类也。

掠美市恩，上且为君所恶，下且为同事所侧目矣。

六三：拂颐，贞凶，十年勿用，无攸利。

"拂颐"，拂人待养之情，而不养也。六三与震为体，初之所望，养者也，乃位刚志进，而与上九之尊严静止者相应，拂初而不与之颐。当多欲之世而吝于与，虽异于二之市恩徇物，为得其"贞"亦"凶"道也。小人之欲不可徇，亦不可拂，上既刚正不受其养，又拂小人之情欲，绝物以居，无用于世，故"无攸利"。不能利物，不合义矣。《易》屡言"十年"，要皆终竟之辞。仅言"十年"者，《春秋传》谓蓍短龟长，以此。圣人不终绝人，而天道十年一变，得失吉凶，通其变，而使民不倦。筮不占十年以后，其意深矣。蓍之短，愈于龟之长也。

《象》曰："十年勿用"，道大悖也。

颐以养人为道，拂而不养，悖于"观颐"之道。

六四：颠颐，吉。虎视眈眈，其欲逐逐，无咎。

六四正应乎，初而施之养，以上养下，亦"颠颐"也。当位而养其所应养，故吉。"虎视"谓初九。"眈眈"，垂耳貌。虎怒噬则耳竖，眈眈，顺而有求也。初九刚躁，本虎也，以有

“逐逐”之欲，媚养己者。四以养抚之，疑于徇小人之欲，然居其位，而以君子畜小人之道，使之驯服，则固无咎。

《象》曰：“颠颐”之吉，上施光也。

上谓四居上，而临初也。光者，君子有养民之道，非以徇小人，其志光明。

六五：拂经，居贞吉，不可涉大川。

六五不与二应，拂上养下之常经，而比于上九，以成止体，以之处常，得正而吉。然不厌小人之欲，则缓急无与效力，以之涉险，危矣哉！武王伐殷，散钜桥之粟；汉高推食解衣，而韩信效死。饮食之于人，大矣。勿以己之居贞，而强人同己，君子达人情，而天下无险阻矣。

《象》曰：“居贞”之吉，顺以从上也。

能顺乎上，则可以安其居矣。

上九：由颐，厉吉，利涉大川。

人知下颐之动，以啮物而效养。不知非上颐之止，则动者无所施。故颐之为功，必由乎上。上九以刚居高，为艮止之主，静正无欲，止动于发。其以自养者正，则德威立，而人不敢妄干之。所施养于人者，罔非其正，吉道也。以之涉险，正己无私，不贪利而妄动，则无不利。涉险者虽务得小人之情，而必端严以自处，诸葛孔明所谓“宁静可以致远”也。

《象》曰：“由颐，厉吉”，大有庆也。

不期人之顺己而人自服。

䷛ 兑上 巽下 大过

大过：栋桡。利有攸往，亨。

卦之六位，初在地下，潜藏未见，有体而不能用；上既居天位之上，不近于人，有用而体托于虚；皆物之所不乐居也。中四爻，出于阴上，人效其能，而登天位，固为阳之所宜处；而天之化、人之事、物之理，无阳不生，无阴不成，无理则欲滥，无欲则理亦废，无君子，莫治小人，无小人，莫事君子，而大过整居于内，既据二、五之中，复据三、四人位以尽其才，擯二阴于重泉之下、青霄之上，岂非阳之过乎！

大过、小过之象，皆以三、四为脊，中竦而两迤于下。拟之以屋，三、四其栋，初、上，下垂之宇也。阳之性亢，栋竦而高，上下柔弱，故为“栋桡”。恃其得位乘权，为可久居，则终于桡。“利”，宜也。宜往交于阴以相济，而后“亨”。二、五利而无咎，往之利也。

乾之积阳，甚于大过，而非过者，十二位之在幽明，各司其化，奠阳于明，奠阴于幽，阴不自失其居，故阳可无过。大过业延阴以效用，而又置之疏远，故过也。央之所以非过者，阳方盛长，阴留不去，非阴方出，而厄之也。媚之所以非过者，阴起干阳，阳有往势，非据止天位而不思迁。所以惟此一卦为大之过也。

《彖》曰：大过，大者过也。“栋桡”，本末弱也。

初、上皆下垂者，而上有末之象焉。又自下承上，则谓之本，自上垂下，则皆谓之末。

刚过而中，巽而说行，“利有攸往”，乃“亨”。

说，弋雪反。

二、五中位正，而与初、上相比，下交成巽，以受其人；上交成兑，而相说以行，则可节其过而亨。非然，未有能亨者也。

大过之时大矣哉！

独言其时大者，谓其时为成败兴衰，所难必之时，不易处也。君子居得为之。位，小人失职，而远出，非甚盛德，鲜不激而成害也。

《象》曰：泽灭木，大过。君子以独立不惧，遁世无闷。

“灭”，湮而欲沈之也。泽欲灭木，木性上浮，终不可抑。君子之行，独立于流欲之表，世不见知，而不惧不闷，抑之而愈亢，晦之而弥章，不嫌于过刚。若处得为之时，交可与之人，则不可过也。

初六：藉用白茅。无咎。

“白茅”，茅之秀也，柔洁而朴素。古者祀上帝于郊、扫地而祭，以茅秀藉俎笾，所以致慎，而不敢以华美，加于至尊。初六承积阳于上，卑柔自谨，有此象焉。君子守身以事亲，如仁人之享帝，求无咎而已。

《象》曰：“藉用白茅”，柔在下也。

位在积刚之下，故以柔为美，则栋之桡，非己不克承之咎，过在大也。

九二：枯杨生梯，老夫得其女妻，无不利。

“杨”，阳木，阳亢则枯。“梯”，根下旁出之白荑。“女妻”，室女也。阳刚虽过，而二得中居柔，以下接于初之稚阴，故有此象。生梯则再荣，得女妻则可以育嗣。当过之世，而能受阴之巽人，故“无不利”。

《象》曰：“老夫”“女妻”，过以相与也。

自虑其太过，因而下交初柔而乐承之，刚柔调矣。

九三：栋桡，凶。

三、四皆凸起，而为栋者。三以刚居刚，躁于进，而不恤下之弱，下必折矣。包拯用而识者忧其乱宋，不顾下之不能胜任，其能安乎！

《象》曰：“栋桡”之“凶”，不可以有辅也。

民者，上之辅也。过刚则人疑惧，事不立而怨作，谁与辅之！

九四：栋隆，吉。有它，吝。

四以刚居柔，虽隆而不亢；二、三两阳辅，而持之，可保其隆。然外卦之体，以上爻为藉，上弱不足以胜任，亦不能有为矣。四退爻就内，故以上为“它”。

《象》曰：“栋隆”之“吉”，不桡乎下也。

不桡乎下，所吝在上耳。

九五：枯杨生华，老妇得其士夫，无咎无誉。

阳过已极，亢居尊位，下无相济之阴。惟上六与比而相悦，一时之浮荣也。故为“枯杨生华，老妇士夫”之象。五为主，以比于上，不言士夫，得老妇，而言老妇得士夫者，五无就阴之志，上为兑主，悦而就之也。五得位得中，亦未有咎，而时过昵于非偶，则讪笑且至，必无誉矣。

《象》曰："枯杨生华"，何可久也？"老妇""士夫"，亦可丑也。

下无辅而求荣于上，终必危矣。亢极而屈于失所之孤阴，自辱而已。

上六：过涉灭顶，凶，无咎。

"过涉"，谓阳已过，而己涉之，以出其上，如水盛涨而徒涉，必至于"灭顶"之凶。然过者阳也，非阴之咎也。上欲以柔济刚，而刚不听，反摈抑之于外。进柔和之说，于刚严之主，以此获罪者多矣，其心盱谅也。言"灭顶"者，卦以三、四为脊，覆乎上爻之卜也。

《象》曰："过涉"之凶，不可咎也。

志在济刚，道之所许。

䷜ 坎上 坎下 坎

习坎，有孚，维心亨。行有尚。

伏羲之始画卦也，二画而八卦成。及其参两，而重之，阴阳交错，分为贞、悔二：卦之象以合于一，而率非其故。然交加屡变，固有仍如乾、坤六子之象者。震得震，巽得巽，坎得艮，离得兑，艮得坎，兑得离，贞、悔皆为六子之象，与他卦异。

盖他卦，为物化人事之变，随象而改；而雷、风、水、火、山、泽，易地易时，大小殊而初无异也，重者仍如其故。有以源流相因成象者，坎也；以前后相踵成象者，震也，巽也，离也；以上下相叠成象者，艮也；以左右相并成象者，兑也。相因、相踵、相叠、相并，而其形体、性情、功效无异焉，故即以其：三画之德拟之，而仍其名以名之。此成象以后，见其不贰之物，变而必遇其常也。“习”，仍也。重卦八，而独加习于坎者，举一而概其余也。

坎内明而外暗，体刚而用柔，藏刚德于主阴之原，而不可测，故为坎坷不平之象，而效于化者为水。自其微而言之，则呵嘘之蒸为湿者，气甫聚而未成乎涓滴，皆含坎之性，而依于阴以流荡于虚，固不测也。及其盛大，则江海之险而难逾，亦此而已。

若其流行之处，则地之不足，而为泽以受水，犹其有余而为山以积土，故坎、兑分配焉。阴之凝也，坚浊以静，而为地之形。阳之舒也，变动不居，而为天之气。故口阴静而阳动。阳非无静，其静也，动之性不失。阴非无动，其动也，静之体自存。水亦成乎有形者矣，而性固动；静则平易而动则险，已成乎形而动者存，是静中之动，几隐而不易知者也。

坎之德亦危矣哉！而阴阳必有之几，天地所不能无，虽圣人体易简以为德，亦自有渊深不测、静以含动之神，则亦非但机变之士，伏刚于柔中以为陷阱者然也。坎而又坎，其机深矣。而圣人于《易》，择取元化之善者以为德，而不效其所不足，故特于刚中之象，著其“有孚”，谓其刚直内充，非貌柔以行狙诈，而易以溺人者之足贵也。若老氏曰“上善若水”，则取其以至柔，驰骋乎至刚，无孚之坎，为小人之险，岂君子之所尚哉！

“维心亨”者，外之柔不足以亨，而中之刚乃亨也。以刚中悼信之心行乎险，而变动不居者，皆依有形之静体而不妄，则“行”可有功而足“尚”。君子所贵乎坎者，此也，孟子所谓“有本”也。

《彖》曰：习坎，重险也。

重，直龙反。

“重险”则嫌于不诚，故以下文释之。

水流而不盈，行险而不失其信。

此释“有孚”之义。水之性险，故专以水言。自其著者而言之，所以见坎固天地自然之化，非人为机诈之险也。水有流有止，坎者其所止也，而游至于重坎，则流也。流则易淫泆，而逾其所居，变诈之所以叵测也。而水不然，虽流而必依其所附，在器止于器，在壑止于壑，不逾其涯量，以凭虚而旁溢，是阳之依阴，以为质也。“行险”者，性虽下，而迂折萦回于危石巨碛以必达，乃至高山之伏泉，渴乌之吸漏，不避难，而姑止，而往者过，来者续，尽其有以循物，不违此水之有孚者也。善体此者以为德，则果于行，而天下谅其诚矣。

“维心亨”，乃以刚中也。

“心”者，函之于中，以立本者也。言“乃”者，明非外见之柔，可以涉险而得亨。

“行有尚”，往有功也。

不终陷于二阴之中，行而必达，润物而必济，故天下尚之。

天险，不可升也。地险，山川丘陵也。王公设险以守其国。坎之时用大矣哉！

此又推言，险亦自然不可废之理，而必因乎险之时，善其险之用，非凭险以与物相难也。天以不可升为险，而全其高，非以绝人自私。地以山川丘陵为险，而成其厚，非以阻人于危。王公以城郭沟池为险，而固其守，非以负险而肆虐。用险者非其人，不可也。

《象》曰：水洊至，习坎。君子以常德行，习教事。

此专取重险为水洊至之象，而取义也。凡相仍而至者，必有断续，而水之相沓以至，盈科而进，不舍昼夜。君子之学诲以之，则不厌不倦。“常德行”者，月勿忘其所能。“习教事”者，温故而知新。

初六：习坎，入于坎窞，凶。

据全卦已成之象，以言一爻之得失，此类是也。当“习坎”已成之世，而以阴柔，入于潜伏之地，将以避险，而不知其自陷也。

《象》曰：“习坎”入坎，失道凶也。

险已频仍，道在刚以济之；而卑柔自匿，不能忘机，葸畏已甚，必凶。

九二：坎有险，求小得。

二以刚居柔，虽中而未能固有其刚，诚信未笃，所行不决，如水之在源，有远达之志，而仍多迂阻，足以自保，而忧危亦甚矣。坎之内卦皆失：位，故二虽中而未亨。离之外卦皆失位，故五虽中而多忧。

《象》曰：“求小得”，未出中也。

未离乎中，故可以“小得”。而前有险，而未能出，无以及物，故所得：者小。

六三：来之坎坎，险且枕。入于坎窞，勿用。

“之”，往也。“坎坎”，坎而又坎也。“险且枕”，下之险承之。“人于坎窞”，上且进而人于险也。当二险相仍之际，柔不能自决，波流来往于险；中，徒劳而无能为也。

《象》曰：“来之坎坎”，终无功也。

陷阳者阴也。阴之乘阳，三与上当之。乃三以柔居刚，而为进爻，志不在于陷二，故异于上六之陷人，而因以自陷。然徒怀济险之志，而不能自拔，则固无功之可见矣。

六四：樽酒簋，贰用缶，纳约自牖，终无咎。

“贰”字，《本义》从晁氏连“用缶”为句。今按：连上读为“簋贰”，自通。樽以盛酒，燕礼也。簋以盛黍稷，食礼也。“贰”，间也。陈樽酒，而又设簋食，合而相间，非礼，而急于乐宾，情之迫也。“缶”，陶器，有虞氏所尚，器古而质朴，谓樽与簋皆瓦也。缶制下平而博，盛物能不倾者。纳物必于户，迫于纳而嫌其约，乃自牖焉。

古之牖无棂，故可纳。柔乘刚，则陷阳而险；承刚，则载阳而使安。六四，柔居柔而当位，上承九五，故其象如此。以水言之，则溪涧仰出、合流于大川之象；相孚而合，则且出险而夷。夫惟其情之已笃，则虽俭不中礼，而江海不择细流，是以终得无咎。

坎之内卦言险，而外卦不言者，水险于源而流则平，故四、五为美，异于离火之下灼而上且灭也。方技家以言心肾之交，本此。

《象》曰：“樽酒簋贰”，刚柔际也。

“际”，相交接也。柔居柔，以接当位，得中之刚，故情迫而输诚恐后也。

九五：坎不盈，祗既平，无咎。

九五刚中得位，而处游至之下游，所谓江海为百谷王者，流盛而不盈溢，此当之矣。既有盛大流行之德，则危石巨碛，皆所覆冒，而险失其险，至于平矣。虽疑于为阴所乘，而不得外见，然持之有道，进而有功，何咎之有！

《象》曰：“坎不盈”，中未大也。

“大”者，自肆之意。刚中以动，而在二阴之中，含明内蕴，故无盈满自大之咎。

上六：系用徽纆，寘于丛棘，三岁不得，凶。

凭高以陷阳，障洪流而终决。世既平而已犹险，刑必及之。“徽纆”，系罪人之墨绳。“丛棘”，狱也。“三岁”，古者拘系罪人，以三岁为期。“不得”，不见释也。

《象》曰：上六失道，凶“三岁”也。

较初之失道为甚，故其凶为尤长。

䷝ 离上 离下　离

离：利贞，亨。畜牝牛，吉。

阴本柔暗，而附丽乎阳，以得居乎中，则质之内敛者，固而发于外者，足以及物，故其化为火。火之气，日在两间，不形而托于虚，丽于木，而炎以成熟、光以照耀，乃成乎用。光景者，阳之发也，阴固在内者也。得所利以成其用，则“利”，居得其所而正，则“贞”；能知所附丽，而得中，美不必自己，而大美归焉，则“亨”；皆言阴也。“畜”，聚而养之也。“牝牛”，顺之至者，谓阴也。畜，阳畜之也。

阳任于外，以为阴所丽，以保阴而使不滥，则成阴之美，而阴信任之，故“吉”，言阳吉也。阴静正居中，任阳以发舒其美；阳尽其才以施光辉于上：下，而保阴以成不动之化，两善之道也。人君虚顺以任贤。而化隆俗美，天下文明，此成王附丽周公，以兴礼乐，而周公养冲人之德，以成大勋之道也。其在学者，虚中逊志，常若不足，而博学多通，强行不倦，则文著而道明，亦此理焉。反是者，刚愎中据，［而溺于私利，坎之所以陷与！

《彖》曰：离，丽也。日月丽乎天，百谷草木丽乎土，重明以丽乎正，乃化成天下。

丽，吕支反，下同。“丽乎地”，“地”字从集解本。

此广言“丽”之义，以赞卦德也。丽者，依质而生文之谓。日月附天气以运，百谷草木，依地德以荣，未有无所丽，而能奠其位，发其美者也。离之德重明，而惟柔中，以丽乎刚之正，故明不息。人君以此道，不据尊以孤立，而行依乎道，治依乎贤，则礼乐文章，效大美于天下，而化成矣。

柔丽乎中正，故“亨”，是以“畜牝牛，吉”也。

柔而丽乎刚之正，则奠位乎中，而自通天下之志，故君道以之而亨。上既虚已以任贤，则贤者亦尽其发挥，而道行志得。无疑沮之忧，惟尽其才以养君于善，顺而吉矣。

《象》曰：明两作，离。大人以继明照于四方。

“明”谓日也。不取象于火，而取象于日者，火相迫，则在上者灭，若其已息而更然，有异火矣。日则今日已人地，明旦复出，不改其故。言“两作”者，以卦体言尔，实则相续无穷也。“大人”，德位俱尊之称。非其德，无其位，施明不已，则文有余，而实不足。惟大人德盛而道在。“照四方”，事日变，道日新，明不继，则自以为无不知明，无不处当，而固有不明不当者矣。求人之情，通物之理，岂有穷哉！

初九：履错然，敬之，无咎。

“履”，始践其境也。“错然”，经纬相间、文采杂陈之貌。“离”体已成，而初九动于其下，忽睹此物理错陈之大观，以刚而有为之才，为二所任，则为物所眩而急于自见，咎道也。乃位在潜退，有敬慎而不敢尝试之心焉，所以无咎。

《象》曰：“履错”之敬，以辟咎也。

辟，必益反。

刚明可试，而急于自见，则咎。敬慎以辟除之，乃可以无浮明不终之害。娄敬脱輓辂，马周被召于逆旅，为时所倚重，骤著其聪明，以求饰治道，而一用不能再用，终以不显。太祖善解缙西庖之书，而不用，使老其才，教以敬也，惜乎缙之不自知敬也。

六二：黄离，元吉。

“黄”之为色，近白而不皎，近赤而不炫，与青黑居而不相掩，能酌文质之中，以丽物采而发其文者也。“元吉”，吉于始也。

水之相承，源险而流平。火之相继，始盛而终烬，故坎道盛于五，离道盛于二。人之有明，待后念之觉者；牿亡之余，仅存之夜气，终不可恃也。若昭质之未亏者，一念初发，中道灿然于中，白能虚以受天下之善，而不蔽于固陋；迨其已知，更求察焉，则感于情伪，而利害生、私意起，其所明者非其明矣。故愚尝有言：庸人后念贤于前念，君子初几明于后几。大理在人心之中，一丽乎正，而天下之大美全体存焉，夫子所以讥季孙之三思也。其在治天下之理，则开创之始，天子居中而丽乎刚明之贤，以尽其才，则政教修明，而中和建极。若中叶以后，更求明焉，虽虚己任贤，论治极详，且有如宋神宗之祗以召乱者。此六二之吉，所为吉以元也。占者得此，当以始念之虚明为正。

《象》曰："黄离，元吉"，得中道也。

二、五皆中，而二得其道矣。

九三：日昃之离，不鼓缶而歌，则大耋之嗟，凶。

九三以刚居刚，而为进爻，前明垂尽，不能安命自逸，而怀忿忮以与继起争胜，不克则嗟。所谓日暮途穷，倒行逆施者也。生死者屈伸也，乐以忘忧，惟知此也。卫武公耄而好学，非自劳也，有一日之生，则尽一日之道，善吾生者善吾死也，乐在其中矣。"大耋之嗟"，岂以忧道哉！富贵利达，名誉妻子之不忍忘而已。马援跛足于武溪，卒以召光武之疑，怒而致凶，况其下焉者乎！

《象》曰："日昃之离"，何可久也。

知不可久，则鼓缶而歌可矣。少而不勤，老而不逸，谓之下愚。

九四：突如其来如，焚如，死如，弃如。

前明甫谢，余照犹存，而失位之刚遽起，而乘之，羿、莽是也。占此者，小人虽盛，可勿以为忧。

《象》曰："突如其来如"，无所容也。

前明之余焰，犹足以灼始然之浮火，而灭之。

六五：出涕沱若，戚嗟若，吉。

后明继前明而兴，以柔道居尊。高宗宅忧，而三年不言，成王即政，而娘嬛在疚，尽仁孝以慕先烈，如艰难而戒臣工，商、周之所以复明也。

《象》曰：六五之吉，离王公也。

“离”谓丽乎其位也。仰承先烈，而欲嗣其耿光，非忧危以处之，不胜其任矣。元佑诸贤，辅其君以解熙、丰之政而求快一时，无恻怛不得已之情，未能无过。若曹丕定嗣而抱辛毗以称快，魏之不长，妇人知之矣。此专为嗣君而言。然君子守先待后，亦可以此通之。

上九：王用出征，有嘉，折首，获匪其丑，无咎。

“王用”，王命之也。“有嘉”，叹美其功之辞。“折首”，罪人斯得也。俘馘生死皆曰“获”。“丑”，小类。“获匪其丑”，胁从罔治也。当嗣王之初，必且有不轨之奸，乘之妄动，六五之忧危，所以不释也。上九为五所附丽，以求明者，而在外，盖胤后徂征、周公东征之象。诛其首恶而兵刑不滥，虽刚过而疑于亢，实所不得而辞。仅言“无咎”者，所谓周公且有过也。

《象》曰：“王用出征”，以正邦也。

言非穷兵黩武，以天下未定，不容不正也。孟子承先圣而惧，辟邪说以正人心，“归斯受之”，亦此二爻之义。读《易》者以义类求之，无不可占，无不可学也。

第五章　周易内传卷三上

䷞兑上艮下　咸

咸：亨，利贞。取女吉。

取，七句反。

咸、恒二卦，皆自否、泰之变而言，是阴阳之动几也。夫欲效阴阳之动，以消否而保泰，则必相入以为主，而效其匡济，则未济之以拨乱，既济之以反正是也；又其不然，则阳居外，以章其用，阴敛而内以守其虚，庶几天包地外以运行之几，则损、益是也；而咸、恒异是。咸以坤三之六，往乎上而成悦；以乾上之九，来乎三而苟安以止；三、上者，浮动之几，阴阳相感，而遂相易以往来，所谓物至知知而与物俱化者尔。

四之与初，退而自立之位也。恒潜移于下，以相入而相动，进则可以为，而退抑可以守，以是为久而固守之道，而不知所迁之失其位，则相持而终不足以为功矣。此二卦者，阳皆内闷，而阴皆外著，阴得见其功，而阳反藏于内，求以消否而保泰，难矣哉！时中之道，进以礼，退以义。浮动而进，进不以礼也；潜移而退，退不以义也，故二卦皆无吉爻，而咸之三、上，恒之初，为尤凶吝焉。

即二卦而较之，咸为愈者，九之居三，六之居上，感而犹不自失者也；恒初与四，则尤偷安，而失其正矣。是以咸固亨，而于物不伤其利，于己不丧其贞；恒则亨乃无咎，利贞而后利有攸往也。咸之“亨”者，已成乎否，则不得不动以感，感虽浅而志亦自此而通。若夫感之得失，视乎其后，而已非否塞之故矣。“利贞”者，阳下而止阴之逼，阴上而悦阳以不流，固合于义，而二、五之中得其位，固保其贞也，故视恒为愈。“取女吉”者，两少相得，初不必有深情至理以相与，然刚下，而不离其类，则男道不渎，柔上而之于外，则女子远父母兄弟之道，故吉也。虽然，于取女之外，无取焉矣。君子择君而事，输忱以致身，谋道以交，尽忠而竭信，非夫妇之礼，仅因媒妁而通者也。

《彖》曰：咸，感也。

“咸”，皆也。物之相与皆者，必其相感者也。咸而有心，则为感。咸，无心之感也。动于外而即感，非出于有心熟审，而不容已之情，故曰咸。

柔上而刚下，二气感应以相与，止而说，男下女，是以“亨，利贞，取女吉”也。

说，弋雪反。“下女”之“下”，胡嫁反。

“感应以相与”，谓随感随应，不必深相感，而已应之。然而阳得位以止阴之滥，阴得位以饰阳而说之，有此德，故其占能亨利贞，而为取女之吉。

天地感而万物化生，圣人感人心而天下和平。观其所感，而天地万物之情可见矣。

凡推言卦德，而极赞之者，皆卦之情才本有所不足，而圣人穷理通变，以达天则，见阴阳之变化，为两间必有之理数，初无不善之几，而但在观察之审，因而善用之尔。

夫受物之感，而应之，与感物，而欲通者，必由其中，必顺其则，必动以渐。而咸之无心，一动而即应，此浅人情伪相感之情，君子之所弗取也。然而天地有偶然之施生，圣人有泛应之功化，道大而无忧，则几甫动而无择于时位，故阴阳一相接而万物怒生，无所待也。圣人触物而应，仁义沛然。若决江河，深求之者，固感之以深，浅求之者，即感以浅，从其所欲，终不逾矩，天下乃以不疑圣人之难从，而和平旋效，则在天地圣人无心，以感而自正。咸之为道，固神化之极致也。

乃善观之者，于此而见道之至足，有触而必通；天地之情，不倦于屈伸。故顽灵淑慝，生成肃杀，甫有所遇，即以其流行之几应之，而灾祥寒暑，各得其理。万物之情，著见而易动，甫与御之而即止，甫与绥之而即说，一如男女相感于一旦，初不必有固结之情，而可合以终身。圣人见此情也，则知感以贞而贞即应，感以淫而淫即应，性不知检其心，天下易动而难静，则外之所感即为中之所说而安，而天地万物屈伸之几、情伪之变，在乍动之几，勿忽为无关于神理；则天地变而时中之道，即因以成能，万物兴而得失之应，即决于一念，此乃以善用夫咸，而不忧其德之不固者也。

《象》曰：山上有泽，咸。君子以虚受人。

山至高也，而上有泽，不恃高也。君子德厚于已，而受人以虚，则天下无感，而不通矣。然为山上之泽，非卑屈也，非中枵也。君子之虚，异于老氏之虚，久矣。

初六：咸其拇。

阴阳交感，三与上尔，而六位皆言感者，天地万物之情，感于外，则必动 于内，故不感则已，一感则无有能静者。故君子慎其所感，于利害情伪之交，恐一触而不能自持也。爻之取象于人身者，阴阳感而物生。阳成乎艮，而乾道成男；阴成乎兑，而坤道成女。

形之已成，形开神发，而情生焉。感之所生，一因乎成形以后，物之生也类然，独取象于人身者，《易》之有占，为人告而使人反求诸身，以验所感也。内卦之感者，股也；外卦之感者，口也。股，屈伸之机；口，情伪之所出也。拇与腓，皆随股而动者也。初去三虽远，而俱为阳爻，股动而拇必感之象，居下而柔不能自主。占此者受制于人，而得失亦浅。

《象》曰："咸其拇"，志在外也。

外谓三，就内卦言之，分内外也。"志在外"，己不能有志也。

六二：咸其腓，凶；居吉。

"凶居"，谓所处之不吉也。"腓"，不能自动，而听股之动者。二比于三，随三所感，而受之，屈伸者必然之理势，则吉凶皆其固有，六二柔中当位，而无心以待感，则所处即凶，而亦理数之恒有。贪贱患难，素位也；寿夭，正命也，皆莫不吉。凶居而吉，则吉居可知矣。

《象》曰：虽"凶，居吉"，顺不害也。

顺受其正，如腓之顺股，则抑何害之有？

九三：咸其股，执其随，往吝。

"股"，下体屈伸之所由，以感腓、拇，而使动者也。阳自上而来三，以变否而使通，乃位刚志进，上与两阳为类，有随阳而往之象。盖偶然以感，而相感之情不固，虽为艮之主，而无止道。使终下感二阴，则亨矣；乃情终欲随阳以往，无固合之志，吝道也。

《象》曰："咸其股"，亦不处也。志在随人，所执下也。

"不处"，言无深结二阴、与之终上之意。"所执下"者，感下则为二阴之主，随上二阳，则为三阳之卑役尔。吝于厚施，依人而动，小人之道也。

九四：贞吉，悔亡。憧憧往来，朋从尔思。

自股而上，心也。不言心者，府藏之宫，神志魂魄之舍，下自丹田，上至咽，大体之官，皆灵明之府；其言心者，言其会通之牖耳。四超出于屈伸之上，而灵明受感，去上远而不易动，所以“贞吉”，虽若有悔，而非其固有也。心者，万感之主，贞淫判于一念之应，故又戒以“憧憧往来，朋从尔思”，言天下之动，吉凶得失相感者无穷，而心以灵，而善动，易为往来所摇，则能贞吉，而无悔者未易也。其义，《系传》备矣。

《象》曰：“贞吉，悔亡”，未感害也。“憧憧往来”，未光大也。

感于害固害，感于利亦害也。“未感”者，心之本体，可以感不妄感者也。往来无定，而憧憧然，以不定其情，则没于感，而志不光大矣。两设言之，以示得失系于一念，所谓“人心惟危”也。

九五：咸其脢，无悔。

居外而易以感者，上六也。五与相比，不能不为之感。然刚中得位，如背肉之安，而不妄动，则亦可以免于悔矣。

《象》曰：“咸其脢”，志末也。

“末”谓上六。谓之末者，为感尤浅，胸“可不”为之动也。

上六：咸其辅颊舌。

一口耳而殊言之，谓之“辅颊舌”者，动则俱动，形其躁也。天下之物有理，而应之也以心。上最居外易以受感，阴舍三而上，不由中，而驰骛于外，此道听途说，所以弃德也。不言凶咎者，得失无常，吉凶无据，《易》不为之谋。占者遇此，勿听焉可耳。

《象》曰："咸其辅，颊舌"，滕口说也。

"滕"，水流滕涌貌。一感而即言，贱可知矣。兑为口舌，又为悦。佞人之言，令人可悦，非智者必为之感动。《书》戒"无稽之言"，以此。

䷟ 震上 巽下 恒

恒：亨，无咎，利贞。利有攸往。

咸者，易动之情，感焉而即动也。恒者，难动之志，相持而不相就也。否、泰、咸、恒、损、益、既济、未济，相综之间，相反甚焉。咸之欲消否也迫，浮动于上，不待筹度于中而即感。

恒之欲保泰也坚，一阴已起于下，一阳已动于四，而二、五犹坚处于中以抑之。初之阴，四之阳，各以阴降阳升之常理，植根深固而处于内，虽相应，而无相应之情；其应也，皆以位之所固然而相应，非有情焉以相接，雷欲出而风欲人，虽会于一时，不相谋也。且阴人于阳之内而干其化，阳微动于中而袭阴之藏，自恃也固，则于物有所不恤。斯道也，非天地之不与圣人同忧、普万物而无心，圣人之恭己无为、听物之自成而不求近功者，未足以与于斯焉。

不动心之道，惟能知天下之言，以通天下之志，则虽恒而亨也而可无咎，不然，则自恃坚者必忤于物，而忧疑生矣；惟持大正而不恤不足虑始之人情，义之与比而阴益乎物，罔违道以干誉而与物以大正，则虽恒而利有攸往，不然则刚愎自用，以远于人情，而行焉皆窒矣。故必"亨"而后"无咎"，必

“利贞”而后“利有攸往”。咸以易感，而难乎贞，恒以难迁而难乎利，非谓消否之道不在感，保泰之道不须久也。视所以用之者何如耳。德合于天地，道至于圣人，则感而遂通。悠久无疆，皆至德矣。然而非希天之圣，终未易言也。《易》不言二卦之失，而但言其所以得，盖物无可绝之情，而人不可以无恒，不容遽斥其所不足，以启拒物丧耦、徇物失己之敝，故但示以释回增美之道，而不可轻用之意。圣人之修辞，所以尽诚，而为化工之笔也夫！

《彖》曰：恒，久也。

执所安居以为可久之道。

刚上而柔下，雷风相与，巽而动，刚柔皆应，恒。

上，时掌反。下，胡嫁反。

阳自初往四曰“上”，阴自四来初曰“下”。雷动风兴，气以时至，各行其化，而自然相与。阴人阳以求合，阳出乎上以动阴，此天地所固有之常理，而非其变，若此者，固将以为可恒久之道也。

“恒，亨，无咎，利贞”，久于其道也。

要岂无道，而可以恒哉？阴阳之相袭，以时而应，势之恒也。安而不迁，顺以动而用其正，道也。无道而持久不移，咎之所积，据为利，而害随之矣。

天地之道，恒久而不已也。“利有攸往”，终则有始也。

天地，之道所以恒久者，以其不已也。寒暑生杀，随时合义，而各以其正，则“利有攸往”。非以是始，即以是终，终而不可更始。据位于退藏之地，恃为不易之主，而能利“攸”往邪？

日月得天而能久照，四时变化而能久成，圣人久于其道而天下化成。观其所恒，而天地万物之情可见矣。

“得天”，合天运行之常度也。“变化而能久成”，因时而变，而不爽也；圣人之道，所存诸中者大正，则天下之风俗万物，而卒成其化，未尝不以潜运于内者为可久之理，而要未有不循物之义，以为大正者也。若以密藏执滞为恒，贞淫未审，而皆据之，是天地以疾风迅雷为常，非天地之情矣；万物以发，而不敛、枯而不荣为恒，非万物之情矣。以其执而易毁者，知其贞而常存，君子之不谅而贞，知此而已矣。

《象》曰：雷风，恒。君子以立不易方。

雷动而不可遏，风行而不可反，惟其立于内者定也。君子之行于世也，因时顺应而不执，惟其所以自立者，持其志而不迁，故行一不义、杀一不辜得天下而不为，物岂能移之哉！

初六：浚恒，贞凶，无攸利。

“浚”，深入也。以泰之变言之，初以阴自外来，入于二阳之下，而欲持根深固以为恒，故曰“浚恒”。初与四，恒之主，而初尤其求恒之始志，僻尤甚焉。虽上承乎刚，有贞顺之象，而凶德以之而成，行焉未有能利者也。

《象》曰：“浚恒”之凶，始求深也。

恒者，非一旦而可恒也。深者，非一旦而可深也。求之有序则深造有渐，治道学术，未有不然者。阴阳之交方泰，而于立卦之始，怙其巽入之巧，即求入阳之下，以据为安，人情不宜，天理不顺，自谓得深，以讥人之浅，而执以为恒。陋儒涉猎诗书，即欲试之行事，以立不易之法，而乱天下；异端以顿悟为宗，持为密印而牿人心；皆此爻之象。

九二：悔亡。

初以浚为恒二与之比，听其人，而与之相比，悔道也。然居得其中，虽不当位，能守其素，不求恒而未变，是以“悔亡”。泰、否、咸、恒、损、益、既济、未济，自然相应之卦，应所不论，故爻以相比取义。

《象》曰：九二“悔亡”，能久中也。

“能久”者中也，异于求深于始者也。

九三：不恒其德，或承之羞。贞吝。

卦惟三与上为当位，而其占“凶”“吝”者，恒者变，而能常者也，三与上恃其位之止，见一时之可安，而不久以其道，则不能恒必矣。初方人以求恒，三刚而求进，不恤其相迫，适以召初之耻辱尔。“或”者，倘至之辞。初与三非相应之爻，不期而受其辱，故曰“或”。自下来曰“承”。得位故“贞”，承羞故“吝”。

《象》曰：“不恒其德”，无所容也。

在变而变即其常。天时人事，皆已异志，不随时，以尽大常，而恃位为安，物不能容之矣。

九四：田无禽。

刚自下来，而处于四，非所安而安焉，欲以动而有功，所谓守株待兔者也。

《象》曰：久非其位，安得禽也？

阳往交阴，进不得天位，退失其本基，以隐伏相机为可久之术，隗嚣、公孙瓒之所以亡也。

六五：恒其德，贞。妇人吉，夫子凶。

六五与四相比，听九四之动，不与俱动，任阳之动，而静以相保，妇人之恒，妇人之贞也。四亦以其柔，而易亲，相与为保，遂见为可恒而退静焉，失丈夫之义矣。吉在五，凶在四也。

《象》曰："妇人"贞吉，从一而终也。"夫子"制义，从妇凶也。

"一"谓九四。五得中，而从乎四，无易志，故吉。"从妇"者，匿于其下以求安。四虽为震主，而失位浮寄，其刚不振，近比乎阴，故有"从妇"之象。凡从妇者，始未尝不暴，而终屈也。

上六：振恒，凶。

"振"如"玉振之"之"振"，收也。上柔得位，阴阳方相人相动，已恃其居高得位，欲苟且柔和，以收拾为可久，凶之来，无以御之矣。

《象》曰："振恒"在上，大无功也。

上之于初、四，远矣。以柔道，收已变之局，不足以立功，则害且及之矣。天道久而不已，惟终而有始也。据其恒以为恒，凶必乘之。恒卦六爻，皆不吉，久不以道也。二、五差能白安，而非变化以久成；三、上则无而为有，虚而为盈者也。天地风雷之变，而不失其常，岂人事之易及哉！德非圣人，怙中藏之密用以终身，凶其免乎！

☰☶ 乾上 艮下 遁

遁：亨，小利贞。

尊者出，而在外曰“遁”。《书》曰“遁于荒野”，犹《春秋》君奔称“孙”也。立卦之体，下二爻为地位。地位者，阳之所以藏于深，而植根以起用者也。阴长而居二，阳退于虚矣。虽下卦之三阳，犹在焉，而三为进爻，且进而与三阳连类以往，故曰“遁”。“遁亨”者，君子进则立功，退则明道，明哲保身，乐在疏水，于己无不亨；而息玄黄之战，以勿激乱，且立风教于天下，而百世兴焉，于天下亦亨矣。“小”，阴也。

阴未失其居下之义，故“利”。阳遁而与相应，故“贞”。遁，阴长矣，而初、二无凶咎者，二得下之中也。位莫美于中。“临”，阳已得乎下之中，故阴爻皆蒙之而吉。遁，未逾乎下之中，故阴爻无伤阳之慝。观，犹得乎上之中，故爻多美辞。大壮，未得乎上之中，故辞多危。以三画之重为三才之位言之，则二出乎地上，为人用之大美；五居天位而近于人，为人承天而天佑人。

以内外贞悔言之，初、四者退爻也，三、上者进爻也，进则过，退则不及，刚柔皆有过不及之失；二、五酌其宜以立为定位，而居之安，故位莫美于中也。阴利贞，而无逼阳之过，阳之遁，所以益亨。阳亨，则阴过亦泯，而不丧其利贞矣。

《彖》曰：遁“亨”，遁而亨也。

四阳合志，上无阴以为之掩沮，志得而道亦伸矣。

刚当位而应，与时行也。

“当位”谓九五。刚当位，则道无所屈。“应”，二应五

也。阴无拒之之情，而有挽留之志，礼意未衰，从容以去，遁之美莫尚焉，故曰“好”，曰“嘉”，

“小利贞”，浸而长也。

长，上声。

“浸”，渐也。阴虽长，而以渐，得中而止，未失乎正，而于义亦合。

遁之时义大矣哉！

遁非其时，则巢、许之逃尧、舜，严光、周党之亢光武也；非其义，则君臣道废，而徒以全躯，保妻子为幸，孟子所谓小丈夫也。非精义乘时者，无由以亨。

《象》曰：天下有山，遁。君子以远小人，不恶而严。

远、恶皆去声。

山自以为高，而欲逼近于天；天覆帱之，而终不可逾，惟绝远之，而不与相狎也。“不恶”者，不屑与之争。“严”者，虽求合而必不受，惟超然遁于其外，小人自伏处于下。君子之遁，以自洁也，非若汉末党锢诸贤，处草野，而与小人相触者也。

初六：遁尾，厉，勿用有攸往。

“遁尾”，为遁之尾也。尾者，系于后，而可曳者也。初与四应，阳欲遁，而初以眇小之才，欲以柔道牵曳之，必蒙其严厉斥绝矣。“勿用有攸往”者，戒其听阳之遁，而勿强往曳止之。

《象》曰：“遁尾”之厉，不往何灾也？

柔而在下，本无逼阳之嫌，而位卑力弱，不能作留行之客。但安处而勿与其事，自不见绝于君子。

六二：执之用黄牛之革，莫之胜说。

胜，平声。说，吐活反。

“黄”，中色，“牛”，顺物，阴道之正也。“革”，坚韧之物。“胜”，能也。六二柔得中，而当位，其情顺矣。比近乎阳，而与五应，见阳之遁，坚欲留之，故阳欲去，而情不能忘。乃阳决遁，而不可挽，不能吉，而其志可嘉，则远于凶咎矣。

《象》曰：执用黄牛，固志也。

非其志之固，则虚拘君子，所谓“执我仇仇，亦不我力”者矣。六二顺应于五，故其志可深信。

九三：系遁，有疾厉。畜臣妾，吉。

三与二阴合为艮体，艮有止道，二执之固，而三为其所系，进退不能自决，心战而疾危矣。斯道也，惟以之畜臣妾则可耳。臣妾情顺乎己，与之近而抚之，而不失其刚，则既无不孙之忧，而能容以使无怨。“畜”者，止而养之，艮道也。

《象》曰：“系遁”之厉，有疾惫也。“畜臣妾，吉”，不可大事也。

“备”谓志衰而气亦馁。进退者君子之大节，故曰“大事”。

九四：好遁，君子吉，小人否。

好，去声。否，如字。

九四有初六之正应，故得全其交好以去，而不出恶声。君子引身而退之，吉道也。小人恃不见恶于君子，而冒昧依附以有为，凶矣。初六之所以灾也。

《象》曰："君子""好遁"，"小人否"也。

君子虽好而遁矣，岂小人之可徼以求福！

九五：嘉遁，贞吉。

二固志以执五，五得雍容，成礼而退，遁之嘉者也。然其吉也，以其贞也，非以其嘉也。五岂徼二之执，以为荣者哉！

《象》曰："嘉遁，贞吉"，以正志也。

嘉则嫌于不正，而刚中得正，道固不屈，所以吉。

上九：肥遁，无不利。

上九去阴远，而无应天下，则其遁也，超然自遂，心广而体胖矣。夫往者所以来也，屈者所以伸也。或屈于暗，而伸于明，太公辟纣，而终以开周；或屈于一时而伸于万世，孟子去齐，而为百世师；无不利也。

《象》曰："肥遁，无不利"，无所疑也。

四、五皆有应，则进退未免疑，而上独否。

䷡ 震上 乾下 大壮

大壮：利贞。

"大"谓阳也。"壮"者，极其盛之辞。阳道充实，而向于动，志盈气盛，而未得天位，则为强壮有余，而未乘乎时之象，故仅言其壮，若有勉之惜之之辞焉。乾之四德，大壮所可有。不言元亨者，以未得天位，尚不足以统天，而达其云行雨施之大用也。“利贞者性情也”，性情则已足矣。美利足于己，可以美利天下，而纯阳无杂，则正而固也。阴尚据其上，疑于相应而贞则必利，其利以贞也。

《彖》曰：“大壮”，大者壮也。

嫌于言壮之太甚，故释。

刚以动，故壮。

阳德刚健而动，为天地之大用。乾德已成，因时震起，以感二阴而动之；阴虽据尊位，莫能御也。直为壮，曲为老。积刚以摈阴，理直而壮，非但阳盛之谓也。

“大壮，利贞”，大者正也。

纯刚则尽，自强之道，无阴私之累，而震阴以使知退。刚以养成，动以时兴，皆正也；正则无不合义，而利矣。

正大，而天地之情，可见矣。

“正大”，正其大也。此言人能正其大者，则可以见天地之情，而不为阴阳之变所惑也。天地之化，阴有时而乘权，阳有时而退听。而生者，天地之仁也；杀者，物之量穷，而自槁也。大体者，天地之灵也；小体者，物欲之交也。君子者，受命而以佑小人者也；小人者，违命以干君子者也。人惟不先立乎其大者，以奋兴而有为，则玩生杀之机，以食色为性，以一治一乱，为数之自然，则阴干阳，欲戕理，浊溷清，而天地之情，晦蒙而不著。惟君子积刚，以固其德，而不懈于动，正其生理以止杀，正其大体以治小体，正君子之位以远小人，则二气纲组不已，以阳动阴，生万物而正其性者，深体其至大至，刚不容已之仁，而灼见之矣。故大壮之壮，惟其利贞，而二阴据上，不足为之累也。

《象》曰：雷在天上，大壮。君子以非礼弗履。

地以上皆天也，故有雷，在天上之象。雷本阳气之动，亲乎天，非但震物。君子之壮，壮于己，非壮于人也。积自强之道，而不馁者，惟礼而已，孟子谓之集义。礼者，义之显于事物者也。道义充而节文具，浩然之气，自塞乎两间，如雷上于天，阴不能遏。若助长以凌人，其壮必槁，非大壮也。

初九：壮于趾，征凶，有孚。

大壮，大自壮也。刚德已固，而以动则壮。初以四与己同道，遂感之而与俱动，壮以趾而已。妄动必折，故凶，惟其恃四之孚也。

《象》曰："壮子趾"，其孚穷也。

二、三皆与阴应，初独与阳孚，宜其吉，而反凶者，德薄位卑，九四奋兴以往莅于阴，而不恃初以为援，则所孚者志不相通也。

九二：贞吉。

阳刚得中，为乾之主。大之正，正以此也。故直言其吉，而辞简。辞有险易，此易辞也。阳不当位，而不言悔亡无咎者，乾道浑成，凡位皆其位。故凡卦有乾体者，九二，皆无悔咎之戒。

《象》曰：九二"贞吉"，以中也。

中则正也。所谓中者，对外而言。九二以庸德为健行，内修之尽，非施健于外，以凌物为壮也。

九三：小人用壮，君子用罔，贞厉。羝羊触藩，羸其角。

“罔’’与网通。“羝羊”，牡羊也。九三与上六相应。小人见君子之壮，而欲用之，而九三因欲网罗之，以为已应，虽不自失，亦危矣。羝羊本刚，以求牝故，急于前进，而九四以震动之才当其前，限之而困其角，乃反而不前，幸得保其贞耳。

《象》曰：“小人用壮”，君子罔也。

因其有见用之情，遂欲罔之，亦过矣。杨龟山之于蔡京、唐应德之于严嵩是已。

九四：贞吉，悔亡。藩决不羸，壮于大舆之輹。

九四为震动之主，前临二阴，无所系应。阳实阴虚，以至实驰骋乎至虚。无所阻蔽，为“藩决不羸”之象。“輹”，车箱也。三阳在下，积实已盈，故壮莫盛焉。震之壮，乾壮之也。大正而吉，虽不当位，固无悔也。

《象》曰：“藩决不羸”，尚往也。

阴尚据天位，贵于往以治之。

六五：丧羊于易，无悔。

此立乎卦外，以说卦之全象也。四阳类进，至此忽变而阴，“丧羊”之象。“易”，《本义》云“或作疆场之场”是也，两相交界之地也。《春秋传》云：“疆场之事，一彼一此。”“无悔”者，言既壮以其贞，则虽未得天位而阴：据之，亦可无悔也。不以六五之得失为占者，为阳慰，不为阴危，君子辞也。屡言羊者，朱子谓大壮卦体似兑，亦一义例，筮者偶用为占亦可。

《象》曰："丧羊于易"，位不当也。

此位非阴所宜居，故为羊叹其丧。

上六：羝羊触藩，不能退，不能遂，无攸利。艰则吉。

阳长，阴将退矣。上六恃六五之得尊位，而己思藉之以安，有不欲去之象，而下望九三之应己。乃三既为触藩之羊矣，上系恋观望，而不能退，阳已壮，而四方尚往，固不能遂其固位之志，无攸利矣。惟其柔而不争，知艰难以决于退则可吉。

《象》曰："不能退，不能遂"，不详也。"艰则吉"，咎不长也。

"不详"，谓不审时度德。"咎不长"者，退而不犯难也。

䷢ 离上 坤下　晋

晋：康侯用锡马蕃庶，昼日三接。

"晋"，延而进之也。需与晋同道，而德异。需三阳欲进，为阴所阏，而九五居尊以待其来，阴不能蔽之。晋三阴欲进，为阳所限，而六五居尊，以延之上，阳不能止之。刚之相需，以道相俟也。柔之相晋，以恩相接也。"康"，安抚之也。三阴分土而为主于下，有诸侯之象焉。

六五柔以抚之，使安其位。其所"用锡"者，马之"蕃庶”，马以行地而坤主利也。“昼日三接”者，既锡之，又屈体以下延之。“昼日”，离明之象。“三接”者，天揖同姓，时揖异姓，土揖庶姓，遍晋三阴也。

《易》之为教，扶阳抑阴，而于观、于晋、于鼎，无恶阴之辞，于晋尤若与之者，阴阳刚柔皆天地之大用，有时而柔道贵焉，则亦不废其用。然《象》辞类有四德，而观、晋无之，则阴之不足于德，亦可见矣。不言吉者，王者之待诸侯，恩威并用，而天下宁。有大明之君，有至顺之臣则可厚锡车马，隆礼延接以怀柔之。不然，则锡以富，而尾大不掉，谦以接而且有下堂见诸侯之渐，固不如屯与豫之“利建”也。

《象》曰：晋，进也。明出地上，顺而丽乎大明，柔进而上行，是以“康侯用锡马蕃庶，昼日三接”也。

“明出地上”，天子临诸侯之象。“顺而丽乎大明”，诸侯承事天子之象。“柔进而上行”，阴离四而进乎五，为柔之主，以延三阴。《本义》谓自观变者亦通。

《象》曰：“明出地上”，晋。君子以自昭明德。

“明德”者，无私无欲，可大白于天下之德也。日出地而物皆照，非欲人之见之，明盛则自不可掩耳。君子之明德，晓然使天下共喻，而无所隐，取象于此。“自明”对“莅众”而言。卦与明夷相综，自待重以周，待人轻以恕，明晦异用之道如此。

初六：晋如摧如，贞吉。罔孚，裕无咎。

初居下，而不能即进，有“摧如”之象。然柔进以安下位，其进不迫，是以“贞吉”。阴自应阴，阳自应阳，道同相信之谓孚。初与四应，以柔遇刚，“罔孚”也。四罔与孚，将止其进，而初无急于求进之心，处之裕如，则虽见摧而无咎。

《象》曰："晋如摧如"，独行正也。"裕无咎"，未受命也。

行，去声。

"独行"，幽独之行。见摧而不失其柔静之操，故"正"。"未受命"者，进阴者五也。居尊制命，而应在二，初未受其登进之命，故当隐居，自适以待时，所谓"硕人之宽"也。

六二：晋如愁如，贞吉。受兹介福，于其王母。

愁字，古无音锄侯反者。《礼·乡饮酒》义："秋之为言愁也。"音揫。此当同之。

"愁"，固也。"介"，大也。"王母"谓六五。阴居尊位，乃王母之象。六二正应六五，坚固其柔顺之节以承上，故能受锡马三接之大福。

《象》曰："受兹介福"，以中正也。

居中以守侯度，当位而得顺正。

六三：众允，悔亡。

"众"谓初、二二阴。三当进爻，连类以进，众所信从，首受六五之延接，故虽以柔居刚，上碍于九四，而协心效顺，故"悔亡"。

《象》曰："众允"之志，上行也。

众志皆欲进，而受五之三接，故六三进，而众从之。

九四：晋如鼫鼠，贞厉。

"鼫"与硕通，大鼠也。鼠之行，且前且却，所谓首鼠两端也。三阴志在上行，五方延而晋之，四以阳处退位，横互其间，使三阴之行，疑忌前却不得速进，如鼫鼠然，虽以阳止阴，为得其贞，而亦危矣。

《象》曰："鼫鼠，贞厉"，位不当也。

居非其位，徒以增人之疑，故危。

六五：悔亡，失得勿恤。往吉，无不利。

以阴居尊，一于柔以待下，宜有悔也。然丽于二阳之间，而以虚明照下，下皆顺之，率此以往，延三阴而进之，虽有九四之沮，使欲进者，首鼠两端，其失其得为未可知，而一意怀柔，劳来不倦，则安其位而吉，宜于物而无不利矣。

《象》曰："失得勿恤"，往有庆也。

怀柔得其道，物自顺之。

上九：晋其角，维用伐邑。厉吉无咎，贞吝。

"角"者，在上而触物者也。"晋其角"，物方进而此为角，触而御之，不使其进之已过焉。晋以柔进柔，柔过则上下无章，而失制。上九以刚居上、节柔之过，；阴方顺，无可用威，惟取私邑之不率者伐之，以建威销萌。能如是，则吉而无咎。若守其柔道之常为正，则法令不行，而吝矣。离以丽乎，刚而得明，故可厉而吉，而上为柔爻，又下奉六五之阴为主，故有"贞吝"之戒。

《象》曰："维用伐邑"，道未光也。

柔道方行，阳施未能光大，故仅可伐邑以示威。

䷣ 坤上 离下 明夷

明夷：利艰贞。

“夷”，伤也。离为大明，岂有能伤之者哉？惟时处乎地下，为积阴幽茔之所掩，光辉不得及物，则其志伤矣。君子之所谓伤者，非伤其身之谓；德不施于物，则视民之伤，如己之伤也。文王当纣之时，盖如此。“利艰贞”者，二以柔居中得位，而养其明，以上事暗主，所合之义，在艰难，而不失其贞，盖文王之志也。文王于明夷而言“贞”，周公于明夷而言“拯”、言“狩”，各以其时，可以见《易》之为道，变动不居，然而文王之德至矣。

《彖》曰：明入地中，明夷。内文明而外柔顺，以蒙大难，文王以之。

难，乃旦反。

“明”谓日也。非地之能，加于日上，日未升，而入于地中也。日固出于地以照天下，而时方在夜，则人地中，安以受其伤。“内”谓自修其德也。“外”，出而事上也。或以为中藏智，而外示柔，则王莽之奸，岂文王之德哉！明夷本以明而受伤，象大明为地所掩。而夫子即象以推德，则坤不为幽暗，而为“柔顺”，若与卦义不相通。然两间之启闭有其象，则天下有其时，而君子即可体之以为德。夷者，时之变也，而君子之常也。故死生祸福，皆天之道，即皆圣人之德，非穷神达化者，其孰能知之！

“利艰贞”，晦其明也。内难而能正其志，箕子以之。

“晦其明”，安于下而受晦也。“内难”，居于晦而不得出，以受暗主之辱也。“正其志”，不失其柔顺中正之德也。夫子两取文王、箕子之德，以言能体明夷之道者，惟文王、箕子足以当之，与周公备言殷、周兴丧之事异，盖亦有“武未尽善”之意与？

《象》曰：明入地中，明夷。君子以莅众，用晦而明。

有夜之晦以息，乃有旦之明以作。君子自昭之德，无物不彻，无时或息而其“莅众”，则有所不察，察于幽暖，而小人之情伪，自无不昭彻于君子之心。“用晦”者，所以明也。坤为众，盖统贵贱贤不肖之杂处而言也。

初九：明夷于飞，垂其翼。君子于行，三日不食。有攸往，主人有言。

周公于明夷之后，极其变而著之于爻，以为明之有晦，晦之复明，乃理数之自然，以见文王艰贞之德，必终之以变伐之事，而周之革商，为顺天之举。爻动而变，变而情生事起。故《爻》与《象》，或道同而事不嫌于异焉。初九，则太公之象也。二阳为明所丽，周公自当九三，太公当初九，以夹辅清明之运也。初去三阴也远，疏远在外，故宜避地远去。“飞”，去之速也。“垂其翼”，困穷之象。“君子于行”，言其怀君子之道，往之海滨也。“三日不食”，穷已至矣。“有攸往”，往而丽乎六二，以昭明德，归周之象也。“主人有言”者，殷之余民，固讥其异志，所勿恤也。阳刚之才，既可以大有为，而分位不亲，去暗即明，出困而兴，义士虽曰薄德，而志得道行矣。

《象》曰：“君子于行”，义不食也。

非其亲昵之臣，避无道而去，不食其禄，义也。夫子但释此为义者，盖亦不取其“攸往”而“有言”，惟伯夷能终其“于飞”之义耳。

六二：明夷，夷于左股。用拯马壮，吉。

此象文王之事也。伤于左股，不能大行也。言左股者，手足尚右，伤其左，尚未大伤，象羑里之得释。马行地，坤象也。“马壮”，阴盛，象纣恶盈也。“拯”马之“壮”，救殷民，以冀全殷祀，所谓“虽则如毁，父母孔迩”也。终以受命于天而吉。

《象》曰：六二之“吉”，顺以则也。

柔则顺，中正则道明，于天下而可为则。有其德，故能救民之伤而吉。

九三：明夷于南狩，得其大首。不可疾贞。

此象周公相武王伐纣之事。“南狩”以明治暗。“得其大首”，象诛纣。“疾”，速也。“不可疾”者，养晦待时，必天命既固、人心既顺之后，则事虽非常而固正。九三与上六相应，以明之盛，进而克柔，暗之将消，其时矣。言贞而不言吉，期于合道之正，非谋利计功也。

《象》曰：“南狩”之志，乃大得也。

“乃”云者，时至而功乃就也。

六四：入于左腹，获明夷之心，于出门庭。

此象商容、胶鬲之事。左腹者，心居左，而主谋，预闻其慕周之谋也。“明夷之心”，乃殷民被伤，而望周之心。“于出”犹言爰出；出门庭，输于周而劝其伐也。六四与坤为体，盖居于暗邪者；四为退爻，下就内卦之明，故有此象。不言吉利者，非人臣之常道，不轻奖其功。

《象》曰："入于左腹"，获心意也。

苟暗极矣，则肘腋之臣，且窥短长以外交矣。可不惧哉！

六五：箕子之明夷，利贞。

上为暗主，而五近之，相比于同昏之廷，不显其明以自晦，故为箕子之象。然必如箕子之贞，而后合于义。不然，则其去飞廉、恶来也无几矣。

《象》曰："箕子"之贞，明不可息也。

箕子以宗臣而抑，非如微子之处嫌疑；既无去国之道，欲继比干以死，而君侧无亲臣，故佯狂为奴，而晦已甚。然于艰难备极之日，彝伦攸叙之道未尝一日忘之，则迹自晦而道自明，是以利贞。然则箕子怀道，以待武王之访乎？非也。箕子无待武王之心，而访不访，存乎人者不可期也。君子虽际大难，可辱可死，而学道自其本务，一日未死，则不可息于一日，为己非为人也。怀道以待访，则访不可必，而道息矣。志节之与学问，道合于一，而事分为二遇。难而恣情旷废，无明道之心，志节虽立，独行之士耳，非君子之所谓贞也。

上六：不明晦。初登于天，后入于地。

此则纣之象也。"不明晦"者，君昏而天下，皆为之暗也。"初登于天"，谓先王之克配上帝。"后人于地"，殷后王之丧师也。五，君位，而上为明夷之主者，天位已去，寄居天位之上，将消亡之象。

《象》曰："初登于天"，照四国也。"后入于地"，失则也。

"四国"，四方之国。"照"，明德被之也。昏暗丧亡，仅云“失则”者，道二，仁与不仁而已矣。失尧、舜之则，则为桀、纣也。爻辞专象商、周兴丧之事，盖周公因文王艰贞之行，而推言之，以见周之革商，乃阴阳理数之自然，而非武王之弋命，且以垂戒后世，为意深切。玩其辞以谨其动，而天命人事昭然矣。

《易》兴神物，以前民用，而若此之类，专指兴亡得失之大故，若不切于民用者。以义类求之，则身之荣辱，家之成毁，初无异理，筮者皆可推理以利用。而先王卜筮之设，原以国有大事，乃决于神，君子以占世道之污隆，进退之大节，故一可以商、周兴亡为鉴。初非若《火珠林》之类，为市井屠贩之人，谋锱铢之利、挟策干进之夫求诡遇之名也。